面向卓越人才培养的课程思政教学案例

游少鸿　主编

北　京
冶　金　工　业　出　版　社
2022

内 容 提 要

本书收集了“基础地质学”等41个课程思政教学案例，涉及理、工、文、管、艺等多个学科门类，是桂林理工大学课程思政教学改革研究成果的集中体现。教学案例从各学科专业的不同视角，阐释了教师对课程思政内涵的理解和实施路径，为学校构建全员、全程、全方位的育人格局，充分发挥课堂教学育人主渠道的作用，践行初心使命，培育卓越人才，提供强有力的支撑。

本书可作为高校教师开展课程思政教学的参考资料，为课程思政教学提供思路、素材等有价值的参考。

图书在版编目(CIP)数据

面向卓越人才培养的课程思政教学案例/游少鸿主编．—北京:冶金工业出版社，2022.5

ISBN 978-7-5024-9144-4

Ⅰ.①面…　Ⅱ.①游…　Ⅲ.①思想政治教育—教案(教育)—高等学校　Ⅳ.①G641

中国版本图书馆CIP数据核字(2022)第078726号

面向卓越人才培养的课程思政教学案例

出版发行　冶金工业出版社　　**电　话**　(010)64027926

地　址　北京市东城区嵩祝院北巷39号　　**邮　编**　100009

网　址　www.mip1953.com　　**电子信箱**　service@mip1953.com

责任编辑　杜婷婷　美术编辑　燕展疆　版式设计　郑小利

责任校对　郑　娟　责任印制　禹　蕊

三河市双峰印刷装订有限公司印刷

2022年5月第1版，2022年5月第1次印刷

710mm×1000mm　1/16；24.25印张；471千字；376页

定价119.00元

投稿电话　(010)64027932　投稿信箱　tougao@cnmip.com.cn

营销中心电话　(010)64044283

冶金工业出版社天猫旗舰店　yjgycbs.tmall.com

（本书如有印装质量问题，本社营销中心负责退换）

本书编委会

主　　编　游少鸿

执行副主编　李　衡

副 主 编　覃业飞　康志强　唐国强

编　　委　白令安　何德珍　匡小军

钱　凯　刘立龙　唐　波

前　言

课程思政建设是落实高校立德树人根本任务、提升卓越人才培养质量的关键环节。2016年12月，习近平总书记在全国高校思想政治工作会议上强调“要坚持把立德树人作为中心环节，把思想政治工作贯穿教育教学全过程，实现全程育人、全方位育人”，提出“使各类课程与思想政治理论课同向同行，形成协同效应”。随后，习近平总书记在2018年教师节召开的全国教育大会、2019年的学校思想政治理论课教师座谈会和2021年在清华大学考察时，都对课程思政做了重要指示，这些指示精神是对全体教育工作者的嘱托，也为高校完成“为党育人、为国育才”的初心使命指明了方向，为课程思政的建设目标、任务和实现路径提供了根本遵循。2019年8月，中共中央办公厅、国务院办公厅印发《关于深化新时代学校思想政治理论课改革创新的若干意见》，明确提出要全面推进高校课程思政建设。2020年5月28日，教育部印发《高等学校课程思政建设指导纲要》，全面部署课程思政建设。全国高校围绕课程思政建设，就“培养什么人、怎样培养人、为谁培养人”的问题进行了不同程度的思考与探索。

桂林理工大学是一所以工为主，涵盖工、理、管、文、经、法、艺、农八大学科门类的多科性高等学校。学校前身是重工业部于1956年在广西组建的桂林地质学校，当时正值年轻的共和国大规模开展工业化建设的火红年代，为满足祖国建设需要，学校为国家培养了一大批紧缺的地矿类专业技术人才。60余载来，学校五改归属、十易校名，始终坚持社会主义办学方向，以人才培养、科学研究和社会服务为己任。学校入选教育部第二批“卓越工程师教育培养计划高校”，先后有7个学科领域、5个本科专业列入教育部卓越工程师教育培养计划。一代代桂工人遵循“厚德笃学、惟实励新”校训，传承和弘扬“艰苦创业、敬业奉献、团结协作、开拓创新”的桂工精神，培养的莘莘学子以专业基础扎实、工作实践能力强而备受社会称赞。

为践行立德树人根本任务，我校自2018年春季学期开始，启动课程思政建设工作。学校重视顶层设计，成立以学校党委书记、校长为主任的课程思政教学研究中心，负责开展全校课程思政教学研究工作。2021年1月，学校发布《桂林理工大学课程思政建设实施方案》，明确了建设目标、建设内容和保障机制，提出十大建设举措，形成党委统一领导、教务部门牵头、党政齐抓共管、相关部门联动、院系推动落实的工作机制，全面推进课程思政建设。几年来，学校采取了一系列措施，课程思政建设取得一定成效：全面修订了人才培养方案和课程教学大纲；持续开展课程思政教学改革立项工作；大力开展教师课程思政培训和教学竞赛；初步构建了思政课教师与专业教师“手拉手”共建机制；不断完善课程思政教学质量评价体系等，逐步形成了思政课程与课程思政的良好协同效应，打造了一批凸显学科专业优势特色的国家级、自治区级、校级课程思政示范课程，涌现了一批课程思政优秀教师和团队。

为了更好地总结学校教师关于课程思政建设的经验，深入挖掘专业课程所蕴含的思政元素，进一步促进思政与专业课程的有机融合，提升人才培养质量，也为广大教师提供一个交流学习的平台，桂林理工大学决定编撰《面向卓越人才培养的课程思政教学案例》，并成立了编委会。在学校党委和行政的领导下，本书编委会先后于2020年和2021年开展了课程思政教学案例的征集活动。活动得到教师的积极响应，经过反复遴选和修改，承载着桂工人对课程思政的探索与实践的案例集即将付梓。在此，对所有提供教学案例的教师和参加本书编写的教师表示衷心的感谢，对指导和支持学校课程思政建设工作的各级领导和同仁表示崇高的敬意！

本书是桂林理工大学课程思政教学改革研究成果的集中体现，教学案例从各学科专业的不同视角，阐释了教师对课程思政内涵的理解和实施路径，为学校构建全员、全程、全方位的育人格局，充分发挥课堂教学育人主渠道的作用，践行初心使命，培育卓越人才，提供强有力的支撑。当然，我校的课程思政建设仍有很多方面值得继续探索和实践，同时受编者的理论和实践功底所限，本书不足之处还请各位读者批评指正。倘若本书能对其他高校同仁有所启发和借鉴，也是桂工人为课程思政建设及国家高等教育事业改革发展贡献的绵薄之力！

游少鸿

桂林理工大学

2021 年 12 月

目　录

“基础地质学”课程思政教学案例

地球科学学院　白令安

一、课程基本信息

课程名称：基础地质学。

课程性质：专业基础课。

授课对象：资源勘查工程、勘查技术与工程、地质工程专业大一年级本科生。

教学目标：

（1）知识目标。了解并掌握内、外动力地质作用和地球系统演化的基本知识、基本原理与研究方法。

（2）能力目标。学会使用地质思维，具备解释地质现象成因及初步解决矿产勘查与工程地质问题的能力。

（3）情感态度与价值观目标。培养地质思维与时空观，唤醒学生的科学探索精神，强化环境保护意识，树立“以献身地质事业为荣、以找矿立功为荣、以艰苦奋斗为荣”的地质“三光荣”精神，深入理解“人类命运共同体”，让个人成长与人类未来紧密相连。

课程简介：

“基础地质学”是一门典型的理工类专业课程，是认识地球的先导性课程，起着科学启蒙和专业基础教育的作用。课程目的是以新世纪地球科学面临的任务和应发挥的作用为出发点，采用人地系统论与行星地球观，使学生了解地球系统科学的内涵，建立地球科学体系的基本框架，掌握地质学的研究对象、研究方法和研究手段，并为后续专业课程奠定扎实的地学基础。

课程任务是使学生基本了解或掌握以下内容：现代宇宙形成的基本论点，太阳系及地球起源的假说，地球物质组成和地质年代方法，地球层圈结构和物理性质，风化、风、河流、地下水、海洋、冰川等外动力地质作用，构造、火山、地震、板块运动等内动力地质作用，资源利用、灾害防治、环境保护等。

使用教材：钱建平. 基础地质学教程. 北京：地质出版社，2014.

二、课程思政整体教学设计

（一）课程思政教学理念与思路

立德树人是教育教学的根本任务，是教师的天职，课堂教学是育人的主渠道，每一位师者都应该根据所教学科的知识特点，挖掘其中蕴含的德育资源，采取恰当的方式方法培养学生的理性思维能力，引领学生形成健康的审美情趣和正确的价值观。

“基础地质学”中蕴含着丰富的思想政治教育元素，具有得天独厚的发挥隐性思想政治教育的基础，在知识传授与能力培养的同时，弘扬辩证唯物主义世界观、认识论、实践论，追求真理、善于思考、勇于探索的精神，保护环境、合理利用自然、建设生态文明，增强文化自信、制度自信，培养爱国主义、集体主义，维护国家权益，树立“以献身地质事业为荣、以找矿立功为荣、以艰苦奋斗为荣”的地质“三光荣”精神，深入理解“人类命运共同体”，让个人成长与人类未来紧密相连，并成为“又红又专”的社会主义建设人才。

（二）课程思政教学创新点

课程依托原有的课程组，成立课程思政教学团队和顾问组，充分利用全国党建工作样板支部的平台优势，开展集体备课，集思广益，共同挖掘思政要素，组织编制课程思政教学设计，修订完善课程教学大纲，将学科资源、学术文化、专业知识转化为育人资源。2018 年以来，课程团队进行了 20 余轮次的课程思政教学实践，并将“基础地质学”中的思政资源归纳整理为 5 类 23 个思政点，有效地解决了德育资源不足的难题。

（三）课程思政教学整体安排

表 1 为“基础地质学”课程思政教学整体安排。

表 1 “基础地质学”课程思政教学整体安排

课程思政目标	融入章节	依托知识点	课程思政资源
辩证唯物主义和历史唯物主义的世界观和方法论	第 2 章第 2 节 地球的物理性质	太阳系行星发现史	九大行星到八大行星的演变历程，结合辩证唯物主义认识论——螺旋上升与波浪前进
	第 6 章第 3 节 河流搬运和沉积作用	冲积平原的形成	黄河泛滥治理史，从束水攻沙到疏堵并举，结合辩证唯物主义实践论，认识无限发展，真理永无止境
	第 17 章第 1 节 大陆漂移	大陆漂移的证据	魏格纳认识大陆漂移的过程，结合辩证唯物主义观——实践出真知

续表 1

课程思政目标	融入章节	依托知识点	课程思政资源
科学精神	第 2 章第 2 节　地球的物理性质	卡文迪许称量地球质量	青年时期梦想称量地球，一生探索，培养勤于思考、善于思考、勇于探索的精神
	第 9 章　冰川的地质作用	南极科考	本校三位教师的极地科考经历，培养爱国、求实、创新、拼搏的南极精神
	第 14 章　地震作用	地震成因	90% 以上的地震为构造成因，培养实事求是的科学精神
生态文明	第 2 章第 3 节　宇宙中的地球	地球的唯一性和重要性	爱护环境，保护地球，认识"绿水青山就是金山银山"
	第 6 章第 3 节　河流搬运和沉积作用	长江黄河的泥沙搬运量	长江的年径流量远超黄河，但黄河的搬运量却远大于长江的实例，树立生态环境保护意识
	第 7 章第 1 节　岩溶作用	桂林山水	桂林山水的保护和开发经历，树立生态文明观念
四个自信	第 2 章第 1 节　地球的几何特征	古代各国对地球的认识过程	中华民族对地球的认识领先世界等，树立文化自信
	第 14 章　构造运动	宋代沈括对沧海桑田的认识	中国古代对构造运动的认识远超其他国家，树立文化自信
家国情怀	第 6 章第 3 节　河流搬运和沉积作用	河流沉积地貌——江心洲	湘江中的橘子洲，遥想毛主席的广阔胸襟，树立为中华崛起、民族复兴而读书的大局意识和时代责任
	第 7 章　岩溶作用	地表岩溶地貌——落水洞	桂林市灌阳县新圩酒海井，红军战士被投入落水洞中杀害，弘扬视死如归的红色文化精神
	第 8 章第 1 节　海水环境与海水运动	大陆架	从地质角度认同钓鱼岛是中国的固有领土，提高海洋意识，增强海洋国土观念，坚决维护海洋国土权益，自觉维护国家主权完整

三、课程思政教学方法及手段

"基础质地学"教学实践活动显示，榜样示范法、情感陶冶法、说服教育法、问题导向法、研究性教学法和实践锻炼法等是较为合适的课程思政教学方法。

（1）榜样示范法。借助于古今中外的杰出人物，以其优秀品质和模范行为鼓励青年学生努力学习、独立思考、勤于思考、勇于探索，培养大局意识、时代责任和团结一致、齐心协力的集体主义精神，弘扬红色文化、奋发图强、振兴中华的爱国主义情怀。

（2）情感陶冶法。引用古今中外的名人名言，使学生沉浸其中，自觉树立环境保护意识，潜移默化中增强民族自豪感、文化自信及制度自信等。

（3）说服教育法。通过摆事实、讲道理，使学生发自内心地认同，增强明辨是非的能力，树立生态文明建设的意识，自觉维护国家权益等。

（4）问题导向法。对于逻辑性比较强的知识点，可选择趣味性较强或者生活中较常见的现象，以问题的形式，激发学生的兴趣，同时培养学生的唯物主义世界观、逻辑思维，增强环境保护意识等。

（5）研究性教学法。通过开展小型的研究实践活动，培养善于思考、勇于思考的科学探索精神。

（6）实践锻炼法。利用专业实验室、地质博物馆、甑皮岩古人类遗址、灌阳酒海井红色文化遗址开展室内或野外的实践教学，培养辩证唯物主义实践论的观点，坚定文化自信，树立视死如归的革命英雄主义和爱国主义精神。

四、课程思政教学实施具体案例

第8章第1节　海洋环境与海水运动

（一）教学内容

（1）海水的物理化学性质、海洋生物。

（2）海洋的环境分带（滨海带、浅海带、半深海带和深海带）。

（3）海水的运动方式（波浪、潮汐、洋流和浊流）。

（二）教学重点

（1）海洋环境分带。

（2）海水运动方式。

（三）教学难点

（1）难点：波浪的运动方式。

（2）难点分析：波浪运动中水质点的运动方式具有高度的抽象性，尤其是水质点的闭合圆周运动（理想状态下），水质点不随波浪前进，仅仅是波形在前进。这对学生的抽象思维是一个巨大的挑战，因此讲述过程中需要引入抖动的绳子，说明波形前进，而质点并未随波前进，帮助学生理解波浪的运动。

（四）教学目标

1. 知识目标

（1）掌握海洋环境分带，并了解相应的海洋生物。

（2）掌握海水的运动方式及规律等。

2. 能力目标

（1）具备解释海洋环境与生物分布规律的能力。

（2）具备分析海水运动规律，解释常见海洋沉积物的分选、磨圆等的能力。

3. 情感态度价值观目标

（1）提高学生的海洋意识，增强海洋国土观念，坚决维护海洋国土权益，自觉维护国家主权完整。

（2）培养科学的逻辑思维能力、善于观察和勇于探索的科学精神。

（五）教学内容与思政元素融入点

（1）重点阐述海洋环境的划分，滨海带、浅海带、半深海带、深海带（大陆架、大陆坡、大陆基和大洋盆地），《联合国海洋法公约》规定大陆架是一国的领土向海洋方向的自然延伸，沿海各国对大陆架享有勘探和开发其自然资源的主权权利，中国对邻接本国领土的海洋，包括钓鱼岛在内的大陆架地区拥有无可争辩的不容侵犯主权权利，以此培养学生提高海洋意识，增强国土观念，坚决维护权益，自觉维护国家主权完整。

（2）讲述海水运动的四种方式——波浪、潮汐、洋流和浊流。利用美国国父本杰明·富兰克林研究洋流的故事，培养学生善于观察思考、敢于实践、勇于探索的科学精神。

（六）教学过程

“海洋环境与海水运动”教学过程见表2。

五、教学效果

坚持以学生为中心，采用榜样示范法等德育教学方法，丰富了课堂教学形式，大幅提升教学质量，有效实现了教书育人的使命。水利类2017级（传统教学）：及格率73.4%，优秀率2.5%，平均分63.3；水利类2018级（开展课程思政教学）：及格率92.5%，优秀率6.0%，平均分75.9。在课程思政建设过程中，教学团队也取得了一系列成果，2018年，主持“基础地质学”校级课程思政教改课题；2019年“基础地质学”课程思政教学模式改革与实践（2019JGA179）获得广西壮族自治区A类立项，项目提出了理工类课程思政建设的育人方案、方式、途径和具体改革措施，并进行相关的理论探索和研究工作；2021年，“基础地质学”被评为教育部首批“课程思政示范课程”，白令安获“课程思政教学名师”称号，课程团队被评为“课程思政教学团队”。

六、教师感悟

经过四年多的教学实践，我们深刻认识到学生的成长和成才是一体的。课程思政的有机融入，不仅有助于深化学生专业知识的学习，更有助于让学生明白专业学习的意义和价值，增强学习的主动性。当然，我们在实践中也遇到了困难，突出的一点是课程思政育人效果的评价机制该如何建立？俗话说“十年树木，百

表 2 “海洋环境与海水运动”教学过程

教学环节	教学内容	思政目标及资源	教学方法及手段	师生活动设计	时间分配
导入	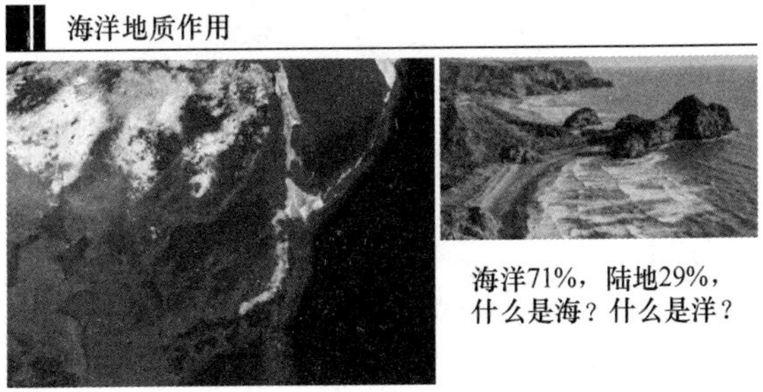 认识全球海陆面积比例，海洋矿产资源，煤、石油、天然气、可燃冰等，以及研究海洋的意义		讲授法，PPT 课件	问题导入，吸引学生注意力，使用图片介绍海洋资源，用“海洋如此重要，我们对海洋有多少了解呢？”这一设问转入下一环节的学习	2min
讲新课 1. 海洋环境	（1）海洋概况。化学成分、物理性质、海洋生物		讲授法，PPT 课件	结合生活常识及高中知识，引导学生理解海洋的盐度、温度等，并划分海洋生物类型	5min
	（2）海洋环境。滨海带、浅海带、半深海带、深海带（大陆架、大陆坡、大陆基和大洋盆地），钓鱼岛及其附属岛屿位于中国东海大陆架上，属中国固有领土	提高全民海洋意识，增强海洋国土观念，坚决维护海洋国土权益，自觉维护国家主权完整	说服教育法，分析法，理论联系实际法	（1）指导学生看图了解“滨海带、浅海带、半深海带、深海带、大陆架、大陆坡、大陆基和大洋盆地”等基本概念。 （2）学生运用相关知识，分析图中岛屿的归属，然后教师介绍中日海岛之争，东海油气田争端，加深对海洋结构的认识，并从专业角度强化“钓鱼岛是中国的”这一事实	8min

续表 2

教学环节		教学内容	思政目标及资源	教学方法及手段	师生活动设计	时间分配
讲新课	2. 海水运动	（1）波浪：波浪的要素、运动特点以及变形和破碎		演示法	波浪抽象复杂，讲授时引入抖动的绳子，说明波形前进，而质点并未随波前进，帮助学生理解波浪运动	15min
		（2）潮汐：潮汐的原理；“八月十八潮，天下壮观无”		案例法	用钱塘江大潮分析潮汐的特点及成因	5min
		（3）洋流：海水常年进行大规模定向运动。本杰明·富兰克林研究并绘制了第一幅北大西洋洋流图	培养学生善于观察思考、敢于实践、勇于探索的科学精神	榜样示范法	介绍本杰明·富兰克林投放漂流瓶，实地考察，研究洋流，加深学生对洋流的理解	5min
		（4）浊流：海洋中的高密度重力流		案例教学法	以 1929 年纽芬兰地震引发浊流，海底电缆由北向南依次被切断为例，加深学生对浊流的理解	3min
课堂总结		教师根据主要知识体系，提出问题，学生集体回答		讲授法	提问式带领学生回顾所学知识	2min
布置课后作业		完成第 8 章课后作业（自拟试题，包括填空、名词解释、读图题、论述题）		练习法	学生	

年树人”，情感、态度与价值观的形成与变化难以外显，效果也很难立即表现出来，更难以归功于一门课程的学习。鉴于此，课程思政教学可以推广轻考核而重育人经验，让全体教师都增强育人的能力，把学生培养成德、智、体、美、劳全面发展的人，这才是课程思政建设的终极意义所在。

“工程地质勘察”课程思政教学案例

地球科学学院　熊丽芳

一、课程基本信息

课程名称： 工程地质勘察。

课程性质： 专业基础课。

授课对象： 地质工程专业三年级本科生。

教学目标：

（1）知识目标。

1）掌握岩土工程勘察的理论基础与技术方法。

2）掌握各类岩土工程勘察方法。

3）掌握岩土工程地质问题的分析及评价方法，掌握岩土工程勘察报告编写内容及方法。

（2）能力目标。

1）能进行岩土工程勘察工作布置设计。

2）能进行勘察工作野外编录。

3）能用计算机软件进行勘察数据的分析整理及图件绘制。

4）能合理分析工程地质条件，对场地稳定性、地基适宜性、环境影响等进行评价及建议，能提供满足设计、施工所需的各种岩土参数。

5）能编写岩土工程勘察报告。

（3）情感态度与价值观目标。

1）具有良好的团队精神，诚信、友善。

2）具有严谨的治学态度，并勇于创新。

3）具有不畏艰苦，勇于担当作为的品质。

4）坚守工程伦理道德。

5）坚定民族自信与专业自信。

课程简介：

“工程地质勘察”是地质工程专业在大学三年级开设的一门专业必修课，是在学生学完“土力学与地基基础”“岩体力学”“工程地质学”等专业基础课的基础上开设的。

工程地质勘察是工程建设首先要开展的基础性工作，其基本任务就是根据建筑物或构筑物不同勘察阶段的要求，为工程设计、施工和相关岩土工程的治理提供准确的地质资料及必要的技术参数，并对有关的岩土工程问题作出论证与评价。学生通过对本课程的学习，应该掌握岩土工程勘察的基本理论、基本知识、基本技术方法、各类岩土工程勘察的基本要求及岩土工程的评价方法，能进行岩土工程勘察工作布置设计、勘察工作野外编录、运用计算机软件进行勘察数据的分析整理及图件绘制、合理分析工程地质条件，对场地稳定性、地基适宜性、环境影响等进行评价及编写岩土工程勘察报告等，为毕业后从事地质工程相关工作打下良好的基础。

使用教材：刘之葵，等. 岩土工程勘察. 北京：中国建筑工业出版社，2012.

教学参考资料：中华人民共和国建设部. 岩土工程勘察规范（GB 50021—2009）. 北京：中国建筑工业出版社，2009.

二、课程思政整体教学设计

（一）课程思政教学理念与思路

岩土工程勘察是建设工程的关键一环，担负起为设计提供地质依据、为施工提供地质指导的重任，极其重要。岩土工程勘察规范规定：各项工程建设在设计和施工之前，必须按基本建设程序进行岩土工程勘察。这是一门实践性非常强的课程，带有野外性质，需要团队作战，作业条件艰苦，需要查明的地质条件具有隐蔽性、复杂性等特点，各种复杂工程问题层出不穷，工程责任极其重大。这样的课程特点，需要传导给学生的价值观是什么？怎么才能有效地进行传导？这都需要在“工程地质勘察”课程思政教学设计中进行整体的思考与谋划，经过对课程不断地解读、思考与实践，这门课程整体思政教学思路与路径是这样的：根据课程特点确定思政目标，根据课程内容发掘思政元素；探索思政元素在课程中的融入方式即教学方法，加强思政实施；最后在课程考核中兼顾学生品行的考核。

（二）课程思政教学整体安排

表 1 为“工程地质勘察”课程思政教学整体安排。

表 1　“工程地质勘察”课程思政教学整体安排

课程思政目标	融入章节	依托知识点	课程思政资源
民族自信、专业自信	绪论	岩土工程的挑战	港珠澳大桥背后的故事视频（来自网络），了解海底沉管安装受到国外技术封锁及漫天要价后的自我研发、攻克难关不断创新的故事

续表1

课程思政目标	融入章节	依托知识点	课程思政资源
民族自信、专业自信	第五章　各类工程的勘察基本要求（高层建筑勘察基本要求）	高层建筑地基与基础	中国最高建筑上海中心大厦，对比迪拜塔，认识软土上建高楼面临的地基与基础沉降、变形、稳定等的挑战
专业使命感	绪论	岩土工程技术的发展与创新	且沉且处理的日本关西国际机场，软土及回填土沉降超越了现有理论基础
	第五章　各类工程的勘察基本要求（高层建筑勘察基本要求）	高层建筑勘察基本要求	一分钟新闻视频：澳大利亚悉尼西部一栋刚建成的36层公寓出现巨大裂缝、大楼发生倾斜，警察疏散楼内300多住户及周围居民，认识高层建筑地基基础稳定问题与勘察的关系
	第六章　不良地质作用和地质灾害（岩溶）	岩溶工程地质问题	了解基坑抽水至50m外桂林航道局楼房倒塌案例，认识岩溶水位变化与土洞及塌陷形成的关系，以及岩溶地质问题的复杂性
	第六章　不良地质作用和地质灾害（滑坡）	滑坡的危害	人民子弟兵在云南镇雄山体滑坡中抢险视频
诚信、工程伦理道德	第八章　岩土参数数据统计分析	岩土参数取值	某高层建筑勘察过程中钻孔深度及地层参数作假，地层揭示与实际严重不符，导致设计的人工挖孔桩基础设计深度与实际持力层深度相差过大，重新变更设计引发成本及工期重大索赔
	第九章　岩土工程评价	概论	介绍优秀勘察人员的成长过程、本专业优秀毕业生的成长经历等

三、课程思政教学方法及手段

对学生思想价值观的引导切忌说教，应该根据课程特点，把思政元素融入课堂，做到润物无声。“工程地质勘察”课程思政上述思政元素主要采用问题导向、讲故事、课堂讨论、工程案例分析与任务驱动等方法融入课堂，自然而然形成对学生思想的冲击与价值观的塑造。

（1）问题导向教学法。将思政元素融入问题之中，通过学生解答并展现问题的思维过程，在追问、解疑的过程中，将正确的价值观传导给学生，形成学生的主动接受。比如在“第五章　各类工程的勘察基本要求”中的“高层建筑勘察基本要求”章节知识点中，通过澳大利亚悉尼一栋36层公寓高层建筑出现巨大裂缝、大楼发生倾斜的一分钟新闻视频，引导学生从专业的角度思考问题：高层建筑出现倾斜有哪些地基基础方面的原因？然后引导学生思考：高层建筑勘察质量如何保证？高层建筑勘察方案设计对工程师有哪些能力要求等问题，在解决上述问题的过程中，本次课的思政教学目标：建立高层建筑岩土工程勘察的质量安全、质量责任意识，勘察工作者的社会责任与担当，以及专业进取精神等也一步步得到落实。

（2）故事讲述法。结合工程地质勘察课程的知识点，寻找典型的故事，通过讲述或播放视频的形式向学生呈现故事，引导学生思考、理解和认同故事中所传递的价值观，最终达到工程地质勘察课程思政教学目的。比如在绪论部分，选择三个知识点：岩土工程问题的复杂性、岩土工程的挑战及岩土工程技术的发展与创新，分别讲述三个与专业相关工程背后的故事，使其深刻感受祖国岩土工程技术发展的艰辛历程，进而培育其民族自信心和爱国情怀，建立专业使命感。

（3）课堂讨论教学法。问题越辩越明，对一些专业领域存在的社会不良现象，通过课堂讨论促成多种观点碰撞，激发学生的智慧，加深对问题的理解。在勘察参数数据分析章节中，针对社会上存在的勘察过程中弄虚作假现象，用实际工程中由于勘察数据弄虚作假导致工程失败的案例，引发课堂讨论。如：这些人的做法存在哪些错误，违反了哪些法律法规，会引发哪些质量安全后果？市场竞争很残酷，你遇到这种问题怎么办？等等，引导学生建立正确的人生观价值观，让法制、工程伦理道德扎根学生心中。

（4）工程案例教学法。“工程地质勘察”课程实践性很强，教学中涉及很多工程案例。在此环节，教师可以根据具体章节的内容选取一些成功的重大工程案例，在向学生讲解各种勘察方法的适用性和工程实践中各类问题解决方法的基础上，融入诚信、友善等核心价值观教育和民族自信心教育，还可以选取典型的反面工程案例（工程事故），让学生分析该事故带来的启示，以此让学生领悟遵循专业规范的重要性，培养学生认真细致、实事求是的精神，提升学生的社会责任感和使命感，从而实现“工程地质勘察”课程思政教学的目标。

四、课程思政教学实施具体案例

第四章第二节　高 层 建 筑

（一）教学内容

（1）高层建筑勘察规定。

（2）高层建筑勘察基本要求。

（二）教学重点

（1）钻孔间距、一般孔、控制孔确定、钻孔深度确定，取岩、土、水试样及数量确定等勘察基本要求。

（2）原位测试方法选择及数量确定勘察基本要求。

（三）教学难点

一般孔、控制孔的深度确定。

（四）教学目标

1. 知识目标

理解高层建筑勘察规范规定，掌握高层建筑勘察基本要求。

2. 能力目标

能进行高层建筑勘察方案布设。

3. 情感态度与价值观目标

（1）建立质量安全意识、社会责任意识。

（2）建立能力、资格、责任意识，勇于担当。

（五）教学内容与思政元素融入点

本节教学内容主要在两处融入了思政教学，一是在导入本节教学内容"高层建筑勘察基本要求"时，为了说明高层建筑勘察的重要性，用了一栋高层建筑刚建成就倾斜开裂、疏散人群的视频新闻案例，引导学生建立起质量安全意识、质量责任意识、社会责任意识；在说明了高层建筑勘察责任重大后，紧接着用"高层建筑勘察工作质量安全责任如此重大，对工程项目勘察方案的设计者有要求吗？谁设计谁负责"等一系列问题引出规范规定条款中注册岩土工程师的概念，把专业能力、专业资格、社会责任、个人价值等思政元素融入教学内容中。

（六）教学过程

1. 新课导入抓眼球，思政元素含其中

首先播放一个一分钟的新闻：2018 年 12 月 24 日，澳大利亚悉尼西部一栋 36 层公寓出现巨大裂缝、大楼发生倾斜，警察正在疏散楼内 300 多住户及周围居民，并以该房屋为中心方圆 1000m 范围进行戒严，以便调查事故原因并评估该房屋是否有倒塌的风险，画面很震撼。损失多大，责任谁付，原因是什么？通过这个案例引导学生从专业的角度思考一个问题：高层建筑出现倾斜有哪些地基基础方面的原因？大家讨论。引导学生复习土力学中关于沉降、不均匀沉降等概念与知识，然后提出问题：高层建筑地基基础安全稳定与工程地质勘察有什么关系？引出本节课内容：高层建筑勘察基本要求。在这个部分，短片中质量安全、质量责任、专业社会责任等思政元素隐含其中形成强烈的冲击，而学生在老师带动下跟着问题思考讨论的同时，又不断回顾复习土力学中关于不均匀沉降方面的内容，认识到不均匀沉降对建筑物安全的致命危害，也认识到岩土工程勘察工作质量对建筑物安全的重要性。

2. 问题推进，价值引导

高层建筑勘察工作质量安全责任如此重大，对工程项目勘察方案的设计者有要求吗？谁设计？这里采用问题引导法，自然过渡，形成逻辑链，要求学生自己查找规范条款。高层建筑岩土工程勘察规程明确规定：勘察方案应由注册岩土工程师制定并对勘察质量、技术经济合理性负责。这里表明了一个观点：高层建筑勘察方案质量安全责任重大，要由有能力有资格的人承担。怎么评价勘察人的能力呢？自然引出注册岩土工程师概念，以及注册岩土工程师的市场稀缺情况、发展前景、对知识的要求等，引导学生树立在专业的道路上不断进取的意识，鼓励学生早日取得资格，更好地担负重任、实现自己的社会价值，由此将责任感、专业能力的锤炼等思政元素有机融入教学中。

3. 综合逻辑分析，引导识别高层建筑工程地质问题

给出案例，引导识别项目的工程地质问题。这个部分主要采取引导分析法，根据高层建筑特点分析对地质条件的要求，以及与地质环境的相互作用，判断会产生哪些问题，如何在勘察工作布置中解决这些问题，在这个过程中培养学生的综合分析问题的能力、全局意识及逻辑思维的能力。

4. 高层建筑勘察设计，团队作战攻克难关

高层建筑勘察工作设计内容主要包括高层建筑勘察钻孔间距布置、钻孔深度确定、一般孔、控制孔确定、岩土水试样取样及数量确定、原位测试方法选择及数量确定等，这里涉及大量勘察规范条款要求。通过实际工程案例，采取任务驱动教学法，让同学们在方案设计中去运用并理解规范要求，充分发挥学生的主观能动性，培养学生自主学习能力，合作探究的品质。学生方案设计过程中，会出现经验不足、知识遗忘，理解不透等问题，老师在这个过程中伺机进行引导提示，比如：基础类型、基坑支护如何预判？一般性钻孔深度如何确定？控制性钻孔深度如何确定？场地土层适用的原位测试方法有哪些，如何选择？等等，并在过程中解答学生的疑惑。

5. 做好总结，加深理解记忆

针对本节课的知识点，采取教师问、学生答的方式，对教学内容进行回顾，使学生进一步熟悉与理解规范条款。

最后老师根据同学们的理解难点，针对性地设计案例练习，巩固本章知识应用。表2为“高层建筑勘察基本要求”教学过程。

表2 “高层建筑勘察基本要求”教学过程

教学环节	教学内容	思政目标及资源	教学方法与手段	师生活动设计	时间分配
导入	悉尼高层建筑倾斜的一分钟新闻视频引发问题：（1）高层建筑出现倾斜有哪些地基基础方面的原因？（2）高层建筑地基基础稳定与勘察有什么关系？	（1）思政目标：1）培养尊重专业，严谨治学的态度；2）培养安全意识及责任意识。 （2）思政资源：悉尼一栋36层高层建筑倾斜的一分钟新闻视频	视频 提问	教师提问、学生讨论并回答问题	5min

续表2

教学环节	教学内容	思政目标及资源	教学方法与手段	师生活动设计	时间分配
讲新课	（1）高层建筑勘察规定（规范条款1.0.3）	建立能力、资格、责任意识，教育学生要努力学习、提升专业能力以承担重任。 高层建筑勘察规范规定：高层建筑勘察方案应由注册岩土工程师负责	PPT讲授	学生查找规范条款，老师提问：注册岩土工程师如何获得？需要具备哪些知识？大学期间要做什么准备？等等，然后PPT讲解注册岩土工程师的考试科目、内容，以及市场上注册岩土工程师的薪资水平等	5min
	（2）高层建筑勘察钻孔间距布置		PPT板书	案例实践	5min
	（3）高层建筑钻孔深度确定（一般孔及控制孔）		PPT板书	案例实践	10min
	（4）岩土水试样取样及数量确定		PPT板书	案例实践	8min
	（5）原位测试方法选择及数量确定		PPT板书	案例实践	7min
课堂小结	（1）高层建筑勘察方案责任人是谁？ （2）钻孔间距如何确定？ （3）钻孔深度如何确定？ （4）取样数量确定的依据是什么？ （5）原位测试确定的依据是什么？				5min
布置作业	南宁市虹桥路拟建1栋31～32层的高层住宅，地下室1层，埋深5m，框剪结构，建筑物长80m，宽20m。调查了解场地地层分布自上而下依次为人工填土约10m；冲积黏土约10m、含黏土圆砾约10m；泥岩风化残积层黏土约10m、下伏基岩为泥岩。 （1）分析确定该工程勘察等级。 （2）进行钻孔布置、确定钻孔间距，确定控制性钻孔、一般孔性孔数量，确定钻孔深度，确定波速测试孔及数量，要求依据充分并画图标识。 （3）设计取土样数量、取水样数量。 （4）设计原位测试方法及数量				

五、教学效果

"工程地质勘察"的教学是为未来培养合格的工程师打基础的，学生除了学习知识，还需形成工程伦理道德观及社会责任感，树立起勤奋务实、勇于创新的工作作风。通过有目的有意识地在工程地质勘察课程中融入思政元素，学生们上课积极性更高了，班级凝聚力得到加强，课堂氛围很好。此外，通过老师言传身教及制定规则，同学们上课不迟到、作业不抄袭、考试不作弊，学习勤奋踏实努力上进、举止文明礼貌等，不良行为极少。通过把工程伦理、法律法规渗透课堂，学生的法治意识、对工程的敬畏意识及责任意识得到极大的加强。

六、教师感悟

（1）专业课程教学中的思政元素既要根据教学内容精心设计，有目的地形成对思想的冲击及价值观的传导，又要灵活多变，随时随地根据情况进行拓展。

（2）好的课堂要引导学生由被动变主动。

（3）对学生价值观的塑造，是对老师自身的思想政治素养与教学能力的考验。老师充分地准备与设计、认真教学的样子本身就是一种言传身教，思政教育无处不在。

“珠宝市场营销学”课程思政教学案例

地球科学学院　于海燕

一、课程基本信息

课程名称：珠宝市场营销学。

课程性质：专业核心课。

授课对象：宝石及材料工艺学专业大二年级本科生。

教学目标：

（1）知识目标。了解珠宝市场营销的基本概念和相关知识，熟悉珠宝市场营销环境研究方法、市场定位、SWTO 理论体系等，掌握珠宝企业竞争战略、企业发展战略、品牌战略和营销策略。

（2）能力目标。能运用市场营销知识制订珠宝企业的营销策略，并能运用市场营销理论解决市场营销中的问题。

（3）情感态度与价值观目标。通过中国珠宝行业的蓬勃发展、中国珠宝品牌的成功案例和中国特色的珠宝产品设计，坚定学生的中国特色社会主义道路自信、理论自信、制度自信和文化自信。同时通过营销中违反社会主义核心价值观的市场行为和企业行为，警示学生，培养学生诚实守信和爱岗敬业的职业道德和科学的发展观。

课程简介：

“珠宝市场营销学”是宝石材料及工艺学专业核心课程，是一门实践性和专业性较强的课程，通过本课程的学习，可以帮助学生提高珠宝市场营销理论知识的运用能力和市场运作能力，明确市场策划的基本步骤，进而掌握珠宝市场营销的基本技巧和方法，为学生从事营销类工作和自主创业打下基础。学习该课程前，学生已经学习了“会计学”和“电子商务”，对企业和营销有一定的了解。在该课程学习的基础上，后期会进行两次实习，分别是“宝石商贸实习”和“营销应用实习”，通过实习可以巩固和深化珠宝营销知识，帮助老师了解学生对理论知识的掌握程度和灵活应用能力，同时可以培养学生从事珠宝营销工作的职业规范、爱岗敬业和公平诚信的工作原则。

使用教材：包德清. 珠宝市场营销学. 2 版. 武汉：中国地质大学出版社，2016.

二、课程思政教学整体设计思路

（一）课程思政教学理念与思路

1. 课程思政教学理念

“教书育人”是教师的天职，思想政治教育并不只局限于思政课堂，而是贯穿于各学科教育教学活动始终，正如习近平总书记在学校思想政治理论课教师座谈会上强调，要坚持显性教育和隐性教育相统一，挖掘其他课程和教学方式中蕴含的思想政治教育资源，实现全员全程全方位育人。“珠宝市场营销学”是研究市场经济下珠宝企业经营行为和营销技巧的课程。但是，由于珠宝首饰是满足消费者心理需求的商品，而且消费者对其知之甚少，往往有敬畏之心。在激烈的市场竞争中，国内有些珠宝企业出于追求高额利润的考虑，虚假营销、低俗营销、恶意竞争等不道德的营销手段层出不穷，不仅侵害了消费者和社会大众的利益，而且对企业和珠宝行业的长远发展非常不利。为此，如果珠宝市场营销课程中不能有效进行正确的价值引领，忽略职业道德观培养，那么学生走上工作岗位，尤其是步入管理层后，容易受功利主义的影响，做出有悖公平竞争、有损消费者权益和行业信誉的决策。因此，开展课程思政教学改革，将社会主义核心价值观和职业道德有机融入课堂教学，是“珠宝市场营销学”课程建设的一项重要任务。

2. 课程思政教学思路

（1）明确课程思政目标体系。根据课程内容选择思政目标，然后依据思政目标组织思政资源。《珠宝市场营销学》第 1 章 ~ 第 4 章介绍的市场分析部分，因珠宝市场的发展与国家的政治体制和经济体制分不开的，所以思政目标为“四个自信”，思政资源主要为新闻报道。第 5 章 ~ 第 8 章介绍的企业计划部分，主要为经营战略、竞争战略、品牌战略和目标营销战略，因战略的制定必须要发展地看待问题，尊重事物发展规律，不能急于求成，具体问题具体分析等，所以思政目标为可持续发展观，思政资源主要为视频资料。第 9 章 ~ 第 12 章介绍的营销策略，主要为产品、价格、渠道、促销的策略，是具体的营销实务，所以思政方向为职业道德培养，思政资源主要为典型思政案例。

（2）挖掘具有中国珠宝特色的课程思政元素。为了达到课程思政教学目标，“珠宝市场营销学”教学资源除从珠宝营销专业教学上加以考量之外，还应充分收集具有中国珠宝特色的思政元素。教学资源多选择有中国文化特色的珠宝品牌成功案例，多学习中国成功珠宝企业的经验，多体现中国的发展壮大对珠宝行业的影响，让学生在学习过程中潜移默化地了解和熟悉社会主义制度的优越性，体会中国特色的珠宝文化、中国珠宝企业家精神及优秀品质，让他们在不知不觉中培养爱国情怀、可持续发展观、创新精神、职业道德和社会主义核心价值观等人文素质。

（3）采用多样化的教学方法增强学生的参与度。"珠宝市场营销学"课程思政教学采用学生有更多参与感的教学方法。比如在学校的教学质量管理平台和雨课堂上，采用引导式、讨论式、知识抢答式的问题吸引学生互动交流。线下课堂可采用任务式、情景模拟式、辩论式等多种方法教学，让学生在思考、表达、抢答、辩论和参与的过程中，愉悦地接受专业教育和思政教育。同时注重利用线下教学资源进行思政教育，如邀请实习单位高管或杰出校友来校进行营销讲座，分享富有正能量的企业行为和案例，以面对面的、更生动和更深刻的教学方式实现润物无声式的思政教育，全面达到"市场营销学"课程思政教育目标。

（4）探索建立包括思政考核的多元评价体系。在传统的考核模块之外，应考虑将学生"道德品质"与"职业道德"纳入考核评价体系，通过考查学生的价值观和可持续发展观，实现对其多维度、客观、全面评价。结合"珠宝市场营销学"考核目标，在课堂提问、课后作业和结课考试中分别增加思政考核点，并保证该模块比例不低于20%。在课堂提问和课后作业评价中，围绕学生的价值取向、思辨能力、可持续发展理念等方面展开考核评价；在单元测试和结课考试中，通过案例分析题，对学生的价值观、职业道德与素养等方面进行考核。

（二）课程思政教学创新点

1. 充分挖掘中华优秀传统文化课程思政资源

古诗词是中国历史的一部分，是高度凝练的艺术，具有深厚的思想内涵，利用古诗词概括思政元素，既可以达到"画龙点睛"的效果，同时又能陶冶学生情操，提高学生人文素养。如：赞颂中国文化的诗词"中华文化，源远流长；博大精深，卓越辉煌"；赞颂诚实守信的诗词"自古驱民在信诚，一言为重百金轻"；赞颂爱岗敬业的诗词"春蚕到死丝方尽，蜡炬成灰泪始干"；赞颂社会责任感的诗词"横眉冷对千夫指，俯首甘为孺子牛"。

2. 从"感知、分析、运用"三个阶段进行思政考核

（1）感知阶段。选择具有思政要素的教学资源，如新闻报道、品牌故事、营销案例、先进事迹等，使专业知识与思政元素契合协同，使学生容易记忆和理解。思政考核选择提问的方式，如：这样做对不对，应该怎么做？

（2）分析阶段。引导学生对思政要素进行分类和评价，思政考核选择课后作业讨论的方式，如：该珠宝企业的行为存在哪些不妥之处，属于什么行为，会带来什么后果？

（3）运用阶段。主要考核学生对思政内容的运用能力，考核方式为单元测试和结课考试中的案例分析，如：该案例违反了社会主义核心价值观的哪些方面，我们应该怎么去做？

（三）课程思政教学整体安排

表1为"珠宝市场营销学"课程思政教学整体安排。

表 1 “珠宝市场营销学”课程思政教学整体安排

课程思政目标	融入章节	依托知识点	课程思政资源
四个自信	第二章第二节　中国珠宝市场的发展概况	中国珠宝市场的发展	新闻报道：2007 年中国已成为世界上最大的玉石加工及消费国，年消费量超 200 亿元；最大的珍珠生产国，年产珍珠约 1600t，占世界珍珠年总产量 95% 以上；最大的铂金消费国，首饰用铂金约 78 万盎司；还是全球最大的钻石消费国之一，年消费钻石首饰 250 多亿元，说明中国经济高速发展，国民消费能力增强，中华民族的伟大复兴正逐步实现
	第三章第一节　信息对珠宝营销决策的影响	经济环境	新闻报道：2010 年中国珠宝行业珠宝年销售额超过 2000 亿元，2020 年年销售总额达到 3000 亿元，出口超过 120 亿美元，已经成为世界上最大的首饰消费国。珠宝行业的迅猛发展是与国家政治和经济政策的扶持分不开的，让学生理解经济环境对珠宝营销决策的影响，厚植爱国情怀，坚定“四个自信”
	第四章　影响消费者购买行为的因素	文化因素	新闻报道：古法黄金首饰、生肖首饰、春节首饰的崛起，说明中国传统文化在珠宝消费者中的认同感，另外具有中国传统文化的首饰也表达了人们对幸福美好生活的期盼和祝福。由此说明在现代营销中，中国传统文化的融入具有非常重要的作用和意义，引发学生对中国传统文化的自信
可持续发展观	第五章第二节　行业演进下珠宝企业战略思考	认识行业的市场演进规律	正面思政要素：周大生先发展规模再打造品牌的战略模式。 反面思政要素：东方金钰上市和退市的历程。 培养学生正确认识和评价战略规划与市场营销管理过程的关系，帮助学生树立正确的市场营销思想
	第六章第三节　珠宝企业市场竞争制胜方略	以不断的创新取胜	案例分析：“大凡”珠宝在实力和品牌都不占优势的情况下，以原创设计为核心，专有技术为支撑，秉承品质创造价值的经营理念，瞄准国际市场，打造国际高端珠宝品牌，取得了成功。让学生认识到，只要勤于学习、勤于思考、勤于创新，笨鸟也能先飞，从而帮助学生树立正确的竞争观
	第七章第三节　中国珠宝行业品牌建设现状	正确认识品牌成长的规律	案例分析：周大生、金伯利、莱百首饰、七彩云南成功案例，引导学生要用长远发展的眼光看问题，通过企业案例渗透全局观，建立科学的品牌观
	第八章第三节　珠宝企业的目标市场选择	目标市场选择模式	视频资料：北京“女娲本纪”翡翠的宣传片，定位高档翡翠品牌，目标市场选择北京高端用户，实行精细化营销，取得了不菲的经营业绩。因此，在营销中要有“有所为，有所不为”的现代营销理念，要充分认识市场和企业自身的能力，不能被短期利益蒙蔽，盲目进行广泛化的市场营销，要树立科学的目标营销观

续表1

课程思政目标	融入章节	依托知识点	课程思政资源
职业道德	第九章第三节 珠宝企业的产品创新	珠宝企业产品创新的思路	榜样示范：2020年初，为积极应对新冠肺炎疫情，中国黄金在线上推出了一款"中国加油"投资金条，为武汉加油，为中国加油，并且零手续费销售，引发线上购买热潮，体现了疫情中企业高度的社会责任感和担当。经济学家马歇尔提出："道德的力量也是包括在经济学家必须考虑的那些力量之内的。"所以社会责任感是营销人员必须具备的职业道德
	第十章第四节 珠宝企业定价的意义	科学定价体现管理者的智慧	从珠宝行业"三年不开张，一开张吃三年"的定价现象，以及恶性"打折"和"价格战"的反面例子，强调珠宝营销中要诚实守信的职业道德
	第十一章第二节 珠宝企业分销渠道的选择	分销渠道选择的原则	案例分析：借助李佳琦开始直播卖口红的经历，结合翡翠直播带货的热潮，说明不管从事什么行业，爱岗敬业是最基本的职业要求
	第十二章第四节 珠宝促销方式	广告促销	以"周大福"千福之星广告和"周生生"点睛品广告为正面思政元素，以江西的"永福"珠宝，浙江的"金六福"珠宝的夸大宣传、虚假宣传为反面思政要素，培养学生对社会公众的责任心，以及生产经营中服务群众的职业道德

三、课程思政教学方法及手段

（1）案例教学法。通过典型案例，吸引学生的关注，同时将价值观融入教学中。如：在竞争战略部分，通过某些珠宝企业兴衰的历史，分析珠宝行业同质化竞争的现状，讨论其产生的原因，引导学生理解营销活动中应遵循可持续发展观，充分体悟创新的重要价值，树立创新意识。在促销策略部分，通过"好促销方式"和"坏促销方式"的对比，引导学生认识到习近平总书记提出的全媒体时代，讲好中国故事，传播中国文化，让世界更好地了解中国，树立起遵纪守法的思想。

（2）情景模拟法。通过情景模拟法，模拟珠宝企业做出营销决策的过程，引导学生在决策时做出正确判断。如：珠宝首饰价格策略，如果其他珠宝企业的价格比本企业低，怎么办？是进行打折，还是以次充好，还是其他的方法？针对学生的选择，通过引导，让学生自己得出正确的判断，从而培养学生对市场价格的正确态度，树立遵守行业规范，不以价格扰乱市场的理念。

（3）混合式教学法。思政教学不仅体现在课堂教学中，应该包括课前、课中和课后的每个教学环节。在教学过程中充分利用线上教学平台、各种互联网资源、微信群、QQ群等方式为学生提供丰富的融入思政元素的学习资料，实现全方位育人。如："珠宝企业的战略"课前在微信公众平台上发布周大福入住内地的发展历史，以及周大生品牌的发展历史，让学生在上课时，自己总结两个企业成功的原因，从而使学生在获得感性认识的基础上，培养他们正确认识和评价战略规划与市场营销管理过程的关系，由此上升到对习近平新时代中国特色社会主义思想的中国国家战略的理解。

四、课程思政教学实施的具体案例

第七章第二节　品牌在珠宝营销中的意义

（一）教学内容

（1）品牌的定义。

（2）珠宝品牌概述。

（3）品牌在珠宝营销中的作用。

（二）教学重点

（1）品牌六个方面的内涵。

（2）珠宝品牌的发展规律。

（三）教学难点

（1）能从四个层次、六个方面解释不同的珠宝品牌。

（2）理解珠宝品牌在珠宝营销中的特殊作用。

（四）教学目标

（1）知识目标：掌握珠宝品牌定义和特点，理解品牌在珠宝企业营销中的作用，领会我国珠宝企业品牌建设的意义。

（2）能力目标：利用珠宝品牌的特点和内涵，解释不同珠宝品牌的差异；利用珠宝品牌的发展规律，模拟如何打造一个珠宝品牌。

（3）情感态度与价值观目标：通过周大福传承系列黄金的商品设计，讲述中国传统文化在珠宝营销中的作用，激发学生对中国文化的认可。通过周大福珠宝品牌的发展历史和成功案例，培养学生科学的营销观。

（五）教学内容与思政元素融入点

（1）品牌文化内涵：周大福传承系列黄金饰品以“传艺·承美”为 SLOGAN，秉持“传承中国传统工艺，弘扬中华文化，彰显东方美学”的理念，以黄金为例，结合现代审美重铸传统经典，引领时尚潮流，展现传统工艺之精湛，致敬中华文明之璀璨。日前，周大福传承专营店数量突破 100 家，再启新篇章。周大福传承黄金饰品的成功，表明中国传统文化在珠宝营销中的重要作用，引导学生认识到中华民族意识正在全面复苏，激发学生对中国传统文化的认可，培养学生的文化自信。

（2）珠宝品牌概述：周大福创立于 1929 年，是香港上市市值最大的珠宝公司，专营周大福品牌珠宝玉石金饰业务，是集原料采购、生产设计、零售服务于一体的综合性经营企业，是中国最著名及最具规模的珠宝首饰品牌之一。周大福从传统黄金饰品→99.99 高纯度黄金饰品→戴比尔斯钻石看货商→进军中国内地市场→建立 4000 多家零售店，说明品牌的建设不能一蹴而就，需要长期积累，引导学生建立正确的品牌发展观。

（六）教学过程

1. 导入新课（3min）

（1）教学内容：不同品牌的古法黄金手镯价格差异，如图 1 所示。

（2）教学方法和手段：案例教学法/多媒体教学。

（3）师生互动设计：图 2 为课程导入师生互动过程。

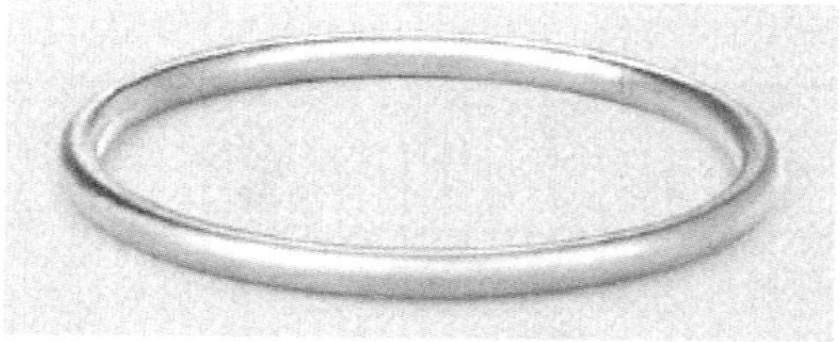

图 1 古法黄金手镯

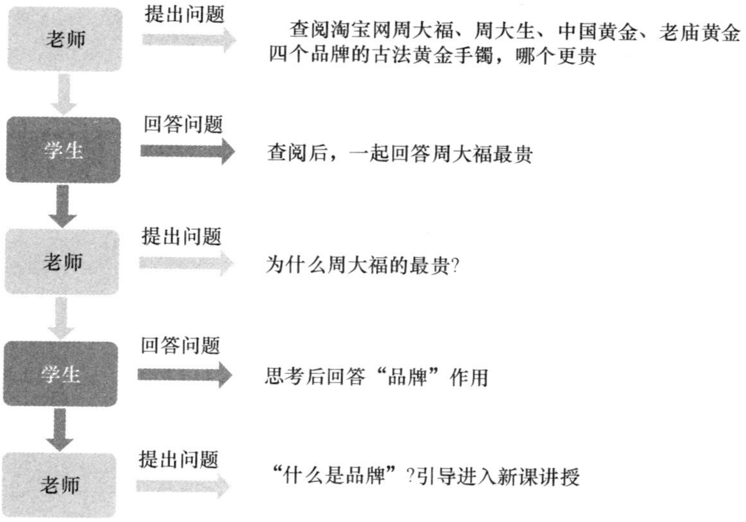

图 2 课程导入师生互动过程

2. 新课讲授（40min）

（1）品牌概述（10min）。

1）教学内容：

① 品牌的定义；

② 品牌的特征；

③ 品牌的内涵。

2）思政目标及资源。

① 思政目标：培养学生的文化自信。

② 思政资源：周大福传承系列黄金饰品宣传视频（见图3），周大福传承系列黄金饰品致力推广传承传统工艺，专注弘扬中华文化，成为黄金珠宝传统工艺传承、传统文化现代演绎的卓越倡导者。2021 年 8 月，周大福传承专营店突破100 家，分布在全国50 多座城市。周大福传承系列黄金饰品的成功，说明了中国传统文化是影响珠宝消费者购买心理的一个重要因素，由此激发学生对中国传统文化的认同感，培养文化自信。

图 3　周大福传承黄金饰品宣传片

3）教学方法和手段：案例教学法/多媒体。

4）师生活动设计：图 4 为“品牌概述”师生活动过程。

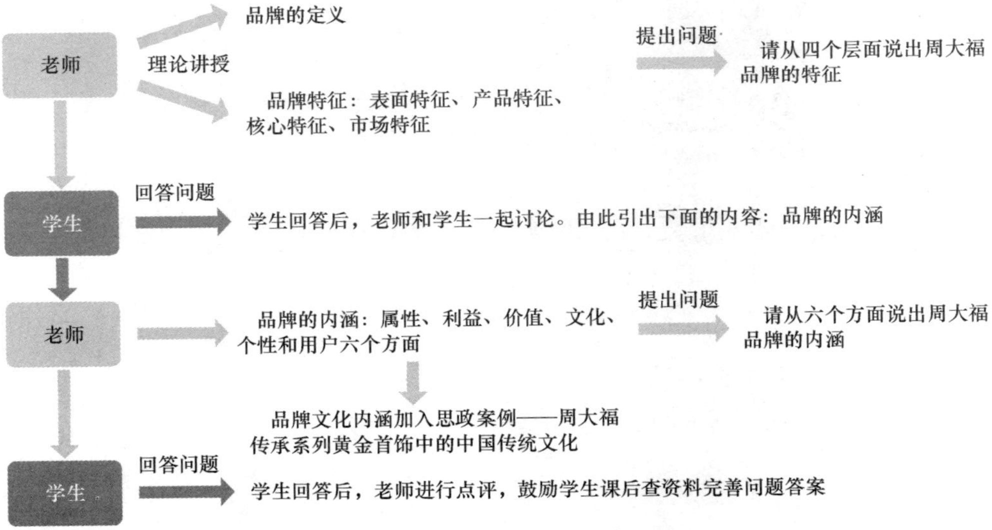

图 4　“品牌概述”师生活动过程

（2）珠宝品牌概述（15min）。

1）教学内容：

① 珠宝品牌划分方法；

② 珠宝品牌介绍。

2）思政目标及资源。

① 思政目标：培养学生正确的品牌发展观。

② 思政资源：周大福品牌视频（见图5），周大福珠宝金行始创于1926年，在1956年，周大福由郑裕彤先生接手经营，其后他首创的999.9纯金首饰，成为黄金首饰业的成色典范。1963年，周大福于南非约翰内斯堡开设钻石琢磨厂，并于同年获得全球最大钻石原胚生产商戴比尔斯（De Beers）的配发专利权。1973年，周大福成为De Beers（现DTC国际钻石商贸公司）全球125家的国际权威钻石商之一。1990年，周大福决定以成本加上合理的利润制定“一口价”，现已成为“货真价实”的另一代名词。1998年，周大福于北京建国门贵友商场开设中国内地第一家专营店，并于同年在广东顺德成立中国营运管理中心，负责管理中国内地业务。从此，周大福在中国内地的业务进入高速发展期。2021年，周大福在中国内地的零售点达4000多个，并持续扩大市场渗透率。周大福品牌的发展历程说明珠宝品牌的建设不是一蹴而就的，需要不断地创新，而且要紧跟时代潮流，从而培养学生正确的品牌发展观。

图5　周大福品牌宣传视频

3）教学方法和手段：案例教学法/多媒体。

4）师生活动设计：图6为“珠宝品牌概述”师生活动过程。

（3）品牌在珠宝营销中的作用（15min）。

1）教学内容：

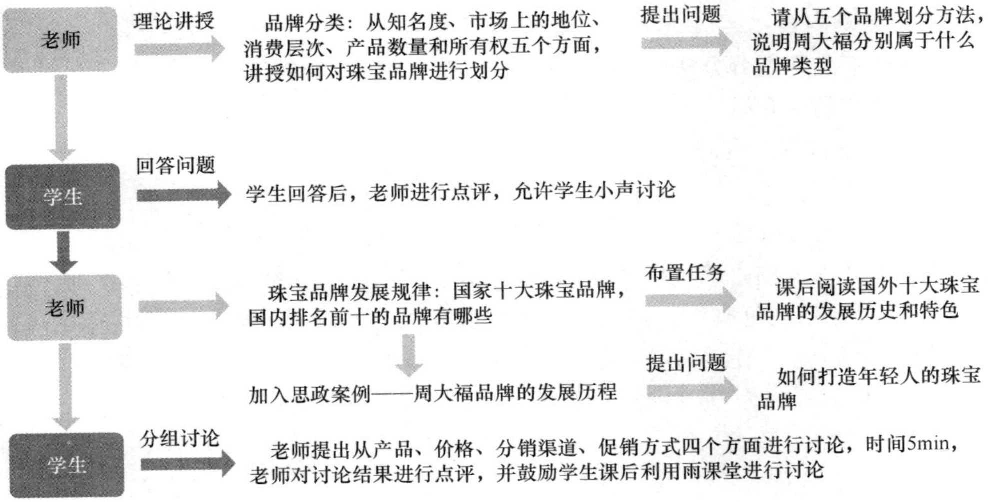

图 6 “珠宝品牌概述”师生活动过程

① 品牌在珠宝营销中的三个作用；

② 品牌在珠宝营销中的意义。

2）教学方法和手段：案例教学法/多媒体。

3）师生活动设计：图 7 为“品牌在珠宝营销中的作用”教学师生互动过程。

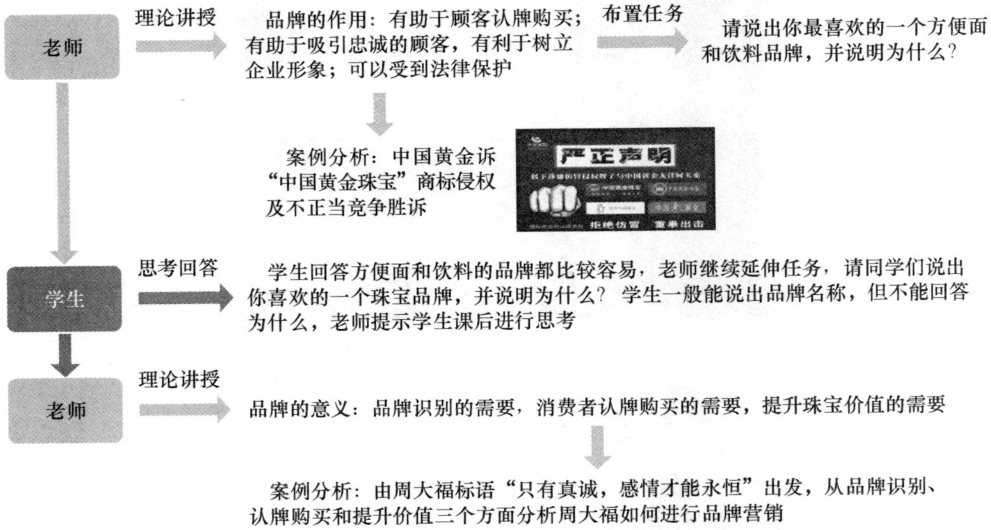

图 7 “品牌在珠宝营销中的作用”教学师生互动过程

3. 课堂小结（1min）

（1）从四个层面正确理解品牌的特点。

（2）从六个方面科学掌握品牌的内涵。

（3）珠宝品牌的建设需要遵循一定的规律。

（4）珠宝品牌在营销中有四个方面的作用。

（5）珠宝品牌建设对营销有三个方面的意义。

（6）在珠宝品牌建设中，需要认识到中国传统文化的作用，并能用科学的发展观看待珠宝品牌的发展规律。

4. 布置作业（1min）

选择 1 ~2 个国内外著名的珠宝品牌，分析品牌四个层面的特点、六个方面的内涵、品牌的发展历程，并尝试说明品牌存在的问题。

根据课堂讨论结果，论述如何打造"年轻人的珠宝品牌"。

五、教学效果

利用学校的教学质量管理平台在课前和课后对"珠宝市场营销学"中思政要素进行调查，发现在授课后，学生对珠宝市场营销的认识更全面，在做市场分析和营销设计时，不仅能从技巧和方法层面考虑，而且能从文化背景、国家实力等社会学角度思考，在这个过程中对我们自身的民族文化有更高的认同感，对国家富强和社会主义制度的优越性有更深刻的认识。

"珠宝品牌建设"授课前调查，接近 90% 的学生认同中国传统文化在品牌建设中的作用，58.33% 的学生认为品牌建设的关键要有科学的发展观。但仅有 31.5% 的学生认识到祖国的富强是中国珠宝品牌迅猛发展的根本原因，仅有 25% 的学生在如何吸引消费者中，选择了诚实守信，如图 8 所示。因此，在授课中，根据课前调查情况，加强了教学设计的针对性，对周大福传承黄金饰品设计中的传统中国文化，没有做过多的讲解，主要通过视频资料的播放，让学生进一步感悟中国传统文化在品牌建设中的作用，加强文化自信。重点讲解周大福珠宝品牌的发展历程和中国珠宝品牌建设的经济背景，让学生体会到社会主义制度的优越性才是中国珠宝品牌迅猛发展的主要原因，同时认识到在品牌建设中要有科学的

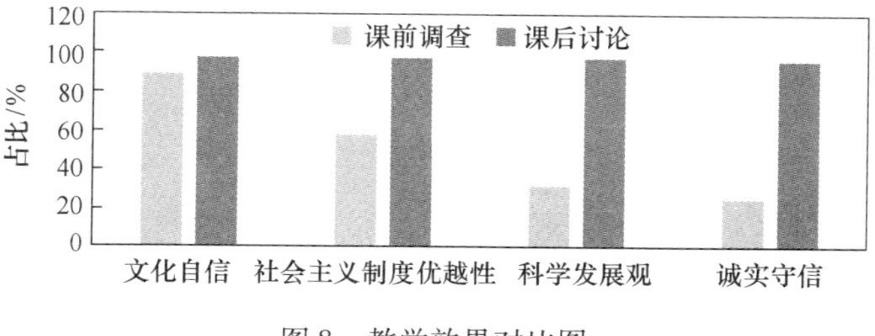

图 8 教学效果对比图

发展观，对待消费者要诚实守信。最后，在课后作业中布置讨论题“谈谈中国珠宝品牌如何取得成功?”98% 以上的学生都能够认识到中国传统文化、可持续发展观和诚实守信对品牌建设的重要性（见图 8），说明思政教育取得了比较好的教学效果。

六、教师感悟

（1）将思政元素融入“珠宝市场营销学”教学，是势在必行的选择，但不能急于求成，要根据效果，不断改进。如思政要素的切入点、思政要素的选择等，需要至少两轮授课课程，才能真正把握好。

（2）大二的学生对珠宝首饰、珠宝市场认识还比较有限，珠宝品牌最好选择大家喜闻乐见的品牌，这样在融入思政元素时能更好地引起共鸣。

（3）教师要包容和鼓励学生发表不同的意见，宽容的教学环境有助于增进师生感情，有助于学生的发散性、创造性思维培养，只要学生认真去思考，就说明教学已经有了成效。

“地质雷达与管线探测”课程思政教学案例

地球科学学院　王洪华

一、课程基本信息

课程名称：地质雷达与管线探测。
课程性质：专业核心课。
授课对象：勘查技术与工程专业大三年级本科生。
教学目标：

（1）知识目标。通过学习，了解地质雷达的发展历史和应用现状；熟练掌握高频电磁波传播理论，地质雷达仪器和管线探测仪的工作原理，探测方法、数据处理与解释方法等知识。

（2）能力目标。具备应用地质雷达进行工程应用的基本技能，能将地质雷达理论知识用于分析和解决工程勘查问题。

（3）情感态度与价值观目标。了解我国在地质雷达和管线探测研究方面的最新科技成果，培养科学探索精神、民族自豪感、不怕挫折、永攀高峰、团结协作、工匠精神、工程伦理，建立起未来作为地球物理从业者的职业操守、责任担当。

课程简介：

“地质雷达与管线探测”是勘查技术与工程专业必修的一门方法课程，该课程主要讲述地质雷达的基本原理、仪器设备、野外工作方法、数据处理与解释、地质雷达在工程勘察中的应用、频率域电磁法的基本原理及其在管线探测中的应用。通过学习，学生能够熟练地将地质雷达方法应用到工程勘查中，频率域电磁法应用于管线探测中，同时培养学生解决工程勘查问题的综合应用能力。在课程学习前，学生已经学习了电法勘探、地震勘探、重磁勘探等相关专业课程，为后续专业教学实习和生产实习奠定基础。

使用教材：曾昭发，等. 探地雷达原理与应用. 北京：电子工业出版社，2010.

二、课程思政教学整体设计思路

（一）课程思政教学理念与思路

立德树人是高等教育的根本任务。教师在向学生传授专业知识的同时，有必要开展课程思政教学，以寓道于教、寓德于教的方式，培养学生的思维能力、科学探索精神，树立正确的价值观。“地质雷达与管线探测”课程中的知识点蕴含着丰富的思政教育元素，具有开展思政教育的良好基础，因此，应结合课程教学内容、教学要求，在知识传授与能力培养的同时，强化学生正确的世界观、人生观和价值观，培养他们的科学探索精神、民族自豪感、不怕挫折、永攀高峰、团结协作意识及工匠精神、工程伦理意识，使学生建立起地球物理从业者的职业操守、责任担当及工程从业者的社会责任感。

（二）课程思政教学整体安排

表1为“地质雷达与管线探测”课程思政教学整体安排。

表1 “地质雷达与管线探测”课程思政教学整体安排

课程思政目标	融入章节	依托知识点	课程思政资源
科技自信和民族自豪感	第一章　绪论	地质雷达发展历程	嫦娥系列探月雷达探测事例：以嫦娥系列探月雷达开展月球探测为例，引导学生认识中国正由工程大国走向科技强国，对人类空间探测做出了卓越贡献，培养学生的科技自信和民族自豪感
科学探索精神	第二章第一节　地质雷达的电磁基础	麦克斯韦方程组	麦克斯韦方程组的提出过程：英国科学家麦克斯韦在总结前人科技成果的基础上，用简短的四元方程组，准确描绘出电磁场的特性及其相互作用的关系，提出了麦克斯韦方程组，借此史实培养学生发现并解决问题的科学意识和科学探索精神
不怕挫折，永攀高峰的精神	第二章第二节　电磁波传播规律	电磁波	以时间域电磁波在地下介质传播过程中遇到波阻抗界面出现波峰波谷的现象比喻人生的跌宕起伏，培养学生在求学过程中不怕挫折、永攀高峰的精神
工程意识、团结合作的工作作风、工匠精神	第三章第二节　地质雷达数据采集实验	在校内实习基地独立开展地下管线探测实验	以地质雷达数据采集实验为例，在多名学生合作完成实验过程中，培养学生的工程意识和团结合作的工作作风和工匠精神
职业操守和责任担当	第七章　地质雷达的应用	地质雷达在道路塌陷检测中的应用	以广州某道路塌陷探测与结果分析为例，通过分析地质雷达探测剖面中圈定的塌陷范围的地表位置与实际地表不符（由于测量之前未进行测距轮标定造成），后续施工人员在圈定的塌陷上方施工作业造成财产损失，引导学生在实际探测过程中应踏实严谨，遵守工程规范，实事求是，培养物探工程师的职业操守、责任担当，建立起未来作为工程从业者的社会责任，做一个有责任感的人

三、课程思政教学方法及手段

"地质雷达与管线探测"课程思政教学主要采用案例引导法、榜样示范法、情感熏陶法、案例教学法、实践锻炼法等。

（1）案例引导法。通过详细阐述某案例中探测结果与实际情况不相符的原因，如操作不规范、数据处理方法不当等，引导学生在工作过程中应踏实严谨，遵守工程规范，实事求是，培养物探工程师的职业操守、责任担当，建立起未来作为工程从业者的社会责任，做一个有责任感的人。

（2）榜样示范法。借助于古今中外著名的科学家通过观察某些客观场景或总结前人成果，最终发现客观世界规律，为人类自然科学做出卓越贡献的事迹，引导学生理解科学发现的艰难历程，培养学生的发现和解决问题的科学意识和科学探索精神。

（3）情感熏陶法。引用学生比较关注的、与专业相关的我国最新科技成果，使学生沉浸其中，潜移默化中提升学生的科技自信和民族自豪感。

（4）实践锻炼法。利用专业实践场地，开展实践教学，通过学生独立完成某个实验，引导学生思考实际工作中应注意的问题，培养学生工程意识、环保意识、团结合作和实事求是的工作作风。

四、课程思政教学实施的具体案例

第1章第1节　地质雷达起源及特点

（一）教学内容

地质雷达基本原理和优缺点、三个发展阶段、三个发展趋势。

（二）教学重点

探地雷达相比其他地球物理方法的优缺点。

（三）教学难点

探地雷达相比其他地球物理方法的优缺点。

（四）教学目标

（1）知识目标：掌握地质雷达的基本原理及优缺点，了解探地雷达的发展历史和趋势。

（2）能力目标：培养学生的辩证分析和总结能力。

（3）情感态度与价值观目标：将专业知识与中国嫦娥系列探月工程等最新科技成果相结合，培养学生的爱国情怀、民族自豪感和科学探索精神。

（五）教学内容与思政元素融入点

讲授地质雷达技术发展历程的成熟阶段时，以嫦娥四号搭载的探月雷达系统对月球地质结构进行精确探测与分析为融入点，引导学生认识中国研制的探月雷达系统对人类月球与空间探测做出了卓越贡献，中国正由工程大国走向科技强国，培养学生的民族自豪感和科学探索精神。

（六）教学过程

表2为“地质雷达起源及特点”教学过程。

表2 “地质雷达起源及特点”教学过程

教学环节	教学内容	思政目标及资源	教学方法与手段	教师活动	学生活动	时间分配
导入	引用《英雄时代》电影中出现的军用雷达图片，简要介绍雷达的作用		讲授	PPT演示	观看、聆听	3min
讲新课						
1. 地质雷达的特点	（1）地质雷达的定义、高频电磁波、脉冲、宽频带； （2）地质雷达探测基本原理； （3）探测示意图分析、反射波双程走时和目标体埋深的计算公式		讲授	提问：雷达技术是否可用于对地探测？ PPT演示	聆听、思考、回答	5min
	（1）探地雷达探测优点：高效率、高分辨率、无损检测、实时成像 （2）地质雷达探测缺点：探测深度浅，噪声影响严重		类比教学讲授	提问：地质雷达与地震勘探和电法勘探相比有哪些特点？ PPT演示，引导	聆听、思考、回答	10min
2. 探地雷达的发展历史	探地雷达的三个阶段：发明阶段、发展阶段和成熟阶段 成熟阶段：重点介绍中国探地雷达技术的最新科技成果——嫦娥四号探月雷达系统，其目的是全面地科学探测月球地质、资源等信息，完善月球的档案资料的任务，开启了月球探测的新旅程	通过讲授嫦娥四号探月雷达系统及其月球探测成果，引导学生认识中国正由工程大国走向科技强国和对人类空间探测做出的卓越贡献；培养学生的家国情怀、民族自豪感和科学探索精神	情感熏陶法讲授	PPT演示，引导	聆听	12min

续表 2

教学环节	教学内容	思政目标及资源	教学方法与手段	教师活动	学生活动	时间分配
3. 探地雷达的发展趋势	探地雷达的三个发展趋势：仪器设备的智能化、数据处理的智能化、搭载平台的多样化		讲授	PPT 演示	(1) 聆听; (2) 思考:探地雷达和数据处理是否具有智能化，搭载平台是否具有多样化	12min
课堂小结	本节课主要学习了地质雷达基本原理和特点、三个发展历史和发展趋势、三个发展趋势		讲授	PPT 演示	聆听	3min
课后作业	地质雷达与其他地球物理方法相比具有什么缺点					
教学反思	本节以军用雷达的作用开始，主要讲授地质雷达概念、基本原理和特点；地质雷达的发展历史和发展趋势。内容难易点讲授时间分配合理，课程内容重点突出。嫦娥四号视频可充分调动学生学习积极性，给学生更真实、切身的感受。留有充足的时间让学生及时消化吸收课程内容，做到有问题及时解决					

五、教师感悟

“地质雷达与管线探测”涉及大量的公式，理论性较强，学生理解起来较为困难，如何活跃课堂气氛，增加学生学习的趣味性是一个值得思考的问题。经过两年多的课程思政教学实践，我们深刻认识到课程思政教学不仅有助于活跃课堂气氛，增强学生学习的兴趣，有助于学生加深对专业知识的理解，还有利于激发学生的学习动机，有助于学生树立正确的价值观，形成物探工程师的职业操守、责任担当意识。但如何定量评价课程思政教学效果是一个难点，值得今后进一步探索。

“材料学概论”课程思政教学案例

材料科学与工程学院　王林江

许艳旗　李存军　胡长征

一、课程基本信息

课程名称：材料学概论。

课程性质：专业必修课。

授课对象：材料类专业大二年级本科生。

教学目标：

（1）知识目标。“材料学概论”作为材料类专业的一门必修课，教学的知识目标是使学生了解材料科学与工程领域的基本知识和前沿发展现状，掌握材料及材料科学基本概念与内涵，了解材料合成制备与加工方法、典型材料生产过程等知识，了解材料的组成结构与性能的关系、材料的应用与选择等基本知识，为后续专业课程的学习奠定坚实的基础。

（2）能力目标。了解材料生产活动对社会、健康、安全、法律及文化的影响，使学生能够在材料生产和使用过程中理解并遵守工程职业道德规范及应承担的责任；能够对相关材料进行评价和分析，对本专业复杂工程问题具有初步识别、表达和分析并获得有效结论的能力。

（3）情感态度与价值观目标。从材料产业与国家发展强盛关系的角度培养学生热爱党、热爱祖国、热爱学校、热爱自己所学专业的思想和行为，树立正确的人生目标。认识到作为“材料人”的历史责任与担当，把个人的前途与国家和社会的需要结合起来。从材料制备、加工工艺对材料的性能与应用影响的角度，教育学生树立远大的理想和政治抱负，培养正确的世界观、人生观、价值观。把材料的“成材”与人的“成才”密切关联，培养学生的刻苦学习、努力工作、自我锻炼和不断发展进步的精神。从材料的全寿命周期对环境影响的角度，培养学生的环境保护意识和担当精神，教育学生树立“绿水青山就是金山银山”的理念。

课程简介：

“材料学概论”是材料类学生学习的第一门专业基础课，在数学、物理、化学、专业导论等基础课程后开设，为后续材料科学基础、材料合成与制备、材料物理性能等课程的学习奠定坚实的基础。课程内容包括材料与材料科学的基本概念与内涵，材料与材料科学的发展，材料的组成、结构与性能，材料的基本制备方法，无机非金属材料、金属材料、有机高分子材料和复合材料的基本生产过程、应用与选择等基本知识。

课程特色包括：

（1）教学过程充分体现和落实对学生解决复杂工程问题基本能力的培养，有针对性地培养和提高学生在材料与工程实践活动中解决复杂工程问题的能力。

（2）教学团队由无机非金属材料工程、高分子材料与工程、金属材料工程、冶金工程专业教学经验丰富的老师组成，实行组合式教学，有利于学生对材料科学与工程学科的全面了解。

（3）任课教师和选课学生来源广，覆盖整个材料类所有学生。

（4）教学过程与考试考核中引入课程思政教学改革，并成为学校公共课程“自然科学概论”的一部分，有利于培养学生的担当精神和责任意识，也有利于其他专业课程的课程思政教学改革方法探索。

使用教材：周达飞，陆冲，宋鹂. 材料概论. 4 版. 北京：化学工业出版社，2019.

二、课程思政整体教学设计

（一）课程思政教学理念与思路

根据学校“为国家、地区、行业的建设和发展提供人才支撑、智力支持和技术服务”的办学定位和培养“具备扎实工程基础知识和良好人文社会修养的高级工程技术人才”的要求，“材料学概论”课程以课程专业知识内容主线“材料的组成—材料的结构—材料的制备工艺—材料的性能—材料的应用”为依据，将“材料成材”与“人生成才”理念有机结合，培养学生作为“材料人”的科学精神和责任担当。通过学习，充分认识到材料的发展与国家强盛的关系，从材料专业角度自觉认识和理解“四个自信”，潜移默化地培养学生热爱科学、热爱材料专业、热爱祖国、热爱社会主义的情怀。在课程思政内容设计方面，在保证学生准确掌握材料及材料科学的基本概念和内涵的基础上，根据材料的组成、结构、制备工艺对材料的性能和应用的决定性作用，把课程思政内容融入课程教学的相关环节，达到将价值塑造、知识传授和能力培养紧密融合的目的。

（二）课程思政教学创新点

（1）把课程内容教学与人才培养目标密切结合，把课程内容教学与思政教育密切结合，从材料制备与材料性能的关系出发，把“材料成材”与“人生成才”有机结合，把材料的可塑造性与人才的培养特性有机结合，将“课程思政”教学环节有机融入课程教学内容之中。

（2）基于材料在日常生活、工作中的广泛应用，以及材料在日常应用中存在的问题（如材料类型的不合适选择与使用对人的健康的影响），从对学生健康关心的角度引导学生自觉树立环保意识，树立“绿水青山就是金山银山”的理念。

（3）针对该课程为第一门专业课程的情况，发挥该课程的“提纲”和“引导”作用，通过学习，使学生对所学专业建立初步的、全面的、良好的印象。培养学生的专业精神并为专业课程的学习打下良好基础，培养学生扣好专业学习的“第一颗扣子”。

（4）组建由多专业老师组成的课程思政教学团队，把课程思政建设与该课程的教学建设，以及科研团队和人才培养团队有机融合，不仅有利于该课程本身的课程思政建设质量的提高、教师队伍培养，还有利于形成广泛的辐射作用效果。

（三）课程思政教学整体安排

表 1 为“材料学概论”课程思政教学整体安排。

表 1 “材料学概论”课程思政教学整体安排

课程思政目标	融入章节	依托知识点	课程思政资源
培养爱国、爱党精神和民族自豪感	第一章　绪论	材料发展历史：青铜器时代	湖北随州出土的周朝时期的曾乙侯编钟，代表了在材料发展历史的青铜器时期我国灿烂的文明和先进的材料制备技术。以此来说明中华文明的重要地位，激发同学们的民族自豪感，培养学生探索科学知识、献身科学的精神
		材料的重要性：金属材料的重要性	钢铁材料应用于机械、建筑、汽车、能源等重要领域，我国解放初期的粗钢产量仅为 16 万吨，当时日本为 311 万吨；2018 年我国的粗钢产量为 9.28 万吨，日本为 1.04 万吨。以世界主要经济体钢铁材料发展与国家经济发展的关联性为例，讲授材料的重要性。通过教学，使学生从材料发展的角度认识到中国共产党在领导中国发展建设伟大事业方面的成就，引发同学们思考材料的研究和生产与国家强盛的关系，提出“材料人”的历史责任与担当
培养科学精神	第一章　绪论	材料科学的诞生：材料科学诞生的科学基础	原子论从提出到得到承认经历了近百年的历史，布拉格通过 X 射线衍射提出晶体结构时也遭到许多化学家的嘲笑，说明科学发现来之不易，培养学生要有强烈的信念和科学精神
	第二章　材料的组成结构与性能	材料结构与性能的关系：晶体与非晶体结构对性能的影响	石英和玻璃的化学组成都是 SiO_2，但前者为晶体，后者为非晶体，其光学性能、热学性能及应用都有很大差异。晶体中质点排列的规律性与非晶体中的长程无序特征是性能差异的原因：一方面说明不同的材料有不同的用途；另一方面说明有序结构构建的重要性。引导学生要遵守规则，把自己培养成为国家需要的人才

续表 1

课程思政目标	融入章节	依托知识点	课程思政资源
培养科学精神	第四章　材料的成型与加工	无机非金属材料的成型与加工：玻璃纤维的制备	普通的玻璃是脆性的，但是玻璃纤维却具有很好的韧性且可以编制。因为玻璃纤维在制备过程中的牵引作用和限制作用导致了其中纤维状结构的定向排列，使其具有抗拉性能和韧性。引导学生思考人才的培养是具有可塑性的，要根据国家需要和自己的兴趣加强对自己能力和发展方向的培养，成为国家需要的人才，将"材料成材"与"人生成才"的理念有机结合
	第五章　典型材料的生产	无机非金属材料的生产：胶凝材料的生产	用明代政治家于谦的《石灰吟》中"千锤万凿出深山，烈火焚烧若等闲。粉骨碎身全不怕，要留清白在人间"，引导学生不怕千难万险，勇于自我牺牲，以保持忠诚清白品格的可贵精神的思政元素，教育学生树立远大的理想和政治抱负，培养正确的世界观、人生观、价值观
培养环保理念	第六章　材料的选择和应用	材料选择的依据	部分同学喜欢从食堂或快餐店用塑料袋打包食品回宿舍食用，建议同学们选择可重复使用的专用餐具就餐，减少塑料制品的白色污染。在选择塑料餐盒时，要选用可降解的专用食品餐盒，不能用普通的塑料袋。普通塑料袋作为食品包装不仅是环境不友好，对健康也有影响，教育学生树立"绿水青山就是金山银山"的理念

三、课程思政教学方法及手段

我们从材料及材料科学概念、材料的重要性、材料的组成、材料的结构、材料的制备工艺、材料的性能到材料的应用、材料与环境这一教学主线，深入挖掘课程思政教育资源，改革完善教学内容和教学方法，创新教学思路。

因为该课程是以理论教学为主，所以在课程思政教学方法上以老师的教学引导为主。基于该课程为材料类学生学习的第一门专业课程的特点，从学生的日常生活中与材料的关系入手，从服务学生、让学生在课程思政教学中获得受益的角度找到切入点，使课程思政真正像盐溶于水。例如，在讲到材料与环境的关系、减少塑料的白色污染时，可以从部分学生从食堂用塑料袋带饭菜回宿舍的现象，从材料的角度指出该类塑料袋的健康问题、环境问题，从关心学生的角度，使学生认识到环境保护的重要性。在此基础上把课程思政教学的层次和高度提高到人才培养的高度，从材料合成加工条件对材料性能和应用的影响，联系"材料成材"与"人才成才"的关系。进而把课程思政教学的高度提高到国家需要层面，从材料与国家强盛的关系培养学生的爱国和科学精神。"课程思政"的主要教学方法和手段具体体现如下：

（1）融合讲授法。这是该课程的“课程思政”教学主要采用的方法，该课程的专业内容全部为理论教学，没有实验课，专业知识教学也主要以讲授方法为主。在专业知识的讲授过程中，努力找准课程专业教学内容与思想政治教育内容之间的契合点，挖掘思政元素，自然融入“课程思政”内容，形成有机融合与无缝对接，达到“盐溶于水”的效果。例如在材料发展历史部分，从材料发展与中华民族悠久历史文明的联系方面挖掘思政元素，特别是青铜器和陶瓷材料在中华文明中的重要地位，激发同学们的民族自豪感。激发同学们探索科学知识，献身科学的意愿，为中华民族的伟大复兴贡献自己应有的力量。在材料的重要性部分，引发同学们思考材料的研究和生产与国家强盛的关系，提出材料人的责任和担当。以中、美、日、印近 70 年来的钢铁产量为例，结合切身体会，说明国家强盛带给我们的民族自豪感及切切实实的实惠。对比新中国成立前后、改革开放以来材料的发展，联系国家经济发展、国家地位发展等，讲述材料的发展与作用。通过教学，挖掘思政元素，使学生从材料发展的角度认识到中国共产党在领导中国发展建设伟大事业方面的成就，也认识到作为“材料人”的历史责任与担当。

（2）情感渗透法。结合自己从事材料科学与工程领域学习、教学、科研和个人成长的经历，以及日常生活中对有关现象和问题的思考，在特定的专业内容教学的情景下，从关心学生自身健康成长的角度有目的地渗透“课程思政”的内容。例如，在讲授材料与环境的关系内容时，想起部分学生从食堂用塑料袋带饭菜回宿舍的现象，从材料的角度指出该类塑料袋不仅不可降解、存在环境问题，而且可能是再生塑料产品，对健康有危害；从关心学生的角度，使学生认识到环境保护的重要性。

（3）榜样示范法。利用大家熟悉的榜样的作用，结合材料科学与工程专业知识，培养学生的科学献身精神。例如，原子论从提出到得到承认经历了近百年的历史；布拉格通过 X 射线衍射提出晶体结构时也遭到许多化学家的嘲笑。说明科学真理得来不易，要有强烈的信念才能坚持下来。在材料的制备与性能部分，以课程专业知识内容主线“材料的组成—材料的结构—材料的制备工艺—材料的性能—材料的应用”为依据，将“材料成材”与“人生成才”的理念有机结合。用明代政治家于谦的《石灰吟》“千锤万凿出深山，烈火焚烧若等闲。粉骨碎身全不怕，要留清白在人间”，挖掘不避千难万险、勇于自我牺牲、以保持忠诚清白品格的可贵精神的思政元素。教育学生树立远大的理想和政治抱负，培养正确的世界观、人生观、价值观。

四、课程思政教学实施具体案例

第 5 章第 2 节　陶瓷的生产

（一）教学内容

（1）陶瓷的概念及发展历史。陶与瓷的区别，普通陶瓷与特种陶瓷的区别。

陶瓷的发展，陶瓷釉料的发展。

（2）普通陶瓷的基本制备工艺。陶瓷制备的原料，坯料制备，陶瓷成型，干燥，施釉，烧成，加工。

（二）教学重点

（1）陶瓷生产原料的选择及其对陶瓷产品性能的影响。

（2）普通陶瓷坯料特征对成型工艺选择的影响。

（三）教学难点

陶瓷坯料的制备工艺与成型加工性能的关系。

（四）教学目标

1. 知识目标

（1）掌握陶瓷的概念及其内涵、陶瓷的分类及其内涵，陶瓷材料的基本性能。

（2）基本熟悉普通陶瓷的制备工艺，理解各类陶瓷生产原料的来源与作用。

2. 能力目标

（1）能利用所学知识，识别陶瓷的类型，基本具备判别普通陶瓷产品质量的能力。

（2）能根据掌握的知识，进行普通陶瓷产品基本制备工艺设计。

3. 情感态度与价值观目标

（1）能够在学习我国陶瓷发展历史的基础上，从材料专业学生的角度，自觉为祖国辉煌历史和灿烂文化而自豪，从心灵深处激发爱国热情。

（2）能够在学习陶瓷材料制备工艺的基础上，认识到人生价值塑造的重要性和需要的艰辛历程，培养学生的工匠精神，培养学生的资源循环利用意识。

（五）教学内容与思政元素融入点

（1）在进行陶瓷概念内容讲授时，从陶和瓷的性能区别与制备条件的关系，引入人生目标树立和科学精神与创新意识培养的思政元素。

（2）在进行中国陶瓷发展史知识的讲授过程中，融入中国历史文化熏陶、爱国主义教育的思政元素，激发学生对我国陶瓷辉煌成就的自豪感和爱国热情。

（3）在进行陶瓷生产工艺知识的讲授过程中，结合陶瓷生产原料、生产过程，特别是陶瓷成型方法对陶瓷材料性能的影响，融入人生价值观和工匠精神培养的思政元素，培养学生的成才意识和不断进取精神。在陶瓷生产原料的选择教学内容中，融入生态环境保护的思政元素。

（六）教学过程

表2为“陶瓷的生产”教学过程。

表 2 “陶瓷的生产”教学过程

教学环节	教学内容	思政目标及资源	教学方法与手段	师生活动设计	时间分配
教学内容引入	陶瓷材料的重要性		提问法	教师提问：请同学们列举日常生活中的陶瓷及其应用，引出本次课的教学内容	1min
讲新课	陶瓷的概念及分类	从陶和瓷的性能区别与制备条件的关系，引入人生目标树立和科学精神与创新意识培养的思政目标。所用资源为相关陶器及瓷器图片	融合讲授法	教师提问：什么是陶瓷？教师讲授：引出陶器、瓷器、炻器的概念，陶瓷的分类	4min
	我国陶瓷的发展历史	用我国考古工作发现的有关图片，通过不同历史时期典型陶瓷类型的图片资料，展示我国陶瓷的辉煌成就，激发学生的爱国热情和民族自豪感	融合讲授法	教师讲授：陶瓷原料的发展、陶瓷坯料的发展、陶瓷釉料的发展、烧制工艺的发展	5min
	陶瓷材料生产的原料	结合不同原料与陶瓷材料的性能的关系，实现人生价值观和工匠精神培养的思政目标。结合把工业废渣做成陶瓷板砖，提倡资源循环利用，培养学生环保和节约意识	融合讲授法	教师讲授：普通陶瓷生产原料、特种陶瓷生产原料、工业废料在陶瓷生产过程中的应用	5min
	陶瓷的配方	通过原料类型与产地不同，配方也不同的情况，培养学生因地制宜、实事求是的工作作风	融合讲授法	教师讲授：不同陶瓷的原料配方	6min
	陶瓷的坯料制备、成型与烧结	结合陶瓷成型、烧结方法对陶瓷材料性能的影响，融入人生价值观和工匠精神培养的思政目标，培养学生的成才意识和不断进取精神，激发学生追求产品品质、精益求精的精神	融合讲授法	教师讲授：陶瓷坯料的制备、陶瓷的成型加工、陶瓷的烧结	23min
课堂小结	回顾陶瓷的概念及其生产过程				1min
布置作业	思考题：（1）简述陶瓷生产的主要流程；（2）阐述广义陶瓷与狭义陶瓷的区别与联系；（3）阐述陶与瓷的性能区别，并分析其原因				
教学反思	该课程是学生接触的第一门专业课，学生从日常生活知识对陶瓷的了解与从专业角度理解是不一样的，需要学生明确相关概念及其内涵，基本概念的理解是重要的。陶瓷的生产工艺内容比较多，该课程由于时间关系不能讲得太细，更加具体的工艺过程在学生的后续课程中还要详细学习，该课程主要是使学生建立一个总体认识。开展“课程思政”教学，激发了学生对我国陶瓷历史和文化的自豪感，培养了学生的资源循环利用意识和工匠精神，是非常有意义的。要在教学过程中根据教学的专业内容自然融入思政元素，要站在学生需要和能力培养的角度进行课程思政教学				

五、教学效果

"材料学概论"课程思政教学实践得到学校教学管理部门和老师的高度认可，督导和同行评价均在95分以上。学生评价反映通过该课程的学习，提升了学习热情，巩固了专业思想，加深了对材料专业的认识，更加热爱材料专业，为后续专业课程的学习打下了良好基础，强化了爱国主义情感和社会主义核心价值观教育，培养了环保意识、工匠精神。教学团队的组建，将该课程思政教学经验辐射到老师们讲授的其他课程，并通过教研室辐射到其他老师，还利用学校公共课"自然科学概论"辐射到学校文科类专业学生。课程负责人王林江获得桂林理工大学第一届课程思政说课比赛一等奖，并在学院进行了课程思政教学分享报告。教学团队主持了桂林理工大学"材料学概论"课程思政示范课立项项目，发表了《材料学概论课程的思政教学实践》《基于材料大类招生培养视角下的材料学概论课程教学改革实践》《材料学概论课程思政教学体系初探》等教改论文。

六、教师感悟

（1）本课程基于桂林理工大学材料类专业人才培养定位和需要，结合课程本身的教学内容和教学特点，从专业教学内容找到切入点，有机融入思政教学环节。课程教学中从该课程在专业教育与专业能力培养、教学计划与课程体系中的位置出发，着力培养学生的学习自觉性、主动性；从材料的组成、结构、性能与制备工艺的关系出发，引导学生思考"人生成才"与"材料成材"的关系；从材料的重要性出发，引导学生思考作为材料人的历史责任与民族担当；从材料的发展历史激发学生的民族自豪感；从材料科学诞生的历史，培养学生的科学精神、科学追求和担当精神，取得了较好的课程思政教学效果。

（2）如何评价课程思政的教学效果，是指导课程思政教学发展的重要环节。建议在考试环节适当引入"课程思政"相关内容，可以考虑以开放性题目的形式引入。

（3）目前国内还没有与课程思政教学内容相对应的"材料学概论"教材，为了密切结合课程特点、人才培养、国家需求，持续挖掘和优化思政元素，建议编写出版适合于课程思政教学的教材。

“化工工艺学”课程思政教学案例

化学与生物工程学院　刘　峥

一、课程基本信息

课程名称： 化工工艺学。

课程性质： 专业核心课。

授课对象： 化学工程与工艺专业大三年级本科生。

教学目标：

（1）知识目标。

1）掌握化学工业的分类和特点，化工原料及产品；了解化学工业的发展方向，化工技术经济与管理。

2）了解化学加工原料、工艺路线和工艺流程的选择原则，理解典型化工单元反应的通用规律及实现化工生产的基本过程，建立学生运用化工工艺学知识解决化工问题的知识体系。

3）熟悉合成氨、化学肥料、硫酸、烧碱、基本有机化工、石油炼制、煤的化学加工等领域有代表性化工产品的生产原理和生产特点，了解主要工艺参数对化工单元反应的影响规律、较优工艺条件的确定依据，以及主要的反应设备结构特点、安全生产和三废治理技术与方法。

（2）能力目标。

1）能够运用化工工艺学基础知识和基本原理，对实际化工过程进行分析、评价，并能提出与选择解决化工生产过程中复杂工程问题的方案和途径，培养学生分析与解决实际化工过程问题的能力。

2）能够运用所学的典型化工生产工艺，建立节能、环保可持续发展理念，增强学生技术创新的能力。

（3）情感态度与价值观目标。

1）培养学生独立设计、独立思考、解决问题的意识。

2）培养学生具备实事求是的科学态度、良好的化工职业素质。

课程简介：

“化工工艺学”是化学工程与工艺专业重要的一门专业核心课程，是化工过程研究、开发与设计的理论基础，也是一门理论性与应用性均较强的课程。课程主要内容涵盖典型无机化工和有机化工的生产反应原理的阐述、工艺流程的评价、工艺条件的筛选、生产设备的选择，以及相关化工计算。通过本课程学习，培养学生应用已学过的专业基础理论解决复杂工程问题的能力，使学生了解当今化学工业概貌及其发展方向；掌握化工过程的基本原理，典型工艺过程的方法、原理、流程及工艺条件；了解化工生产中的设备材质、安全生产、三废治理等问题；使学生在以后的生产与开发研究工作中，能拓展思路、触类旁通、灵活应用，不断开发与应用新技术、新工艺、新产品和新设备，降低生产过程中的原料与能源消耗，提高经济效益，更好地满足社会需要。“化工工艺学”的先修课程为物理化学、化工原理、化学反应工程、分离工程，后续课程为精细化工工艺学、制药工艺学。

使用教材：谭世语，魏世安. 化工工艺学. 4 版. 重庆：重庆大学出版社，2014.

二、课程思政整体教学设计

（一）课程思政教学理念与思路

“化工工艺学”课程思政教学总体思路是充分挖掘课程思想政治教育资源，构建课程思政教学案例库，通过案例教学法、任务驱动法、讨论式等教学方法，借助雨课堂智慧教学工具，将思政元素融入专业课程教学中，实现对学生的思想政治教育，促进知识、能力、价值观教学目标的达成。

1. 课程思政教学设计

表 1 为“化工工艺学”课程思政教学设计。

表 1 “化工工艺学”课程思政教学设计

课程思政教学体系		
思政元素	内涵	外延
家国情怀	党和国家意识 社会主义核心价值观 民族精神 时代精神 优秀中华传统文化的认同和坚持	责任与担当
个人品格	道德情操 健全人格 良好智力	如何做人
科学观	求真务实 开拓进取 创新意识 学术诚信	如何做事

⇔

课程知识体系（以某产品工艺为例）	
知识点	内容
工艺介绍 工艺历史	工艺概况 工艺发展史 工艺发展现状
工艺原理 工艺条件 工艺流程 工艺设备	原料选择及预处理 工艺理论基础 工艺条件优化 工艺流程设计 工艺设备结构及选择 三废处理及综合利用
工艺创新 工艺热点	新型催化剂开发 新型反应器设计 新生产工艺开发

设计的“化工工艺学”课程思政教学体系最大的特点是力图将“思政”的“盐”溶于“化工工艺学”课程具体工艺学习的“汤”中。

2. 教学流程设计

教学流程设计包括：

（1）确定本节课程教学目标（含价值目标）；

（2）确定本课程思政教学内容；

（3）挖掘本课程思政元素和案例；

（4）确定本课程教学方法和课堂组织形式；

（5）进行课程教学评价及反馈。

3. 评价体系设计

基于“化工工艺学”特点，设计课程评价体系，通过问卷调查形式完成评价与反馈任务。评价主要涉及的内容有教学目标、教学内容、课堂组织、教学方法、教学效果等，广泛收集学生对课程教学的反馈，以便更好地提高教学质量，促进课程思政的创新与完善。

（二）课程思政教学创新点

（1）建立课程思政教学体系。建立“化工工艺学”课程思政教学体系，并与课程知识体系相融合，设计了本课程思政教学流程，努力做到将“思政”的“盐”溶于课程具体知识教学的“汤”中，使学生产生化学反应，而不是将思政元素机械堆砌。

（2）创新教学方法。依据“化工工艺学”课程工艺多、流程多的特点，采用案例教学法、任务驱动教学法、讨论式教学法等，将思政元素（“家国情怀”“工程伦理”“创新精神”“节能环保”等）融入案例中、融入任务中、融入讨论中，同时借助雨课堂智慧教学工具，活跃课堂气氛，提高教学效果。

（三）课程思政教学整体安排

表2为“化工工艺学”课程思政教学整体安排。

表2 “化工工艺学”课程思政教学整体安排

课程思政目标	融入章节	依托知识点	课程思政资源
家国情怀	第1章 绪论	我国化工发展史	视频：《我国化工先驱者侯德榜》，主要内容：侯德榜先生生平事迹及“侯氏制碱法”
	第2章 合成氨工艺	（1）气态烃类蒸汽转化催化剂	视频：《中科院物化所陈世雄谈三种催化剂》，主要内容：制氢三种催化剂研发过程，物化所出色完成国家任务
		（2）少量CO的脱除	扩展阅读素材：《国内合成氨原料气双甲净化工艺技术的新发展》，主要内容：该项新技术是我国现阶段氮肥企业新建或改建双甲工艺替代铜洗流程，这项技术充分体现了节能、降耗、环保的理念

续表 2

课程思政目标	融入章节	依托知识点	课程思政资源
家国情怀	第 2 章　合成氨工艺	(3) 合成氨工艺与设备	视频:《厦门大学郑南峰谈材料研究让化工生产更绿色》,主要内容:人工固氮发展、绿色催化
	第 3 章　尿素生产工艺	(1) 尿素生产工艺流程	扩展阅读素材:《四川金象化工集团开发的尿素生产新工艺技术》,主要内容:金象化工科技人员在尿素新工艺中对传统水溶液全循环法进行了改进,尿素合成通过采用液相换热合成塔,提高了 CO_2 转化率和安全系数
		(2) 尿素的结晶与造粒	扩展阅读素材:尿素十大品牌排行榜,主要内容:我国尿素十大品牌及生产厂家介绍
	第 4 章　硫酸生产工艺	(1) 硫酸生产概述	视频:《范旭东与硫酸生产》,主要内容:中国化工之父范旭东先生生平事迹与爱国情怀
		(2) 从硫铁矿制 SO_2 炉气	扩展阅读素材:《硫酸生产新工艺》,主要内容:以纯氧作为氧化剂的硫酸生产新工艺,获得更高的 SO_2 转化率,大幅减少尾气的排放量
	第 5 章　基本有机化工主要产品	(1) 乙烯系列主要产品	扩展阅读素材:《乙烯行业发展现状分析,煤制烯烃四大优势将进一步凸显》,主要内容:乙烯行业基本概况分析,中国主要的煤制烯烃工厂保持高负荷运行和良好的盈利能力
		(2) 碳四系列主要产品——丁二烯	扩展阅读素材:《丁二烯工艺技术进展》,主要内容:利用专用的微生物把木质纤维素原料直接或通过中间产物转化为生物丁二烯
		(3) 苯乙烯用途	视频:《苯乙烯的新用途》,主要内容:建筑工地用聚苯乙烯当砖头,这是一项节能增益新技术
	第 6 章　石油加工	我国石油化学工业发展	视频:《崛起中国》,主要内容:科学助力石油工业新发展
工程伦理	第 2 章　合成氨工艺	(1) 合成氨发展史	扩展阅读素材:《合成氨发明者——弗里茨·哈伯》,主要内容:弗里茨·哈伯对合成氨的贡献,但在第一次世界大战中,哈伯担任化学兵工厂厂长时负责研制、生产氯气、芥子气等毒气,并使用于战争之中,造成近百万人伤亡,遭到了美、英、法、中等国科学家的谴责
		(2) 生产方法简介	扩展阅读素材:《合成氨典型事故案例分析》,主要内容:变换炉爆炸事故经过、事故原因、事故教训
	第 3 章　尿素生产工艺	尿素生产基本原理	扩展阅读素材:《生产尿素几种工艺及方法》,主要内容:通过分析各工艺方法的工艺条件,评价各工艺方法的绿色环保、节能降耗

续表 2

课程思政目标	融入章节	依托知识点	课程思政资源
工程伦理	第 4 章　硫酸生产工艺	废热利用	扩展阅读素材：《硫酸生产中的废热利用》，主要内容：废热利用新技术
	第 5 章　基本有机化工主要产品	聚乙烯生产	扩展阅读素材：《科技向善与时代责任》，主要内容：从 1933 年英国诺斯威奇的一家化工厂无意中研制出最常用的塑料——聚乙烯，到 1997 年航海家兼研究人员查尔斯·摩尔发现了太平洋垃圾带，技术所带来的善与恶有时是伴生的
		苯乙烯用途	扩展阅读素材：《“无废城市”建设》，主要内容：发泡聚苯乙烯（EPS）制成的一次性泡沫箱作为常用的商品盛装器皿，资源循环利用技术
创新精神	第 1 章　绪论	我国化工发展	视频：《中国工程院院士李俊贤》，主要内容：中国火箭推进剂创始人之一、中国聚氨酯材料奠基人之一、我国著名的化工合成专家，国家级有突出贡献的专家，中国工程院院士李俊贤事迹
	第 2 章　合成氨工艺	氨合成工艺及设备	扩展阅读素材：《我国合成氨技术获突破性创新》，主要内容：我国首次采用具有完全自主知识产权的钌基氨合成催化剂、“两铁两钌”催化剂装填技术及合成氨装置，该系统的突出优势是利用铁钌接力催化的高效催化，在低温低压高惰性气体含量的反应条件下，依然可以获得高氨净值
	第 5 章　基本有机化工主要产品	丁二烯生产	扩展阅读素材：《丁二烯装置生产能力的探讨》，主要内容：介绍 5 项扩能改造技术
	第 6 章　石油加工	渣油热加工	视频：《渣油处理重型加氢反应器》中国发明专利。 扩展阅读素材：《渣油再利用》，主要内容：一年可省 50 亿元，中国石油炼制新方案，获得联合国赞赏
节能环保	第 3 章　尿素生产工艺	尿素生产工艺流程	扩展阅读素材：《二氧化碳气提工艺生产尿素的节能降耗分析》，主要内容：二氧化碳气提工艺生产尿素的几种新工艺，并就其中节能降耗问题进行了深入分析，彰显尿素生产的绿色效应
	第 4 章　硫酸生产工艺	三废治理与综合利用	扩展阅读素材：《硫酸生产中“三废”的综合治理项目技术》，主要内容：“三废”治理工艺技术与原理分析
	第 6 章　石油加工	催化裂化	扩展阅读素材：《催化裂化装置节能降耗》，主要内容：催化裂化装置节能降耗新技术，优化工艺设备、优化原料、实施低碳操作等

三、课程思政教学方法及手段

（1）案例教学法。"化工工艺学"课程本身有很多知识可以通过具体的工程案例进行讲解和分析，这为我们通过课程结合思政元素进行教书育人提供了广阔的平台。例如，在讲解硫酸生产放出的大量热量如何得到合理运用时，结合川化股份有限公司硫酸生产新工艺案例，该新工艺采用硫黄为原料，从余热回收、降低系统压力降、使用高效风机及酸泵节能三大措施，提高了能源利用率。新工艺的节能设计体现了"化工工艺学"课程内容在实际工艺中的直接应用，从而激发学生学习专业知识的内在动力，同时也让学生领悟了一线化工人的勇于探索、不断创新的工匠精神。

（2）任务驱动教学方法。在任务驱动教学法的具体设计和应用中引入思政内容，能产生良好的教学效果。"化工工艺学"课程有丰富的素材，宜实施任务驱动教学法。如一些工艺流程的教学，包括流程设计原理、作用、改进作为任务分配给学生，采取分组形式完成任务。在整个任务的实施过程中，学生领悟到了不仅要提高个人技能，还应该具备团队协作精神和集体主义价值观。

（3）讨论式教学法。针对工科学生学习特点，许多问题是没有标准答案的，采用讨论式教学方法，让学生展开讨论，能够获得良好的教学效果。如在课堂上开展"合成氨工艺的节能减排""化工设计中的工程伦理"的讨论，能充分调动学生学习积极性，锻炼学生的独立思考能力与批判反思精神。

四、课程思政教学实施具体案例

第6章第3节　渣油热加工

（一）教学内容

（1）渣油加工工艺的概况。

（2）延迟焦化工艺的原理。

（3）延迟焦化工艺流程。

（二）教学重点

（1）延迟焦化工艺原理。

（2）延迟焦化工艺流程。

（三）教学难点

延迟焦化工艺流程。

（四）教学目标

1. 知识目标

（1）了解渣油加工工艺的概况。

（2）理解延迟焦化工艺的原理，掌握工艺流程。

2. 能力目标

学会合理开发利用渣油等油品废弃物。

3. 情感态度与价值观目标

（1）培养合理开发利用渣油对提高轻质油品产量重要性意识。

（2）从绿色化学角度，了解渣油加工的社会意义。

（五）教学内容与思政元素融入点

以“渣油综合利用”的问题导入课程，培养学生的问题意识，让学生充分讨论，提出渣油综合利用方案，以激发学生的学习兴趣，并使学生感受到化工工艺学课程与实际生产的密切联系。本次教学中，主要采用任务驱动教学法、讨论式教学法相结合的手段，能够极大地加强师生互动、生生互动，充分调动学生的积极性；教学过程中遵循启发诱导、循序渐进的原则，通过完成“工艺流程分析任务”让学生经历学以致用的过程，能够进一步地加强学生对重点难点知识的理解与掌握，同时有助于培养学生的团队协作精神。

（六）教学过程

表3为“渣油热加工”教学过程。

表3　“渣油热加工”教学过程

教学环节	教学内容	思政目标及资源	教学方法与手段	师生活动设计	时间分配
预习检查	检查学生利用智慧树平台化工工艺学MOOC预习情况		利用雨课堂智慧教学工具	教师：发布测验题，点评测验结果。 学生：雨课堂答题，认真听点评	5min
导入新课	引导学生回顾常减压蒸馏工艺，介绍渣油的产生，给出“渣油的综合利用方案”讨论题，从而引入新课“延迟焦化工艺流程”	目标：培养学生问题意识。 资源：扩展阅读素材“渣油再利用”	讨论式教学法	教师：抛出问题，组织讨论，引发学生思考。 学生：进行思考，参加讨论，提出建议	8min
讲新课	展示渣油各种加工工艺图片，介绍各类渣油加工工艺特点；引入“渣油处理重型加氢反应器”中国发明专利案例，结合学生已学知识，联系当前学科前沿，讲解延迟焦化工艺的原理	目标：激发学生创新精神，以及节能环保意识。 资源：视频“渣油处理重型加氢反应器”中国发明专利	案例教学法	教师：引导学生理解授课内容，同时结合学科前沿讲授，让学生感受到所学知识应用价值。 学生：认真听讲，做好笔记，结合化工工艺学理论基础，进行思考，加深理解新学的知识点	10min

续表 3

教学环节	教学内容	思政目标及资源	教学方法与手段	师生活动设计	时间分配
课堂检测与反馈	反馈方式：在雨课堂发布教学效果问卷调查，收集并分析学生反馈信息。 检测方式：学生以小组为单位，上台展示"延迟焦化工艺流程设计原理、作用、需要改进之处"学习成果。 课堂组织：引导学生完成问卷调查；抽点小组上台讲解，启发台下小组提问		任务驱动教学法	教师：引导学生学用结合，对完成的学习成果进行点评。 学生：分小组，上台讲解或者台下提问，课后按小组提交学习成果 PPT	15min
课堂小结	引导学生自我小结，对知识点进行梳理		讨论式教学法	教师：让学生自主总结所学知识点。 学生：总结知识点，形成知识点思维导图	5min
布置作业	课后作业：习题第 4 题（P343）。 课后预习：在智慧树平台学习"延迟焦化工艺操作条件、焦化产品分布"视频，并完成雨课堂预习测验题			教师：指导学生预习新课。 学生：完成作业、完成预习任务	2min

五、教学效果

"化工工艺学"课程经过两个学期的课程思政教学方法改革，拓宽了学生视野，明显提高了学生的学习兴趣和积极性，获得了较好的教学效果，主要体现在以下方面：

（1）学生对课程满意度提高。学校发展规划与教学质量监控中心的教学质量评价系统（MYCOS）显示，近两个学期学生对课程的评价均为 90 分以上。学生对"教师在课堂上注重教学互动，鼓励学生参与讨论""本门课程教学完善了我的知识结构，提升我的相关能力”两项满意度在逐年提高，如图1所示。

*5. 教师在课堂上注重教学互动，鼓励学生参与讨论 (样本数=97) (单选题15分)

选项	小计	百分比
非常同意	54	55.67%
同意	39	40.21%
一般	4	4.12%
不同意	0	0.00%
非常不同意	0	0.00%

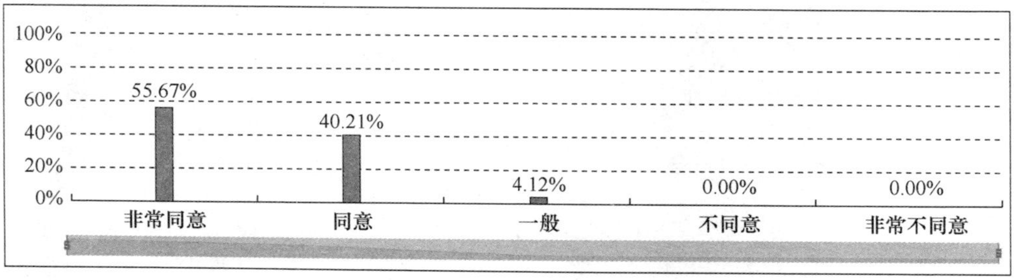

*7. 本门课程教学完善了我的知识结构，提升我的相关能力 (样本数=97) (单选题 20分)

选项	小计	百分比
非常同意	52	53.60%
同意	39	40.21%
一般	6	6.19%
不同意	0	0.00%
非常不同意	0	0.00%

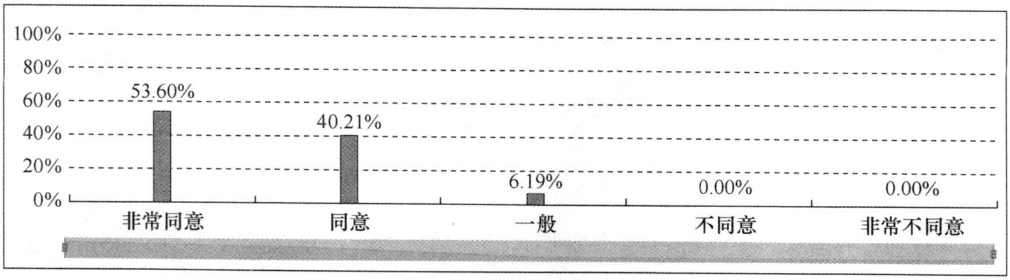

图1　学校教学质量评价系统（MYCOS）对课程满意度评价结果（部分）

（2）学生课程学习成绩提高。与教学方法改革前比较，学生课程学习成绩有明显的提高，高分人数增加，低分人数减少。图2为2018—2020年春季学期“化工工艺学”课程学生考试成绩分布。

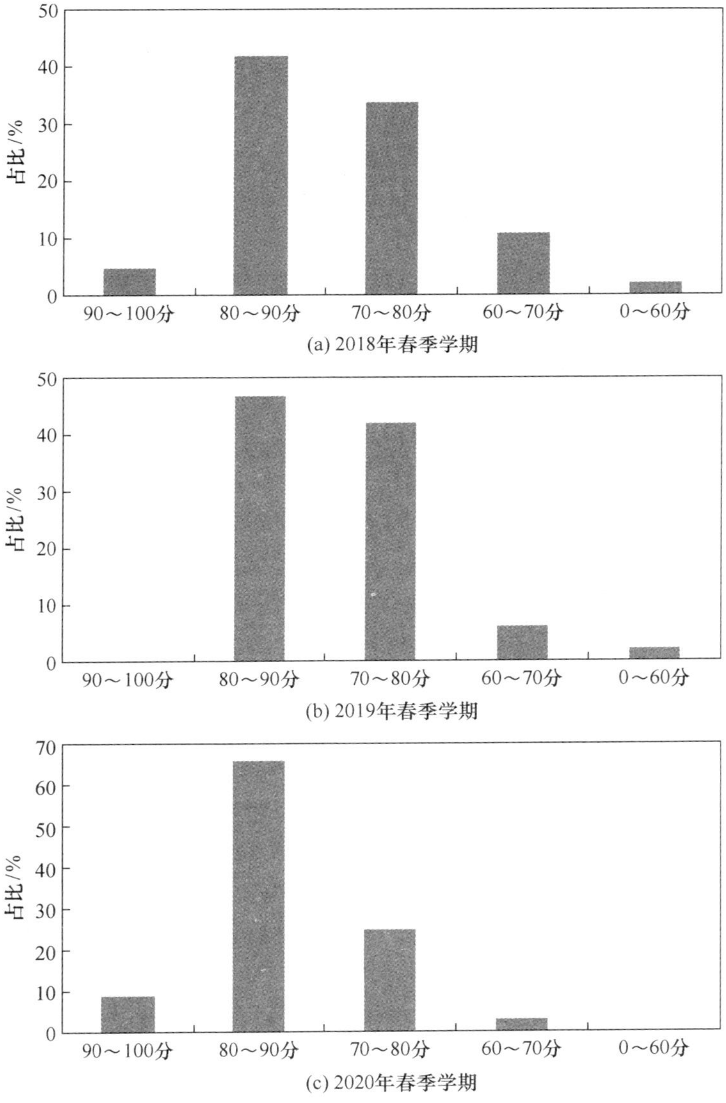

(a) 2018年春季学期

(b) 2019年春季学期

(c) 2020年春季学期

图2 “化工工艺学”课程学生考试成绩分布

（3）学生课程参与度提高。在教学中，利用雨课堂智慧教学工具配合课堂教学，学生课程参与度得到明显提高。2020 年春季学期共有 103 名学生参加“化工工艺学”课程学习，在雨课堂平台参与发帖与答题近2000 次。图 3 给出了学生参与课程教学的情况。

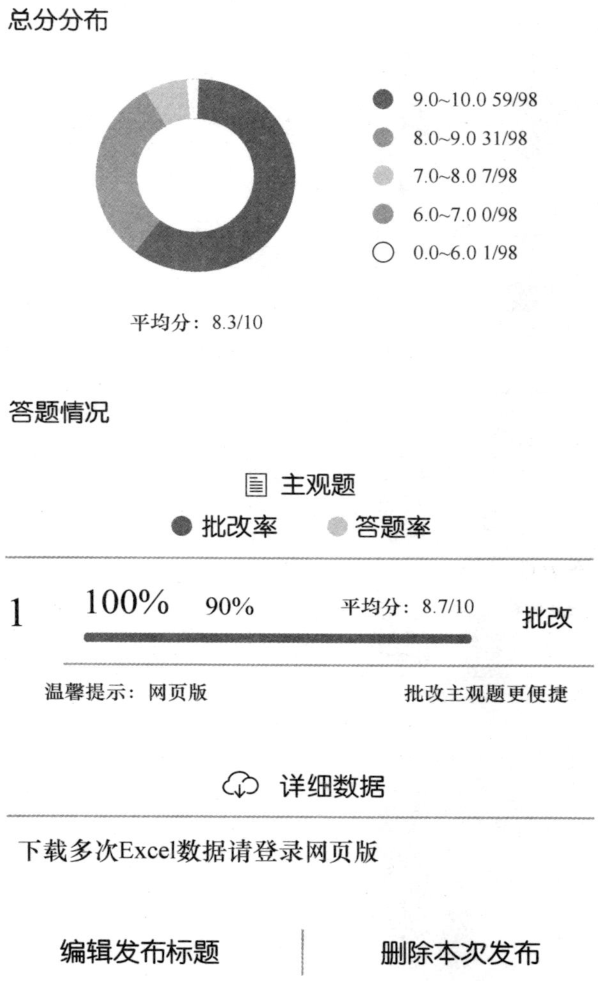

图3　学生参与课程教学情况（部分）

六、教师感悟

两个学期“化工工艺学”课程思政教学方法创新改革，收获满满。

（1）专业课程进行课程思政建设，应该做到思政元素是课程知识传授的一部分，让学生自然接受，起到化学反应，而不是机械堆砌。因此，课程思政教学体系和课程知识教学体系的深度融合是获得良好教学效果的前提。

（2）创新教学方法对课程思政建设至关重要，教师要主动将课程思政教学目标迁移到课堂教学中。案例教学法、任务驱动教学法、讨论式教学法在工科专业课程教学中，能够有效地将专业课程中的思政元素（“家国情怀”“工程伦理”“创新精神”“节能环保”等）在教学过程中与专业知识有效融合。当然，平时备课注意收集各种工程案例、社会热点是教学方法充分发挥“德育”作用的前提。

“天然药物化学”课程思政教学案例

化学与生物工程学院　李　霞

一、课程基本信息

课程名称：天然药物化学。

课程性质：专业核心课。

授课对象：生物工程专业大三年级本科生。

教学目标：

（1）知识目标。能够掌握天然药物化学基础理论及结构分析的基础原理；掌握天然药物的提取、分离、鉴定方法，并能掌握天然药物化学在科研和生产中的实际应用情况。

（2）能力目标。深入理解天然药物的理化性质，具有分析与解决天然化合物药物有效成分的纯化、结构鉴定方法与思路的能力。

（3）情感态度与价值观目标。使学生在学习过程中了解民族文化和民族药物，熟悉广西特色中药材及其应用，培养学生在从事天然药物、医药工程等工作中正确的、科学的世界观、人生观及价值观，培养学生独立思考的科学精神和团队协作精神，增加社会责任感、民族自豪感、家国情怀、安全与环保的意识。

课程简介：

“天然药物化学”课程重点论述天然药物的化学结构、生物来源、理化性质及结构分析等基本理论、方法。培养学生掌握天然药物化学的基础知识，了解我国的自然资源和天然药物在生命中存在的意义，力求有助于它们在科研和生产中的实际应用。学生通过本课程的学习和实践后，应具有天然药物分离纯化及制备基本技能、运用天然药物化学工程知识分析解决复杂过程中天然药物产品制备的方案与实现途径等能力；具备从事天然药物的分离、制备及相关技术开发的基本素质。简单说，对丰富的自然资源深入了解后能够加以利用。课程做到深入浅出、循序渐进、更加条理化。课程需要先修“生物化学”“微生物学”等专业基础课程，后续课程“生物安全与环保”。课程涉及很多我国特别是广西的特色生物资源，优秀科学家的人物事迹和相关的职业责任、经济效益与伦理原理等，将思政元素进行挖掘和充实课程内容，在学习理论知识的过程中，潜移默化地把家国情怀、中国精神、安全与环保等相关内容传授给学生。

使用教材： 裴月湖，娄红祥. 天然药物化学. 7 版. 人民卫生出版社，2016.

二、课程思政整体教学设计

（一）课程思政教学理念与思路

1. 课程思政教学理念

天然药物化学既是一门多学科交叉、综合性强，又密切联系生产实际的专业基础课。天然药物随着生物学、化学等自然科学的发展和技术进步，逐步与巫术、占卜、迷信及宗教信仰等剥离开，并逐渐形成现代化的药物。本课程内容多涉及一些常见的中草药，并且和实际生活中的一些常见药物、营养制品和食品等相关，因此在“天然药物化学”课程教学中实施思想政治教育，对提高生物工程专业学生的专业素养、个人品德，实现专业人才培养目标具有重要的意义。

充分挖掘课程相关知识中的思政元素，将历史的、时代的、社会的正能量引入教学课堂，将老一辈科学家的孜孜不倦、攻坚克难的精神融入课程内容，加深学生对祖国的了解，提高学生的爱国情怀、政治担当和敬业精神，让学生在学习过程中形成正确的世界观、人生观和价值观，培养学生良好的专业素养和职业素养。

2. 课程思政教学思路

（1）明确教学目标。围绕课程的知识目标、能力目标、情感态度与价值观目标构建课程的思政体系，培养学生用正确的价值观和科学视野去观察和思考问题，用正确的态度去学习和提高，培养良好的职业操守和敬业精神。

（2）丰富教学内容。挖掘与课程内容相关的思政案例，案例紧贴生活又富有时代性，使之潜移默化地与课程内容进行融合，有利于思政教学效果的体现。

（3）创新教学方法。案例叙述、视频播放、微课相结合，完成团队作业等多种方式进行教学，逐步将思政和专业教学结合，引导课堂教学和学生自学相结合。

（二）课程思政教学创新点

（1）理论与实践相结合的课程内容。以专业知识的理论课，结合真实的案例作为理论知识的载体和引导，传递前人的经验、教训和增长见识。

（2）灵活运用启发式教学。案例描述后，根据案例的具体情况，提出相关问题，启发学生思维，学生通过案例分析获得的技巧可以在今后的工作中借鉴、应用和发挥。

（三）课程思政教学整体安排

表 1 为“天然药物化学”课程思政教学整体安排。

表 1 “天然药物化学”课程思政教学整体安排

课程思政目标	融入章节	依托知识点	课程思政资源
民族复兴	第 1 章　绪论	天然药物的发展	以中医的历史和壮药的发展举例，讲述其悠久的历史，阐述其存在的必然性和科学性，近代中医发展迅速的原因离不开强国和民族复兴
	第 2 章　天然药物的提取分离	提取分离过程	屠呦呦院士课题组的事迹，推广了中医中药。正是经过不断的实验和尝试，才得到了成功的提取方法
科学精神	第 2 章　天然药物的提取分离	提取分离过程	举实例说明，原生苷和次生苷的提取分离方法不同，获得的有效成分不同，具有的生理活性更有差异。引起学生的好奇心和求知欲，对课程学习的兴趣
	第 5 章　糖和苷	糖苷的生物学活性	老话讲“桃养人、杏伤人”，根据科学的思维进行判断，为什么？举实例说明，苦杏仁苷使用不当会中毒，引起不适，严重的会危及生命，引导同学们进行思考和解惑
	第 6 章　香豆素	香豆素的提取和分离	举实例说明，铁锅不能煮中药，用科学的思维方式进行思考，结合本章的内容进行阐述，引导同学们进行思考和解惑
	第 7 章　生物碱	生物碱的概念和活性	生物碱本身具有很强的生物学活性，但是毒性较大，久用成瘾，结构稍加改造，新的产物减少毒性可以加以利用，这也告诫同学们要善于思考，正确认识事物，并且正确引导大家
团队协作精神	第 4 章　天然药物的结构研究	结构测定的基本方法	以课后作业的形式，让同学们合作完成，发挥各自的特长。 青蒿素的结构研究需要几种研究方法，只采用一种单一方法不足以确证

三、课程思政教学方法及手段

（1）案例教学法。通过案例给学生提供一个独立思考的微环境，案例贴近自己，贴近生活，更有利于学生思考和理解。在教师的引导下，学生能够结合案例进行理论联系实际、独立思考、循序渐进，逐渐养成一种用科学知识思考和解决问题的习惯和能力。

（2）创新创业实例教学法。教师结合以往的成功案例进行讲解，并给出创新创业项目命题，让学生分小组完成，旨在培养学生团队合作和战略规划的能力，挖掘每个学生的特点和特长，并且对关键问题进行解惑和指导，使学生直面问题，更容易理解消化。

（3）翻转课堂教学法。选择一部分学时，在课堂上让学生展示作品，请同组和其他同学点评，并自由讨论；最后教师总结评价，帮助学生掌握重点和难点。

四、课程思政教学实施具体案例

第4章第1节 生 物 碱

（一）教学内容

（1）生物碱的定义，生物碱在植物界的分布。

（2）生物碱在植物内的存在形式。

（3）生物碱的分类依据，生源关系。

（4）生物碱的理化性质。

（5）生物碱主要检识反应。

（6）生物碱主要的一些生物活性，总生物碱提取方法。

（7）总生物碱分离方法，生物碱的结构鉴定与测定方法。

（二）教学重点

（1）生物碱的分类及生源关系，理化性质。

（2）掌握总生物碱提取方法。

（三）教学难点

总生物碱分离方法，生物碱的结构鉴定与测定方法。

（四）教学目标

（1）知识目标：掌握生物碱的定义，生物碱在植物界的分布；熟悉生物碱在植物内的存在形式；掌握生物碱的分类依据，生源关系及其分布；熟悉生物碱的理化性质；了解生物碱主要检识反应，生物碱主要的一些生物活性；掌握总生物碱提取方法，总生物碱分离方法，了解生物碱的结构鉴定与测定方法。

（2）能力目标：具备创新行为和创新形式的能力，具备科学思维和具有用科学思维思考和解决问题的能力；构建完善的生物碱类化合物开发工程的知识结构，具备解决天然药物分析的基本素质，具备用相关方法设计生物碱类物质提取和制备的能力。

（3）情感态度与价值观目标：增强国家认同感和民族自豪感。

（五）教学内容与思政元素融入点

以“第4章　生物碱”为例引入思政元素，通过教学使学生树立正确的伦理观。

（1）在介绍本章的前面先用“学习强国”中的一篇文章“蒙汗药”的前世今生引入正题。蒙汗药，这样一种神奇的药物在文学作品中经常出现，如四大名著之一的《水浒传》中出现多次，第十六回“吴用智取生辰纲”中晁盖、吴用、刘唐等人就是用蒙汗药迷倒杨志等人劫得生辰纲，黑店老板娘孙二娘也是常用蒙汗药迷倒过往客商做成人肉包子来卖。书中未能详细描述其药物制备材料来源及具体方法，也许正是如此，才使蒙汗药变得愈加神秘。

以几本经典的中药史书记载，引出其中的主要成分——曼陀罗中的阿托品。《元典章》记载，此药主要成分为曼陀罗和蓖麻子，至此，被传得神乎其神的蒙汗药的组成终于有了发现。明代学者郎瑛在《七修类稿》：考证认为蒙汗药含有押不庐（芦）、草乌和曼陀罗花三种成分，蒙汗药很可能与曼陀罗有关。梅元实《药性会元》：“曼陀罗花、川乌、草乌合末，即蒙汗药。”曼陀罗即为蒙汗药中的主要药物组成。

（2）以一部电影、电视作品《湄公河行动》引出另一生物碱种类。根据2011年湄公河“10·5”案件改编的影视剧，讲述了中国公安机关在老、缅、泰三国警方的支持配合下，成功侦破杀害中国船员一案并破获重大国际贩毒团伙的故事。告诫同学们要识毒、禁毒。冰毒，又叫甲基苯丙胺、甲基安非他明、去氧麻黄碱，属于苯丙胺类，是一种无味或微有苦味的透明结晶体，纯品很像冰糖，形似冰，故俗称冰毒。吸毒、贩毒者也称之为“冰”。犯罪分子经常利用麻黄碱等原料制作冰毒，任何制毒贩毒的违法行为都将受到法律的严惩。中华人民共和国国务院于2005年8月26日颁布了《易制毒化学品管理条例》。

（3）由以上两个例子，引出生物碱的定义和特点。植物中存在的生物碱大多有明显的生理活性，如鸦片中的吗啡有镇痛作用；可待因有止痛、止咳和止泻的药效，它的硫酸盐或磷酸盐常用于药品中；麻黄中的麻黄碱具有平喘作用，治疗习惯性支气管哮喘和预防哮喘发作，对严重支气管哮喘病人效果则不及肾上腺素，分子式 $C_{10}H_{15}NO$。

有些生物碱本身具有很强的生物学活性，但是毒性较大，久用成瘾，结构稍加改造，新的产物减少毒性可以加以利用，这也告诫同学们要正确认识事物，并且正确引导大家。例如，植物古柯中的有效成分古柯碱（cocaine，可卡因）虽有很强的局部麻醉作用，但是毒性较大，久用容易成瘾。但是，在此基础上结构改造后的普鲁卡因 procaine4-氨基苯甲酸 2-(二乙氨基) 乙酯（合成品）却是临床用局麻药。

（六）教学过程

表2为“生物碱”教学过程。

表 2 "生物碱"教学过程

教学环节		教学内容	思政目标及资源	教学方法与手段	师生活动设计	时间分配
复习		萜类化合物的概念和分布	回顾萜类分布的内容，与本节课生物碱的分布关系相对比，引导学生思考，培养科学思维	提问和回顾	回答问题	5min
讲新课	(1) 生物碱的概念	生物碱的概念	案例引入："学习强国"中的文章"'蒙汗药'的前世今生"引入正题，训练学生用科学性的思维考虑问题，善于思考	案例导入	设问	5min
讲新课	(1) 生物碱的概念	生物碱的活性	实例分析：万事万物有两面性，要善于分辨和利用。曼陀罗中的生物碱类即为蒙汗药中的主要药物组成成分，有毒也有利的一面。提出疑问：为什么曼陀罗好看，但是不能作为室内观赏	案例导入讲授法；情感陶冶法	设问	2min
讲新课	(1) 生物碱的概念	引出生物碱的概念中蕴含的意思		学练结合	提问	5min
讲新课	(2) 生物碱的分布	分布特点和其结构、活性的关系	课件资源：讲授生物碱分布形式的多样性，思考如何区分，增强责任意识和思考能力	讨论法	PPT 展示	10min
讲新课	(3) 生物碱的命名	生物碱命名	用优秀的科学家、工程师的例子，提高学生的国家认同感和民族自豪感，树立标杆	讲授法；情感陶冶法	PPT 展示讲授	6min
讲新课	(4) 生物碱的生物活性	生物碱的提取法	由影视作品《湄公河行动》，引出生物碱提取方法和活性特点。生物碱本身具有很强的生物学活性，但是毒性较大，久用成瘾，结构稍加改造，新的产物减少毒性可以加以利用，这也告诫同学们要正确认识事物，并且正确引导大家	讲授法；讨论法	启发，引导	10min
专题研讨		你熟知的生物碱类种类和科学家	学生自己查阅资料，教师可以综合分析学生的关注点	学练结合	分组完成课后作业，课上选代表进行分享	2min
课堂小结		总结生物碱的名称特点，结合其生物学活性讲述如何对其趋利避害，挖掘身边哪些植物属于生物碱类				
布置作业		完成本节课的练习题（单选题、简答题、案例分析题、提高题）				

五、教学效果

(1) 学生的分析能力和创新能力有了很大的提高，能够高质量地完成课堂作业和综合训练。

(2) 学生的学习态度端正，更积极主动地学习，表现在学生的出勤率上，几乎全员出席，课堂回答问题的积极性和准确率提高，课堂内外师生互动显著加强。

(3) 学生对课程教学理念、课程结构及教学方式有普遍认同感，教学效果评估得分较高。

(4) 课程大力引导学生参与教师的科研项目和大学生科技活动，近几年生物工程专业学生获得大学生创新创业训练项目 50 项，其中国家级项目 5 项、区级项目 20 余项、校级项目 25 项；竞赛获奖 74 项，其中国家级 23 项、省部级奖 36 项、校级 15 项。

六、教师感悟

(1) 课程团队教师收集大量具有思政元素的案例，经过长期的积累和更新，形成本课程特有的系列思政内容，并融入课堂教学。经过多次尝试，通过实例激发学生的学习兴趣和思考习惯。经验证，方法有效，很多实例的讲授能够帮助学生树立正确的人生观、价值观和审美观。

(2) 课程授课教师不断摸索和探索以学生为中心的教学方法。在授课过程中如何通过多种方法进行教学，这是一个复杂和长期探索的过程，要了解学生的兴趣点、关注点和认知水平，每一届学生不同，每隔几届学生时代背景变化的影响也要考虑。

(3) 我校的招生生源广泛，但是大部分是来源于广西，毕业后去向是从事生物工程及医药和技术服务相关的工作。那么培养适用时代需要的人才，既有时代的大背景，也有服务地方经济的需求，更有结合地方特色的各种资源的特点，这些在设立课程目标的同时要综合考虑。

(4) 思政元素引入后，如何进行考核和评价给教师们带来了新的问题。经过多方调研、学习和讨论后，认为思政元素的引入使学习变得生动、主动，课堂效果明显变好，学生参与度高，这就是一个很好的考核指标；带动了学生学习的主动性和积极性，我们的教学效果就已经初见成效了。结合课程的整体考核，对学生的整体能力和素质有所提高，对毕业达成评价、就业后的信息反馈，学生们能够在毕业后达到预期，那么学生在校的德育培养效果就凸显出来了。

随着时代的进步和社会的发展，对课程思政还会有新的挑战、面临新的问题。

“分析化学”课程思政教学案例

化生学院　袁亚利

一、课程基本信息

课程名称： 分析化学。

课程性质： 学科基础课。

授课对象： 环境工程专业大三年级本科生。

教学目标：

（1）知识目标。

1）掌握四种滴定分析方法、原理。

2）掌握重量分析法方法、原理。

3）掌握分光光度分析方法和基本原理。

4）掌握常见物质的测定方法、方法选择和分析结果的计算。

5）掌握有关误差的基本理论，熟悉数据处理的常用方法。

（2）能力目标。

1）具有运用定量化学分析理论知识解释和解决实际问题的能力。

2）具有良好的学习方法和良好的学习习惯。

3）具有较好的逻辑思维能力及分析综合能力。

4）具有对真实样品进行方法选择及较强的实验操作能力。

（3）情感态度与价值观目标。

1）具有热爱科学、实事求是的学风，具有创新意识和创新精神。

2）具有严肃认真、实事求是的科学态度和严谨的工作作风。

3）具有良好的职业道德和职业习惯，自觉爱护仪器、规范操作。

4）具有环境保护意识和化学安全意识。

课程简介：

“分析化学”作为四大基础化学课之一，主要是研究物质化学组成和结构的分析方法及有关理论的一门学科，而这些信息对于生命科学、材料科学、环境科学和能源科学都是必不可少的。先修课程为大学数学、物理化学、无机化学等。

本课程内容主要是四大滴定分析原理，以及误差和分析数据的处理。通过系统学习“分析化学”，可使学生深入地掌握分析化学的基础理论和基本技巧，准确树立“量”的概念，初步具有选择分析方法、正确判断和表达分析结果的能力，并解决各类样品分析和有关科研中的实际问题，同时为后续专业课程的学习打下基础。

使用教材：华中师范大学，等. 分析化学. 4 版. 北京：高等教育出版社，2015.

二、课程思政整体教学设计

（一）课程思政教学理念与思路

“分析化学”课程是我校应用化学专业的核心课，也是化学工程与工艺、生物和环境等专业的必修课，以无机化学为先导课程，为获取物质的化学信息（物质的组成、含量、结构和状态等信息）提供原理和手段。为实现分析化学课程的育人功能，计划构建系统的课程思政教学案例库，融知识于案例之中，同时实现知识传授和思政教育的双重功能；开发分析化学课程课堂教学创新模式，激发学生的学习兴趣和爱国热情，促进学生全面发展。另外，分析化学教学团队还积极参加培训或聘请专家报告，将课程思政教学指导和集体备课形成常态化制度，提升教学吸引力和感染力。

环境工程专业为非化学专业，分析化学的课程内容主要包括理论和实验两部分，理论由绪论、误差与实验数据处理、化学平衡与滴定分析法概论、酸碱滴定、络合滴定、氧化还原滴定及吸光光度法等组成，实验则是选取滴定分析基本操作练习、双指示剂法测定混合碱和水硬度的测定三个基本实验内容。依据不同的授课内容，挖掘相应的哲学思想和思政教育元素，结合案例库中的案例，将家国情怀、法治意识、环保意识和国际视野等意识形态潜移默化地融入课程教学中。同时结合社会实践、科普宣传等实践活动，力图实现思政教育的知行合一。

（二）课程思政教学整体安排

表 1 列出了“分析化学”各章节中课程思政教学整体安排。

表 1 “分析化学”各章节中课程思政教学整体安排

课程思政目标	融入章节	依托知识点	课程思政资源
民族复兴	第五章 酸碱滴定	第二节 水溶液中弱酸（碱）各型体的分布	不同型体浓度计算，用于计算血液中药物浓度。延伸至电影《我不是药神》，我国药物研发领域较为落后，需要承担相应重任

续表 1

课程思政目标	融入章节	依托知识点	课程思政资源
文化自信	第九章　吸光光度法	第一节　吸光光度法基本原理	不同分子对光的不同吸收，基于其分子结构的不同，即是以量子理论为基础。 量子理论的提出、发展过程展示了人类在物理科学领域的巨大进步，尤其是中国在量子通信卫星的研发方面走在世界的前面。世界首颗量子科学实验卫星“墨子号”在酒泉卫星发射中心用长征二号运载火箭成功发射升空。相关新闻图片如下： 
	第一章　绪论	第三节　分析化学发展历史	新中国成立 70 年来，我国的科技发展取得辉煌成绩，大家熟知的如“两弹一星”“人工合成结晶牛胰岛素”等 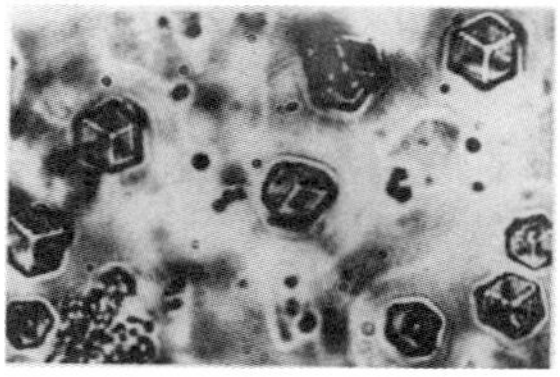 
科学精神	第一章　绪论	第三节　分析化学发展历史	分析化学家陈国珍参与了核燃料产品的质量控制分析，因为涉及国家机密，他没有因此发表一篇相关学术论文，但他是真正的幕后英雄
	第三章　误差与实验数据的处理	第一节　误差的基本概念	数据重复性：韩国黄禹锡的干细胞造假，日本小保方晴子的学术不端案，再到中国韩春雨事件，要严控科研诚信，提升科学精神

续表1

课程思政目标	融入章节	依托知识点	课程思政资源
哲学思想	第六章　络合滴定	第三节　络合滴定中的副反应和条件形成常数	条件形成常数，各种因素影响最终的结合能力。如何抵御生活中的各种诱惑和干扰，全力做好本职工作。学会抓住关键问题，集中力量解决主要矛盾。 辩证思想： 
	第四章　化学平衡与滴定分析法概论	第六节　滴定分析中的计算	计算遵循的原则是反应前后物质的量保持不变。掌握物质守恒定律，唯物主义思维，对真理的不懈追求
	第五章　酸碱滴定法	第三节　酸碱溶液中氢离子浓度的计算	滴定曲线突跃，极微小的量变引起质变
环保意识	第一章　绪论	第一节　分析化学的任务、分类和作用	分析化学在分析检测领域起着非常重要的作用，如食品安全领域的农残检测。 农残已经成为食品安全和环境领域非常严重的问题，要大力加强环境保护意识 
	第六章　络合滴定法	第八节　络合滴定的方式和应用	水硬度的测定。桂林山水甲天下，如何维护“青山绿水”，增强环境保护意识。 铅、铋的连续测定。重金属离子的危害，监控的重要性，绿色可持续发展观 

续表 1

课程思政目标	融入章节	依托知识点	课程思政资源
环保意识	第七章　氧化还原滴定法	第六节　常用的氧化还原滴定方法	以铁矿石中全铁含量测定的国标方法为例，增强绿色环保意识，响应习近平总书记提出的“绿水青山就是金山银山”理论
职业道德	第三章　误差与实验数据的处理	第五节　有效数字及其运算规则	有效数字位数与结果准确度有直接关系。一个螺丝钉直径的结果表示，甚至会影响一个大工程，如飞机部件数据。观看《中国机长》电影，认识严谨负责的工作态度
	第五章　酸碱滴定法	第四节　酸碱缓冲溶液	缓冲溶液 pH 值计算，打破“酸碱体质”伪科学，提高向社会进行科学常识传输的主人翁意识
		第八节　酸碱滴定法的应用	凯氏定氮法，“三鹿奶粉”事件，遵守职业道德，具有社会责任感

三、“课程思政”教学方法及手段

为了将思政元素有机融入课程内容，推进课堂教学方法和手段的改革和创新，站好课程思政的主阵地，采用了以下方法和手段。

（1）案例教学法。基于课程团队反复研讨的思政案例，在讲授新课时，通过案例的引入不断引导学生针对实际出现的问题进行分析和解决，在保证学术性的同时兼顾了趣味性，从而提高课堂教学质量和育人效果。

（2）问题驱动教学法。设计诸如“如何看待食品安全问题”“在习近平总书记的‘绿水青山就是金山银山’的理论指导下，我们如何进行环境保护和污染治理”等问题或研讨项目，引导学生自主讨论。充分调动学生的课堂积极性，将课堂由老师讲、学生听的单向交流，变为师生之间、同学之间的互动，增强课堂教学的感染力，激发学生自主学习兴趣，同时也能让学生切身感受到分析化学课程和生活实际的紧密联系，进而引出专业知识及其蕴含的思政元素，通过“润物无声”的方式将思政教育融入课程中，最终达到立德树人的目的。

（3）情景模拟教学法。在课堂上，以分析化学知识内容为基础，针对实际生活中相关的某一问题，让学生分别扮演该问题中涉及的各方人物，以不同的方式，如辩论、调停等，开展情景模拟学习。如在酸碱滴定分析的缓冲溶液章节中，以自媒体的一些文章中宣扬的“酸碱体质”实际案例为基础，将学生分为三组，各自代表以这些自媒体文章为噱头兜售保健品的一方、受这些自媒体思想影响的群众一方，以及进行科普宣传的科学团体一方。学生在进行大量的信息收集后，模拟在某个生活小区内，三方恰巧遇到一起时，可能发生的故事。让学生在实际演练过程中，更深入地认识到分析化学的重要作用，同时意识到社会大众对于化学方面的认知所存在的问题，逐步培养传播科学常识的责任感。

四、课程思政教学实施具体案例

第六章第八节　酸碱滴定的应用

（一）教学内容

（1）蛋白质的特点。

（2）凯氏定氮法的原理，滴定过程。

（3）极弱酸（碱）的测定。

（二）教学重点

（1）凯氏定氮法的原理及滴定过程。

（2）极弱酸的强化。

（三）教学难点

凯氏定氮法检测过程，极弱酸的强化。

（四）教学目标

1. 知识目标

（1）掌握食物中蛋白质含量的测定（凯氏定氮法）。

（2）了解极弱酸（碱）的测定方法。

2. 能力目标

（1）从化学角度，分析奶粉中添加三聚氰胺的原因。

（2）能够用强化的方法对极弱酸（碱）进行检测。

3. 情感态度与价值观目标

以“三聚氰胺”事件及各个国家出现的食品安全事件为鉴，培养学生正确的“义与利”观和职业道德感。通过讨论目前凯氏定氮法的缺陷，激励学生努力学习专业知识，为建设更加美好的未来而奋斗。

（五）教学内容与思政元素融入点

学习了凯氏定氮法的原理之后，学生了解到，基于食品中蛋白质是主要的含氮物质这一现象，目前是通过检测食品中的含氮量来间接计算蛋白质的含量。不法商贩就是根据这一原理，将含氮量极高的、对人体有害的工业原料三聚氰胺加到奶粉中，提高检测结果的含氮量，实现通过产品检验的目的。这就引发了2008年震惊全国的“三鹿毒奶粉”事件。该事件引发了非常惨痛的后果，至少30万婴幼儿的身体受到了无法恢复的伤害，国民对于国产奶粉的信心产生了极大的动摇。借由该事件，培养学生的诚信、职业道德观及社会责任感。同时，鉴于目前奶制品中蛋白质含量的检测方法仍然不完善，鼓励学生努力学习专业知识，探究新的检测方法的开发。

（六）教学过程

表2为“酸碱滴定的应用”教学过程。

表 2 "酸碱滴定的应用"教学过程

<table>
<tr><th colspan="7">授课过程</th></tr>
<tr><th colspan="2">环节</th><th>教学内容</th><th>德育内容、目标及方法</th><th>教师活动</th><th>学生活动</th><th>时间分配</th></tr>
<tr><td colspan="2">导入</td><td>

以三鹿毒奶粉事件的视频为例，简要讲述事件发生的过程，提出"事件中到底谁是罪魁祸首?"这一问题，激发学生学习兴趣</td><td>—</td><td>播放视频，提出问题</td><td>观看视频思考</td><td>4min</td></tr>
<tr><td>食品中蛋白质含量的测定</td><td>1. 蛋白质的作用及结构特点</td><td>蛋白质的重要作用

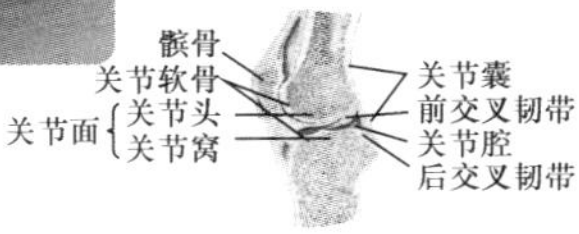

蛋白质是生命的物质基础，是生命活动的主要承担者。
蛋白质的结构及元素组成
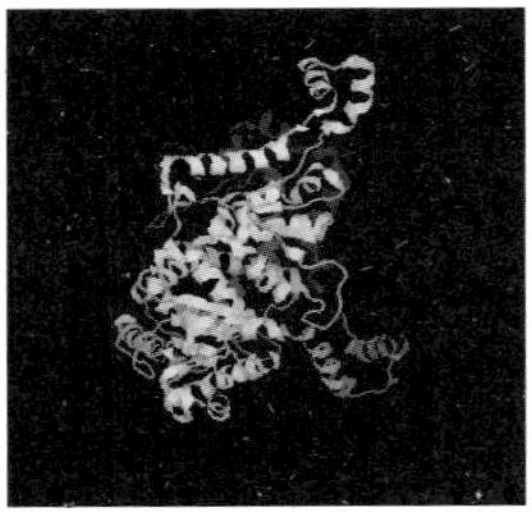
二级、三级的折叠结构
含氮是蛋白质区别其他有机化合物的主要标志</td><td>—</td><td>PPT 讲解</td><td>聆听</td><td>7min</td></tr>
</table>

续表 2

授课过程						
环节		教学内容	德育内容、目标及方法	教师活动	学生活动	时间分配
食品中蛋白质含量的测定	2. 凯氏定氮法	测定过程：消化，蒸馏，滴定。 两种滴定方法：直接滴定，返滴定。 学习效果：通过一道选择题“蛋白质换算系数是多少?”，检验学习效果	—	PPT 讲解，雨课堂发布习题	聆听，做题	12min
	3. 案例讨论	学生小组讨论，现有凯氏定氮法的缺点在哪里？如何改进？ 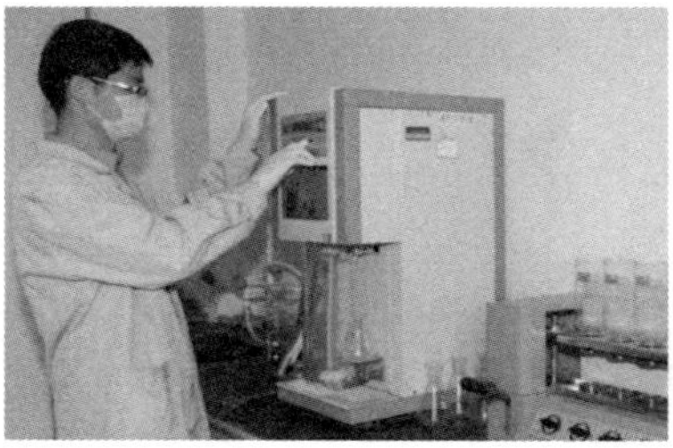 君子爱财，取之有道。 工欲善其事，必先利其器	从凯氏定氮法的缺点，理清添加三聚氰胺的背景，认识三鹿毒奶粉事件引发的惨痛的后果。三聚氰胺本身是非常重要的工业原料，最终是人心决定了技术的善恶。由此，培养学生的诚信、职业道德观及社会责任感。同时，鉴于目前奶制品中蛋白含量的检测方法仍然不完善，鼓励学生努力学习专业知识，探究新的检测方法的开发。 案例教育法	引导学生讨论，思考	思考，讨论	10min
极弱酸碱的测定	1. 硼酸的测定	用多元醇（甘油、甘露醇）进行强化	—	PPT 讲解	聆听	5min
	2. 铵盐中氮的测定	用甲醛对铵盐进行强化	—	PPT 讲解	聆听	5min
小结		凯氏定氮法的原理、过程，极弱酸如何强化	—	讲述	聆听	2min
课后作业		查找文献中检测蛋白质的方法				

五、教学效果

（一）学生反馈及取得成果

开展课程思政教学之后，课堂内容从原本单一的专业知识，转变为更加丰富的理论与实际案例相结合，包括小组讨论、演讲等多种互动方式的引入，使得课堂氛围更加活跃，同学们的参与度大大提高。在进行各种教学活动的过程中，预设的教学目标得以更好地达成，同学们对专业知识的理解也更加深入，同时还引发了学生对于自身、社会和国家的思考，得以树立正确的世界观、人生观、价值观，培养了远大的理想和情怀。课程结束后的调查问卷中（见图1），大部分同

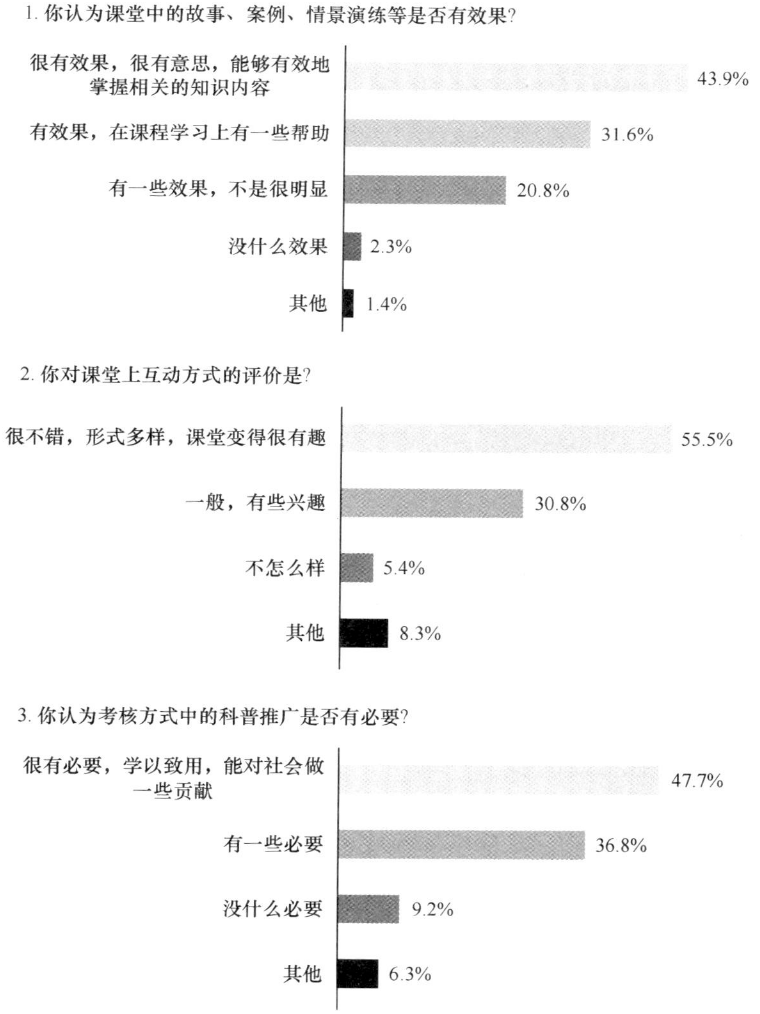

图1　调查问卷部分结果

学都对思政元素的融入表示赞同，认为有利于专业知识的学习和自身素质的培养。

通过不同形式的课堂活动，同学与同学之间、同学与老师之间都进行了更多的沟通，整体关系较以往有了大幅度的改善。最终的课程考核，也取得了较好的结果。还有一部分同学主动联系老师，提前开展科研活动，在大学生创新创业训练项目、广西化学化工创新成果大赛、全国创新实验大赛等专业竞赛中都取得了较为丰富的成果，如图 2 所示。

序号	名　　称	奖项	级别	年份
1	第二届全国大学生化学实验创新设计大赛（相应实验论文被收录进《大学化学》特刊）	一等奖	国家级	2021
2	第十七届广西高校大学生化学化工类学术成果大赛	一等奖	自治区级	2016
3	第二十届广西高校大学生化学化工类学术成果大赛	三等奖	自治区级	2019
4	第二十二届广西高校大学生化学化工类学术成果大赛	三等奖	自治区级	2021
5	小小碳点加点银，有毒奶粉速现形	大创项目	国家级在研	2021
6	外源诱导的金纳米状态变化对碳点荧光的影响及应用	大创项目	自治区级结题	2019
7	微型蓝牙电位溶出检测金属离子	大创项目	自治区级结题	2017
8	基于 DNA 酶和碳点的信号放大策略荧光检测铅离子	大创项目	校级在研	2020

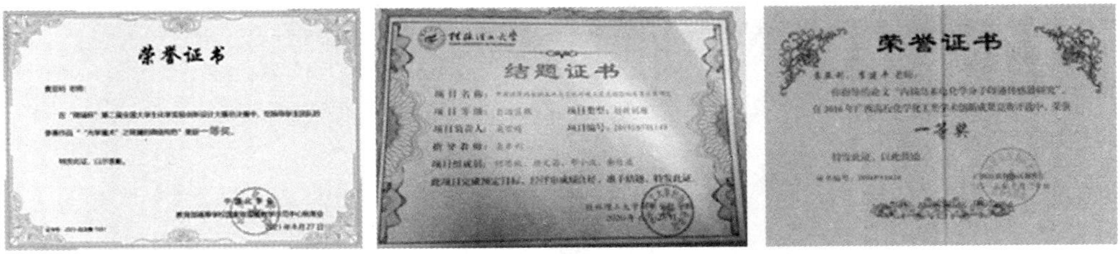

图 2　指导学生获得的部分成果

（二）教师个人能力提升

在挖掘课程内容思政元素的过程中，教师需要不断地对课程内容进行更新，同时结合自己的科研，让学生能更好地感受到所学知识的力量，这是一个对教学和科研都有所促进的过程。教师本人在教学能力提升方面，获得了校“十佳青年授课教师”称号，自治区青年教师教学竞赛理科组二等奖，国家和广西的信息化大赛分别获二等和一等奖等。同时，进行的分析化学教学改革作为重要的创新部分，参与获得广西高等教育教学成果特等奖。

从各个层面上讲，思政元素融入专业课程，都有着积极正面的意义。

六、教师感悟

（一）打铁还需自身硬，教师需多下功夫

教师为人师表，在课程思政教学中，更需要以身作则，不断提高自身师德修养，以德立身、以德立学、以德施教、以德育德，通过言传身教进行隐性渗透式课程思政教育。

一门课程的思政建设需要教学团队成员的共同参与，首先在思想意识上形成专业培养与立德树人并重的共识，其次在思政元素和思政案例设计上的共同参与，然后是课程教学中的主动实施。只有教学团队的教师们共同参与课程思政建设，才能对更多的学生产生积极影响。

在课程思政案例融入时，需要把握一个度的问题，专业课程毕竟不是思政课，思政元素不能全盘灌溉式进行，避免长篇大论的宣讲，引起学生的反感与抵触。虽然课程团队进行了较为详细的分析化学课程思政案例设计，但只是作为一个参考性案例库，具体的实施还需要结合实际教学情况进行选择和取舍，执行中要注意思政案例与专业知识的融合度，把握好思政融入的分寸和比例，做到恰到好处，才能起到同向同行的育人效果。

（二）思政教育任务重，但意义非凡

将思政元素有机融入专业课中，需要授课教师付出更多的时间和精力，挖掘专业课知识背后的哲学思想及相应的思政元素，通过多元化的形式，生动地传递给学生。当学生真正领会到背后的精神，并且在学习和生活中进行应用的时候，教师也会有莫大的成就感。

在讲到分析化学历史上的一些著名学者时，向学生提到了“科学没有国界，但科学家有国籍”，激发学生的爱国精神和为国贡献的意识。就在“H&M 事件”发生后，学生主动进行了相关论题的探讨，从原本旧中国的落后挨打，到现在中国“不吃那一套”，学生们表现出了强烈的主人翁精神，且深刻地感受到现今中国的团结意志。对于学生的这些表现，作为教师本人，亦是深感欣慰。

“现代生化技术”课程思政教学案例

化学与生物工程学院　李培骏

一、课程基本信息

课程名称：现代生化技术。

课程性质：专业选修课。

授课对象：生物工程专业大二年级本科生。

教学目标：

（1）知识目标。了解现代生化技术内涵及其发展，掌握生物产品制备、检测、鉴定方案设计基本原则及其评价方法，掌握当前常用生物检测、鉴定技术的原理、基本操作和应用领域。通过理论学习，使学生能在生物工程、生物化工、生物药物、环境、食品、农业生产等实际问题中合理选择现代生化技术，增强学生对所学问题的应用性和工程性认识。

（2）能力目标。培养学生具有生化产品制备、检测和分析鉴定的能力；培养学生能够运用现代生化技术知识分析、识别、判断和解决复杂生物工程问题，特别是生物工程下游生产过程中生化产品制备、检测的方案与实现途径；培养学生对各类现代生化技术的基本原理、基本操作的理解、掌握和分析运用能力。

（3）情感态度与价值观目标。通过学习我国科学家在现代生化技术发展史上的重大作用，增强科技自信和民族自豪感；通过学习现代生化技术领域科学家事迹，体会不怕失败、敢为人先的科学精神；通过学习生物大分子的检测技术，提高专业素养及认同，培养职业道德。由此增强学生对社会主义核心价值观内涵的理解，促进学生社会主义核心价值观的形成。

课程简介：

“现代生化技术”课程是生物工程专业的专业选修课程之一。本课程授课对象为该专业二年级第二学期的学生，教学总学时 32 个。学生已经学习了“生物化学”理论课，并且先修了“生物化学实验”，因此对基本的实验方法和实验原理有了初步了解。本课程在此基础上，进一步拓展相关的实验原理和方法。通过本课程的学习，使学生系统和全面地掌握生物产品、生物体内物质及其代谢物，特别是生物大分子的制备、检测、鉴定和改造技术及原理。整体要求是使学生系统地掌握现代生化技术的基本理论、基本知识，掌握生化技术的专业技术和技能，了解现代生化技术的现状和发展趋势，为学生以后从事与生物工程、生物技术有关的教学、科研与生产工作奠定必要的理论和技术基础。

使用教材：赵永芳. 生物化学技术原理及其应用. 5 版. 北京：科学出版社，2015.

二、课程思政整体教学设计

（一）课程思政教学理念与思路

（1）总体思路。推动高校德育课程与课程德育的深度融合，需要加强对高校德育课程的建设、充分挖掘德育素材、积极转变教师观念、立足学生现实需要，构建融合德育课程与课程德育的高校德育教学共同体，全面提升新时期高校德育教学效果。

（2）课程思政目标。增强学生的科技自信，民族复兴的使命感；培养勇于探索、不惧困难、尊重事实的科学精神；养成诚实守信职业素养，培养尊重宽容、团结协作的专业素质，提升专业认同和职业道德感；培育辩证唯物主义的马克思主义世界观。

（3）总体设计。通过构建完善的现代生化技术知识结构，使学生具备从事生化产品的检测、鉴定及相关技术开发的基本素质，培养学生的爱岗敬业精神。针对生物工程下游生产过程的工程实践，特别是生物产品的检测鉴定等对环境、社会可持续发展的影响，提高学生的能源节约和环境保护意识。在学习、应用现代生化技术的过程中，能够增强学生对社会主义核心价值观内涵的理解，促进学生社会主义核心价值观的形成。

（二）课程思政教学创新点

本课程涉及现代生化技术的进展和前沿，以及其专业应用方面的内容。因此授课过程中将我国科学家在本领域的贡献、科学精神、辩证法的原理贯穿始终，同时将糖类、蛋白质、核酸等检测技术与本专业的应用和发展相结合，增强学生的专业认同感。思政元素与本课程深度融合，达到课程思政“盐溶于水”的教学目标。

（三）课程思政教学整体安排

表 1 为“现代生化技术”课程思政教学整体安排。

表1 "现代生化技术"课程思政教学整体安排

课程思政目标	融入章节	依托知识点	课程思政资源
科技自信，民族复兴	绪论	我国科学家在现代生化技术发展史上的重大作用	1990年人类基因组计划，中国重点支持水稻基因组研究。2005年复旦大学小鼠功能基因组计划。2008年诺贝尔化学奖钱永健利用水母发出绿光的化学物来追查实验室内进行的生物反应（视频+网络资源）
	第六章 DNA序列测定	DNA序列测定的原理及方法	系统介绍DNA测序的发展史，并以华大基因为例，介绍中国科学家在此领域的发展及贡献
	第八章 生物芯片	重点介绍生物芯片的发展历史及其应用领域，发展前景和方向	本章的讲述主要是为了提高学生"学以致用"的理念，一个好的技术如果不能为民所用，是不会有什么实际价值的。同时提高学生为人民服务的理念，国家和社会为我们提供了这么好的学习环境，而且时代赋予了同学们这么好的机遇，因此没有理由不好好学习，报效祖国和社会
科学精神	绪论	（1）现代生化技术发展简史（现代检测技术）	瑞典化学家T. Svedberg奠定了"超离心技术"，1924年制成了5000g相对离心力的超离心机，开创了生化物质离心分离的先河，并准确测定了血红蛋白等复杂蛋白质的分子量，获得了1926年的诺贝尔化学奖。学生体会：技术的进步，带来了科技的发展
		（2）现代生化技术发展简史（检测技术带来的科技进步）	介绍我国科学家在生化领域的贡献。清华大学施一公团队，采用冷冻电镜技术解析了剪接体高分辨率的三维结构，并阐述了RNA执行剪接的工作机理，为人类进一步揭示与剪接体相关遗传病的致病机理提供了结构基础
	第四章 电泳技术	电泳技术的分类	授课教师结合自身科研经历，比如蛋白质分离纯化和电泳技术的实例，向同学们展示科学研究的一般思路和方法，培养科学研究的精神
	第七章 生物传感器	生物传感器概念、发展史和基本原理	介绍本领域的发展前沿，重点突出我国科学家及我校化生学院分析化学团队做出的贡献。使学生认识到人们对一个事物的正确认识往往要经过从实践到认识，再从认识到实践的多次反复才能完成；进一步提升学生的爱国意识，同时培养其勇于探索，"敢为天下先"的担当精神
专业素养及认同；职业道德	第二章 生命大分子物质的制备	生化制备实验设计一般步骤，方案设计与综合评价	通过介绍生化实验设计及综合评价（样品制备、检测和分离等），培养学生的全局观，以及对于专业的认可度

续表 1

课程思政目标	融入章节	依托知识点	课程思政资源
专业素养及认同；职业道德	第三章 常用生物化学检测技术	(1) 常用生物化学检测技术（核酸检测）	阐述需求带动科技进步实例，例如新冠病毒核酸检测的原理，通过以上几种检测技术发现的历史进程、检测方法建立的过程等小故事，对学生进行启发教育
		(2) 糖类检测方法和原理	拓展糖类的国标检测 GB/T 5009.7—2008，增强专业认同；以吴宪首创钨酸除血液样品蛋白质、创建 Folin-Wu 法的事迹为例，增强科技自信，鼓励创新
		(3) 蛋白质检测方法和原理	通过 2008 年的毒奶粉事件，进行诚信教育；课堂讨论：如何提高质量监管，增强职业使命感
辩证唯物主义马克思主义世界观	第二章 生命大分子物质的制备	细胞提取的方法	根据产物和目标不同，细胞破碎提取方法有区别。要具体问题具体分析，体现矛盾的普遍性和特殊性原理
	第四章 电泳技术	电泳技术及其适用范围	不同的电泳技术适用于不同的检测环境，因此我们要掌握实验的原理，才能够从根本上理解其应用领域

三、课程思政教学方法及手段

本课程以讲授为主，同时辅助案例法、讨论法、学生展示、知识竞赛等教学方法，融入思政元素，达到教书育人的目的。

(1) 讲授法。结合生物化学家吴宪等科学家在生化分析方面的贡献，凸显我国科技工作者对科学研究和科技创新所做的巨大贡献，从而强化培养学生的爱国情怀、民族自豪感和自信心。通过介绍本专业的特色和就业方向，以及食品检测岗位的职业素养，新冠病毒检测方面的原理和知识，培养学生爱岗敬业、精益求精的工匠精神，增强社会责任感及对于专业的认可度。

(2) 案例法。结合生物大分子检测和分析的典型案例，增强学生的专业认同度和社会责任感。例如通过三聚氰胺"毒奶粉"事件的讲授，使学生认识到食品安全的重要性，同时体会社会诚信的重要性。

(3) 讨论法。对于"毒奶粉""苏丹红"等食品安全的事件展开课堂讨论，加深学生对于社会监督重要性的认识和理解。

(4) 知识竞赛。通过组织食品安全竞赛，学生结合课堂上关于食品检测和安全的内容，然后通过课下准备，达到了学以致用的教学目标。

四、课程思政教学实施具体案例

第三章第一节　化学检测技术

（一）教学内容

（1）生化检测概述。

（2）糖类的化学检测技术。

（3）蛋白质和氨基酸的化学检测技术。

（4）蛋白质常用化学检测原理及方法。

（5）核酸检测方法和原理。

（二）教学重点

生物大分子的常用化学检测原理及方法。

（三）教学难点

糖和蛋白质检测的原理及适用范围。

（四）教学目标

（1）知识目标：掌握糖类、蛋白质、氨基酸和核酸的常用化学检测原理及方法。

（2）能力目标：能够理解和读懂生物大分子基本的检测标准，并运用所学知识开展相关的检测项目。

（3）情感态度与价值观目标：

1）培养勇于创新、严谨规范的职业精神；

2）培养公正、诚信的职业素养；

3）增强学生的专业自信。

（五）教学内容与思政元素融入点

（1）新课导入：2008 年毒奶粉事件的起因，事件分析及引起的反思，由食品蛋白质检测技术进一步引申到食品安全问题，这既是一个社会关注问题，同时也可以引入思政元素（诸如职业道德问题、专业认同感等）。

（2）糖类化学检测原理和方法：介绍国家标准《食品中还原糖的测定》（GB/T 5009.7—2008），增强专业认同感，使学生学以致用。我国生物化学家吴宪，首创钨酸除血液样品蛋白质，创建了 Folin-Wu 法，增强科技自信，鼓励首创精神。

（3）课堂讨论：2008 年毒奶粉事件，三聚氰胺冒充蛋白质添加到奶粉中，讨论如何提高质量监管水平，使学生认识到诚信的重要性；结合专业发展实际情况，比如质量监督需要科学完备的技术方法，增强学生的职业使命感。

（六）教学过程

表 2 为“化学检测技术”教学过程。

表 2 "化学检测技术"教学过程

教学环节	教学内容	思政目标及资源	教学方法与手段	师生活动设计	时间分配
导入	新课导入——2008 年毒奶粉事件：事件过程（奶粉引发肾结石）→事件起因分析→引起反思（企业诚信）	毒奶粉事件与专业的联系；进行诚信教育（网络资源）	PPT 展示，提问，讨论	教师：提问毒奶粉事件起因及过程。 学生：思考并回答	3min
讲新课	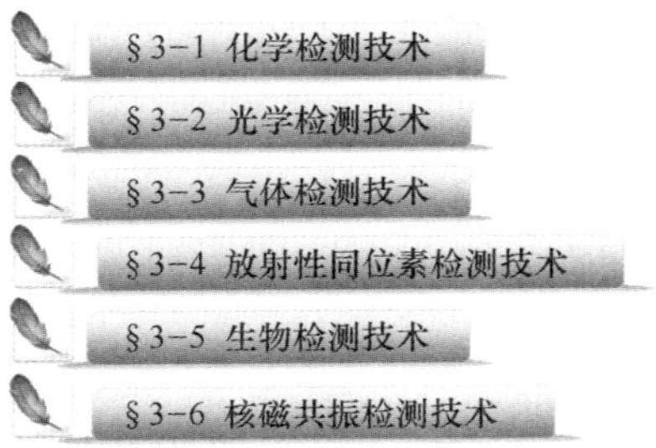 生化检测概述：生化检测主要技术（化学、光学、气体检测、放射性、生物检测、核磁共振等），提问化学检测技术	强调化学检测的基础地位，以及在本专业的应用，提升学生专业认同感	讲授，提问	教师：讲授生化检测的方法，提问。 学生：思考并回答	2min
	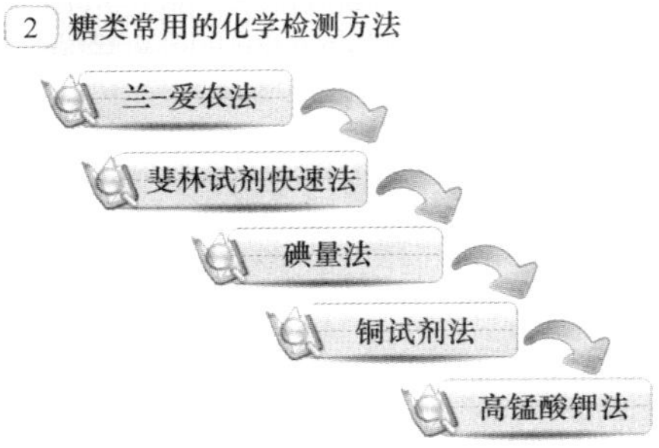 糖类检测方法和原理：提问 DNS 法测糖原理→引入糖类检测方法→案例（视频：兰爱农法测糖的原理）→拓展（GB/T 5009.7—2008；吴宪事迹：首创钨酸除血液样品蛋白质，创建了 Folin-Wu 法）	通过糖类检测介绍，增强专业认同感；通过吴宪事迹，增强科技自信，鼓励首创精神	师生互动，讲授，视频	教师：提问 DNS 法检测还原糖的原理和特点。视频展示实验过程，拓展知识点，并讲解吴宪事迹。 学生：回答问题，听课并思考	15min

续表 2

教学环节	教学内容	思政目标及资源	教学方法与手段	师生活动设计	时间分配
讲新课	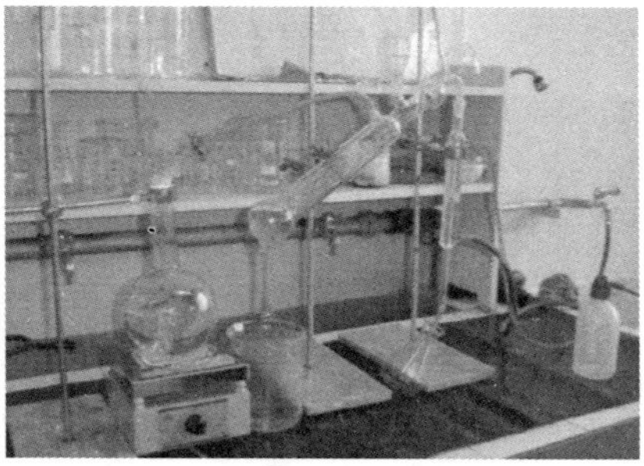 蛋白质检测方法和原理：凯氏定氮主要原理→视频展示实验→拓展（“毒奶粉”事件分析：三聚氰胺冒充奶粉添加，其含氮量高，生产工艺简单）→学生对事件进行思考	不法商家将三聚氰胺添加到奶粉中蒙混过关，进行诚信教育；网络资源	讲授蛋白质检测方法；视频展示实验过程；案例分析三聚氰胺事件的过程	教师：讲授新知识，通过视频加深印象，拓展知识使学生对本专业的重要性有更深刻认识。 学生：听课，并体会诚信的重要性	10min
	 分组讨论：通过上述毒奶粉事件，讨论如何提高质量监管？（从质量监督部门提升检测水平和能力，消费者增强监督等方面阐述）	通过事件分析，增强职业使命感，以及社会责任感	对于事件进行深度讨论和分析	教师：发起讨论题目，组织小组讨论，对于讨论结果进行总结。 学生：小组讨论，进行展示	10min
课堂小结	对本节课进行简单回顾	—	—	讲授，听课	3min
布置作业	请归纳糖类和蛋白质检测的方法，并查阅文献还有什么新的检测技术	提升学生整理归纳的能力	学生课后自主查阅文献学习	教师布置作业；学生搜集整理资料，完成作业	2min

五、教学效果

通过 2017 级和 2018 级同学两轮的教学实践，课程思政融入教学达到了预期的目标，具体体现在：

（1）学生的参与度提高。通过翻转式教学方式，学生能够主动地参与到课堂教学，通过课下准备 PPT、课堂展示、课堂讨论等环节的开展，使课堂的学习气氛有了比较大的改观。

（2）学生开始学以致用，将课堂上获得的启示应用到实践中。比如老师在第三章"常用生物化学检测技术"讲到2008年毒奶粉事件，由检测技术进一步引申到食品安全问题，这既是一个社会关注问题，同时也可以引入思政元素（诸如职业道德问题、专业认同感等）。受此启发，2018级同学参加食品安全竞赛，引用了课堂上关于食品检测和安全的内容。

（3）依托该课程获得的荣誉。2019年11月，主讲老师参加桂林理工大学第二届"课程思政"说课比赛并获理科组二等奖。

学生的体验和收获如下：

（1）爱国主义意识增强；坚定道路自信、理论自信、制度自信、文化自信；学术倡导自由，因此对于西方的先进科学技术，我们应该取其精华，去其糟粕。

（2）正确的实践和认识观。使学生认识到人们对一个事物的正确认识往往要经过从实践到认识，再从认识到实践的多次反复才能完成。

（3）提高学生"学以致用"的理念，一个好的技术如果不能为民所用，是不会有什么实际价值的，树立好好学习、报效祖国和社会的理念。

六、教师感悟

通过"现代生化技术"思政课教学改革和实践，初步达到了教学目标。从以下几个方面与同行老师们分享。

（1）思政元素挖掘方面：德育目标的选择决定思政课的质量，德育目标需要紧贴教学大纲。教学目标要求在学习、应用现代生化技术的过程中，增强学生对社会主义核心价值观内涵的理解，促进学生社会主义核心价值观的形成。本课程尤其注重核心价值观中"爱国、敬业、诚信、友善"的思政元素挖掘。同时，课堂教学不能因循守旧、一成不变，要紧跟时代发展和需求进行教学设计。比如，新冠病毒的检测是近几年社会的热点，教师需要紧跟社会需求来设计课堂。

（2）思政元素的教学设计方面：首先，结合社会主义核心价值观，在教学设计方面尤其注重将思政元素以"盐溶于水"的方式融进课堂教学中。比如，通过我国生物化学家在生物大分子检测和DNA测序方面的工作，凸显我国科技工作者的巨大贡献，从而激发学生的爱国主义情怀；通过介绍本专业的特色和就业方向，以及食品检测岗位的职业素养，介绍生化实验设计及综合评价，培养学生的全局观，以及对于专业的认可度；培养学生自主创新的意识和能力，鼓励学生主动发现问题。阐述需求带动科技进步实例，通过几种检测技术发现的历史进程，检测方法建立的过程等小故事，对学生进行启发教育。其次，在教学方式上，采用翻转式教学，通过课堂讨论+学生查找资料+学生PPT展示，让学生充分发挥其主动性和创造性。

通过两年的课程思政教学实践，我们有几点感触：

（1）要端正课程思政的目标。课程思政不应该是为了迎接考核，为了获得个人荣誉，而做的形式主义的工作。社会主义教育的本质是为了“立德树人”，而“德”就是课程思政的终极目标。

（2）课程思政需要融入日常教学中。每一位专业老师要明白，课程思政的教育并不是迎接检查、走过场，而是要贯穿于整个教育过程，要形成一种自然而然的教学理念，而学生也要将其视为课程学习的必需内容。

（3）课堂教学内容要根据社会需求和热点进行设计，同时要结合本专业的特点进行精心设计，避免因循守旧、教学内容和形式的单一化。只有在日常教学中注意上述几点，那么课程思政教育就会成为专业课教师的一种习惯，成为常态。

“仪器分析”课程思政教学案例

化学与生物工程学院　潘宏程

一、课程基本信息

课程名称： 仪器分析。

课程性质： 专业核心课。

授课对象： 应用化学专业大二年级本科生。

教学目标：

（1）知识目标。通过课程学习，掌握仪器分析的特点、内容、分类及其在科学研究、生产实践中的应用和发展。

（2）能力目标。掌握各种仪器结构、仪器分析方法的基本理论和分析技术，以及各种组分的定性定量分析方法。学生能够针对不同的分析对象，合理选择和应用适当的仪器分析方法，初步具备研究开发仪器分析新方法的能力。

（3）情感态度与价值观目标。通过了解仪器分析在科学研究和生产实践中的应用及发展，增强实事求是、勇于探索、追求真理的科学精神，弘扬工匠精神，培养创新意识。通过了解我国仪器分析工作者在分析仪器研制过程中做出的卓越贡献，坚定中国特色社会主义“四个自信”，树立民族复兴坚强信念。

课程简介：

“仪器分析”是应用化学专业的一门必修专业核心课程，是学生在学完“无机化学”“有机化学”“物理化学”“高等数学”和“大学物理”等基础课程，以及“分析化学”等专业核心课程后开设的后续课程。本课程主要讲述原子光谱分析法（原子发射光谱分析法、原子吸收光谱分析法和原子荧光光谱分析法）、电化学分析法（电位分析法、电导分析法、电解和库仑分析法、伏安和极谱分析法）、色谱分析法（气相色谱法、高效液相色谱法）的基本知识、基本原理和分析技术。

使用教材： 胡劲波，秦卫东，谭学才．仪器分析．3版．北京：北京师范大学出版社，2017．

二、课程思政整体教学设计

（一）课程思政教学理念与思路

“仪器分析”既是一门多学科交叉、综合性强，又密切联系生产实际的专业基础课。仪器分析的发展是人们在长期的生产劳动和科研活动中认识和改造自然的结果，其中我国仪器分析工作者也做出了卓越的贡献。本课程蕴藏着丰富的思政教育元素，采取灌输与渗透相结合、理论与实际相结合、历史与现实相结合、显性教育与隐性教育相结合、共性与个性相结合等教学设计理念。

（二）课程思政教学整体安排

表 1 为“仪器分析”课程思政教学整体安排。

表 1 “仪器分析”课程思政教学整体安排

课程思政目标	融入章节	依托知识点	课程思政资源
民族复兴	第一章　绪论	仪器分析在科学研究中的发展及应用	我国“祝融号”火星车搭载的火星表面成分探测仪等分析仪器的图片、视频
	第二章　光学分析方法导论	各种电磁波段的分析仪器应用	我国嫦娥号系列卫星上的各种光学分析仪器的图片、视频
	第四章　原子吸收光谱法和原子荧光光谱法	测定砷的氢化物原子吸收光谱法	原子吸收光谱法测定光绪皇帝遗骨中砷的含量，证实光绪皇帝死于急性砷中毒的有关图片、视频。有关戊戌变法和辛亥革命的图片资料
科学精神	第三章　原子发射光谱法	（1）棱镜分光原理； （2）焰色反应和原子发射光谱	自制简易火焰原子光谱仪教具
	第四章　原子吸收光谱法和原子荧光光谱法	太阳光谱中的暗线和原子吸收	从渥拉斯顿、夫琅禾费到本生和基尔霍夫发现原子吸收现象和发展原子吸收光谱法的图片、资料
	第八章　电解分析法与库仑分析法	电解原理	图片、新闻资料：水质净化机销售人员用所谓的“水质电解检测仪”来测试水质，误导大众。所谓的水质问题其实是铁电极的电解反应
	第九章　极谱与伏安分析	溶出分析原理	自制蓝牙溶出分析仪教具
文化自信	第四章　原子吸收光谱法和原子荧光光谱法	原子荧光光谱仪器结构	国产与进口原子荧光光谱仪的性能、价格对比相关图片、资料，得出结论：国产原子荧光光谱仪的性价比更高

三、课程思政教学方法及手段

在课程思政方面主要采用以下教学方法：

（1）画龙点睛式。采用画龙点睛的方式对讲课中涉及课程思政的知识点或技能点进行精准滴灌。例如，在讲授光学分析法概论的时候，介绍我国探月工程、火星探测使用的分析仪器，对中国特色社会主义“四个自信”等思政内容进行点睛。

（2）案例穿插式。精心选择与课程内容相关的、生动鲜活的案例，例如本生和基尔霍夫通过研究火焰颜色、太阳光谱中的暗线，发展了原子发射和原子吸收光谱法；介绍仪器分析发展历史中无私奉献、做出重要贡献的国内外科学家，引发学生思考，培养学生科学探索精神、创新意识，激发学生的民族自豪感。

四、课程思政教学实施具体案例

第四章第五节　原子荧光光谱法

（一）教学内容

原子荧光光谱法。

（二）教学重点

（1）氢化物发生原子荧光光谱法原理。

（2）高强度空心阴极灯。

（三）教学难点

原子发射光谱法、原子吸收光谱法、原子荧光光谱法的区别与联系。

（四）教学目标

（1）知识目标：掌握原子荧光光谱法基本原理、仪器结构。

（2）能力目标：培养学生的科学、逻辑思维能力。

（3）情感态度与价值观目标：通过了解尼科尔斯在观察火焰的光致发光时发现原子荧光现象，弘扬勇于探索、追求真理的科学精神，培养创新意识。通过了解我国科技工作者在原子荧光分析仪器研制过程中做出的卓越贡献，坚定中国特色社会主义“四个自信”，树立民族复兴坚强信念，培养爱国主义精神，增强民族自豪感。

（五）教学内容与思政元素融入点

1. 原子荧光现象的发现

1922 年，尼科尔斯（Nichols）在研究受光源照射的火焰亮度时，使用钨灯、电弧、汞灯等照射含有金属盐的火焰，观察到金属元素发射的谱线增强，这种现象与人们熟知的原子吸收现象不一致。尼科尔斯从转瞬即逝的实验现象中敏锐地洞察到这是一种新的火焰光致发光现象，通过深入研究，发现这种现象本质上属于原子的光致发光，即原子荧光，这充分体现了勇于探索、批判性思维、开拓创新的科学精神。

2. 原子荧光在元素分析中的初步应用

20 世纪 60 年代，阿尔克麦德（Alkemade）和怀恩福德纳（Winefordner）等人在前人研究的基础上，提出原子荧光可用于元素分析，研制了原子荧光光谱仪原型机，并实现了原子荧光光谱法测定锌、镉、汞等元素。这说明科学理论到实际应用往往不是一蹴而就，需要反复研究，不断创新。

3. 原子荧光光谱仪的发展历程

1976 年，美国 Technicon 公司推出第一款商品化的原子荧光光谱仪，但由于灵敏度不够高、测定参数不易选取，很快就退出市场。

1980 年，我国地矿部在全国开展化探普查找矿，亟须测定地质样品的高灵敏度检测仪器。西北有色所郭小伟和地矿部物化探所张锦茂等科技工作者积极响应国家需求，于 1983 年成功研发出我国第一台氢化物无色散单通道原子荧光分析仪，在两大关键核心技术上取得了突破：

（1）选择易形成气态氢化物的元素作为原子荧光仪器突破口，显著提高灵敏度；

（2）成功研制高强度光源，解决了当时普遍使用碘化物灯易产生干扰的难题。

原子荧光光谱仪的仪器成本低、灵敏度高、实用方便，符合我国国情，能满足国家需求，得到大力发展。经过我国几代科研工作者的不懈努力，持续技术革新，提高仪器性能，掌握高性能空心阴极灯、断续流动、顺序注射等核心技术，成功实现原子荧光仪的实用化和商品化，是我国少数具有自主知识产权、技术水平超过进口的商品化分析仪器。这充分表明，广大科技工作者只有扎根祖国大地，将事业与国家和民族的前途命运、与人民的福祉相结合，把科技成果应用到实现国家现代化的伟大事业中，把人生理想融入为实现中华民族伟大复兴的奋斗中，其科研能力才能最大程度发挥价值，其为之奋斗的事业才能获得最大意义上的成功。

（六）教学过程

表 2 为“原子荧光光谱法”教学过程。

表 2 “原子荧光光谱法”教学过程

教学环节	教学内容	思政目标及资源	教学方法与手段	教师活动	学生活动	时间分配
复习	原子发射、吸收的基本原理	—	讲授	讲授	聆听，思考	2min

续表2

教学环节	教学内容	思政目标及资源	教学方法与手段	教师活动	学生活动	时间分配
讲新课	导入新课"原子荧光光谱法"，介绍国产原子荧光光谱仪是我国少数具有自主知识产权、技术水平超过进口的商品化分析仪器	激发学生爱国主义精神、民族自豪感。国产与进口原子荧光光谱仪的性能、价格对比相关图片、资料	情感陶冶法	讲授	聆听，思考	1min
	原子荧光现象的发现：尼科尔斯在1923年研究了火焰的光致发光现象，他使用钨灯、电弧、汞灯等照射含有金属盐的火焰，发现金属发射的谱线得到增强，这是一种原子荧光现象	培养勇于探索、批判性思维、开拓创新的科学精神。尼科尔斯的论文中相关数据、图表	研讨法	讨论：为什么光照射火焰会产生发光增强的现象？PPT演示，引导学习	讨论，回答	5min
	原子荧光光谱法基本原理	—	—	PPT动画演示、讲授。归纳总结：原子荧光的本质是吸收光能量，产生能级跃迁，返回低能态，进行发光	聆听，思考	10min
	原子发射光谱法、原子吸收光谱法、原子荧光光谱法的区别与联系	—	研讨法	讨论：原子荧光能不能用于元素分析，怎样用	讨论，回答	5min
	原子荧光在元素分析中的初步应用：阿尔克麦德和怀恩福德纳等人在前人研究的基础上，提出原子荧光可用于元素分析，研制了原子荧光光谱仪原型机，并实现了用原子荧光光谱法测定锌、镉、汞等元素	科学理论到实际应用往往不是一蹴而就，需要反复研究，不断创新。阿尔克麦德和怀恩福德纳的论文中相关数据、图表	情感陶冶法	讲授、PPT演示，引导学习	聆听，思考	5min

续表 2

教学环节	教学内容	思政目标及资源	教学方法与手段	教师活动	学生活动	时间分配
讲新课	原子荧光光谱仪的发展历程：美国某公司的原子荧光光谱仪商品化失败。我国科技工作者在两大关键核心技术上取得突破：（1）氢化物发生原子荧光；（2）高强度激发光源，成功实现原子荧光仪的实用化和商品化，是我国少数具有自主知识产权、技术水平超过进口的商品化分析仪器	培养爱国主义精神、增强民族自豪感、树立中国特色社会主义“四个自信”。 郭小伟和张锦茂等科研工作者成功研发出我国第一台氢化物无色散单通道原子荧光分析仪的事迹；我国几代原子荧光光谱工作者不懈努力，勇于创新，在高性能空心阴极灯、断续流动、顺序注射等核心技术上取得突破的事迹	情感陶冶法，案例法	讲授	聆听，思考	10min
	原子荧光光谱仪器结构重点：（1）氢化物发生荧光原理；（2）高性能空心阴极灯	—	—	讲授	听讲，识记	3min
课堂小结	原子荧光光谱法原理和仪器结构	—	—	讲授	理解，总结	2min

五、教学效果

通过本课程学习，学生能熟练掌握仪器分析的特点、内容、分类，各种仪器结构、仪器分析方法的基本理论和分析技术；增强实事求是、勇于探索、追求真理的科学精神，弘扬工匠精神，培养创新意识，坚定中国特色社会主义“四个自信”，树立民族复兴的坚强信念，达到了教学目标。

学生反馈，通过学习科学家在仪器分析方法研究时独立思考、大胆探索、勇攀高峰的科学精神，激发了自己的学习兴趣和对仪器研发的探究兴趣，部分学生参加自制仪器兴趣小组，自制教学仪器获第五届全国高等学校教师自制实验教学仪器设备创新大赛三等奖。通过学习我国科技工作者经过不懈努力、自主创新，使国产分析仪器跻身于世界先进水平，并在我国的探月工程和火星探测得到应用，增强了爱国主义情怀和民族自豪感。

六、教师感悟

在部分章节授课中，专业知识与思政教育的有机融合方面做得还不够，有些时候尺度掌握不好，思政元素的使用比较牵强生硬，容易变成道德说教，把"课程思政"上成了"思政课程"。今后要在教学上不断地探索，进一步做好从知识教育到情感教育，最后到价值观的引导，有机融合价值塑造、能力培养、知识传授，使学生树立共产主义远大理想和中国特色社会主义共同理想，增强"四个自信"，树立正确的世界观、人生观、价值观，培养德智体美劳全面发展的社会主义建设者和接班人。

“生物制品与工艺”课程思政教学案例

化学与生物工程学院　董新红

一、课程基本信息

课程名称：生物制品与工艺。

课程性质：专业选修课。

授课对象：生物工程专业大三年级本科生。

教学目标：

（1）知识目标。了解生物制品学的定义、分类、应用、国内外进展及发展趋势；熟悉生物制品的制备方法、质量的标准化管理知识；掌握预防类和治疗类生物制品制备的基本原理和生产技术；了解基因治疗与核酸药物作为前沿学科的发展状况。

（2）能力目标。掌握各类生物制品生产技术和制备流程，具备从事生物医药研发、公共卫生管理等相关工作能力，具备应用理论知识分析、解决与生物制品相关工程问题的能力。

（3）情感态度与价值观目标。培养学生良好的科学素养及面对突发公共卫生事件应具备的应变预防能力，增强学生社会责任感及职业道德；培养学生的爱国主义精神和民族自豪感，树立社会主义核心价值观；激发学生的专业学习兴趣和认同感，以及献身祖国生物医学的理想信念。

课程简介：

生物制品产业的蓬勃发展需要大量的生物技术人才，而“生物制品与工艺”课程是让学生从理论走向实践的桥梁。“生物制品与工艺”是以微生物学、免疫学、生物化学、分子生物学等学科为理论基础，将理论与实践紧密结合的应用性学科，是生物工程、生物技术专业的重要选修课。它是采用生物化学、基因工程等技术和方法，研究和制备用以人类疫病防治和诊断的生物制品的一门新兴学科。其内容包括生物制品概述、生物制品的制备、生物制品的质量管理、检定与标准化、疫苗概论、细菌类疫苗、病毒类疫苗、血液制品及其生产技术、细胞因子类药物、基因治疗与核酸药物。该课程的目的是使学生具备常用生物制品的生产、管理和使用等知识，掌握生物制品制备的原理和技术。

使用教材：聂国兴，王俊丽. 生物制品学. 2 版. 北京：科学出版社，2014.

二、课程思政整体教学设计

（一）课程思政教学理念与思路

习近平总书记于 2019 年 3 月 18 日在学校思想政治理论课教师座谈会上强调了立德树人的重要性，要旗帜鲜明地加强思想政治教育、品德教育，加强社会主义核心价值观的教育。教育部于 2020 年 6 月 1 日印发的《高等学校课程思政建设指导纲要》(以下简称《纲要》) 中指出，"把思想政治教育贯穿人才培养体系，全面推进高校课程思政建设，发挥好每门课程的育人作用，提高高校人才培养质量"。这些重要论述和文件为我们在"生物制品与工艺"课程中引入课程思政教学设计指明了方向，提供了根本遵循和行动指南。课程思政的教学设计，必须紧紧围绕《纲要》要求，科学设计教学体系，力争将价值塑造、知识传授和能力培养融为一体。

"生物制品与工艺"以免疫学、微生物学、分子生物学作为理论和实践基础，是一门多学科相互渗透、相互交叉、多方面知识综合应用的实践性非常强的应用型课程，在生物医药领域具有很强的实用性。根据课程性质和特点设计教学内容如下。

课程特点 1：教学内容丰富，但各章节主题性强，各章节都有比较鲜明的主题内容，便于每个专题思政元素的挖掘。

这门课专业知识的授课内容和授课方式是根据该特点来设计的：比如每一章节包含一个主题，讲述一种生物制品，一般教学流程包括相关疾病介绍、病原菌特征和结构、致病机理、现有疫苗种类及目前存在的问题。在系统讲解每章节知识过程中，会根据每种疫苗和生物制品研制或应用的具体情况挖掘思政元素。学习第 1 章绪论和第 6 章（病毒类疫苗）中关于天花病毒和疫苗研制过程，会引入我国宋代就开始用人痘预防天花的历史，这是关于疫苗最早的起源；第 6 章讲病毒培养方法，会引入 1956 年我国学者汤飞凡用鸡胚卵黄囊培养基在世界上首次分离出沙眼衣原体病毒；第 6 章讲解乙肝疫苗，引入我国"第一代血源性疫苗之母"陶其敏教授带领团队，克服重重困难，以身试药研制乙肝疫苗的伟大事迹；第 9 章讲胰岛素的研究过程中，引入班廷团队发现、提取胰岛素的曲折历程，以及我国老一辈科学家 1965 年首次人工合成结晶牛胰岛素的伟大成就……

课程特点 2：理论和实践紧密结合。生物制品学的发展与细菌学、病毒学、免疫学、生物化学、分子生物学的学科密切相关，种类繁多，用途各异。不同种类的生物制品对于保证人类生命健康，改善人类生活质量，延长人类寿命具有重要意义。所以"生物制品与工艺"是一门涉及领域宽，涵盖范围广且与实际应用相结合的学科。

根据该特点，考虑在理论与实践结合方面引入相关思政元素。如第 1 章绪论中，会介绍新中国成立后我国在消灭天花及预防其他传染病方面的成就；第 3 章（生物制品的质量管理）引入 2018 年长春问题疫苗危害事件；第 4 章（疫苗概论）引入人类历史中几次重大传染病的危害及疫苗接种对传染病的有效预防和控制；第 7 章（血液制品）结合血浆蛋白在第二次世界大战战场上的应用及新中国成立后派遣科研人员赴哈佛学习技术的历史进行讲解；第 8 章（细胞因子类药物）会介绍有关医药进步和发展对一些疑难杂症及遗传性疾病的治疗……

课程特点 3：学科发展迅速，前沿性强。生物制品学作为一门独立学科成立比较晚，但由于在疾病的预防、治疗和诊断中起着重要作用，因此社会对生物制品的需求性比较高。随着现代生物技术飞速发展，生物制品学和生物制品产业都取得了蓬勃的发展。随着疾病的产生和流行，人类在与疾病斗争的过程中，不断开创的新技术也推动着学科的发展。

根据课程的这个特点，我们在教学中紧跟时代和形势热点，引入与学科相关的思政元素。如在第 6 章（病毒类疫苗）中，除了讲解一些传统的Ⅰ类和Ⅱ类疫苗及其相关疾病，还会引入 2003 年的 SARS 病毒及相应疫苗，2014 年的埃博拉病毒及相应疫苗；今后的教学中，将会补充 2019 年底开始的新冠病毒流行与感染、疫苗研发与应用，而且会着重介绍中国政府和科学家在这些新的突发传染性疾病肆虐过程中所起的至关重要的作用。说明人类每一次与新的疾病的交锋，都代表了该学科发展的最前沿科学。针对 2018 年震惊全球的“基因编辑婴儿”事件，会引导学生进行关于科技创新与伦理道德的思考讨论（第 10 章　基因治疗与核酸药物）。

总之，通过以上专业知识学习、理论联系实际和学科前沿发展这三个环节，我们可以全方位、针对性地融入生物制品领域的相关思政元素，从知识传授、价值塑造和能力培养等多方面实现立德树人的教育目标。

（二）课程思政教学整体安排

表 1 为“生物制品与工艺”课程思政教学整体安排。

表 1　“生物制品与工艺”课程思政教学整体安排

课程思政目标	融入章节	依托知识点	课程思政资源
爱国主义和文化自信	第 1 章　绪论	生物制品发展史	（1）讲述我国宋代最早发明了预防天花的痘苗，增强学生的民族自豪感。 （2）通过介绍我国新冠肺炎疫情防控取得的成就，引导学生充分认识社会主义制度的优越性和西方所谓民主优越制度的弊端，是一次爱国主义教育的实践课。引入钟南山院士奋战抗疫一线的感人事迹，激发学生努力学习专业知识，向钟南山院士学习，为祖国的生物医学事业添砖加瓦

续表 1

课程思政目标	融入章节	依托知识点	课程思政资源
爱国主义和文化自信	第 6 章　病毒类疫苗	乙肝疫苗	(1) 引入我国"第一代血源性疫苗之母"陶其敏教授的事迹，介绍她带领团队在"文化大革命"期间的艰苦条件下，克服重重困难研制出中国第一支血源性疫苗的伟大科研成就，以及在没有动物试验条件下，陶教授直接把新研制的疫苗在自己身体上做试验，以身试药的事迹。以此激发学生爱国敬业、勇于奉献、坚定为祖国生物医药奋斗的理想信念。 (2) 介绍第二代乙肝疫苗引进历史，结合习近平总书记的重要讲话，让同学们明白落后就面临被动挨打，必须掌握核心技术，拥有自主知识产权
	第 8 章　细胞因子类药物	细胞因子类药物的特性、结构及功能	随着医药的进步，越来越多的疑难杂症可以得到治疗，而且很多药物我国已实现自主生产，使学生感受到生物制品领域大有可为，为祖国医学事业的进步感到自豪
	第 7 章　血液及血液制品概述	血液制品生产技术	结合血浆蛋白在第二次世界大战战场上的应用和新中国成立后派科研人员赴哈佛学习血浆蛋白分离纯化技术的历史，使学生感受生物制品的重要价值及国际竞争的严峻性，让学生明白掌握核心科技就是掌握主动权，而落后就会被动挨打的道理
人生观和价值观塑造	第 1 章　绪论	我国生物制品的发展	学习新中国成立后我国生物制品发展、在消灭天花及预防其他传染病方面的成就，坚定学生努力学习及投身生物医学的决心
	第 4 章　疫苗概论	疫苗的历史和发展前景	(1) 通过学习疫苗在人类历史发展中的巨大贡献，使学生明白人类历史就是人类与各种传染病和疾病斗争的历史，并增强学生专业使命感及与疾病斗争的信心。 (2) 使学生明白注射疫苗及免疫接种对公共安全的重要性，坚决抵制当前新冠肺炎疫情肆虐形势下西方社会的疫苗恐慌论在群众中造成的不良影响
	第 6 章　病毒类疫苗	(1) 乙肝疫苗； (2) 艾滋病疫苗	通过学习病毒的传播途径，使学生科学认识病毒的传染途径和特点，消除对乙肝及艾滋病病人的歧视心理，关心关爱乙肝患者和病毒携带者
科学精神	第 2 章　生物制品的制备	(1) 生物制品制备方法； (2) 基因工程生物制品的制备	培养生物工程专业学生应具备的良好科研素质、积极创新意识和精益求精的工匠精神

续表1

课程思政目标	融入章节	依托知识点	课程思政资源
科学精神	第5章　细菌类疫苗	(1) 细菌灭活疫苗； (2) 细菌减毒活疫苗	针对目前一些疫苗的保护力不够理想，甚至一些疾病没有疫苗情况，使学生意识到生物制品领域研究的巨大潜力，激发学生探索生物医学更广阔领域的兴趣，树立勇攀医学高峰的理想信念
	第6章　病毒类疫苗	(1) 乙肝疫苗； (2) 艾滋病疫苗； (3) 新型病毒疫苗	
	第9章　重组激素类药物	重组人胰岛素	(1) 引入班廷团队发现、提取胰岛素的曲折历程，培养学生矢志不渝、不畏失败、坚持探究的科研精神； (2) 介绍我国老一辈科学家1965年首次人工合成结晶牛胰岛素伟大成就，引导学生感受老一辈科学家“大胆创新、严谨求实、协同攻关”的“胰岛素精神”，增强学生的爱国主义和民族自豪感
	第10章　基因治疗与核酸药物	基因治疗的方法、策略、应用	遗传性疾病及肿瘤严重威胁人类健康，随着分子生物学和重组DNA技术的突飞猛进，一个崭新的基因时代已经来临，启发同学们应紧跟科技发展步伐，掌握新的前沿技术，为人类健康服务
职业道德和生物伦理	第3章　生物制品的质量管理、检定与标准化	(1) 生物制品的GMP管理； (2) 生物制品的标准化	引入2018年长春问题疫苗危害事件，讲授生物制品质量管理规范及标准化生产的重要性，增强学生规范生产意识，养成认真负责的职业道德和工作作风，增强学生的社会责任感
	第10章　基因治疗与核酸药物	基因治疗的方法、策略、应用	通过引入2018年震惊全球的“基因编辑婴儿”事件，引导学生进行思考讨论，教育学生在进行创新性科研工作推动社会进步的同时，也要坚守伦理道德的底线，深刻理解“科学技术是把双刃剑”的科学内涵

三、课程思政教学方法及手段

本课程的授课对象为生物工程专业大三年级上学期的学生，大三年级学生已经具备一定专业知识，但在实践应用方面比较迷茫，而且很多学生专业自信有待提高。“生物制品与工艺”是一门理论和实际结合密切的学科，有很强的实用性。针对大三年级学生的特点，在课程教学中采取以下对策：（1）引入视频教学，激发学习兴趣；（2）通过案例分析、社会热点，理论联系实际；（3）引入科学家事迹，激发爱国热情，树立专业信心。

教学方法，采用“讲授”+“启发”+“案例”+“研讨”的教学流程。基础理论知识采用讲授和启发式教学，让学生掌握好基础知识；采用案例分析和研讨式教学，促进学生对理论知识的理解。采用多种教学方式相结合，促进学生知识由理论向实践的转化。

四、课程思政教学实施具体案例

第6章第2节　乙肝疫苗

（一）教学内容

（1）乙肝疾病的流行病学特征。

（2）乙肝病毒的病原学。

（3）乙肝疫苗的研制。

（4）新型乙肝疫苗的研制。

（二）教学重点

（1）乙肝病毒的复制和感染机理。

（2）乙肝疫苗的研制。

（三）教学难点

乙肝病毒的复制和感染机制。

（四）教学目标

1. 知识目标

（1）乙肝疾病的流行病学特征（地区分布、流行特点、传染源及传播途径）。

（2）乙肝病毒的抗原和结构特征、乙肝病毒的复制和感染机理。

（3）第一代和第二代乙肝疫苗的研制背景、制备原理与技术。

2. 能力目标

（1）理解乙肝的流行特点、传播途径及社会影响，能做出科学的预防及处理。

（2）将乙肝病毒和疫苗的理论知识应用于今后工作实践，具备一定的应对影响公众健康和公共安全卫生的突发事件的能力。

3. 情感态度与价值观目标

（1）培养学生勇于创新、积极探索、不畏困难的科学精神。

（2）激发学生爱国热情，坚定献身祖国生物医药事业的理想信念。

（3）增强学生的职业道德和社会责任感。

（五）教学内容与思政元素融入点

（1）乙肝病毒的传播途径：科学对待乙肝疾病，消除对乙肝病人的社会歧视，关爱乙肝患者和病毒携带者。

（2）乙肝疫苗的研制：介绍血源性疫苗之母——陶其敏教授在极端恶劣条件下带领团队科研攻关、以身试药研制乙肝疫苗的光辉事迹，激发学生勇于奉献、坚定为祖国生物医药奋斗的理想信念；讲述我国从美国引进第二代疫苗生产线的艰难历程，启发同学们意识到这个世界上从来就没有救世主，只有自立自强，才能在国际合作和竞争中掌握主动权。

（六）教学过程

表2为“乙肝疫苗”教学过程。

表2 “乙肝疫苗”教学过程

教学环节	教学内容	思政目标及资源	教学方法与手段	师生活动设计	时间分配
新课导入	引入2020年10月28日国新办发布的关于“中国摘掉乙肝大国帽子!”的新闻为切入点  	（1）了解我国在对抗乙肝病毒过程中取得的重大阶段性进展； （2）启发学生意识到，面对重大传染疾病，疫苗接种是最有效的预防措施； （3）结合肆虐全球的新冠肺炎疫情及2013年SARS疫情的防控情况，增强学生专业自信和战胜疫情的信心	PPT展示，课堂讲授，结合时事	老师提问：同学们小时候都有接种疫苗的经历，你们知道接种的“人生第一针”是什么疫苗吗？ 学生回忆、思考、举手回答； 老师解惑：乙肝疫苗是我们出生后注射的第一针疫苗，引出本节课的教学	3min
讲新课	（1）乙肝疾病的流行病学特征： 1）地区分布； 2）流行特点； 3）传染源及传播途径。 比乙肝本身更可怕的是乙肝歧视	科学理解乙肝病毒的传播途径，理性对待乙肝病人，杜绝针对乙肝病人的社会歧视	PPT展示，课堂讲授，案例教学	老师提问1：中国“乙肝大国”的帽子是怎么来的？ 学生思考； 老师解惑：乙肝的地区分布、流行特点及新中国的国情。 老师提问2：乙肝可怕吗？乙肝病人可怕吗？ 学生讨论； 老师解惑：讲述传播途径，说明乙肝可控可防可治，应理性、科学对待乙肝病毒，杜绝社会歧视	10min

续表 2

教学环节	教学内容	思政目标及资源	教学方法与手段	师生活动设计	时间分配
讲新课	(2) 乙肝病毒的病原学: 1) 病毒的三种形态。 2) 病毒的复制和感染(重点和难点)。通过图片+视频结合,讲述病毒复制的复杂过程,效果更形象直观,学生便于理解乙肝病毒难以清除和根治的原因。 3) 病毒的抗原结构:理解大三阳和小三阳的意义(学以致用)		PPT 展示,课堂讲授,视频+动画辅助学习,案例教学	老师提问 1:病毒导致的传染病种类很多,为什么乙肝病毒的清除和治疗如此之难? 学生思考; 老师解惑:原因就在于乙肝病毒强大的复制过程,导致乙肝病毒一旦感染,就像顽强的野草一样深深植根于人类肝细胞,再也难以彻底清除。 老师提问 2:生活中常见的乙肝检测为什么是“两对半”而不是三对?“大三阳”和“小三阳”又是什么? 学生思考、回忆做乙肝检测的过程及检测报告内容; 老师解惑:了解了病毒的抗原结构,这些问题都迎刃而解了	15min
	(3) 乙肝疫苗的研制(重点): 1) 第一代乙肝疫苗——血源性疫苗; 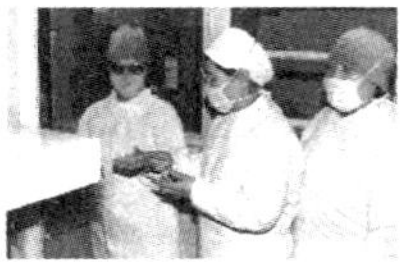 **不畏困难,勇于探索**  **以身试药,爱岗敬业** 2) 第二代乙肝疫苗——基因工程乙肝疫苗	(1) 介绍血源性疫苗之母——陶其敏教授在极端恶劣条件下带领团队科研攻关,研制了第一代血源性疫苗的辉煌历史;在缺乏大猩猩进行动物实验的情况下,陶其敏教授冒着生命危险,以身试药进行乙肝疫苗注射的献身医学精神,将会激发学生爱国敬业、勇于奉献、坚定为祖国生物医药奋斗的理想信念。 (2) 讲述我国从美国引进第二代疫苗生产线的艰难历程,启发同学们意识到这个世界上从来就没有救世主,只有掌握核心科技、自立自强,才能在国际合作和竞争中掌握主动权	PPT 展示,课堂讲授,案例教学,榜样示范	老师讲授两代疫苗研制背后的故事,以润物无声的教学方式启发学生思考乙肝疫苗研制的不易,以及老一辈科学家勇于探索、献身科学的崇高精神	15min

续表 2

教学环节	教学内容	思政目标及资源	教学方法与手段	师生活动设计	时间分配
课堂小结	简短梳理本次课堂讲授的三个内容，强调重点和难点，便于同学课下复习		课堂讲授，归纳总结	老师引导，学生归纳总结	2min
布置作业	（1）现有第二代乙肝疫苗存在问题或者优缺点的比较； （2）新型乙肝疫苗的研究进展				

五、教学效果

通过在“乙肝疫苗”的课程教学中开展“课程思政”，取得了良好的教学效果。从学生课后的作业和思考题环节的反馈来看：

（1）同学们对完成本次课程的课后作业积极性提高了，表现出浓厚的主动获取答案的兴趣。

（2）部分同学反馈，想不到乙肝对中国社会和中国人有着这么大的负面影响，他们这一代几乎没有感受到乙肝病毒的存在，也不太了解乙肝歧视。

（3）通过学习，非常钦佩老一辈科学家不畏困难，刻苦钻研，献身科学的崇高精神；而且更深刻体会了疫苗研制对社会发展和人类健康的巨大作用，增强了专业自豪感和使命感，认识到从事生物医学将大有可为。2021 年，2017 级生物工程专业多名同学考研都报考了“生物与医药”专业的研究生并顺利被录取。

“生物物品与工艺”课程引入课程思政教学两年来，本人在教学中也取得了一系列相关教改成果：先后获得了“生物制品与工艺”校级课程思政示范课、桂林理工大学第三届“课程思政”说课比赛理工科组三等奖、桂林理工大学首届“课程思政优秀教案”，并发表相关教改论文 1 篇。今后教学中将进一步发挥课堂教学主渠道作用，积极推进思政教学的效果。

总之，理论课程引入思政教学，一方面提高了同学们对理论课学习的兴趣，理论知识掌握更扎实；另一方面，思政元素的引入，促进了学生将理论知识转化为内在科学素养，有助于将学生的个人发展与社会发展和国家发展相结合，学生学习的主动性和目标性更强。

六、教师感悟

（一）本课程开展课程思政的优点

（1）从学生层面来讲，提高理工科学生的专业兴趣和人文素养。引入思政教学之前，本节课的讲授只有关于病毒结构、致病机理、疫苗研制技术等纯粹理论知识的讲解，学生的积极性和学科兴趣都不高。引入不同的思政题材，有的培养学生的专业兴趣，有的则激发学生的家国情怀或责任担当。而这些思政元素对于我们处于当前复杂多变的国际形势下，新一代年轻人的个人思想素质的提升和改造都有着重要意义。

（2）从教师层面来讲，也是一个提高和学习的机会。过去的教学都很重视对专业知识点及专业技能的学习与考核，引入课程思政以后，我们需要重新编写针对课程思政的教学大纲，重新设计教学内容，充分挖掘思政元素，这就要求老师首先自己要提高人文素养和政治修养，才能将课程思政全方位育人落到实处。

（二）个人反思

（1）思政元素需要跟随时代进行更新。因为教材编写经常滞后于学科发展，之前的教学中补充了有关 SARS 病毒和埃博拉病毒这两种 21 世纪危害人类较大的病毒信息，强调了中国人民在抗击新型病毒过程中的积极贡献。今后教学中，将会补充新冠肺炎疫情肆虐全球过程中，我国从疫情防治到疫苗研制过程中取得的令全世界瞩目的卓越成就。

（2）每一门课都蕴含课程思政的教育资源，考虑在今后其他学科的教学中也逐步开展课程思政教学。

课程思政是实现立德树人教育目标的有效途径，对于“生物制品与工艺”这门课程而言，要达到立德树人的效果，还需要专业教师不断提高个人的思想认识，注重专业教学与思想政治教育的有机结合，将思政元素恰当融入专业教学中。在不弱化专业课程的前提下，利用课堂主渠道，润物无声增强学生对中华传统文化的认知和对核心价值观的认同，强化“四个自信”，增强学生为我国生物医药事业而努力奋斗的责任感和使命感。

“化工热力学”课程思政教学案例

化学与生物工程学院　及方华

一、课程基本信息

课程名称： 化工热力学。

课程性质： 专业基础课。

授课对象： 化学工程与工艺专业大三年级本科生。

教学目标：

（1）知识目标。了解化工热力学的基本概念、定律和原理，熟悉化工热力学的研究方法、研究内容和学科特点。

（2）能力目标。能够运用化工热力学知识和原理，识别和判断复杂化学工程问题的关键环节和影响因素，并结合热力学知识和文献分析，对复杂化学工程问题进行分析和计算。

（3）情感态度与价值观目标。能够科学合理地利用能源，拥有良好的环保意识、节能意识、创新能力和职业道德，树立正确的科学观和人生观，加深对工程伦理的认识。

课程简介：

“化工热力学”是化学工程与工艺专业的专业核心课之一，以提高学生的工程实践能力为主要目标。其主要任务是以热力学第一、第二定律为基础，研究化工过程中各种能量的相互转化及其有效利用的规律，研究物质状态变化与物质性质之间的关系，以及物理或化学变化达到平衡的理论极限、条件和状态。“化工热力学”是化学工程的基础部分，其本身还不是高层建筑，但它却是过程和产品开发中不可缺少的一个组成部分。它以“高等数学”“物理化学”为先修课程，同时为“化工分离工程”“化工过程分析与合成”“化工设计”等后续课程服务，是从化学过渡到化工的桥梁。因此，课程学习效果直接影响到学生就业后从事化工设计和计算的能力。

使用教材： 马沛生. 化工热力学. 2 版. 北京：化学工业出版社，2013.

二、课程思政整体教学设计

（一）课程思政教学理念与思路

我校以"育人为体、质量立校、人才强校"为办学理念，以应用型高级专门人才培养为目标定位。化学工程与工艺专业围绕学校办学定位，形成服务于精细化工、化学制药行业的专业特色，确立面向化工生产一线，培养具有扎实化学工程与工艺基础理论知识和实验技能，可从事化工生产、化工设计、化工产品检验与评价、技术开发和科学研究等方面工作的高级应用型人才。

化工热力学是化学工程的一个重要分支，它的根本任务是利用热力学第一、第二定律给出物质和能量的最大利用极限，有效地降低生产能耗，减少污染，从而从本质上指导如何减缓熵增的速度。因此，可以毫不夸张地说：化工热力学就是为节能减排而生的。课程本身蕴含着丰富的思政元素，如环保意识、节能意识、人类命运共同体意识、工程伦理与职业道德，以上思政元素如何在知识讲解的过程中自然而然地与专业知识进行融合，是"化工热力学"课程思政建设的重点。

（二）课程思政教学创新点

（1）凝练了以节能减排为核心的系列思政元素，实现了"化工热力学"课程思政建设的个性化。

（2）以学生为中心，系统凝练了以情感共鸣法为主，榜样示范法、引导教学法为辅的课程思政教学方法。

（三）课程思政教学整体安排

表1为"化工热力学"课程思政教学整体安排。

表1 "化工热力学"课程思政教学整体安排

课程思政目标	融入章节	依托知识点	课程思政资源
环保意识、节能意识	第一章 绪论	化工热力学课程简介	引导教学法：借助教学视频，讲解热力学发展史、化工热力学的研究范畴。揭示以能量守恒为核心的课程特点，说明学习课程的重要性，从而培养环保意识和节能意识
	第四章 热力学基本定律及其应用	（1）热力学第一定律	案例教学法：借助牛顿摆教具讲解热力学第一定律，即能量守恒定律，用减肥和工业节能的案例从生活到生产逐步深入。在讲解工业节能案例时，从工艺设计的角度说明节能的重要性
		（2）热力学第二定律	引导教学法：开展墨水溶于水的实验演示，说明热力学第二定律是对系统混乱度的描述。假设地球是一个孤立系统，根据熵增原理，系统的熵增不可逆转，也就是地球系统会日益混乱，外化的形式就是生态环境遭到破坏。根据熵增定律，虽然熵增的趋势不可逆转，但可以通过环境保护进行减缓，借助这一内涵培养学生的环保意识

续表 1

课程思政目标	融入章节	依托知识点	课程思政资源
环保意识、节能意识	第四章　热力学基本定律及其应用	(3)理想功、损失功和热力学效率	案例教学法：借助工业案例，例如生产中流体经过管道进行运输，不保温蒸汽管道损失功是保温管道的 9 倍，因此，如何进行管道保温成为节能的关键。借助这一工业案例说明节能的关键是减少损失功，通过损失功的计算和对相应案例的讨论，培养学生的环保意识，从而鼓励学生节能减排
	第六章　相平衡	相平衡基础	情感共鸣法：观看教学视频，通过相平衡原理在捕获温室气体方面的重要应用，结合全球气候变暖对北极熊造成生存威胁的视频，激发学生的学习热情，培养人类命运共同体意识，更进一步地唤醒环保意识
创新能力和职业道德	第二章　流体的 p-V-T 关系	(1) 纯物质 p-V-T 相行为	榜样示范法：超临界流体是相图中的一个重要概念，引入关于超临界流体的最新科研进展，借助我国科研人员在超临界流体领域的突出贡献说明创新的重要性，同时培养学生的民族自豪感
		(2) 状态方程	引导教学法：状态方程是获取 p-V-T 数据的关键手段，在讲解的过程中，借助状态方程和磁悬浮列车的关系，具体讲解状态方程是如何催生磁悬浮列车发展的，说明创新发展的轨迹和科学技术的继承性，鼓励学生勇于创新，开拓进取
	第四章　热力学基本定律及其应用	热泵及其应用	引导教学法：热泵是第四章的一个前沿知识点，借助热泵技术对青藏冻土的关键突破，进而展示青藏铁路的顺利实施对青藏人民生活水平的重要意义，说明科技改变生活，科技造福百姓，鼓励学生大胆创新，以造福百姓为责任担当
正确的科学观和人生观	第二章　流体的 p-V-T 关系	(1) 流体的 p-V-T 相行为	类比教学法：将纯物质的 p-T 图与大学生的工作岗位分布图进行了类比，鼓励学生做超级复合型人才，就像超临界流体一样，实现职业自由，拥有选择职业的资本，从而鼓励学生发奋图强，力争做一流人才，拥有正确的人生观和职业观
		(2) 水的相态	类比教学法：水的三种相态分别是冰、水和气，水有三态，人亦然。借助水的相态恰恰可以鼓励学生热爱生活、拥抱生活。采用类比教学法，鼓励学生做气态的水，用 100℃ 的炽热面对生活，那么你将化为云朵，你的世界和宇宙一样广阔，而不是做 0℃ 的冰。通过这样的类比鼓励学生热爱生活，拥抱生活

续表1

课程思政目标	融入章节	依托知识点	课程思政资源
正确的科学观和人生观	第四章　热力学基本定律及其应用	(1) 热力学第一定律	情感共鸣法：借助影视片段中对热力学第一定律的阐述，从生命视角解释能量守恒定律。通过情感共鸣法，借助影视片段中男女主人公在面临死亡时的对话，感受生命的意义，告诫学生生命来之不易，我们应该敬畏生命，珍惜生活
		(2) 蒸汽动力循环	榜样示范法：卡诺对蒸汽动力循环的发展具有突出贡献，卡诺因此被称为"热力学之父"，但是他却在36岁时英年早逝。他的一生非常不幸，生前好友Robelin在法国《百科评论》杂志上这样描述他："卡诺孤独地生活、凄凉地死去，他的著作无人阅读，无人承认。"借助卡诺的命运说明人生不在于长短，而在于质量
工程伦理	第四章　热力学基本定律及其应用	(1) 制冷循环	引导教学法：制冷循环与我们的生活息息相关。最初的氟氯昂类制冷剂虽然推动制冷循环的发展，但是由于该类制冷剂对臭氧层的严重破坏，人们开始研究更加绿色友好的制冷剂。通过制冷剂的发展过程告诫学生用科技保护地球。身为化学工程师更要以身作则，用最新的科学技术保护环境，呵护地球
		(2) 有效能	引导教学法：有效能的大小代表了系统的做功能力，有效能越大，其做功能力也越大。因此，在生产中应根据情况合理选用蒸汽，不要盲目选用高压蒸汽作为工艺的加热源，因其焓值较低压蒸汽小，且设备费用大，故一般低压蒸汽作为工艺加热之用，借此培养合理用能的工程意识
		(3) 能量的品位与级别	引导教学法：合理用能就是希望获得的功要多，消耗的功要少，损失的功要小。总而言之，就是要尽可能地充分利用能量，不仅从数量上，而且从品位上进行控制和管理。能量的真正浪费是能量品位的下降。因此，通过对能量品位和级别的讲解，引导学生逐步认识到节能的重要性，以此为核心，鼓励学生在工艺设计过程中树立正确用能观念，培养工程伦理
爱国情怀	第二章　流体的 *p-V-T* 关系	马丁－侯状态方程	榜样示范法：马丁－侯状态方程通用性强、准确度高，是迄今国内外公认的精确的状态方程之一，在我国民用工业和国防工业等领域产生了巨大的经济效益和社会效益。以侯虞钧教授毅然回国为例，激发学生的爱国主义情怀
	第三章　单组元流体及其过程的热力学性质	热力学性质图表	榜样示范法：在讲解热力学性质图表时，引入我国化学家黄子卿对水的三相点确定的突出贡献。树立民族自豪感的同时，借助黄子卿教授放弃留美，坚持回国的事迹，培养学生的爱国情怀

三、课程思政教学方法及手段

当代大学生的主体已经进入“零零后”一代，这一代温室之花没有经历过多少坎坷和磨炼，他们在思维认知、价值观念和心理特点等方面都深刻地烙印着时代特征。其思想特点主要表现在以下四个方面：思想政治观念还不成熟、比较以自我为中心、功利主义较为严重、缺乏责任心和辩证分析能力。针对以上学生主体，在教学的过程中首先以学生为中心进行思政案例的设计，案例选取尽量靠近学生生活，可以给学生正面的价值引导，培养学生的责任心和辩证分析能力。在教学内容和方法上，采用学生熟悉的生活案例作为切入点，以情感共鸣法为主，榜样示范法、引导教学法为辅，实现思想政治教育的内化与升华。

（1）情感共鸣法。顾名思义，就是以情感为突破口，引发学生共鸣，从而实现价值目标。例如，为了让学生进一步理解热力学第一定律及其内涵，同时鼓励学生要敬畏生命、珍惜生活。引入影视片段“神盾局特工”中关于热力学第一定律的对话，该对话表面上是对死亡的释然，事实上是对生命的敬畏。通过师生共同朗读的共情方式，以影视内容作为媒介，借助情感共鸣法实现价值目标。

（2）榜样示范法。在教学过程中，结合教学内容，引入我国科研人员在某领域的突出贡献，借助榜样示范法鼓励学生树立崇高理想，同时增强学生的民族自豪感，鼓励学生做有自信的中国人。例如，引入中科院陈林研究员在超临界流体领域的突出贡献，说明我国科研人员在该领域的重要研究实力和国际影响力，借助榜样示范法鼓励学生勇于创新、开拓进取。

（3）引导教学法。结合教学内容进行科学设计，以引导为主线说明科学原理，揭示科学规律，鼓励学生学以致用、勇于创新。例如，从状态方程到低温技术，再到氦气液化，最终发现超导现象和超导材料，才有了与我们生活密切相关的磁悬浮列车，这一案例充分体现了创新发展的轨迹与科学技术的继承性。基于该案例，通过引导教学法，鼓励学生勇于创新、敢于思考。

四、课程思政教学实施具体案例

第六章第一节　相平衡基础

（一）教学内容

（1）相、相平衡、相图的定义。

（2）相平衡判据。

（3）Gibbs 相律公式。

（二）教学重点

应用相律确定系统相平衡时的自由度。

(三) 教学难点

应用相律确定系统相平衡时的自由度。

(四) 教学目标

1. 知识目标

(1) 掌握相平衡的判据。

(2) 熟悉相律的内容。

2. 能力目标

具备应用相律确定系统的自由度的能力。

3. 情感态度与价值观目标

通过相平衡知识的应用举例,特别是借助北极熊生存环境遭到破坏的视频,培养学生的"人类命运共同体"意识、环境保护意识、节能减排意识、绿色低碳意识。

(五) 教学内容与思政元素融入点

本节教学内容为相平衡基础,包含三个知识点:相、相平衡、相图的定义;相平衡判据;Gibbs 相律公式。在讲解知识点之前,需要首先调动学生的学习积极性和主动性。以生活实例开篇,说明相平衡原理的广泛应用价值,如我们正在进行的呼吸过程、咖啡的溶解过程、衣物的去渍过程等都是依赖相平衡原理进行的。接着引发学生思考,我们化工热力学的单元操作中有哪些是依赖相平衡原理进行的呢?通过这样的举例,说明相平衡原理的应用价值。之后引入科学前沿,说明相平衡原理的前沿应用之一是捕获温室气体。随着人类文明的进步,生态环境遭到破坏,全球气候变暖,在全球气候变暖的威胁之下,基于相平衡原理捕获温室气体的研究工作受到了科学家的广泛关注。播放北极熊因全球气候变暖濒临灭绝的视频,用北极熊的案例说明全球气候变暖的严峻形势。采用情感共鸣法,通过播放北极熊濒临灭绝的视频,激起学生的同情心,用北极熊的案例感染学生,唤醒学生的环保意识,调动学习积极性的同时,鼓励学生以身作则,培养学生的人类命运共同体意识。

(六) 教学过程

表 2 为"相平衡基础"教学过程。

五、教学效果

"课程思政"的教学效果主要体现在以下三个方面:

(1) 考核与评教结果稳步提升。"化工热力学"课程思政建设改革以来,学生的学习兴趣明显提升,改变了对热力学课程的刻板印象。学生的学习成绩明显提升,学生考试优良率由 8% 提高到 70%,考试通过率由 77% 提高到 100%。学生对课程的评教分数由 92.84 分上升至 97.43 分,期末评教分数由 92.74 分上升

表 2　“相平衡基础”教学过程

教学环节	教学内容	思政目标及资源	教学方法与手段	师生活动设计	时间分配
讲新课	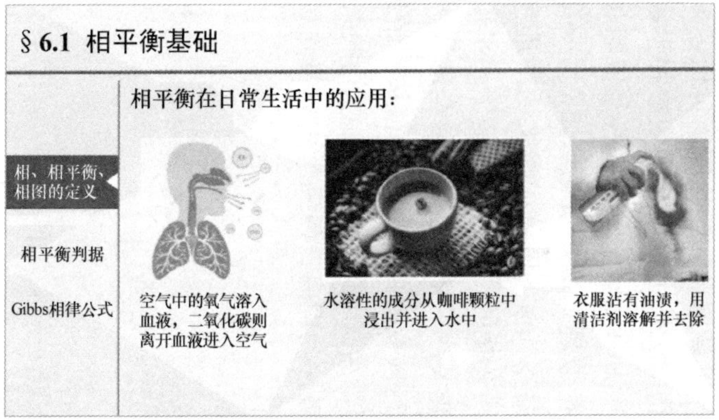 新课导入：讲解相平衡原理在本课程中的重要地位，列举生产生活的实例说明相平衡原理的重要应用价值 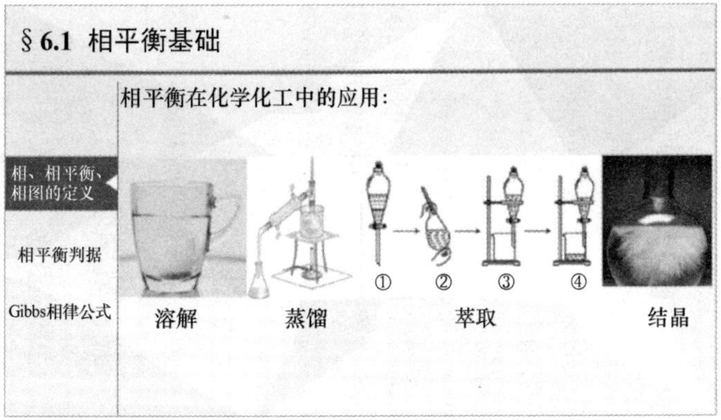 		问题驱动式教学法，讲授法	教师列举相平衡在日常生产生活中的应用，例如我们正在进行的呼吸过程、咖啡的溶解过程、衣物的去渍过程都是应用相平衡原理进行的。进一步引导学生思考在化工热力学单元操作中有哪些过程是依赖相平衡原理的。（答案是学生熟悉的精馏、萃取、结晶和干燥）。 通过师生共同讨论，说明相平衡知识的重要性，提高学生的学习兴趣	3min

续表 2

教学环节	教学内容	思政目标及资源	教学方法与手段	师生活动设计	时间分配
讲新课	融入思政：应用相平衡原理捕获温室气体的最新科研进展，说明相平衡原理在应对全球气候变暖方面的重要研究价值  	在讲解相平衡原理用来捕获温室气体的应用研究时，引入北极熊因全球气候变暖濒临灭绝的视频，说明全球气候变暖正在威胁着北极熊，甚至人类自己的生存，借助情感共鸣法，培养学生的“人类命运共同体”意识、环境保护意识、节能减排意识、绿色低碳意识	讲授法，情感共鸣法	教师讲解，引导学生观看视频，说明相平衡在捕获温室气体领域的重要应用价值，借此引出温室气体骤增对生态环境的破坏。在观看北极熊濒临灭绝的视频的同时，引起学生的情感共鸣，特别是北极熊宝宝因为无法觅食而绝望的眼神，会给学生带来一定的视觉冲击，引发共鸣的同时，深入思考	3min

续表 2

<table>
<tr><th>教学环节</th><th>教学内容</th><th>思政目标
及资源</th><th>教学方法
与手段</th><th>师生活动
设计</th><th>时间
分配</th></tr>
<tr><td>讲新课</td><td>

（1）相、相平衡、相图的定义：

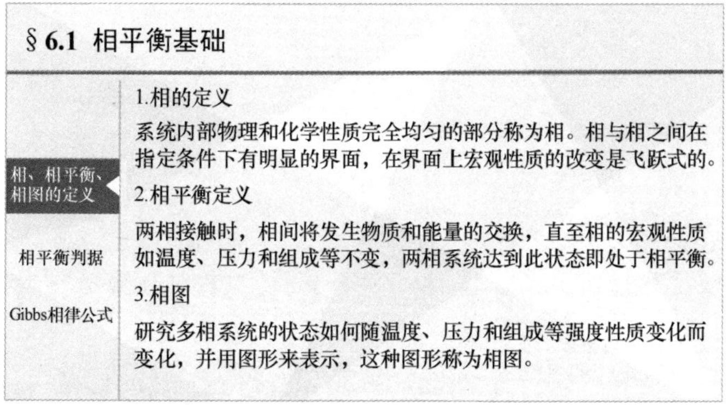

（2）结合相图讲解水的相变过程是如何在相图中体现的：

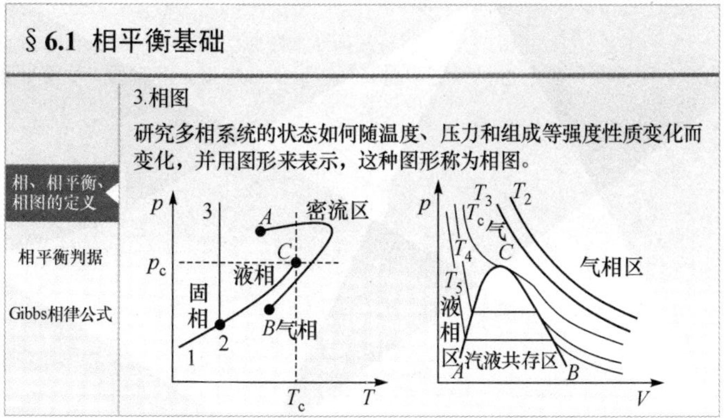

</td><td></td><td>讲授法</td><td>教师通过师生互动的方式与学生一起回顾相、相平衡、相图的定义，并与第二章的内容进行衔接，提醒学生温故知新，注意知识的前后连贯。教师重点讲授水的相变过程在相图中是如何体现的，加深学生对相图的理解</td><td>9min</td></tr>
</table>

续表2

教学环节	教学内容	思政目标及资源	教学方法与手段	师生活动设计	时间分配
讲新课	（3）相平衡的判据。 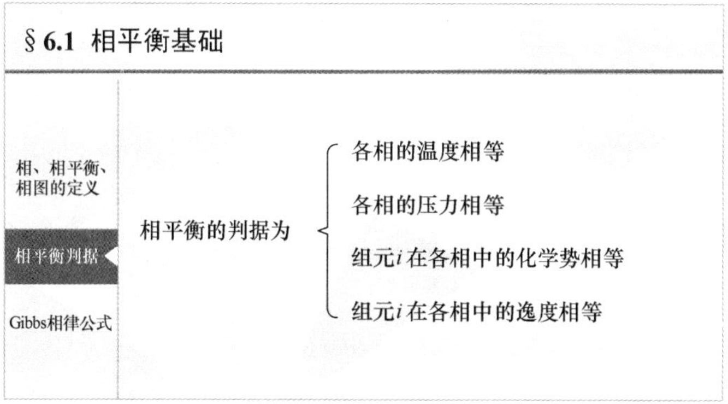 		讲授法，对比教学法	教师引导学生回顾前修课程“物理化学”中关于相平衡判据的知识，然后结合热力学第五章学习的化学势与逸度的概念，通过板书推导，引出相平衡的另外两个判据	10min

续表 2

教学环节	教学内容	思政目标及资源	教学方法与手段	师生活动设计	时间分配
讲新课	（1）Gibbs 相律公式： 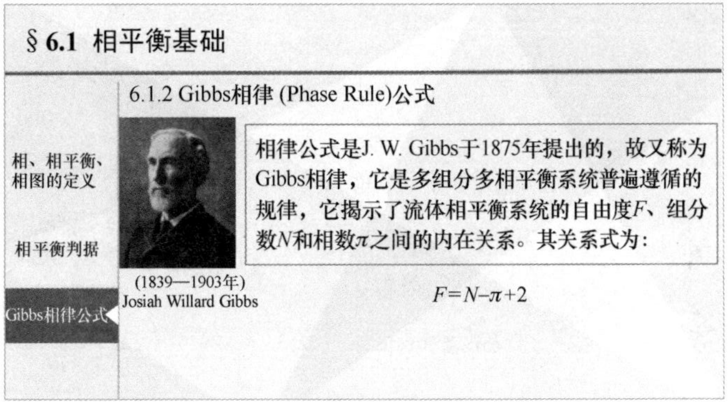 （2）应用相律确定系统相平衡时的自由度，教师举例说明： 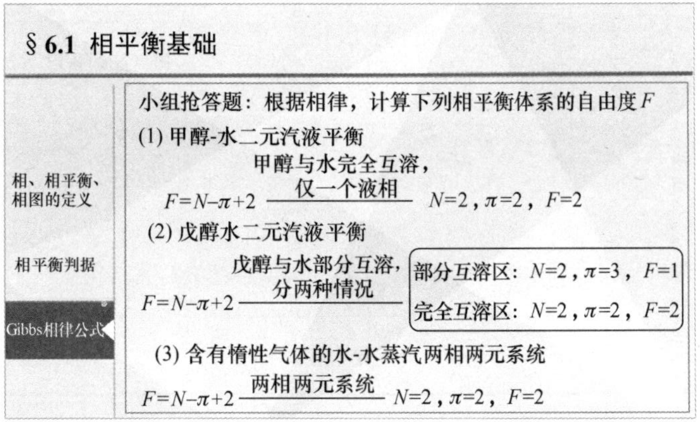		讲授法	通过师生互动的方式与学生一起回顾相律的基本内容，并指出相律表达式中各个元素的意义。通过举例说明，师生共同思考，掌握应用相律确定体系自由度的方法	8min

续表 2

教学环节	教学内容	思政目标及资源	教学方法与手段	师生活动设计	时间分配
课堂检测与反馈	结合随堂练习，应用相律确定不同体系的自由度，如蔗糖水溶液和纯水的渗透平衡		讲授法，问题驱动式教学法	雨课堂答题，加深对体系自由度的理解	8min
课堂小结	简单小结课程内容。本节课主要讲解了相、相平衡、相图的定义。相平衡判据和 Gibbs 相律公式三个知识点，其中如何应用相律公式确定系统的自由度是重点也是难点。在总结的过程中，再次强调，加深学生的理解		讲授法	教师要点总结，学生回顾新知，加深印象，提醒学生对下一节内容“互溶系统的汽液平衡关系式”进行预习	2min
布置作业	（1）调研相平衡知识针对全球气候变暖的最新科研成果； （2）在作业本中展示相平衡判据的推导过程（化学势和逸度）		讲授法		2min

至 94. 26 分，同行评教分数由 91. 15 分上升至 95. 05 分，督导评教分数由 93. 50 分上升至 97. 55 分，如图 1 和图 2 所示。

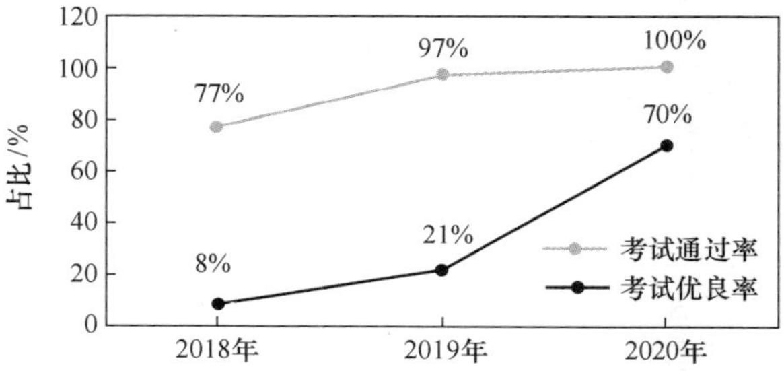

图 1　近三年学生考试情况

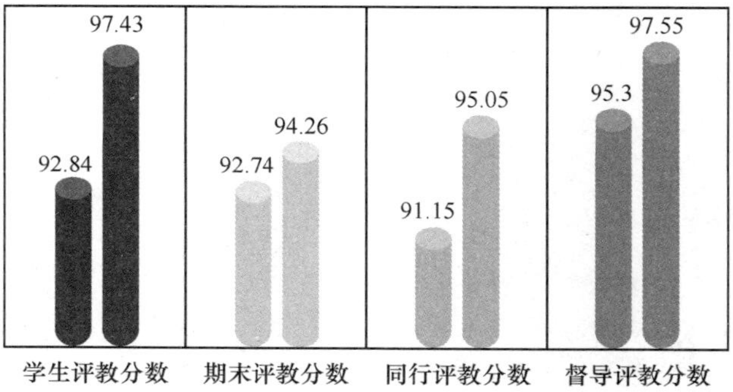

图 2　教学改革前后各类评教情况

（2）思政大作业德育效果明显。通过学生对思政大作业的完成情况可以看出，大部分同学能够结合课程知识说明节能减排的重要性、环保意识明显提高、科研探索精神被唤醒、价值观念不断完善。学生对课程思政建设的认可度高，很多同学在课程结束后仍对思政案例印象深刻。通过思政案例的融入，借助情感共鸣法、榜样示范法、引导教学法，拉近了教师与学生之间的距离，对学生的价值培养起到了积极的教育作用。

（3）推广与辐射效果明显。在课程思政建设方面先后获得全国高等院校化工类专业教师课程思政能力大赛一等奖、学校课程思政说课比赛一等奖、课程思政优秀教案奖、课程思政示范课程、课程思政优秀教师等荣誉称号。除此之外，“化工热力学”课程思政建设也获得了广西大学、广西民族大学、西华大学、西南石油大学、百色学院课程团队及专家的高度认可。在课程思政建设的过程中，学生也成为建设者与参与者，积极投身课程思政建设，广泛调研与课程内容相关的案例，进一步推动了“化工热力学”的课程思政建设。

六、教师感悟

"化工热力学"以能量守恒和转化为核心的课程特点，使化工热力学的课程思政建设具有鲜明特色，课程的一系列思政元素都是围绕节能减排这一核心衍生而来的。通过近两年课程思政建设的不断推进、教学方法的不断创新，课程思政的融合效果日益提升。针对课程思政的达成情况，以 2021 年秋季学期化学工程与工艺专业 2019 级两个班共 60 名学生为例，进行了问卷分析，系统调查了如下六个问题：你认为，在化工热力学课程学习过程中，是否培养了你的环保精神、是否培养了你的节能意识、是否培养了你的工程伦理、是否培养了你的创新精神、是否培养了你的科研精神、是否有利于树立正确的人生观和价值观。针对以上六个问题，有 100% 的同学认为课程学习培养了环保精神、100% 的同学认为课程学习培养了节能意识、100% 的同学认为课程学习培养了工程伦理、98% 的同学认为课程学习培养了创新精神、95% 的同学认为课程学习培养了科研精神、100% 的同学认为课程学习有利于树立正确的人生观和价值观。除此之外，针对课程思政的教学方法进行问卷分析，具体调研了情感共鸣法、榜样示范法、引导教学法和案例分析法四种方法（见图 3），其中 13. 33% 的同学乐于接受情感引导的课程思政教学方法、13. 33% 的同学乐于接受榜样示范的课程思政教学方法、30% 的同学乐于接受引导教学的课程思政教学方法、43. 33% 的同学乐于接受案例分析的课程思政教学方法，以上数据为课程思政方法的升级和迭代提供了思路，后期的课程思政教学方法将向案例教学法进行偏移。

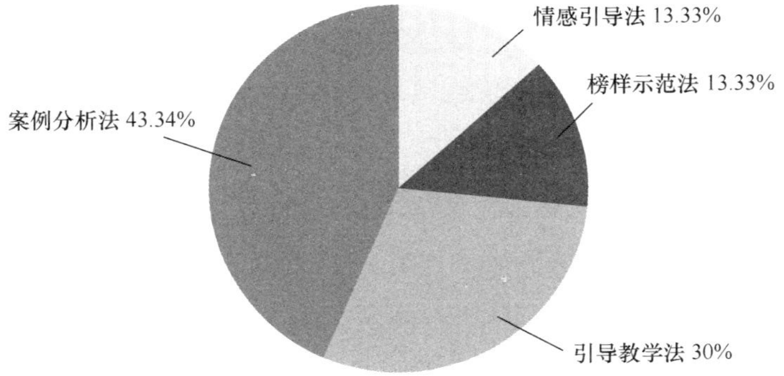

图 3　课程思政教学方法问卷结果

“药物化学与合成反应”
课程思政教学案例

化学与生物工程学院　侯士立

一、课程基本信息

课程名称： 药物化学与合成反应。

课程性质： 专业选修课。

授课对象： 化学工程与工艺专业大三年级本科生。

教学目标：

（1）知识目标。掌握重要药物合成单元反应的反应条件、反应机理、影响因素及其在药物合成中的应用；掌握药物合成单元反应中常用主要反应试剂的性质、特点、应用范围，熟悉新试剂、新方法在药物合成反应中的应用进展。

（2）能力目标。能够运用药物合成反应的反应机理、反应的基本条件和应用范围，设计药物生产实施方案。

（3）情感态度与价值观目标。增强责任担当意识，树立正确的工程伦理观，增强民族自信心和自豪感，弘扬爱国主义精神。

课程简介：

“药物化学与合成反应”是化学工程与工艺专业的一门专业选修课程，属于制药工程方向，是有机合成领域的重要分支。本课程以“有机化学”“无机化学”“物理化学”为基础，对药物合成中常用的有机单元反应和特殊反应进行比较深入的讨论，重点讨论各单元反应发生的条件、反应的微观过程及影响反应的结构因素和反应条件因素，并用以指导药物合成方法的选择和工艺条件的优化。要求学生掌握重要药物合成单元反应的反应条件、反应机理、影响因素及其在药物合成中的应用；掌握药物合成单元反应中常用主要反应试剂的性质、特点、应用范围，熟悉新试剂、新方法在药物合成反应中的应用进展；培养较为熟悉的合成药物及中间体的实验基本技能，能正确地、科学地、独立地进行合成反应实验工作，具有独立开展药物合成研究的初步能力。

使用教材： 闻韧. 药物合成反应. 4 版. 北京：化学工业出版社，2017.

二、课程思政整体教学设计

（一）课程思政教学理念与思路

"药物化学与合成反应"课程有较强的专业性，但一些知识点蕴含着鲜明的育人元素，教学中要以学生的全面发展理念为指导，从学生实际出发开展课程思政教学。在教学中注重理论联系实际，搜集并利用制药行业中发生的灾难性或积极性案例，触动、启发学生的责任担当意识，弘扬爱国主义精神，增强民族自信心和自豪感，树立正确的工程伦理观。采取讨论、分组研讨、案例分析评价等方法，辅以多媒体技术、视频等教学手段使教学变得生动鲜活。

（二）课程思政教学整体安排

表1为"药物化学与合成反应"课程思政教学整体安排。

表1 "药物化学与合成反应"课程思政教学整体安排

课程思政目标	融入章节	依托知识点	课程思政资源
增强责任担当意识	第一章　绪论	介绍化学药物及其发展现状中的立体选择性	以"反应停"事件作为融入点，引导学生认识科学研究来不得半点马虎，增强学生责任担当意识。 参考资料：周颖．反应停致短肢畸形事件．药物不良反应杂志，2010（5）：335－337
	第三章　烃化反应	烃化反应中，环氧乙烷类作烃化剂，通过环氧乙烷的制备，引入到药物生产过程中存在的安全问题	以化学制药合成车间安全事故为融入点，引导学生工作要认真，增强学生责任担当意识。 参考资料：泰兴市扬子医药化工有限公司"5·3"一般闪爆事故，搜狐新闻，2019.8.21
树立正确的工程伦理观	第七章　氧化反应	从氧化反应中使用的高锰酸钾、三氧化二铬等含金属试剂引入到化学制药产生的废液问题	以处理化学合成制药废液危害（最新报道的新闻）为融入点，引导学生关注污染带来的危害，增强学生责任心，树立正确的工程伦理观。 参考资料：偷排危废致一家四人中毒死亡　山东诸城危废黑产链条曝光，网易新闻，2021.9.9
	第九章　合成设计原理	从抗癌药物拓扑替康Topotecan的合成实例引入到药品生产问题	以疫苗造假作为融入点，引导学生塑造高尚人格、坚守底线，树立正确的工程伦理观。 参考资料："疫苗之王"，安全之殇，责任之重，人心之痛，光明网，2018.7.22
增强民族自信心和自豪感，弘扬爱国主义精神	第八章　还原反应	从还原反应制备安宫黄体酮的制备实例引入到仿制药专利权的问题	以"格列卫"抗癌药作为融入点，引导学生认识到技术要自立自强，增强民族自信心和自豪感，弘扬爱国主义精神。 参考资料：中国进口抗癌药格列卫成天价　明暗回扣催高药价，人民网，2015.1.12。 拓展素材：电影《我不是药神》

三、课程思政教学方法及手段

课堂上采用师生互动讨论式教学方法，加深学生对问题的理解，增强学生对问题的判断能力和形成正确的价值观；课下作业采用学生分组式教学，以5~6人为一组，由学生自由组合，小组课下用1~2周的时间准备材料，课上进行分享与讨论，这种教学方法积极调动了学生的参与性和思维，培养了学生的交际能力和自信心，提高了学生对问题的分析能力。

以现代化多媒体教学技术为主，在讲授制药行业的典型案例过程中融入思想政治教育，突出社会主义核心价值观、爱国情怀等，辅以网络教学资源包括代表性的新闻、图片和案例等；上课内容全程采用PowerPoint进行教学或视频资源；建立课程QQ群与同学交流、互动，及时收集和解答同学们学习过程中存在的疑问，实现线上课程讨论、学习；最终将思想政治教育的“活水”融入专业知识的“汪洋大海”中，使思想政治教育贯穿专业教学的始终。

四、课程思政教学实施具体案例

第一章　绪　　论

（一）教学内容

（1）药物化学分类、合成药物的发展历史。

（2）药物化学与合成反应的目的。

（3）药物合成反应的特点与发展趋势。

（二）教学重点

（1）药物化学分类。

（2）药物合成反应的特点与发展趋势。

（三）教学难点

药物的合成路线。

（四）教学目标

（1）知识目标：了解合成药物的发展历程。

（2）能力目标：具有辨别天然药物与合成药物的能力。

（3）情感态度与价值观目标：通过教学使学生增强制药工程伦理观，培养学生严谨的科学态度。

（五）教学内容与思政元素融入点

在阐述药物合成反应的四个特点时：

（1）反应条件温和、操作简便、收率高；

（2）选择性好（化学、区域、立体）；

（3）原料容易得、价格便宜；

（4）无公害或不污染环境，重点介绍选择性。

在药物合成有机反应中，同一反应物可以生成不等量的两个立体异构体，其中一个立体异构体的量远优于另一立体异构体时，则称为此反应具有立体选择性。不同的异构体具有不同的药理作用，引入“反应停”事件，致畸原因是沙利度胺左旋体（S）易发生酶促反应水解产生邻苯二甲酰谷氨酸，其会渗入胎盘干扰胎儿叶酸生成而致畸，而右旋体（R）则不会，如图1所示。增强学生工程伦理观，培养学生严谨的科学态度。

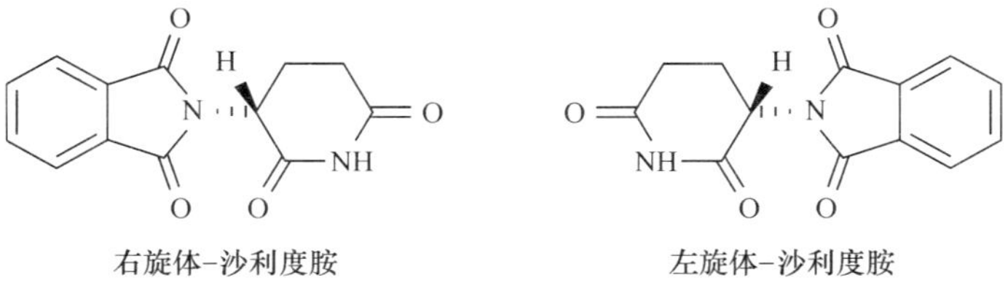

图1 沙利度胺（别名：反应停）的结构式

（六）教学过程

表2为“绪论”教学过程。

表2 “绪论”教学过程

教学环节	教学内容	思政目标及资源	教学方法与手段	师生活动设计	时间分配
复习	回顾有机化学的内容，生活中常用药物		问答	老师提出问题，学生回答	5min
讲新课	（1）药物化学分类、合成药物的发展历史		多媒体	老师讲授为主，其间提出问题，学生回答	15min
	（2）药物化学与合成反应的目的		多媒体	老师讲授	5min
	（3）药物合成反应的特点与发展趋势	引导学生认识到科学研究来不得半点马虎，增强学生责任担当意识，工程伦理意识，培养学生严谨的科学态度。 参考资料：周颖．反应停致短肢畸形事件，药物不良反应杂志，2010（5）：335－337	多媒体	老师讲授	10min
课堂讨论	从反应停事件中我们能吸取哪些深刻教训		讨论法	学生回答，老师引导	5min

续表 2

教学环节	教学内容	思政目标及资源	教学方法与手段	师生活动设计	时间分配
课堂小结	药物化学分类，药物合成反应的特点与发展趋势		讲述	老师讲授	3min
布置作业	预习第二章卤化反应，第一组准备与本章内容相关的一位科学家的故事	用科学家的科学探索精神和严谨治学态度潜移默化地感染学生	讲述	老师讲授	2min

五、教学效果

本课程是化学工程与工艺专业制药模块开设的课程，每年听课人数 35 人左右。课程讲授的主要内容是化学药物制备过程中使用的有机合成单元，综合性较强，要求学生具有扎实的有机化学知识。经过 3 年多的教学实践，学生能较好地完成该课程的学习，学习效果较好，学生学完该课程，对制药行业前景、制药企业现状、就业前景等有了一些了解，对化学制药行业产生了浓厚的兴趣，就业时希望从事药品生产、管理、营销、检验监督和研发等方面的工作，增强民族自信心和自豪感，弘扬爱国主义精神。修完本课程的同学，在完成毕业论文期间，在实验室开展实验时，非常注意“三废”的处理，避免污染环境，从此举动反映出，学生树立了环境保护意识，形成了正确的工程伦理观，增强了责任担当意识。

教师在课程思政教学实践过程中，与同事合作（排名 2），以《药物合成反应“课程思政”教学改革探讨》为题，在《广州化工》(2021，49（14），213 - 214）发表教改论文 1 篇。

六、教师感悟

陶行知先生曾说，“学校千教万教，教人真理；学生千学万学，学做真人”。经过 3 年多的课程思政教学实践，我深刻认识到开展课程思政教学，是教师履行“教书育人”职责的最直接体现。现代高等教育不但要培养“真人”，更要培养德智体美劳全面发展的“全人”，要实现这一目的，需要全体教师共同努力，坚守课程建设“主战场”，充分利用课堂教学“主渠道”，寓价值观引导于知识传授和能力培养之中，这是培养人才的一项重要举措。

“化工分离工程”课程思政教学案例

化学与生物工程学院　姚金环

一、课程基本信息

课程名称： 化工分离工程。

课程性质： 专业核心课。

授课对象： 化学工程与工艺专业大三年级本科生。

教学目标：

（1）知识目标。掌握多组分物系分离方法的过程原理、流程和操作特点、应用、简捷计算等基本内容；了解新型分离技术的发展方向和趋势，重点掌握超临界流体萃取及各种膜分离技术的工作原理、典型应用。

（2）能力目标。能够综合运用所学的各种分离知识，为具体的分离目标选择合理的分离方法；运用化工分离工程知识结合文献调研能够分析、验证实际化工生产过程中各种分离方法的合理性；针对化工生产过程的工程实践对环境、社会可持续发展的影响，能够提出改进或发展建议。

（3）情感态度与价值观目标。能够使学生更加热爱自己的专业，具有更强的科学精神、创新精神和工匠精神，能够为保护环境和社会可持续绿色发展贡献一份力量。

课程简介：

“化工分离工程”是化学工程与工艺专业及其相近专业开设的一门专业必修课，该课程是研究化学工业和其他化学类型工业生产中混合物的分离和提纯的一门工程学科。该课程以“物理化学”“化工原理”“化工热力学”等课程为基础，讲授化工实际生产中多组分复杂物系分离过程的原理、流程、计算、应用以及相关领域的前沿研究方向，其具有应用性和工程实践性强，应用涉猎面广、知识点多的特点，同时能够反映化工类学科的新理论、新技术、新应用和绿色发展的环保理念。该课程对后续的“化工工艺学”“专业课程设计”“毕业设计”，以及学生参加“全国大学生化工设计大赛”具有重要的支撑作用。通过该课程的学习，培养学生基于问题的学习、基于案例的学习等多种研究型学习方法，强化学生的工程实践、工程设计及解决复杂工程问题的能力。

使用教材：叶庆国，陶旭梅，徐东彦. 分离工程. 2 版. 北京：化学工业出版社，2017.

二、课程思政整体教学设计

（一）课程思政教学理念与思路

以“教书育人”为根本任务，以“专业知识和专业技能传授”为切入点，通过课前、课上和课后教学全过程的精心准备和设计，将科学精神、创新精神、工匠精神，以及可持续发展、绿色发展理念等思想政治教育不间断地融入整个教学过程中。

课前：梳理课程知识点，挖掘课程思政结合点，收集筛选生动且能引起学生兴趣和共鸣的支撑素材，将其引入到教学设计和教学课件中，做到“有备而来”，使其带来最佳的“教书育人”效果。

课上：依据精心设计的教案，在介绍课程相关知识点时巧妙、无声地将思政教育元素融入进去，注重利用情感和语言描述来感染学生，关注学生的反映，根据学生的反映做好课下的教学反思。此外，时时把控课堂，了解学生学习状况，根据课堂实际情况适当穿插思政教育元素，及时向学生传达正能量。

课下：由于该课程的实际工程案例很多，反映当代分离过程科学技术进步的新成果和科技前沿的文献报道很多，但学时有限，课上只能介绍一部分，因此我们将余下内容的学习延伸到在线学习，让学生课下自行学习、自行思考，然后分组讨论。通过课下的学习，不仅巩固了分离过程的基础知识，而且培养了学生的自学能力，拓宽了学生的知识面，从中学生能够发现专业的魅力，从而更加热爱自己的专业，同时也提高了他们的工程实践能力、探究和创新精神。除此之外，很多老师的科研课题研究中涉及一些分离方法，比如我们教研室老师科学研究过程中用到萃取 - 反萃取操作，离子交换操作、吸附 - 脱附操作、分子蒸馏等技术，带领学生参观老师的科研室，了解这些技术的原理、操作步骤和具体应用，从而领略科研的魅力，培养学生的科研精神。

（二）课程思政教学创新点

以“各种分离方法的工程实际应用”为载体，在课前、课上及课下的全程育人、全方位育人的教学过程中，无声地融入科学精神、探索创新精神、工匠精神，以及“绿色发展、可持续发展和节能环保”理念等思想政治教育元素。

（三）课程思政教学整体安排

表 1 为“化工分离工程”课程思政教学整体安排。

表1 "化工分离工程"课程思政教学整体安排

课程思政目标	融入章节	依托知识点	课程思政资源
培养学生专业和行业自豪感	第一章　绪论	(1) 分离过程的地位和作用	1) 列举生活实例诠释分离过程：如粗盐变精盐。 2) 列举工程实际案例诠释分离过程在化工生产中的重要性：如乙烯水合生产乙醇；对二甲苯的生产等工艺流程
		(2) 分离过程的特征之一：熵减小的过程	视频《熵减少是什么意思》：生命因熵增慢慢变老，因熵减而渐渐更新
	第二章　多组分分离基础	单级平衡分离过程的应用	工程案例：单级平衡过程在乙苯脱氢生产苯乙烯工艺过程中的应用；单级平衡分离在裂解气深冷分离中的应用
	第三章　多组分精馏	多组分精馏的应用	工程案例：裂解气深冷分离过程（顺序分离和前脱乙烷流程）；扬子石化乙二醇生产工艺（环氧乙烷加压水合法）
	第六章　其他分离技术简介	超临界流体萃取技术	短视频《低咖啡因的咖啡是怎么做出来的》，引入超临界流体萃取技术。 针对超临界二氧化碳萃取的特点，列举其在中药、香料（广西的特色资源）的有效成分的提取方面的应用；列举超临界流体萃取在环保（废水处理）方面的应用。文献中报道的"超临界流体萃取和其他技术联用"，如与核磁共振、吸附分离、色谱分离联用，了解技术发展的前沿
倡导分离过程绿色化的发展理念	第一章　绪论	(1) 分离过程发展的特点——绿色化发展	课下作业：观看视频《如何让化工更美丽》，写观后感，分组讨论
		(2) 绿色分离工程的实现途径	网络资源："李锦记""益佰""航天乌江"等企业开发应用的新型绿色分离技术——膜分离技术及超临界流体萃取技术
	第三章　多组分精馏	(1) 精馏技术的地位及面临的挑战	工厂首选的分离方法，90% ~95% 的产品提纯和回收由精馏实现；然而，精馏技术能耗高，大型化节能技术面临着挑战
		(2) 恒沸精馏	工程案例：乙酸乙酯分离正丙醇－水，共沸剂的回收方法（变压精馏方法）节省回收恒沸剂的设备与能耗。 文献报道：将利用共沸精馏从中性染料母液中回收正丁醇的原工艺和改进工艺进行对比，改进工艺不仅节能，且能节省废水排放量，对工业设计和实际生产具有一定的指导意义

续表 1

课程思政目标	融入章节	依托知识点	课程思政资源
倡导分离过程绿色化的发展理念	第三章　多组分精馏	（3）萃取精馏	工程案例：焦化粗苯的萃取精馏，该法是我国自主开发的物理精制方法，较发达国家广泛采用的粗苯催化加氢化学精制方法具有很多亮点
		（4）课下作业	查阅一篇采用普通精馏或恒沸精馏或萃取精馏或溶盐精馏或加盐萃取精馏或反应精馏分离方法的文献，总结该文献处理的物系、使用的分离剂、最终达到的分离效果，绘制流程简图，介绍流程，分析该方法的优缺点，从绿色发展角度提出可能改进的方向和建议
	第四章　多组分吸收	（1）多组分吸收和解吸的应用	科幻短片视频（《新奥特 Q》系列短片第 9 集），阐述废气排放对大到世界、国家，小到一个家庭的影响，倡导可持续发展、绿色发展的理念，提出吸收在废气处理方面的重要应用。 以“氯化氢吸收制盐酸、从焦炉煤气中回收芳烃、纯胺法处理含硫化氢废气”典型工程案例，分别从不同方面阐述吸收分离在绿色化工发展中的重要作用
		（2）吸收和解吸流程	以“合成氨工艺中，原料气中 CO_2 的吸收和解吸流程设计”为例，阐述解吸过程中采用减压冷再生法既节约能量又可回收有用气体
		（3）课下作业	查阅一篇采用吸收和解吸方法分离的文献，总结分离的物系、使用的分离剂、最终达到的分离效果，绘制流程简图，介绍流程，从社会可持续发展、绿色发展角度考虑，提出工艺的不足和可能的改进建议
	第六章　其他分离技术简介	（1）膜分离技术	短视频《探秘膜分离技术》，了解膜及膜分离技术。 视频展示《可怕的水污染》，面对严重的水污染，人们开始用科技力量改变命运，膜分离技术也是其中重要的一种
		（2）课下作业	撰写《可怕的水污染》观后感，小组讨论面对水污染，作为化工人应该做些什么？ 分别调研一篇采用超临界流体萃取和膜分离技术的工程案例，总结分离的物系、使用的分离剂、分离原理、最终达到的分离效果，绘制流程简图，介绍流程

续表1

课程思政目标	融入章节	依托知识点	课程思政资源
激发学生探索、创新及工匠精神	第一章　绪论	课下作业	"化工泰斗"侯德榜的先进事迹
	第二章　多组分分离基础	（1）相平衡理论	介绍我国著名化学工程学家、教育家时钧院士的事迹，以及他在"高压流体相平衡及状态方程方面的研究和应用"方面的卓越贡献
		（2）相平衡关系的计算	大多数状态方程和活度系数方程是由提出者的名字命名的，介绍这些研究者的探索、创新和工匠精神。例如，荷兰物理学家 van der Waals、犹太裔奥地利化学家 Redlich 和美国华裔学者 Kwong，他们分别提出了范德华方程和 R-K 方程
	第三章　多组分精馏	多组分精馏的简捷计算	介绍科学家吉利兰（Gilliand）利用自己搭建的精馏实验装置，日复一日地研究出了 Gilliand 图的经历，为精馏塔塔板数的简捷计算提供了方法
	第六章　其他分离技术简介	（1）其他分离技术的产生	短视频《我国稀土采选分离技术全球领先》。当前低成本稀土清洁生产技术是世界性难题，是各国竞争拼抢的行业制高点。中科院孙晓琦团队成功突破稀土分离技术，达到全球领先。该技术不仅提高了稀土分离富集效率，而且有效避免了传统技术中大量"三废"污染
		（2）新型膜分离技术	短视频《走近科学》在研究膜分离技术中，会颠覆很多人的传统观念！ 短视频《酒精和水能通过"筛子"进行分离？来看实验效果》，阐述科学技术的进步惊人

三、课程思政教学方法及手段

课前，首先明确教学目标；其次精心挑选、精心准备与专业知识高度融合的思政素材；然后将教学目标和思政素材凝练于教案和课件中，落实在教学过程中的各个环节。

课上：依据教案和课件，通过讲授法、榜样示范法、问题驱动法、工程案例驱动法、讨论法、演讲法、指导文献阅读法等多样化方法，将思想政治教育和课程知识点有机融合。此外，根据学生课堂学习状态和表现，适时融入思想政治教育元素向学生及时补充正能量。

课下：主要通过实际工程案例阅读、视频观看、当代分离过程科学技术进步、新成果的文献阅读，以及科研实验室研究者实际操作的观摩等方法，将科研精神、创新精神、工匠精神和绿色可持续发展理念等融入学生的脑海，激发他们的学习、探索、创新热情，以及家国情怀。

四、课程思政教学实施具体案例

第一章第三节 分离过程的研究内容、发展特点

（一）教学内容

（1）分离过程的研究内容。

（2）分离过程的发展特点。

（3）分离过程绿色化的实现途径。

（二）教学重点

（1）分离过程的发展特点。

（2）分离过程绿色化的实现途径。

（三）教学难点

耦合和集成技术。

（四）教学目标

1. 知识目标

（1）了解分离过程的研究内容。

（2）掌握绿色分离工程的含义、实现途径及耦合和集成技术。

2. 能力目标

能够为传统分离过程的绿色化提供改进思路。

3. 情感态度与价值观目标

能够意识到分离过程的重要性，逐渐培养学生绿色发展的理念。

（五）教学内容与思政元素融入点

（1）视频“如何让化工更美丽”诠释分离过程发展的特点：绿色化发展，以及科学、理性、辩证地看待化工企业。

（2）结合工程案例、文献资料及视频资源诠释绿色分离工程的实现途径：如环己烷和苯二元共沸物的分离，“李锦记”“益佰”和航天乌江等企业开发应用的新型绿色分离技术，培养学生绿色发展理念。

（3）课后作业：完成“如何让化工更美丽?”的视频观看，写至少500字的观后感，并分组交流；学习“化工泰斗”侯德榜的先进事迹，培养学生绿色发展理念及化工人的工匠精神。

（六）教学过程

教学环节一（8min）：内容回顾。

请两位学生PPT展示文献调研的有关工业生产中涉及的分离过程的实例（已在上次课布置），老师总结点评。

设计意图：回顾分离过程的含义和重要作用，同时鼓励学生大胆展示，加强互动。

教学环节二（5min）：新课知识点1“分离过程的研究内容”的讲授。

课堂提出一系列问题：同系物组成的液体混合物如何分离？沸点非常接近的混合物或共沸物如何分离？混合物中含有易氧化或对温度特别敏感的组分如何将其分离？分离过程用什么设备？若用塔设备，塔板数是多少？单塔还是双塔？物料、分离剂如何加入？操作温度、压力、流率设置多大？给出总结：分离过程是研究和处理传质分离过程在开发和设计中遇到的工程问题，包括适宜分离方法的选择、分离流程和操作条件的确定和优化。

设计意图：通过一系列问题驱动和启发教学，不仅让学生了解分离过程具体的研究内容，而且也能够激发他们的探究精神。

教学环节三（27min）：新课知识点2“分离过程的发展特点”的讲授。

（1）播放“《中国经济大讲堂》2019年11月21日如何让化工更‘美丽’？”网上视频中部分片段，如图1所示。作为化工生产工艺中重要组成部分——分离过程，它的发展特点也是向绿色化发展，即绿色分离工程。

图1 《中国经济大讲堂》如何让化工更“美丽”
（视频截图）

设计意图：近年来，化工行业被抹黑得比较严重，已经有很多人对化工行业有误解，甚至影响了学生对化工专业的热爱。引入短片目的在于让学生看待化工产业时要理性科学，必须历史全面辩证，不宜“谈化色变”。从视频中也可以了解到“绿色化工”已经成为全球化工产业发展的潮流（现代的发展理念）。

（2）提出问题：分离过程如何实现绿色化？（启发思考）给出实现途径：对传统分离过程进行改进、优化，使过程对环境的影响最小，甚至于没有；开发及使用新型的分离技术，如膜分离技术、分步结晶技术、超临界萃取技术等。

（3）分离工程绿色化的途径一：传统分离过程的绿色化。对过程（如蒸馏、干燥、蒸发等）利用系统工程的方法，充分考虑过程对环境的影响，以环境影响最小（或无影响）为目标，进行过程耦合或集成。

1）结合双膜理论介绍物理吸收（传统分离方法）和化学吸收（耦合技术）的传质过程的区别，从理论上推断出它的作用机理，让学生深刻体会学习基本理论知识的重要性和理论指导实践的意义。

2）通过简单的流程设计举例和近沸点混合物的分离过程举例，很好地解读反应精馏这种耦合技术如何对传统的精馏方法进行改进，使整个过程对环境无影响或影响最小。

3）通过文献解读萃取结晶（曲红梅，周立山，杨志才，等．萃取结晶过程研究进展）和吸附蒸馏（周明，许春建，余国琮，等．吸附蒸馏方法．中国专利：CN92102546）耦合技术的开发和应用，向学生们证实耦合技术在节能减排方面的重要作用。

4）通过举例“环己烷和苯二元共沸物的分离”，让学生了解到当用传统分离方法无法完成的分离物系，采用传统分离方法的集成技术不仅可以使其分离而且分离媒介可以循环利用，做到无污染。

设计意图：通过以上工程案例及文献调研资料可以让学生认清传统分离方法的重要性，当传统分离方法无法分离或分离过程中无法做到节能减排时，通过对传统分离方法进行改进可以使其向绿色化发展，从而使学生对绿色分离工程的实现有更清醒的认识。

（4）分离工程绿色化的途径二：新分离方法的开发、研究和应用。

新型分离技术有超临界流体萃取、膜分离技术、分子蒸馏技术、分子识别与印迹分离等。应用举例：酱油提标生产技术（李锦记）、中药提取技术（益佰药业）和超临界流体萃取技术（航天乌江），如图 2 所示。

设计意图：新型分离技术以往的课程中没有接触，学生不知道它们的分离原理，而后续章节会有详细介绍，因此，知识点方面仅要求学生了解，但要通过该部分内容的讲授激发学生学习兴趣和探究精神。教学中通过大众熟知的品牌企业“李锦记”和“益佰”介绍膜分离技术相比传统分离方法的优点及分离流程。通过简短的 3min 视频“航天乌江超临界流体萃取中文宣传片”，让学生了解超临界

图 2　新型分离技术应用举例

流体萃取的基本原理、流程及各种应用领域。另外，通过视频还可让学生了解我国超临界流体萃取技术在全球的水平和它的一些技术推广情况，使学生对我国的技术发展更具信心和力量。

教学环节四（4min）：课程小结，学生自评。

梳理课堂知识点，学生对课堂介绍的知识点的掌握情况进行自评。

设计意图：构建本堂课的知识思维导图，根据知识思维导图，学生自查自己的学习效果，课下有针对性地学习。

教学环节五（1min）：布置课下作业。

完成“如何让化工更美丽?”的视频观看，写出至少 500 字的观后感，并分组交流；学习“化工泰斗”侯德榜的先进事迹。

设计意图：引导学生对化工企业有正确的认识，培养学生绿色发展理念及化工人的工匠精神。

五、教学效果

“化工分离工程”课程经过一轮的课程思政教学改革发现，学生上课专注力更集中，学习兴趣更加浓厚，感觉课堂“活”起来了，课后愿意与老师交流的学生增多；学生更加重视课程的学习，对自己的专业的认知度进一步提升，能够正确地认识化工企业；在分离方法的筛选和流程的设计方面学生的节能减排、保护环境意识进一步增强；通过课后布置的任务完成情况看，学生的文献调研、总结文献内容、理论联系工程实际的能力随着每一章的进行明显增强，上台汇报更加积极勇敢。从暑期学生参加的全国化工设计大赛提交的作品看，在分离方法的选用和设计方面考虑相对比较周全。另外，改革后课程综合成绩较改革前有了明显提高。

六、教师感悟

在“课程思政”教学实践过程中，我有两点感悟：第一，做好课程思政教学工作，教师提升自身专业素质和政治修养是硬道理，只要在课前花更多的时间去挖掘、多思考、多渠道查找筛选素材，认真组织设计教学全过程，思政教育元素可以渗透到教学的多个环节，但在这个过程中，要注意思政教育元素与专业知识点应高度融合，不需要刻意加入课程思政元素。第二，问题驱动、工程案例驱动教学法、文献阅读法能够带动学生真正进入到课堂中，享受学习的乐趣及作为化工人的荣誉感。

“水力学”课程思政教学案例

环境科学与工程学院　陈晓冰

一、课程基本信息

课程名称：水力学。

课程性质：专业基础课。

授课对象：水文与水资源工程专业大二年级本科生。

教学目标：

（1）知识目标。理解水力学相关方程与物理意义，判断识别其应用条件和适用范围，掌握液体平衡和运动的一般规律、基本理论和使用技巧，运用其指导、分析、计算和解决水力学复杂工程问题。

（2）能力目标。培养和增强学生运用水力学知识分析与理解水文及相关领域复杂工程问题的能力，初步具备使用水力学知识开展水利工程规划、设计和水利试验量测的专业技能，实现将水力学知识用于解决相关社会生产部门实际的问题。

（3）情感态度与价值观目标。使学生树立水利行业职业精神，主动思考水利生产建设中的责任与使命；强化工程伦理观，增强家国情怀、民族与文化自信；具备勇于探索实践的能力，以及形成科学看待与解决问题的思辨思维。

课程简介：

“水力学”是水文与水资源工程专业必修的专业基础课，是后续水文水利计算、水文统计等专业核心课程学习的理论基础，前修课程为高等数学和大学物理。依据学校重基础、强应用的人才培养定位与水利类社会职业技能需要，通过课程学习，使学生掌握水力学的基本概念、基本原理、基本理论与基本研究方法等知识，培养和增强学生运用水力学理论知识理解、分析和解决水文及水利相关领域复杂工程问题的能力，使学生树立水利行业职业精神和探索精神，主动思考水利生产建设中的责任与使命，增强家国情怀、民族与文化自信，并形成科学看待与解决问题的思维。

使用教材：四川大学水力学与山区河流开发保护国家重点实验室. 水力学

（上册）. 5 版. 北京：高等教育出版社，2016.

二、课程思政整体教学设计

（一）课程思政教学理念与思路

“水力学”课程基于线上线下混合式教学模式，在理论知识讲授的同时，融入思政元素，实现思政与理论知识点相辅相成紧密融合。以线上课程核心知识点为依托，挖掘水力学理论知识中蕴含的科学思辨思想，以及水利相关职业精神与家国情怀思想，在线上视频授课过程中引导学生初步了解课程知识所涉及的思政知识内涵，并结合线下课程理论知识重难点分析讲授，辅以案例介绍分析和互动讨论，在课程知识讲授的同时，进一步巩固、凝练与升华课程知识中所蕴含的思政内涵，使课程思政教学贯穿线上线下全过程。

在课程理论知识讲授的基础上，思政教学总体思路为：课程理论核心知识学习（线上）→知识与问题思考（思政元素渗透）→重难点问题讲授（线下）→应用实践分析互动→知识提升（思政内涵凝练）。

课程理论知识中蕴含的思政育人内容主要包括四个方面：一是职业精神与道德素养的树立；二是家国情怀与民族自信的塑造；三是对待与解决问题的科学辩证思维能力的培养；四是勇于探索求实创新的工程思想理念的提升。

本课程的思政教学设计主要通过以下四个方面开展，具体如下：

（1）结合国家行业法规政策讲授理论知识。对现有课程教学内容融入水利行业国家法规政策、规范标准及新形势下的学科发展前沿知识，培养学生水利行业法律规范意识，树立职业素养，培养学生工程伦理观。

（2）结合典型历史人物与国家工程讲授理论知识。在教学中结合课程相关历史人物、国家典型工程，使学生在接受专业知识的同时思想道德素质、家国情怀、民族自豪感和社会责任感也得到全面的提升。

（3）聚焦行业工程案例讲授理论知识。利用水力学工程案例分析教学内容开展团队协作与互动分析研讨，实现工程实践能力与职业素养双重培养，将职业精神与职业道德融入课堂教学中，并在专业知识讲授中开展对水力学基本理论与计算方法的思辨思维与思考方式的阐述，引导并培养学生分析看待复杂水力学工程问题的思辨能力与分析思维方式，塑造德、才协同发展的高级工科人才。

（4）结合行业学科发展前沿与动态讲授理论知识。用当前互联网和大数据的条件与手段，通过线上教学将学科行业最新政策条例、时事新闻等多种思政元素融入线上互动讨论教学过程中，并在线下课堂教学中适当开展行业情景教学，培养学生自主学习能力的同时，提高学生信息获取能力，以及与时俱进、求实创新的工程思想理念。“水力学”课程的教学设计思路主要体现线上线下一体化育人理念，如图 1 所示。

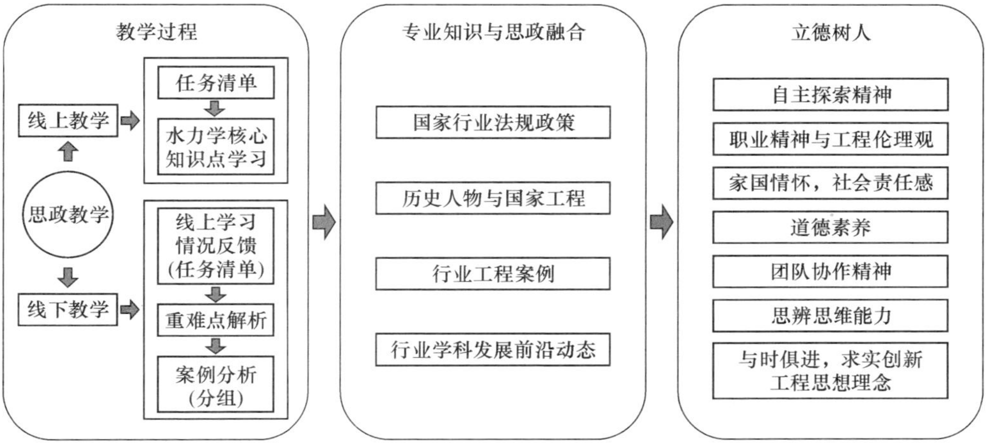

图 1 "水力学"课程思政教学设计思路

（二）课程思政教学创新点

课程理论思政内涵与实践思政元素融合，提高学生课程思政学习获得感与实现感。除理论知识以外，课程内容灵活运用工程案例、科学研究等教学内容，实现理论实践一体化，理论教学过程有机融入思政元素，工程案例实践应用过程中凝练与升华思政内涵，强化价值引领，科学研究实践应用过程中传递思政元素，营造育人氛围，多维度提高学生课程思政学习的获得感与实现感。

（三）课程思政教学整体安排

表 1 为"水力学"课程思政教学整体安排。

表 1 "水力学"课程思政教学整体安排

课程思政目标	融入章节	依托知识点	课程思政资源
家国情怀、民族与文化自信	第一章 绪论	水力学的发展简史	都江堰、郑国渠和灵渠等经典水利工程设计、建设和运行介绍视频；近代我国水利事业 40 年发展历程总结介绍，增强学生民族与文化自信
	第二章 水静力学	(1) 静水压强及其特性	水库大坝、江河大堤等水静力学工程实践应用介绍；小浪底水库大坝介绍视频，增强学生水利事业认同感
		(2) 静水总压力	三峡水利枢纽工程中主要建筑物的设计、建设与运行介绍视频，培养学生家国情怀与民族自信
	第六章 明渠流动	明渠水流的基本概念	南水北调工程介绍视频，工程是世界上规模最大、最复杂的调水工程，培养学生民族自豪感

续表 1

课程思政目标	融入章节	依托知识点	课程思政资源
水利职业精神与社会责任感	第一章　绪论	水力学任务和研究对象	主要水利工程坝体、溢洪道、放水建筑物等简介与图片，提出水利行业素养与职业精神
	第二章　水静力学	静水总压力	三峡水利枢纽工程主要建筑物的设计、建设与运行介绍视频，使学生树立认真负责的水利职业精神
	第四章　流动阻力与水头损失	(1) 水头损失的概念、分类及其影响因素	水头损失在工程上意义的介绍视频，提出水头损失对生产生活的影响，培养学生具备应用水力学知识解决生产生活实际问题的水利职业意识与社会责任感
		(2) 液体运动的两种形态	雷诺实验的视频介绍，提出应培养吃苦耐劳的水利职业精神
	第五章　有压管道流动	(1) 复杂管道恒定流的水力计算问题	管道复杂计算问题分析介绍，说明在水利设计、施工建设过程中应该严格遵守水利行业国家相关标准与规范，树立职业规范意识
		(2) 有压管道的水击问题	水击问题的图片和视频介绍，提出水利工程实践中应培养工程安全意识
勇于探索与实践能力	第一章　绪论	液体的主要物理性质	牛顿探索实践推动力学发展的事迹介绍，提出面对科学问题应该具备探索精神
	第二章　水静力学	重力作用下静水压强的基本公式	帕斯卡探索发现压力规律的事迹介绍，提出面对科学问题应该具备实践探索能力
	第三章　液体运动的流束理论	(1) 描述液体运动的两种方法	拉格朗日和欧拉坚持探索与发现，提出描述液体运动的两种方法的事迹介绍，说明面对复杂科学问题，应该具备不断求真、实践创新的精神
		(2) 恒定总流的能量方程	伯努利具有不断探索与尝试的精神，提出伯努利方程的事迹介绍，说明面对科学问题应该具备不断进取的探索精神
科学思辨思维	第二章　水静力学	静水总压力	曲面上静水压力的推导过程，表明分析解决科学问题时应该具备将复杂问题简单化的思维能力
	第三章　液体运动的流束理论	(1) 液体运动的一些基本概念	说明分析科学问题时，既要遵循事物的普遍发生规律，也要注意其发展过程中的特殊性，客观分析问题
		(2) 恒定总流的动量方程	三大方程的应用，表明事物之间是相互联系和相互影响的，应全面分析问题，才能有效解决复杂工程问题

续表 1

课程思政目标	融入章节	依托知识点	课程思政资源
科学思辨思维	第四章　流动阻力与水头损失	湍流的特征	雷诺数判断黏性底层粗糙程度，反映出对待事物问题时，应具备透过现象看本质的思辨能力
	第五章　有压管道流动	简单管道恒定流的水力计算问题	长管与短管的判断，说明分析问题时应具体问题具体分析，分析问题的根本原因
	第六章　明渠流动	（1）明渠恒定均匀流	谢才公式的介绍视频，表明应客观辩证地看待事物发展规律
		（2）明渠恒定非均匀渐变流	判断水流流态方法的介绍，说明事物之间是相通的；要多角度思考问题，采用多元的分析方法可以有助于解决复杂工程问题

三、课程思政教学方法及手段

基于课程的线上线下混合式教学模式开展课程思政教学，以充分调动学生的学习积极性、主动性和创造性为导向，紧贴学生探究解决问题的能力培养目标，实现现代化信息技术与传统教学模式相结合的"水力学"课程思政教学。

本课程的思政教学方法主要包括任务导学法、案例分析法、合作探究法和启发教学法。通过自主学习→知识获取→加强巩固→思维 + 技能训练→探索提升，实现课程建设中的"两性一度"理念，达到课程立德树人的人才培养目标。具体教学方法及手段详见表 2。

表 2　课程思政教学方法与手段

序号	教学方法	适用教学环节	教学手段	思政资源与素材
1	任务导学法	线上	以"任务清单"形式发布课程理论知识线上学习任务，并融入线上思政知识讲授，引导学生自主学习与探究课程知识的同时，初步了解课程所涉及的思政理论知识	国家行业法规政策文件、新闻报道，典型人物与国家工程等图片、视频
2	案例分析法	线下	聚焦行业发展动态与热点问题，以工程案例分析为内容，通过应用所学理论知识对典型案例进行分析，对案例背后所蕴含的思政内容进行深度挖掘、分析与凝练，与线上思政理论知识相呼应，进一步强化对思政理论知识的理解与掌握	水利行业典型工程案例

续表 2

序号	教学方法	适用教学环节	教学手段	思政资源与素材
3	合作探究法	线下	以小组或个人形式开展工程案例分析、讨论、展示与互评，提高学生在课堂教学中的参与度，让学生以工程实践者的角色参与到理论应用实践中，培养团队协作精神、职业素养与职业精神，并引导学生进行创造性的培养，塑造与时俱进、求实创新的工程思想理念	典型水利工程相关建设事件
4	启发教学法	线下	在讲授及总结知识过程中，通过提问形式，预留给学生自主思考空间，培养学生对待与解决复杂工程问题的科学审辩思维能力	水利行业学科发展前沿与动态研究、资料等

四、课程思政教学实施具体案例

第六章第二节　明渠恒定均匀流

（一）教学内容

明渠恒定均匀流的相关计算原理与方法。

（二）教学重点

（1）明渠恒定均匀流的概念。

（2）明渠均匀流的特性与形成条件。

（三）教学难点

（1）明渠的横断面计算方法。

（2）明渠均匀流水力计算方法。

（3）明渠均匀流水力计算的工程应用。

（四）教学目标

1. 知识目标

（1）理解明渠均匀流的特性与形成条件。

（2）掌握明渠断面的计算方法。

（3）掌握明渠均匀流的水力计算原理与方法。

2. 能力目标

（1）培养学生应用水力学基本理论知识解决水利相关工程复杂问题的能力。

（2）认识明渠水力计算在水利工程建设中的重要地位与作用，并培养应用其开展水利工程规划、设计的能力。

3. 情感态度与价值观目标

（1）培养学生家国情怀与民族自豪感，增强从事水利事业的社会责任感。

（2）培养学生职业素养，树立水利行业职业精神。

（3）培养学生形成科学看待与解决问题的思辨能力。

（五）教学内容与思政元素融入点

（1）在明渠恒定均匀流知识讲授过程中，以介绍国家典型明渠工程为切入点，培养学生社会责任感和民族自豪感，同时使学生树立家国情怀。

（2）案例分析过程中，以明渠断面设计案例分析讨论为切入点，培养学生水利职业精神与素养。

（3）通过教学过程中的小组互评教学环节，培养学生团结协作精神，并引导学生在行业快速发展的环境下，应该具备与时俱进、求实创新的工程思想理念。

（4）教师在点评总结过程中，有意识渗透在分析水利工程复杂问题时，应辩证合理地看待与分析问题，选择适宜的分析方法与手段，培养学生的思辨思维方式。

（六）教学过程

表3为"明渠恒定均匀流"教学过程。

表3 "明渠恒定均匀流"教学过程

教学环节	教学内容	思政目标及资源	教学方法与手段	师生活动设计	时间分配
课前学习任务	在线MOOC课程章节：明渠恒定均匀流	通过谢才公式在明渠均匀流使用上的局限性介绍，培养学生客观辩证地看待事物发展规律的能力	任务导学法，视频学习	（1）教师发布线上学习任务清单，引导学生线上自主学习课程知识；（2）学生线上自主学习，并完成相关课程习题、互动讨论	
学习情况反馈	分析线上课程学习，以及作业练习、学习任务中出现的问题、原因及解题思路		互动教学法，提问	（1）教师总结；（2）学生互动讨论	3min
课前任务导入	实际水利工程在明渠中运动的水流，它的相关运动要素的确定对水利工程具有十分重要的意义。提问：明渠中水流运动过程受到哪些因素的影响	通过提问形式着重讲解明渠水流运动要素对水利工程建设的安全、稳定，以及经济效益的影响作用，提高学生对明渠水力计算在水利工程上的重视度，增进职业精神培养	互动教学法，提问	（1）教师提问；（2）学生互动讨论	2min

续表 3

教学环节	教学内容	思政目标及资源	教学方法与手段	师生活动设计	时间分配
讲新课	(1) 明渠恒定均匀流概念：明渠恒定流中，如果流线是一簇平行的直线，则水深、断面平均流速分布均沿程不变，称为明渠恒定均匀流。 (2) 明渠均匀流的特性： 1) 过水断面的形状和尺寸、断面平均流速、流量和水深沿程不变； 2) 总水头线、测压管水头线（水面坡度）和渠底线互相平行。 (3) 明渠均匀流的形成条件： 1) 水流应为恒定流，因为在明渠非恒定流中必然伴随着波浪的产生，流线不可能是平行直线； 2) 流量应沿程不变，即无支流的汇入和分出； 3) 渠道必须是长直的棱柱体顺坡明渠，粗糙系数沿程不变； 4) 渠道中无闸、坝或跌水等建筑物的局部干扰。 (4) 明渠梯形断面的几何计算： 1) 基本量：b 为底宽，m；h 为水深，m；m 为边坡系数（m 越大，边坡越缓；m 越小，边坡越陡；$m=0$ 时是矩形断面；m 根据边坡岩土性质及设计范围来选定）。 2) 导出量： $$B=b+2mh$$ 式中，B 为水面宽，m。 $$A=(b+mh)h$$ 式中，A 为过水断面面积，m^2。 $$\chi=b+2h\sqrt{1+m^2}$$ 式中，χ 为过水断面湿周，m。 $$R=A/\chi$$ 式中，R 为水力半径，m。 (5) 明渠均匀流的水力计算： $$Q=AC\sqrt{RJ}=K\sqrt{i}$$ 式中，Q 为断面流量，m^3/s；C 为谢才系数，$m^{1/2}/s$；J 为水力坡度；K 为流量模数，m^3/s；i 为底坡	通过介绍国家明渠工程：南水北调工程和红旗渠等，培养学生社会责任感和民族自豪感，同时使学生树立家国情怀精神	启发教学法，提问	(1) 教师讲授； (2) 学生互动讨论	25min

续表3

教学环节	教学内容	思政目标及资源	教学方法与手段	师生活动设计	时间分配
案例分析	有一梯形断面中壤土渠道，已知：渠中通过的流量 $Q=5\text{m}^3/\text{s}$，边坡系数 $m=1.0$，粗糙系数 $n=0.020$，底坡 $i=0.0002$，试求水力设计断面	通过对明渠断面设计案例分析讨论，培养学生水利职业精神与素养，塑造脚踏实地、踏实肯干的工匠精神	案例分析法，小组讨论	(1) 教师发布案例，引导学生进行案例分析与展示，并提出掌握明渠水力要素，是开展明渠断面设计的关键工作这一问题，培养学生吃苦耐劳的工匠精神； (2) 学生小组内分析讨论	10min
小组互评	各小组互评案例，给出详细的评价意见及其存在的问题	通过小组互动讨论与组间互评，培养学生团结协作精神，并引导学生在对待行业快速发展的环境下，应该具备与时俱进、求实创新的工程思想理念	合作探究法，组间互评	(1) 教师组织互评； (2) 学生开展小组讨论，组间互评	3min
点评及总结	针对各小组学生开展的案例互动评价与讨论结果进行分析总结	通过挖掘凝练工程案例的思政内涵，阐述在分析水利工程复杂问题时，应辩证合理看待与分析问题，选择适宜的分析方法与手段，培养学生思辨的思维方式	启发教学法	(1) 教师针对小组交流、讨论情况，分享与总结学生在进行案例分析时的优秀思路及存在的问题，对于集中存在的问题进行解答，强调重点，点拨难点； (2) 学生聆听思考	2min
布置作业	为什么只有在顺坡渠道上才能产生均匀流，而平坡和逆坡则不能				
预习任务	课后了解明渠均匀流中的水力最佳断面概念及其相关计算方法				

五、教学效果

开展线上线下混合式课程思政教学改革建设以来，“水力学”课程对专业学生毕业要求达成度的评价值显著提高，课程平均综合成绩提升明显，学生、督导评教优秀，课程认同度提高。

将思政内容融入课程教学过程以后，在学习方面，以线上视频学习、互动讨论、下线工程案例分析等形式，将原有繁多、枯燥、难以理解的课程理论知识与思政知识相结合，学生普遍认为增加了课程知识的趣味性，提升了对课程知识的自主学习兴趣，并在专业知识和思想政治上均有收获。在价值方面，将思政内涵与专业理论相结合，用思政内涵引导分析专业问题，用专业知识来探讨思政话题，学生对课程和本专业的认同感均提高。通过课程改革建设，“水力学”课程被认定为2020年广西壮族自治区一流本科课程，获得2020年桂林理工大学首届“课程思政”优秀教案，学生依托本课程获得第六届全国大学生水利创新设计大赛二等奖，实现教学与育生双效并进。

六、教师感悟

（一）教学优势

（1）线上线下全过程思政教学，通过线上思政理论讲授学习，线下思政内涵挖掘凝练，使专业知识与思政教育水乳交融，立德树人贯穿教育教学全过程。

（2）相比传统课堂教学，线上线下混合式教学形式、方法与手段多样，不同教学过程均可有机融入思想元素，思政教学形式相比传统课堂教学更易于学生接受，使思政知识更易于理解与掌握，可在一定程度上实现多角度的课程思政教学。

（二）教学反思

由于本课程属于理工类专业课程，有别于文科类课程，其课程思政教学并不是简单停留在表面的知识传授与说教，也不是在非思想政治课程中开展的有针对性的思想政治教学，而是在教学过程中由专业课教师通过专业知识向思政理论进行引申。采用渗透教学的方式使学生在学习专业知识的过程中开展思想政治教育，如何深入挖掘课程理论知识所涉及的思政元素与思政内涵，并将其巧妙、恰当，且潜移默化地融入课程教学过程中，是本课程开展思政教学亟待需要解决的问题。

（三）不足与改进措施

（1）思政考核形式有待完善。持续改进教学形式与教学内容，着力发展线上线下课程思政教学联动性，激发学生自主学习热情与提高知识掌握能力，完善思政教学考核形式，全方位考查学生学习效果与思政素养。

（2）课程内容与思政资源契合度有待增强。优化完善线上课程内容与课程思政资源，匹配线下课堂教学资源，增加时事政治等思政元素，开展以课程主要知识点为核心深入挖掘思政内涵的混合课程改进，进一步培养学生解决复杂工程问题的能力和树立社会主义核心价值观。

“水利工程专业导论”
课程思政教学案例

环境科学与工程学院　代俊峰　白凯华

一、课程基本信息

课程名称： 水利工程专业导论。

课程性质： 学科基础课。

授课对象： 水利类专业大一年级本科生。

教学目标：

（1）知识目标。学生通过学习本课程，能够基本了解水文与水资源工程、地下水科学与工程专业的专业性质和基本的知识结构，以及各学年主要课程基本内容。基本了解专业的培养目标、专业特色，了解本专业的学习重心和培养方式，使学生结合自己的志向和兴趣进行有目的的学习，形成自己的实践和创新能力及知识结构，为未来专业分流提供可参考的依据。

（2）能力目标。培养学生独立思考、分析问题的能力；养成独立利用书籍或通过网络获取水利工程学科知识和信息查询的能力；锻炼学生沟通交流的能力，提高学生书面表达能力，培养创新思维能力；理解人才培养计划，制定学业规划的能力。

（3）情感态度与价值观目标。增强学生的民族自豪感和爱国意识，坚定“四个自信”；提高环保意识、创新意识，增强传统文化（以水利为例）认同感。

课程简介：

“水利工程专业导论”是水利类专业大类招生的大类（专业）基础课，具有较强的科普性、指导性和一定的理论性、实践性。因授课对象为大一新生，水利工程专业导论主要介绍水利工程学科发展，水文与水资源工程和地下水科学与工程学科的研究前沿和热点，水文与水资源工程和地下水科学与工程学科专业培养方案与课程设置，以及社会发展对水利类和地质类人才的需求，使学生了解未来就业前景和领域。水利工程专业导论的知识与水资源开发、水利工程建设与管理、水文地质与工程地质，以及和人类的生存、生产、生活有着密切的关系。通过课程的学习，使学生对两个专业有更加全面、深刻的了解，增强同学们对专业的知识掌握并且消除某些认知误区，同时也为大二时进行专业分流提供有效指导。使每一位同学都能明确在一定阶段内专业学习的主要任务及日后的学习方向与未来的发展方向，为自己的人生提前做好规划，砥砺前行。

二、课程思政整体教学设计

（一）课程思政教学理念与思路

"水利工程专业导论"课程作为水利类学生的入门课程，意在使学生对本专业的了解更加全面、深刻，从而明确主要学习任务和未来发展方向。水利是一门古老的科学，具有很强的公益性、基础性、战略性，但由于属于艰苦行业，需要水利人具有较强的社会责任感和爱国主义精神，忠于党、忠于祖国、忠于人民、忠于水利事业，胸怀天下、情系民生，继承并发扬我国优秀的传统水利文化，同时具有较高的创新意识和环保意识，立足本职岗位，履职尽责，攻坚克难，解决水灾害频发、水资源短缺、水生态损害、水环境污染等问题，为中国特色的水利现代化建设贡献力量。基于此，教学过程中注重挖掘思政元素，以增强学生的民族自豪感，提高环保意识和创新意识，增强学生对水利文化的认同和自信。

（二）课程思政教学整体安排

表1为"水利工程专业导论"课程思政教学整体安排。

表1 "水利工程专业导论"课程思政教学整体安排

<table>
<tr><th>课程思政目标</th><th>融入章节</th><th>依托知识点</th><th>课程思政资源</th></tr>
<tr><td rowspan="2">增强学生的民族自豪感和爱国意识，坚定"四个自信"</td><td rowspan="2">第一章 水利工程学科发展</td><td>（1）国家对水利的重视</td><td>2011年"中央一号"文件（水利改革）、十九大报告中的水利内容、政府工作报告等文件中水利内容，国家水利发展战略、目标和任务
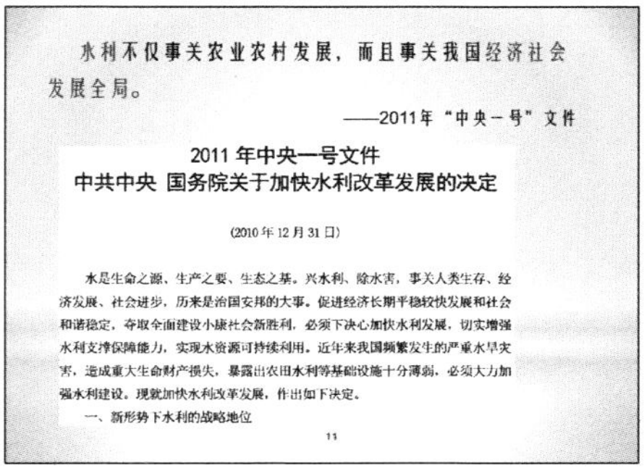
水利不仅事关农业农村发展，而且事关我国经济社会发展全局。
——2011年"中央一号"文件
2011年中央一号文件
中共中央 国务院关于加快水利改革发展的决定
(2010年12月31日)
水是生命之源、生产之要、生态之基。兴水利、除水害，事关人类生存、经济发展、社会进步，历来是治国安邦的大事。促进经济长期平稳较快发展和社会和谐稳定，夺取全面建设小康社会新胜利，必须下决心加快水利发展，切实增强水利支撑保障能力，实现水资源可持续利用。近年来我国频繁发生的严重水旱灾害，造成重大生命财产损失，暴露出农田水利等基础设施十分薄弱，必须大力加强水利建设。现就加快水利改革发展，作出如下决定。
一、新形势下水利的战略地位
11</td></tr>
<tr><td>（2）水利工程学科发展的战略地位</td><td>以水危机（水政治与水战争）相关案例展开讨论，使学生认识到水资源在国家安全中的作用，增强学生专业自信</td></tr>
</table>

续表 1

<table>
<tr><th>课程思政目标</th><th>融入章节</th><th>依托知识点</th><th>课程思政资源</th></tr>
<tr><td>增强学生的民族自豪感和爱国意识，坚定“四个自信”</td><td>第四章　社会发展对水利人才的需求</td><td>桂林古代水利工程</td><td>以灵渠、古桂柳运河等为例，通过介绍其历史地位及作用，使学生理解中国水利文化，增强学生的民族自豪感和爱国意识，增进文化自信
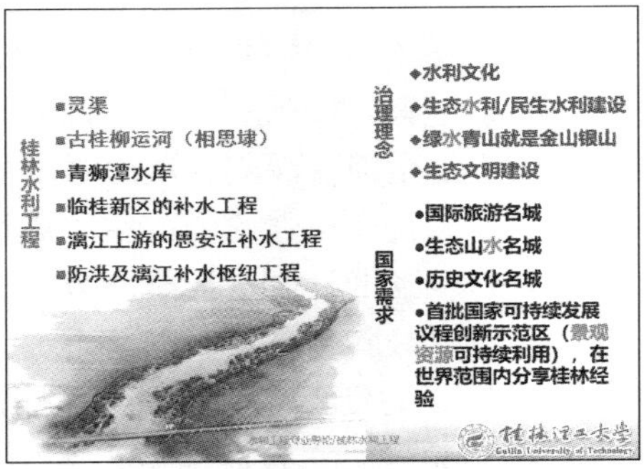
</td></tr>
<tr><td rowspan="2">提高环保意识、创新意识</td><td>第一章　水利工程学科发展</td><td>水利工程学科简介</td><td>以讨论法、案例教学法等方式分析水资源开发利用的现状和存在的问题，培养学生环保意识和珍惜、保护水资源的意识</td></tr>
<tr><td>第四章　社会发展对水利人才的需求</td><td>桂林现代水利工程</td><td>以青狮潭水库、思安江补水工程、漓江等为例，结合习近平总书记关于治水的重要论述，使学生理解现代水利工程建设和管理中体现的生态水利、民生水利和生态文明建设，坚定“四个自信”，培养学生的创新精神和责任意识</td></tr>
<tr><td rowspan="2">增强传统文化（以水利为例）的认同感，增强文化自信</td><td>第一章　水利工程学科发展</td><td>水利文化</td><td>介绍不同时期的水利文化，使学生认识水利对人类生存和社会发展的促进作用及中国水利文化的先进性，增强学生对传统文化（以水利为例）的认同感和“四个自信”</td></tr>
<tr><td>第四章　社会发展对水利人才的需求</td><td>桂林古代水利工程</td><td>以灵渠、古桂柳运河等为例，通过介绍其历史地位及水文化，使学生理解中国水利文化，增强学生的民族自豪感和爱国意识，增进文化自信
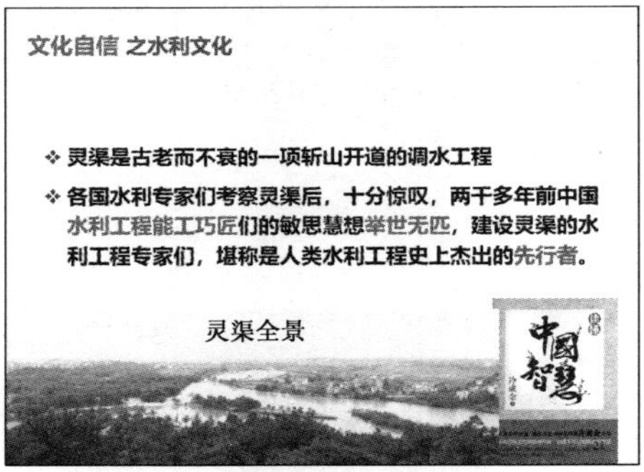
</td></tr>
</table>

三、课程思政教学方法及手段

大一新生学习动机及主动性不足，学习方式尚未完全摆脱在基础教育阶段形成的“老师手把手”教，自己只需“记、背、考”的学习方式。因此，教学以课堂讲解为主、讨论为辅，注重以启发和引导的方式和学生互动，通过多媒体课件以课堂讨论的方式进行教学，努力调动学生的积极性，允许学生课堂提问，帮助学生逐渐养成自主学习的良好习惯及培养学生的创新思维，如让学生课下利用图书馆、网络等途径收集、归纳当前面临的水问题，历史上著名的水利工程或水利事件，并在课上进行分享讨论，总结解决问题的经验和水利建设中应该吸取的教训。

为了更好地引导学生积极思考，培养学生综合能力，结合课程内容和学生特点，突出以学生为主体，在教学过程中，根据教学情境具体要求，综合运用讲授、案例分析、小组讨论、问题启发、任务驱动等多种教学方式。在教学过程中，受学时和场地等条件限制，不能进行现场实践教学，因此借助视频、多媒体课件、网络教学等各种手段展示灵渠、古桂柳运河及现代水利工程，辅助学生理解，活跃课堂氛围，提高教学质量和效果。考核重视过程评价（占最终成绩的30%)，结合学生在课程教学过程中考勤、问答、讨论、作业等环节的表现做出公平、公正的评价，鼓励学生思考，引导学生改变死记硬背的学习方式。评价时注重学生实际分析问题、解决问题的能力，对学生的创新给予相关的鼓励。

以我国古代和现代水利工程为案例，以图片、视频等形式展示水利工程的组成及意义，通过小组讨论交流等形式，启发学生主动思考，揭示其蕴含的先进治水思想和优秀的水利文化；提高学生课堂参与度，活跃课堂氛围，培养学生的语言表达能力及主动思考的习惯，使学生切身感受到水利文化的内涵和先进性，增强学生的民族自豪感和“四个自信”。

四、课程思政教学实施具体案例

第四章第一节　典型水利工程介绍

——以桂林古代水利工程为例

（一）教学内容

（1）灵渠。

（2）古桂柳运河。

（二）教学重点

（1）灵渠设计和布局的科学性。

（2）古桂柳运河的功能。

（三）教学难点

（1）灵渠的三项首创技术。

（2）理解水利发展与生态文明的关系。

（四）教学目标

1. 知识目标

（1）了解水利工程建设和水资源管理中的技术和理念。

（2）掌握水利工程的主要功能。

2. 能力目标

（1）水利先进技术的辨识能力。

（2）水利工程功能的评价能力。

（3）水利文化的挖掘能力。

3. 情感态度与价值观目标

（1）增强学生的爱国意识和民族自豪感，培养学生创新意识、环保意识。

（2）增强传统文化（以水利为例）的认同感，树立文化自信。

（五）教学内容与思政元素融入点

（1）水利工程是兴水利、除水害的重要物质基础，大一学生实践经历较少，对水利工程的结构组成、功能、作用等认识不足。以桂林当地的水利工程为例，能够吸引学生学习兴趣，使学生更有融入感，加深学生对水利工程的认识，使学生更深切地感受中国传统水利文化，增强学生的民族自豪感。

（2）在“古桂柳运河的功能”部分讲解水利工程的主要功能时，通过启发式教学，使学生领会我国古代典型水利工程中蕴含的先进治水理念，并通过问答互动，启发学生思考水利发展和生态文明建设的关系，以及如何更好地继承、发扬优秀的水文化，使学生理解并自觉肩负起水利人的责任，增强学生的文化认同感和爱国意识，培养学生的环保意识和创新精神。

（六）教学过程

表 2 为“典型水利工程介绍”教学过程。

五、教学效果

“水利工程专业导论”是水利类学生进入大学后接触的第一门专业课程，学生对水文与水资源工程和地下水科学与工程专业的了解不够全面、深入，特别是对本专业人才培养目标、课程体系、培养模式等没有系统的认识。

正所谓“授人以鱼不如授人以渔”，大一学生尚未完全摆脱基础教育阶段“灌输式”的学习方式，学习的主动性和自觉性不高，通过采用启发式、讨论式、案例式等多种教学方法，引导学生自主学习，培养学生信息检索和分析的能力，运用所学知识解决实际问题的能力。水利行业具有一定的公益性质，属于艰

表2 "典型水利工程介绍"教学过程

教学环节	教　学　内　容	思政目标及资源	教学方法与手段	师生活动设计	时间分配
引入	水是生命之源、生产之要、生态之基。人类逐水而居，因水而兴。但水资源时空分布不均，如何兴水利除水害		讲授法	教师：讲述； 学生：听讲、思考	2min
讲新课	桂林古代水利工程： （1）灵渠： 1）灵渠的地位和意义。灵渠被誉为"世界古代水利建筑明珠""北有长城，南有灵渠"，助力中国统一	灵渠是世界上最古老、保存最完整的运河之一，至今仍在发挥作用，2018年入选世界灌溉工程遗产名录，增强学生民族自豪感	讲授法		2min
	2）灵渠设计和布局的科学性： ① 选址的合理性； ② 灵渠主体建筑：南渠、北渠、铧嘴、大小天平坝、泄水天平、秦堤、陡门等		讲授法		5min
	3）灵渠的三项首创技术： ① 松木桩基，石榫连石； ② 弯道代闸； ③ 船闸始祖——陡门	通过问答互动和启发式教学，对比古今河道通航条件改善措施、陡门与现代闸门优劣，培养学生独立思考的能力和创新意识，树立文化自信	讨论式、 启发式教学	讲授完后，教师提问：对比灵渠和三峡工程对不良通航条件的处理方法，说明优劣。 学生回答：三峡通过建坝壅水、设置五级船闸及升船机等改善通航条件，也使水利工程管理智能化，但成本较高	12min

续表 2

教学环节	教学内容	思政目标及资源	教学方法与手段	师生活动设计	时间分配
讲新课	4）灵渠的水文化： ① 水脉文化； ② 航运文化； ③ 水崇拜文化； ④ 诗词文化	陶冶学生情操，使学生理解水文化是中华传统文化的重要组成部分，增强文化自信	讲授法	学生：课下通过互联网、图书馆等途径搜集描述水利工程的诗词文章并在朋友圈分享	4min
	（2）古桂柳运河（相思埭）： 1）古桂柳运河的功能：航运、灌溉、旅游等	结合生态文明建设，使学生树立“绿水青山就是金山银山”的理念，培养学生环保意识，坚定“四个自信”	讲授法， 启发式教学法	讲授完后，教师提问：随着铁路、航空等兴起，运河航运功能衰退，如何进一步开发运河功能，做到保护和发展相辅相成？ 学生回答：尽快开展文物修缮与保护，设立公园，利用短视频等平台宣传，使古运河焕发新活力，为桂林山水增添新文章	10min
	2）古桂柳运河的组成：分水塘、分水闸、东西渠、陡门、涵洞、桥梁等		讲授法		3min
	3）古桂柳运河的水文化： ① 水脉文化； ② 桂柳运河的文脉； ③ 桂柳运河的诗词文化	增强文化认同感和爱国意识，陶冶情操	讲授法	学生：课下通过互联网、图书馆等途径搜集描述水利工程的诗词文章并在朋友圈分享	3min

续表 2

<table>
<tr><th>教学环节</th><th>教　学　内　容</th><th>思政目标及资源</th><th>教学方法与手段</th><th>师生活动设计</th><th>时间分配</th></tr>
<tr><td>课堂检测与反馈</td><td></td><td></td><td></td><td>口头提问：（1）灵渠的三项首创技术；（2）古桂柳运河的功能。
学生：总结并回答</td><td>2min</td></tr>
<tr><td>课堂小结</td><td colspan="4">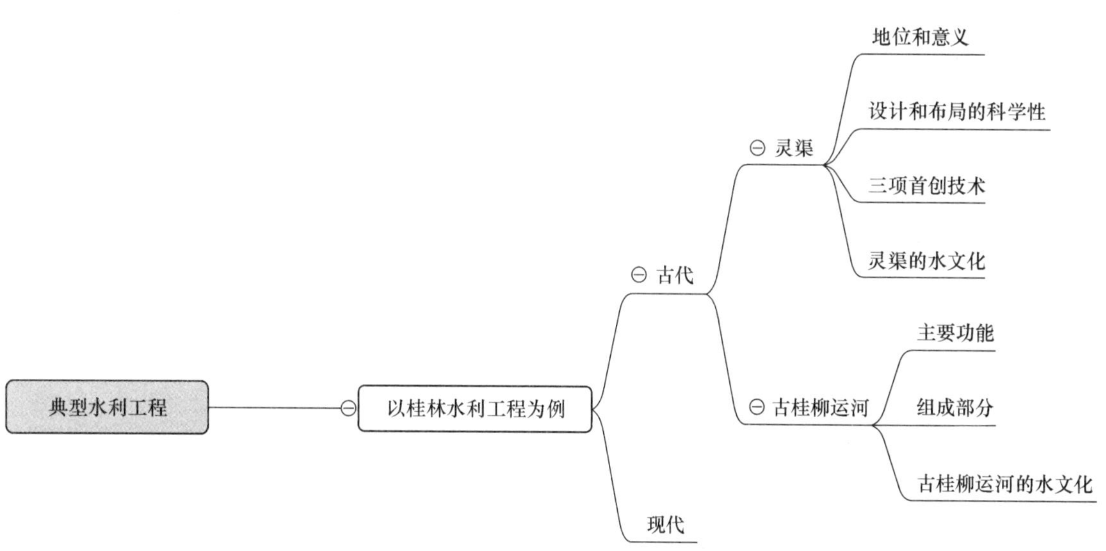
</td><td>1min</td></tr>
<tr><td>布置作业</td><td colspan="4">自由分组，调查桂林周边现代水利工程，并举其中一例，说明其主要功能，并总结有哪些古代水利工程的智慧可以应用在现代水利工程上</td><td>1min</td></tr>
</table>

苦专业，要求学生具有较高的社会责任感。通过案例分析、讨论分享等方式，提高学生对水文化内涵及先进性的认知，增强学生的民族自豪感和爱国意识，坚定“四个自信”，提高环保意识、创新意识，增强传统文化（以水利为例）的认同感。教学中介绍国家及地方水利相关的方针、政策，使学生理解水利在经济社会发展中的基础地位和支柱作用，掌握最新的行业需求和社会需求，为学生制定职业规划提供参考。

从学生角度出发，充分挖掘本地水利工程蕴含的水文化，如灵渠、古桂柳运河等，拉近了学生与水利工程的距离，引导学生热爱水利专业，提升了学生的文化自信。通过介绍我国水资源现状，使学生了解了水资源在国家安全中的重要作用，增强了学生的节水意识和环保意识。以桂林本地水利工程为案例，分析水利工程在防洪、灌溉、排涝等方面的重要功用，理解了水利工程建设和管理中体现的生态水利、民生水利思想，以及推动生态文明建设的必要性，增强了学生的制度自信和道路自信。教学过程中学生表现活跃，能积极配合教学活动，主动交流对具体问题的理解，总体上，取得了较好的教学及德育效果。在 2018 年 9 月 20 日举行了公开课，同行教师及督导专家对本课程教学效果的评价较好。

六、教师感悟

“水利工程专业导论”是水利类专业学生进入大学后的第一门的专业基础课，是学生对专业“第一印象”好坏的关键。授课过程中借助 PPT、板书等手段，综合运用启发式教学、讨论式教学及案例教学，突出重点、难点内容，穿插丰富多彩的照片，活跃课堂氛围，提升教学效果，达到了增强学生民族自豪感，培养学生节水意识、环保意识、创新意识的目标。但由于本课程为大班授课，选课学生数量较多，且课时有限，难以给每位学生提供充分的展示机会，未来可以配合专业竞赛等活动，使学生能运用所学知识分析实际水利问题，进一步提升创新能力；不断完善、改进课程资源库，采用线上、线下结合的形式，线上向学生推送更多水利项目建设、生态环保建设、水利人物事迹等优秀的视频或文章，线下采用学生分组讨论教学，进一步提升学生主体地位，给学生更多的展示机会，提高学生课堂参与度；将来需进一步细化对学生德育目标达成度的评价标准，为学生提供更加明确的导向，使学生了解自身目前的短板，自觉向榜样看齐。

今后会进一步总结经验教训，积极改进教学方法和教学手段，寻求思政元素与专业知识的更深层次的融合，不断提高教学效果及育人水平。

“环境地质学”课程思政教学案例

环境科学与工程学院　胡荣庭

一、课程基本信息

课程名称：环境地质学。
课程性质：专业核心课。
授课对象：地下水科学与工程专业大三年级本科生。
教学目标：

（1）知识目标。掌握环境地质学基础、地质作用与自然灾害、资源与环境和社会与环境等的基本概念、原理和应用，理解人类活动与环境地质问题的响应关系，以及社会发展与环境的相互作用。

（2）能力目标。判别地质作用和人为活动对环境的影响，调查、分析和评价环境地质灾害，应对、处置和预警典型环境灾变。

（3）情感态度与价值观目标。领悟人类活动与环境地质问题的响应关系，识别社会发展与环境的相互作用，树立社会主义核心价值观和生态文明观，增强环境保护和可持续发展意识。

课程简介：

“环境地质学”依据我校办学定位和教育部工程教育专业认证要求，支撑地下水科学与工程专业毕业要求中的“工程与社会”“环境和可持续发展”和“继续学习”，培养学生解决复杂环境地质问题的综合能力和多学科思维，实现知识、能力和素质的有机融合。环境地质学是一门应用型课程，它使地质学与环境科学相结合并在人类与自然环境相互关系中得到应用，帮助对该学科有兴趣的学生可能成长为一位环境地质工作者。通过本课程的学习有助于学生拓展自己的知识视野，关注环境地质学领域，在以后的相关工作中应用该领域知识，共同营造人与自然的和谐关系。

使用教材：陈余道，蒋亚萍. 环境地质学. 3 版. 中国水利水电出版社，2018.

二、课程思政教学整体设计

（一）课程思政教学理念与思路

“环境地质学”是地下水科学与工程专业的专业核心课。通过本课程的教学，学生能够掌握环境地质学基础、自然灾害、资源与环境、社会与环境等内容；能够通过理论知识去结合实践，判别地质作用和人为活动对环境的影响，调查、分析和评价环境地质灾害，应对、处置和预警典型环境灾变。在授课过程中，注重寻找专业教育与思政教育的“触点”，培养既要具有扎实专业知识又要具有家国情怀的专业工程师。如引导学生理解国家“绿水青山”的发展理念，明白将来所从事工作要承担怎样的责任；给学生传授专业理念，让他们能以一位合格的水文地质工作者的角色出发，做社会主义核心价值观的坚定信仰者、模范实践者和积极传播者。

（二）课程思政教学整体安排

表1为“环境地质学”课程思政教学整体安排。

表1　“环境地质学”课程思政教学整体安排

课程思政目标	融入章节	依托知识点	课程思政资源
社会主义核心价值观：文明，和谐	第一章　环境地质学基本原理与概念	（1）环境地质学概述	张宗祜为中国水文地质、环境地质、第四纪地质、中国黄土等科技事业发展做出了杰出贡献。张先生热爱祖国，敬业奉献，治学严谨，品德高尚，是科技界的楷模和杰出代表
		（2）基本概念：可持续性	党的十六大以来，可持续发展能力不断增强，生态环境得到改善，资源利用效率显著提高，促进人与自然的和谐，推动整个社会走上生产发展、生活富裕、生态良好的文明发展道路
	第六章　岩土块体的运动	人类开发活动的影响	引入全州泥石流作为案例，分析泥石流的成因、灾害和防治，识别人类与地质灾害的关系。通过课堂讨论和情景教学的方式，增强学生灾害防护意识，明确生态文明建设的重要性
四个自信：道路自信，理论自信，制度自信，文化自信	第三章　地震	地震的成因、过程、测量和影响	以汶川地震为案例，观看映秀镇和北川地震发生时的视频，以及灾后的图片。分析汶川地震的成因、过程和测量数据，以及造成的灾害损失。在此基础上，引入国家和社会的抗震救灾、灾后政策、社会互助等
	第五章　河流与洪水	洪水形成的影响因素	以漓江、青狮潭水库为案例，分析人类活动与洪水之间的关系。对于洪水灾害防治，融入大禹治水智慧。通过课堂讨论的方式，使学生明确生态文明建设重要性，领悟优秀传统文化的智慧，热爱自己的家乡，强化责任意识
科学态度和职业道德	第十一章　水污染与处理	地表水和地下水污染与治理	融入“水十条”的政策，讲授“水十条”主要目标和内容，以及与地下水相关的具体内容。通过课堂讨论的方式，增强学生水环境保护意识和政策敏感度，明确地下水环境保护工作的职业方向

续表1

课程思政目标	融入章节	依托知识点	课程思政资源
科学态度和职业道德	第十三章　空气污染	空气污染影响	以近些年的雾霾为案例，通过课堂讨论的方式，分析雾霾成因和控制策略，使得学生领会"坚决打赢蓝天保卫战"的主要策略，抓好工地扬尘管理、机动车污染控制等工作，培养学生理论联系实际、科学严谨、认真细致、实事求是的科学态度和职业道德

三、课程思政教学方法及手段

在本课程教学过程中，主要采用课堂讨论和情境教学的方式，以课件、教材、视频和书籍等作为载体，重在强化学生对当前环境保护政策、方针和理念的领悟，提升运用哲学思维分析和解决实际问题的能力，通过优秀传统文化、国家工程、中国速度等案例的讲授和讨论来增强学生的"四个自信"。在具体课程思政教学实施过程中，主要通过以下教学方法开展。

（1）讲授法。在讲授课程的研究（或工作）对象、研究内容和核心理论发展历史时，回顾社会发展和相关研究历史和现状，将优秀文化、中国近现代历史发展、中国共产党代表广大人民群众利益的特质融入课堂，推进习近平新时代中国特色社会主义思想进课堂进头脑。例如，在讲授地质环境系统的基本概念、演化原理和地质环境问题产生原因时，融入中国传统文化对环境地质的认知。通过对传统风水学中人地和谐的科学诠释，使学生在理解地质环境要素和系统特点的基础上，感慨中华传统文化的博大精深。

（2）讨论法。结合我国现阶段国家部署的重点工程、生态文明建设需求，以及与本专业相关的重要政策方针，分析和讨论各项建设中所面临的复杂地质环境问题。同时，通过近现代中国社会发展所带来水工环地质工作要求的变化，讲述环境地质学的历史沿革，以及中国特色社会主义新阶段对环境地质工作的需求。例如，在讲授"水污染与处理"时，引入针对水污染防控的"水十条"国家政策，引导学生思考和分析如何全面防控水污染问题，尤其是针对当前较为严重的地下水污染问题，怎样发挥自己的专业特色和优势，进而明确未来的职业规划方向。

（3）案例分析法。在讲授地质环境演化规律和具体环境地质问题时，以重点工程、重大自然灾害和当前突出问题等作为案例，引导学生进行思考、分析和讨论，判断和评价这些案例中的环境地质问题。例如，讲授环境地质演化规律时引入三峡工程，介绍三峡工程中输入、响应和输出的关系，使学生理解不同尺度三者之间的层次关系，并了解我国水利水电开发这一宏伟工程，增强国家自豪感。在讲授地震章节时以汶川大地震作为案例，介绍地震基本概念的同时，融入抗震救灾和灾后重建的国家政策、社会互助，增强学生的“四个自信”。讲述海水入侵影响因素涉及的人类活动原因，全球变化与人类生存之间的关系，进而增强专业学习的时代使命感。

四、课程思政教学实施的具体案例

第十一章第一节 概　　述

（一）教学内容

（1）水污染的基本概念。

（2）水污染类型。

（3）水体中主要污染物。

（二）教学重点

（1）水污染的概念、污染类型及其划分依据。

（2）水体中的主要污染物及环境危害。

（三）教学难点

水污染的类型及其划分依据，学生在水污染方面的知识较少，且水污染类型的划分依据多，分类容易混淆。尤其是根据污染物质的分类，划分后的类型十分繁杂，学生难以全面掌握。

（四）教学目标

（1）知识目标：掌握水污染相关概念和污染类型划分，理解水体污染程度的识别和判别方法，了解水体的主要污染物及其导致的环境危害。

（2）能力目标：强化分析水污染导致的环境地质问题方面的能力，综合应用水污染、水文地质和基础地质知识分析地表、地下水体污染问题。

（3）情感态度与价值观目标：强化在水环境保护方面的意识，增强在环境保护政策方面的敏感度，明确地下水保护工作方面的职业规划。

（五）教学内容与思政元素融入点

在导入环节引导学生分析具体水污染物质，然后提出如何防治水体污染问题。针对上述问题，引出国家政策“水污染防治行动计划”（简称“水十条”），对学生连续提问“是否听说过，哪十条，和地下水相关的有哪些?”最后，分析和讲解“水十条”的主要内容、与地下水相关的目标及具体内容。以此，强化学生水环境保护意识和政策敏感度，明确未来的职业发展方向。

（六）教学过程

表2为“水污染与处理概述”教学过程。

表 2 “水污染与处理概述”教学过程

教学环节	教学内容	思政目标及资源	教学方法	师生互动设计	时间分配
回顾	（1）水资源不合理利用导致的环境地质问题； （2）土壤概念、主要性质指标和环境地质问题		问题	回顾：有关水资源枯竭、地面变形、水质恶化等问题	2min
导入	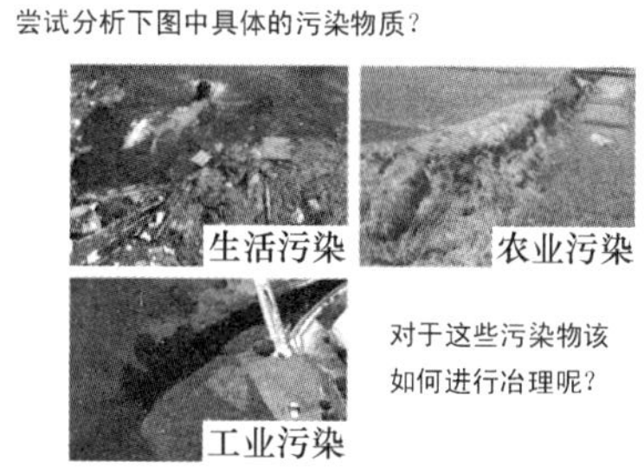 污染物多→先归类→目的不同分类依据不同，图中常见的三类→雨课堂发送题目→归纳分析学生答案，并用板书列出→提问如何治理		雨课堂讨论，板书	分析归纳：根据图件内容归纳和分析主要污染物质。 困惑：引出重点难点，思考水污染如何分类，包括哪些污染物。 思考：如何防治水体污染	5min
思政	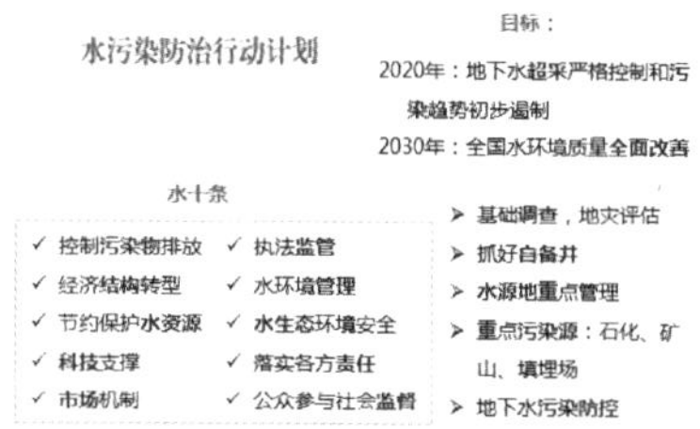 复杂问题先宏观把握→“水十条”全面回答了上述问题→水十条内容，与地下水相关的目标和内容	水环境保护意识和政策敏感度，地下水环境保护工作的职业方向	讨论讲授	理解：水体污染防治的宏观策略和综合措施	3min

续表 2

教学环节	教 学 内 容	思政目标及资源	教学方法	师生互动设计	时间分配
基本概念	（1）主要概念：水污染→水体自净→污染物→污染源		讲授	掌握：记忆关键词，并通过理解复原完整概念	5min
	（2）平均滞留时间：平均滞留时间→地下水污染→与地表水污染的差别→地下水的脆弱性 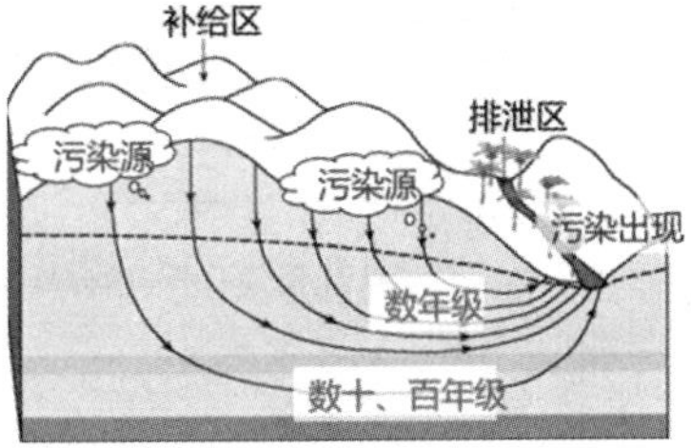 		讲授讨论	分析：联系水文地质学知识，与地表水污染相比，地下水污染的滞留时间、修复难度等特点	3min
	（3）水质标准：概念→满足某种用途划分→我国标准体系→“二级六类”	熟悉我国的水质标准体系	讲授	评价：具备识别和判别水体污染程度的基础条件	2min
水体污染类型	污染类型 成因：自然污染；人为污染 排放方式：点源：集中地点排放，如废水、污水排放口；线源：水运交通，地下水补给；面源：大面积地面或地下，如农业，地面径流 污染物性质：物理性：浊度，水温，色度，矿化度，pH值；化学性：无机无毒（营养盐），无机有毒（重金属），有机无毒（耗氧有机物），有机有毒（石油类）；生物性：细菌，病毒，原生动物，寄生蠕虫及藻类 分类依据→成因→排放方式→污染物性质→具体类型→重点是按照污染物性质的划分		问题讨论	思考：根据分类依据，具体污染类型包括哪些？ 归纳：按照常见的分类依据，水污染的具体类型	8min

续表 2

教学环节	教学内容	思政目标及资源	教学方法	师生互动设计	时间分配
主要污染物	(1) 耗氧有机物：概念→“耗氧”→提问“耗氧者”→结果→表征指标 CODcr 和 BOD_5→鱼死亡的案例图片。 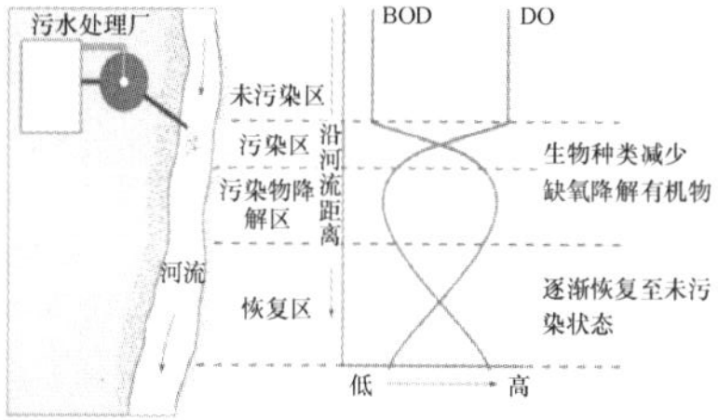 向河流排污→区域划分→BOD 和 DO 的变化规律→河流生态环境变化		问题，讨论	案例分析：造成鱼类死亡的常见情景和条件，可能发生的主要原因。 图件分析：在向河流排污后，耗氧有机物和溶解氧沿河流的变化规律，生态环境发生的变化	5min
	(2) 营养物：总氮→主要形态→地下水硝酸盐；总磷→主要形态。 播放有关水体富营养化的视频。 导致富营养化的原因和危害→观看视频→原因→光线、溶解氧和有毒物→危害→防控		讲授视频	了解：氮磷污染物的具体存在形态。 总结：造成富营养化的主要原因，主要通过哪些作用产生影响，造成主要危害，如何防控	5min
	(3) 致病微生物：概念→难以监测→粪大肠菌群代表→识别水环境质量		讲授	评价：水体中微生物类污染物的识别方法	2min

续表 2

教学环节	教 学 内 容	思政目标及资源	教学方法	师生互动设计	时间分配
主要污染物	（4）有毒物质：有机化合物、重金属和放射性物质→水体中常见污染物→部分污染物质迁移至地下水 有机化合物：合成纤维、合成药品、洗涤剂、合成轮胎、PVC塑料、农药，合成染料等，人工合成物达十几万种 重金属：镉、汞、铅、铬、镍、铜、锌、锰等，还有一些非金属物如砷、硒，这类物质性质与重金属相似，故同列为重金属 放射性物质：镭(^{226}Ra)、铀(^{235}U)、钴(^{60}Co)、钋(^{210}Po)、氘(^{2}H)、氩(^{41}Ar)、氪(^{35}Kr)、氙(^{133}Xe)、碘(^{131}I)、锶(^{90}Sr)、钷(^{147}Pm)、铯(^{137}Cs)等		讲授讨论	了解：水体中常见的有毒物质类型，及典型污染物。 思考：地下水水体中常见的有毒物质，与地表水体污染存在联系	3min
总结	（1）主要概念； （2）水污染的划分依据及类型； （3）典型水污染物质				2min
作业	作业：课后整理学习“水十条”，整理出与地下水相关的内容。 思考：地下水污染的主要污染物，以及如何进行科学的防治				
板书	污染物质： 生活：有机物、氮、磷和有害微生物等 农业：农药、化肥、有机物等 工业：有毒物、重金属，多种行业 列学生答案： 工业？				
教学反思	以学生为主体，在导入环节利用雨课堂引导学生思考、分析和回答相关水体污染重点内容，初步归纳分析学生的答题情况，并列为板书，作为本节课内容串联的线索，激发学生学习兴趣。同时，促使学生形成对复杂问题的困惑。内容讲授时，采用案例分析、视频观看和提问等方式激发学生主动思考和分析有关水体污染的具体问题，结合地质学知识分析典型地下水污染问题，强化自身的专业素养。但是，在培养学生创新能力方面不足，可融入部分当前学科前沿，尤其是水体污染防治方面的技术。 选择水体污染防治的政策“水十条”作为思政元素，在导入环节先提出问题“如何防治水体污染”，然后引出思政内容，并重点分析与地下水相关的目标和具体内容，强化学生的环保意识和政策敏感度，明确职业发展方向。但是，思政元素仍有待继续深挖，包括对相关地下水政策、典型的热点案例剖析，进一步强化学生对本专业的认可度，进而规划未来职业发展					

五、教学效果

在"环境地质学"课程思政实践的教学中发现，可以通过"知识点+社会热点+升华点"的课程思政融入模式，使课堂教学效果得到了提升，学生反映良好，思政的融入进一步提高了学生的学习兴趣，学生切身体会到了民族精神的传承、国家发展的速度、职业道德的重要性，课程思政的作用也得到了良好的体现。据麦可思调查统计，开展本课程思政以来，学生评价教学质量的分数由89.0分升高至93.5分，其中有超过98%的学生表示学习兴趣较高，完善了知识结构，提升了专业能力，强化了思想政治素养。另外，本课程开展了课程思政公开示范课活动，在课后的研讨会中也受到听课老师们的好评。总之，找准课程思政的切入点，使课程与思政自然而然地融合，做到润物细无声，潜移默化地将思政教育内化于心，使学生将来步入社会做到外化于行，最终达到教书育人的真正目的。

六、教师感悟

"环境地质学"课程因其内容与人类社会的生存息息相关，更具备思政教育建设的巨大潜力，因此凭借其课程优势可以较快较好地促进课程思政改革，对提高学生思政素养意义重大。教师努力提高职业素养，理解教书育人的真正内涵并且坚定不移地执行下去，学生要在教师的引导下利用时代优势，积极主动，努力学习，争取成为全方面发展的、合格的、有用的社会主义接班人和建设者。在以后的教学中，通过以下几方面来强化学生在思政方面的教育。

（1）提升自身有关思想政治教育的观念，努力提升思政理论水平，补充思政理论和知识，提升自己的职业素养和政治素养及思想觉悟，努力在专业教学中传播先进思想文化，扮演好学生健康成长引路人的角色。

（2）完善课程的教学目标，增强对学生进行可持续发展观的教育，培养学生的人文社会科学素养，增强学生社会责任感，培养学生对党忠诚、敢于担当使命、争做社会主义合格接班人的坚定决心等内容。

（3）改进教学方法和手段，增强课堂互动，学生在课堂中通过个人发言、团队合作等途径，使自己的人生观、价值观和世界观得到表达。此时，再及时地给以正确的引导，帮助学生树立正确的"三观"，提高团队意识，明白"责任"两字的意义所在。

（4）改进考核机制，在课程最终成绩考核中把思政考核的内容以平时成绩的形式体现出来。除作业、考勤、课堂表现等基本的平时表现外，增加学习态度、沟通合作能力、环境保护意识等综合素质考核。

“工程地质学”课程思政教学案例

环境科学与工程学院　李　亮

一、课程基本信息

课程名称：工程地质学。

课程性质：专业核心课。

授课对象：地下水科学与工程专业大三年级本科生。

教学目标：

（1）知识目标。

1）了解工程地质学相关的研究内容，掌握工程地质学的含义、基本任务、研究对象及分析研究方法。

2）了解岩土工程勘察的阶段划分，掌握勘察的基本方法、勘察资料的整理。

（2）能力目标。

1）培养学生具有应用岩土体的基本工程地质特征的能力。

2）培养学生了解水利电力工程建设中常见的工程地质问题，并掌握一些基本的处理方法。

3）培养学生掌握分析、计算和评价，进行综合分析、解决实际问题的能力。

4）培养学生能够基于工程相关背景知识进行合理分析，熟悉工程与社会之间的相互关系，正确识别工程活动对社会的影响。

（3）情感态度与价值观目标。

1）提高学生的认知能力，具备运用所学知识服务于社会的价值，提升学生对专业的认同感，增强家国情怀及文化自信。

2）构建完善“工程地质学”知识结构，端正从事工程地质的工作态度，具备课程所涉及的生态文明建设专业知识。

课程简介：

“工程地质学”是地下水科学与工程专业一门重要的专业核心课。通过对该课程的学习可使学生在今后工作中能根据具体地质条件和人类工程活动特点，判定可能产生的主要工程地质问题，进行合理的分析与评价，并提供恰当的处理措施，从而合理开发和妥善保护人类赖以生存的地质环境。本课程包括三个部分，分别是岩土体的工程地质研究、水利电力工程建设中的工程地质问题（需要增加除水电以外的课程教育）及工程地质勘察。这三个方面从基础至应用逐渐的加深，让学生可以从多个方面逐渐深入了解这门学科，通过大量的工程应用实例，了解调查地质勘探的工作步骤及方法，为以后的实际工程工作打下坚实的基础。

使用教材：张卓元，王兰生，等. 工程地质分析原理. 4 版. 地质出版社，2016.

二、课程思政整体教学设计

（一）课程思政教学理念与思路

理工科教学过程中比较注重科学知识的传授，往往忽视了思政元素的融入。本课程具有较强的工程实践性，在课程讲解中遵循了“紧密联系课程知识点，自然嵌入”的方式将一些具有思政元素的代表性图片、视频、感人故事、技术创新等内容增加到教学中：一方面给学生以视觉冲击感，增加学生对课程的兴趣；另一方面将爱国情操、社会服务意识、工匠精神、社会责任等思政元素自然而然地融入课堂中，潜移默化地影响学生思想意识。

（二）课程思政教学整体安排

表 1 为“工程地质学”课程思政教学整体安排。

表 1 “工程地质学”课程思政教学整体安排

课程思政目标	融入章节	依托知识点	课程思政资源
生态文明建设	绪论	（1）工程地质学研究内容及其任务； （2）工程地质学研究方法及发展史	视频《贵州隧道突水事件》，主要内容：隧道施工过程中，隧道突然突水，导致生命财产的损失，原因是地质勘察过程中未能发现潜在的危害
	第九章　地面沉降	地面沉降的相关概念及研究意义	薛禹群院士的研究：主要内容是我国地面沉降现状及治理
			我国台湾地区出现的地面沉降，上海黄浦江边上的地面沉降及治理照片，可以明显看到我国对地面沉降的治理力度和成效
家国情怀	第四章　活断层和地震的工程地质研究	（1）活断层相关的概念； （2）地震的工程地质研究； （3）水库诱发地震	（1）图片：唐山地震、汶川地震、岩溶塌陷等，这些照片反映出地震的危害，也反映了中国人民众志成城的决心。 （2）影片《唐山大地震》，讲述该影片感人故事。 （3）通过案例，培养学生的家国情怀

续表 1

课程思政目标	融入章节	依托知识点	课程思政资源
工匠精神	绪论	(1) 工程地质学研究内容及其任务； (2) 工程地质学研究方法及发展史	视频《黄大年》，主要讲述黄大年的英雄事迹
	第七章　岩溶	岩溶地基稳定性及防治措施	通过厦门地铁事件、岩溶突水事件等视频的观看，将岩溶相关的专业知识进行系统讲解，并将基本理论知识应用到工程中，树立服务于社会的工匠精神和服务意识
服务社会意识	第九章　地面沉降	(1) 地面沉降的工程地质研究； (2) 地面沉降的防治与调研	上海黄浦江边的地面沉降及治理照片，可以明显看到我国对地面沉降的治理
文化自信	第五章　斜坡工程	(1) 斜坡工程的相关概念； (2) 斜坡的应力分布特征及变形破坏类型； (3) 滑坡的工程地质条件； (4) 影响斜坡稳定性因素及评价方法； (5) 斜坡变形破坏的防治	(1) 视频（滑坡）； (2) 生产实习视频（滑坡）； (3) 图片（崩塌）； (4) 视频（泥石流）。 通过观看视频和图片，直观告诉学生目前地质灾害的危害和处理地质灾害的方法，了解国内外典型的工程地质灾害的预防、治理等内容，体现了文化自信、理论自信，国外能做的我们国内也能做，而且做得更好

三、课程思政教学方法及手段

(1) 在授课过程中，容许学生在课堂携带并使用各种现代工具，采用雨课堂教学，挖掘学生的主观能动性，让学生“动”起来，突出思政元素在课程教学的重要性，潜移默化对学生进行思想教育。

(2) 尽量将理论知识讲解更亲近学生。课堂中尽量采用视频、图片等形式进行案例教学，让学生能都听得懂、听得进，将来能用得了。教师结合课堂知识点抛出问题，让学生结合中国传统文化、中国风水与科学、科学解释迷信等大家关心的话题，打开学生的思维，推动学生主动思考，让学生再提出问题，教师利用课堂知识点进行解释，使用“问与答”的方式进行教学，让课堂“活”起来。

四、课程思政教学实施具体案例

绪论第一节　工程地质学研究内容及任务

(一) 教学内容

(1) 工程地质学相关的概念。

（2）工程地质学研究内容。

（3）工程地质学研究任务。

（二）教学重点

工程地质学研究内容。

（三）教学难点

如何分析工程地质学研究的内容。

（四）教学目标

1. 知识目标

了解工程地质学的基本任务，掌握工程地质学的含义、研究对象及分析研究方法。

2. 能力目标

具备应用和分析岩土体的基本工程地质特征的能力。

3. 情感态度与价值观目标

（1）提高学生的认知能力，培养学生的工匠精神，以及学生对专业的自豪感和使命感，使学生具备运用所学知识服务于社会意识的情感素质。

（2）构建完善工程地质学知识结构，具备能够将专业建设与生态文明建设及可持续性发展相结合的专业素质。

（五）教学内容与思政元素融入点

本章节内容为教学第一堂课，对培养学生的专业素质，强化学生对专业的认同感和使命感至关重要。在课程教学内容讲解的过程中，从工程建设中常见的问题、问题产生的原因分析及解决问题所需要掌握的知识点（岩性、地质条件、水文地质条件、断层、工程材料等）等各环节，融入思政元素，将思政元素与课程内容紧密结合。课程导入时，通过讲述汶川地震过程中救援故事，增强学生的家国情怀。在讲解工程地质学的概念时，通过分析雁山校区的工程地质条件，进一步延伸工程地质条件与中国风水学的关系，阐述如何利用科学解释迷信，增强学生专业自豪感。在讲解工程地质条件的应用时，通过观看矮寨大桥工程地质问题和山东潍坊房地产建设工程地质问题视频，进一步延伸工程地质学在基建工程中的应用，从正与反两个案例分析在建设中工程地质条件的重要性。学生在掌握知识点的同时，也激发了爱国热情，树立了生态文明建设与可持续性发展的理念，对学好这门课充满期待和信心。

（六）教学过程

表2为“工程地质学研究内容及任务”教学过程。

表 2 “工程地质学研究内容及任务”教学过程

教学环节	教 学 内 容	思政目标及资源	教学方法与手段	师生活动设计	时间分配
导入	隧道突水视频、环境地质灾害等图片，导入课程	 汶川地震（2008 年）  全州才湾镇泥石流（2019 年）	案例法 （视频、图片）	教师将视频与图片做简短播放，在播放的同时进行讲解，将学生思绪带入课堂，力争在第一堂课让学生对该门课程感兴趣，有兴趣。同时讲解汶川地震中的救援等故事，揭示家国情怀的思政元素	5min
	（1）课程学时； （2）课程考核； （3）学习方法及学习过程中可能遇见的问题； （4）参考书目		讲述	具体讲解学生在本课程涉及的所有内容，含知识点、学习及考试成绩评定等	3min
讲新课	（1）回顾课程开始的视频、图片内容案例，然后进行分析，引出工程地质学的概念； （2）工程地质学概念提出	同“导入”部分图片	讲述，提问	教师问：为什么会出现图片与视频中出现的种种工程情况，出现这种情况的原因是什么（随机点名回答）？ 教师总结同学们回答的要点，导出工程地质概念中最重要的要素：工程地质条件（地层岩性、地形地貌、地质构造、水文地质条件、物理地质现象、地质物理环境、建筑材料等）	5min

续表 2

教学环节	教 学 内 容	思政目标及资源	教学方法与手段	师生活动设计	时间分配
讲新课	工程地质条件的划分与归类		讲述，分析	笔记	3min
	（1）工程地质条件的应用与延伸	 我校（雁山校区）工程地质条件分析	案例分析与讨论（图片、视频）	讨论：工程地质条件的应用。 1）利用雁山校区的地理位置，分析建校时所涉及的工程地质条件； 2）进一步延伸工程地质条件与中国风水学的关系，阐述如何利用科学解释迷信，增强学生专业自豪感； 3）观看 2min 视频（矮寨和山东潍坊），进一步延伸工程地质学在基建工程中的应用，从正与反两个视频案例分析在建设中工程地质条件的重要性，利用得好就会造福一方，不好则危害一方，引出在当下的环境中，工程地质条件与生态文明建设的相辅相成，同时也告诉学生学习该门课程的重要性	10min
	（2）工程地质学与工程地质问题（重点）	 矮寨大桥工程地质问题分析  山东潍坊房地产建设工程地质问题分析	分析讨论	1）讲述什么是工程地质问题？引起工程地质问题的因素就是工程地质条件，但 7 大工程地质条件与工程地质问题是充分不必要条件。 2）回顾视频，进一步加深讨论工程地质条件和工程地质问题的关联性，以证明充分不必要条件。 3）讨论过程中增加“工匠精神”及“生态文明建设”等思政元素。 4）总结工程地质问题	7min

续表2

教学环节	教 学 内 容	思政目标及资源	教学方法与手段	师生活动设计	时间分配
讲新课	工程地质学研究任务		提问，讨论	提问：通过上述的案例，工程地质学研究任务是什么（随机点名回答问题）？ 讨论：讨论前面讲述内容，然后总结工程地质研究任务，引导学生自行对工程地质学研究任务的总结	8min
课堂小结	（1）工程地质学概念； （2）工程地质学研究任务； （3）工程地质学概念的应用（提升，发散学生思维）		讲述	教师总结，学生思考	3min
布置作业	结合所学工程地质条件知识点，分析学生所居住地建筑的工程地质条件，是否均符合				1min

五、教学效果

对“工程地质学”课程思政的教学改革之后，教师在课程讲授过程中融入了“工匠精神”、社会责任感与职业道德操守、环保意识及生态文明建设意识、大国崛起的自信（与“四个自信”相结合）等思政元素，增加了辩证唯物主义世界观和哲学的基本思想。授课中教师充分关注学生知识、能力和素质培养，利用学科前沿和最新的成果，理论联系实际，充分利用现代工具，让学生积极阐述个人见解，课堂气氛活跃。通过课程改革，学生对该课程兴趣浓厚，专业认同感得到显著提升，学生利用上课所讲述的知识点，获得水利设计大赛“优秀奖”两项，学生第一作者发表的论文1篇。

六、教师感悟

“工程地质学”课程思政的实施对教师提出更高要求：教师需要看更多的书，学习更多的知识，了解更多的时事，主动学习相关的会议精神，教师要不断提升个人的文化素养、思政素养；教师在教学过程中要注重政治、文化、哲学、生活等元素与课程教学紧密结合，围绕学生关心的问题进行组织教学，教学目标落实才更加有力。教师在教学内容的选取上要更突出实践性，“工程地质学”教学内容与生产建设息息相关，实践性强，学生可以通过教师给的教学实例，熟悉国内外的建设理念，了解国内外在工程地质应用上的水平，提升中国建设的自豪感、工匠精神、生态文明建设等思政元素，激发学生兴趣，为学生深入研究指明方向；课程思政元素的融入，对教师掌控课堂的能力也提出更高要求，教师的教学方式方法要更灵活，通过采用雨课堂、案例教学等，提高学生学习的自主性，学生可以结合自身的学习特点、兴趣、爱好等因素更好地进行专业学习。总之，课程思政路长道远，很多工作还需在实践中进一步探索。

“水力学实验”课程思政教学案例

环境科学与工程学院　宋　颖

一、课程基本信息

课程名称：水力学实验。

课程性质：实践教学课。

授课对象：水文与水资源工程专业、地下水科学与工程二年级本科生。

教学目标：

（1）知识目标。加深对流体基本概念、基本理论与运动规律的认识，掌握水流运动必要的分析计算方法、实验技术和技能。

（2）能力目标。培养学生观察和分析流体机械运动的能力、数据分析计算能力、独立思考和独立开展实验工作的能力。

（3）情感态度与价值观目标。提升学生关注水力学学科热点及实验新技术的素质，培育爱岗敬业的精神追求，引领创新担当的价值理念，强化唯物主义辩证法的思维，初步具备从事水利领域科学实验研究的素质。

课程简介：

“水力学实验”是水文与水资源工程专业、地下水科学与工程专业必修的专业基础实验课程，是水力学课程学习中重要的实践环节。通过对诸多水力现象的实验观测和分析，加强学生对基本概念、基本定律的理解，培养学生理论联系实际，解决水流运动实际问题的能力。其前修课程为高等数学、大学物理和理论力学等。

水力学实验主要包括验证性和综合性两大类型8个实验项目，其中验证性实验包括雷诺实验、毕托管测速实验、伯努利方程实验、动量定律实验，测试类实验包括沿程水头损失实验、局部阻力损失实验、孔口管嘴实验、堰流实验。

使用教材：宋颖，金鑫. 水文水资源与水环境实验技术. 天津：天津科学技术出版社，2020.

二、课程思政整体教学设计

（一）课程思政教学理念与思路

通过深入挖掘蕴含在实验项目中的思政教育资源，明确提出实验课程的情感态度与价值观目标。将实验教学知识目标和情感态度与价值观目标有机结合，课程思政元素与具体专业知识相互映衬、相互支撑。同时运用现代化信息技术，改革教育教学方法，构建思政元素、专业知识、教学方法三位一体的新型教学体系。

另外，"水力学实验"在课程思政教学改革中既要有鲜明的专业特色，又要有本课程的侧重点，避免同一专业内思政元素高度重复。思政教学要以课程整体建构，避免局部介入、碎片融入的现象，形成系统、精炼、一致、连贯的课程思政元素分布体系。

在"水力学实验"的教学设计中，思政教育可以分布在"课前""课堂""课后"的一个或多个教学环节中。课前可以布置与实验内容相关的社会热点事件或典型工程问题，引导学生对实验知识点进行多渠道的了解和思考，培养学生自主学习、勇于探索的能力。在课堂上通过与实验方案的关联、对比，培养学生理性思考、科学思维的能力；在实验的实际操作过程中，形成实事求是、团队协作的精神；对实验新理论、新方法、新技术或新仪器设备的介绍和展望，培养学生爱国情怀和社会责任感。在课后提交实验报告阶段，通过数据分析、成果整理、实验方案实践等活动，培养学生求实创新、追求卓越的职业素养。

课程思政的切入点主要从"古今人物""典型工程""实验理论与实验方法的哲学思考""科技创新"（理论、技术、方法、仪器设备创新）、"新闻热点"等角度，深入挖掘思政元素，使学生在接受专业知识的同时全面提高思想道德素质。

"水力学实验"的思政教育与课程内容的有机融入教学设计如图1所示。

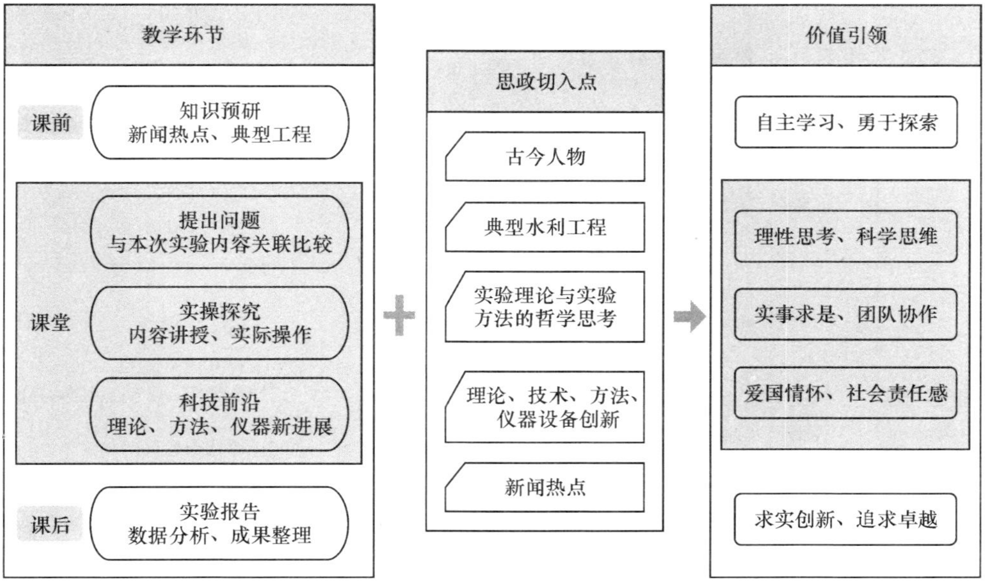

图1 "水力学实验"的教学设计思路

（二）课程思政教学整体安排

表1为“水力学实验”课程思政教学整体安排。

表1 “水力学实验”课程思政教学整体安排

课程思政目标	融入实验	依托知识点	课程思政资源
制度自信	堰流实验	堰的主要作用是为控制水位或流量而设置的构筑物。 我国从古至今为了控制和利用水流，修建了诸多流芳百世、历久弥新的水利工程，创造了技术上、国力上的奇迹	港珠澳大桥建设的视频： （1）港珠澳大桥是世界上里程最长、沉管隧道最长、寿命最长、钢结构最大、技术含量最高、科学专利和投资金额最多的跨海大桥，大桥工程的技术及设备规模创造了多项世界纪录。 （2）港珠澳大桥的建设，充分体现了我国社会主义制度集中力量办大事的政治优势。 （3）纵览新中国成立70多年来的历史进程，我国在重大战略实施、重大科技攻关、重大工程建设、重大灾害防治的过程中，集中力量办大事的制度优势贯穿始终，彰显了中国共产党团结带领全国各族人民勠力同心、砥砺奋进的磅礴伟力和光辉实践
辩证思考，勇于创新的素质	伯努利方程实验	物体表面越光滑，在水中或空气中运动，阻力越小。 高尔夫球的表面充满了凹坑，实践证明，有凹坑的球要比表面光滑的球飞得更远。通过对这个“悖论”的解释，建立“理论在实际工程应用中具有复杂性”观念，培养学生辩证思考、勇于创新的素质	白鹤梁水下博物馆的讲解视频：世界首座水下博物馆——白鹤梁博物馆，位于重庆市涪陵城北的长江中，在三峡工程修建后，白鹤梁由于江水上涨而永沉水底，最大水深逼近40m。如果直接建造一个外罩保护体，那它的外壁最大将承受40000kg/m^{2}的压力。稍有不慎，就会酿成重大事故。除了技术难以达到，耗费的资金也相当可观。中国工程院院士葛修润提出的无压容器的概念，就是他对减小外罩压力、文物原地保护、利用有限资金等因素的综合考量和辩证分析，创新性地解决了难题
工程伦理意识	孔口管嘴实验	管嘴出流会在短管内部形成一定的真空度，该真空度越大，管嘴的出流能力越强。但短管内的真空度不能无限制地增大，当真空度超过7m水柱（933kPa）时，会引起管内液体形成气泡，还可能将管嘴外的大气反吸入管嘴破坏真空，使得管嘴的出流能力大幅度降低	拓展阅读农村小水电工程补偿制度。 从真空度控制在一定的范围内，才能达到最佳出流能力的结论，引申出水利工程建设在满足防洪、灌溉、发电、航运等社会发展的需求下，也要考虑其对生态环境的影响。不考虑生态环境效益的水利工程建设最终会因环境恶化丧失工程为人类社会带来的便利和效益

续表1

课程思政目标	融入实验	依托知识点	课程思政资源
科学思维	雷诺实验	雷诺数的测定原理采用了量纲分析法，将物理量之间复杂的函数关系式转换为无量纲量之间的关系式，这样的转换可以避开物理量大小及单位的牵制，使其更能反映事物的本质和规律。 这种应用无量纲参数进行实验研究的方法，也就是哲学里"抓住主要矛盾、解决关键问题"观点的应用	解读"大学生创新创业训练计划项目"： (1) 中国要强盛、要复兴、要成为世界主要科学中心和创新高地，其主要矛盾和关键问题就是：中国首先必须成为世界主要高等教育中心和创新人才培养高地。 (2) 大学生创新创业训练计划项目就是在培养未来的创新型人才，通过创新创业训练，让大学生心中种下一颗创新创业的种子，未来就有可能遍地开花

三、课程思政教学方法及手段

在"水力学实验"课程思政教学过程中，应坚持需求导向与问题导向的原则，将PBL（Problem Based Learning）教学法、情境式、案例式、讨论式等教学方法灵活引入实验课程教学全过程（见表2），并兼顾"两性一度"的标准，应用现代化信息技术，探索多元化的"水力学实验"课程思政教学模式，激发学生主动学习能动性，焕发实验教学的生机活力。

表2 "水力学实验"课程思政教学方法及手段

教学方法及手段	实验项目	教学流程
PBL教学法	孔口与管嘴出流实验	在实验课上课之前，针对具体实验项目要设计用于启发学生思考的问题。比如消防喷枪、农灌喷嘴、汽车喷油嘴等为何要设计成不同的形状？喷嘴形状与流速、流量的关系是怎样的？引导学生查阅相关资料，然后和实验结合，讨论本实验方案，最后和思政案例结合，由此引申出"水利工程的选择、建设应与生态环境协调发展，才能发挥出工程的最大效益"的思政论点
情境式教学法	伯努利方程实验	通过向学生展示鲨鱼在显微镜下的皮肤结构及表面布满凹坑的高尔夫球图片，引导学生思考：褶皱和凹坑是否违背了"物体表面越光滑，在水中或空气中运动阻力越小"的论断。引导学生在创建的这两个情境中学会理论在实际工程应用中的复杂性和科学思维的重要性
案例式教学法	堰流实验	以珠港澳大桥案例的引入，指导学生理解本实验的原理及在工程实践中的具体应用，同时结合思政案例引导学生注重水利工程关乎国计民生，明确社会责任感，并增强制度自信和职业自豪感
讨论式教学法	雷诺实验	流量可以采用不同的测量方法，引导学生讨论不同测验方法和相关仪器的优势和适用性，并结合思政案例，激发学生改进仪器的兴趣，激励学生要敢于探索，努力创新，助推教学科研仪器国产化

四、课程思政教学实施具体案例

（一）教学内容

第二篇第五章实验 5 不可压缩流体恒定流能量方程实验。

（二）教学重点

（1）掌握流体恒定总流的能量方程。

（2）掌握有压管流中动水力学的能量转换特性。

（三）教学难点

（1）熟悉毕托管和普通测压管的构造及测量原理。

（2）掌握能量方程应用条件的限制。

（四）教学目标

1. 知识目标

（1）掌握能量方程中各水力要素的实验量测技能与计算。

（2）通过对水力现象的实验分析，掌握流体恒定总流的能量方程及应用条件。

2. 能力目标

（1）针对测量结果，具备分析实测值与理论值差异的能力。

（2）具备利用理论知识解决实际工程问题的能力。

3. 情感态度与价值观目标

建立“理论在实际工程应用中具有复杂性”的观念，培养学生敢于担当、勇于创新的素质。

（五）教学内容与思政融入点

1. 思政素材

（1）图片：表面粗糙、V 形皱褶的仿生鲨鱼泳衣，充满凹坑的高尔夫球。

（2）视频：白鹤梁水下博物馆的“无压容器技术”。

2. 思政目标与专业教学的融合点

根据实验数据画出的总能量损失示意图可知，“物体表面越光滑，在水中或空气中运动阻力越小”。

观察鲨鱼的皮肤，其表面布满了 V 形皱褶，但它的游动时速可达 50 多千米，是海洋里的游泳能手，并因此出现了仿生鲨鱼泳衣；高尔夫球的表面也充满了凹坑，实践证明，有凹坑的球要比表面光滑的球飞得更远。这两个情境，是否违反了物体表面越光滑、阻力越小的论断？

3. 思政教学设计思路

（1）提出问题：仿生鲨鱼泳衣、布满凹坑的高尔夫球，让学生有哪些启发和感想？

（2）思政教学：理论在实际应用中具有复杂性，学生应该养成科学思维的习惯。科学的思维习惯，是一个科研工作者重要的职业素养。它不仅影响着你的工作质量，也决定了你事业的高度。

我们来看看世界唯一一座水下博物馆——白鹤梁博物馆是如何诞生的。白鹤梁是一座具有高度历史价值、科学价值、艺术价值的石梁，在三峡工程修建后，白鹤梁由于江水上涨而永沉水底，最大水深逼近40m。当时提出的保护方案有两个：

（1）直接建造一个外罩保护体，参观者在保护体内欣赏文物。那它的外壁最大将承受40000kg/m^{2}的压力。稍有不慎，就会酿成重大事故。除了技术难以达到，耗费的资金也相当可观。

（2）岸上建造复制品。

经过几番论证也基本倾向于建复制品。在所有人以为尘埃落定之时，中科院院士葛修润提出了无压容器技术。同样也是为白鹤梁上建一座巨大罩子，但在罩子内部也要蓄满水，只不过这里面的水是经过过滤、净化，有利于文物的保护。参观者通过一个体积较小的，在经济、安全都有保障的参观通道完成对文物的参观。从这里我们能体会到设计者对自己工作和事业的责任心和热情，只要设计没有最终落地，它们就在追求最完美的方案。另外，扎实的专业知识、不拘泥于固有经验，开拓创新的精神最终成就了这段今古传奇。

（六）教学过程

"伯努利方程实验"教学过程见表3。在教学过程中，主要以问题驱动教与学的过程。问题的设置来源于两个思路：一是对理论课知识的复习和深化；二是对本节课实验新知识掌握程度的检验和拓展。

五、教学效果

（1）"水力学实验"通过课程思政改革教学，唤醒了学生的学习热情，到课率达到100%。德国著名教育学家斯普朗格曾说："教育的真谛不是传授已有的知识，而是要将生命感、价值感唤醒。"理想信念是坚持和完成立德树人根本任务的关键环节。"水力学实验"通过思政教学，激发了学生爱党爱国，勇担民族重任，传承伟大科学家锲而不舍的奋斗精神和敢为人先的创新精神。在保证100%到课率的基础上，积极参与课堂讨论及实验选做内容，能较好地完成实验要求，部分同学甚至能提出自己的见解。

（2）通过课程思政改革，优化了教学内容，教学效果不断提升。课程改变了"以教师为中心、课本为中心"的单向灌输式教学模式，探索以生活实际问题、工程实际问题和未来前沿问题等为导向的PBL教学法。基于对"水力学实验"教学内容的深刻梳理，对课程知识点进行了拆分与重构，优化教学内容，实

表 3 “伯努利方程实验”教学过程

教学环节	教学内容	德育内容与目标	教学方法	教师活动	学生活动	学时分配
实验目的	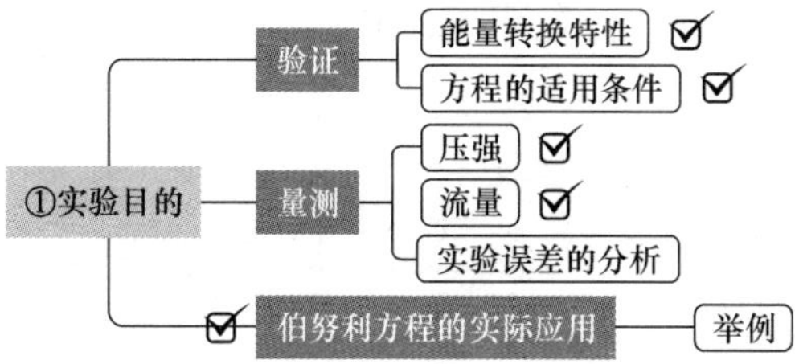		讲授法＋讨论法	以思维导图的形式引导学生对课前预习的实验内容进行总结	回顾归纳	2min
实验装置	（1）实验设备的认识： 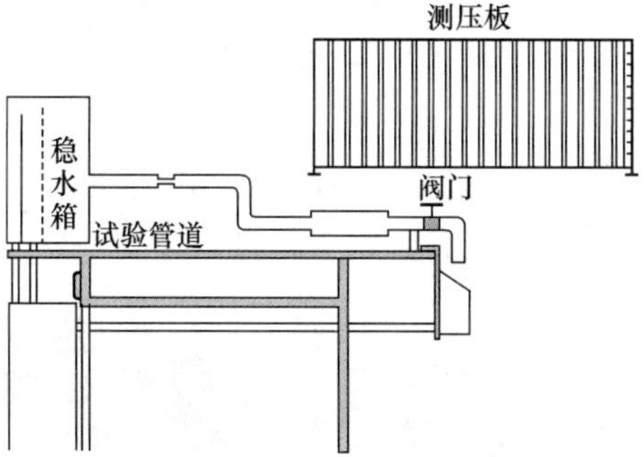 （2）通过实物、图片特别说明两种测压管（毕托管、普通测压管）的区别。 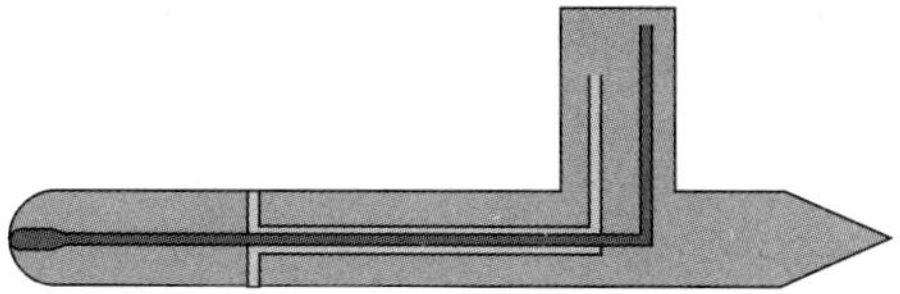		现场教学法	根据课前预习的内容，回答以下问题。 问题 1：毕托管的测量原理？ 问题 2：实验设备中毕托管和普通测压管各有几只？ 问题 3：实验管径有几种？	思考回答	10min

续表 3

教学环节	教学内容	德育内容与目标	教学方法	教师活动	学生活动	学时分配
实验原理	$$Z_1+\frac{P_1}{\gamma}+\frac{a_1u_1^2}{2g}=Z_i+\frac{P_i}{\gamma}+\frac{a_iu_i^2}{2g}+h_{w1-i}$$ （1）理解方程本质上描述了流体速度、压力、高度之间的关系； （2）掌握测定各水力要素的方法； （3）强调方程的应用条件		讲授法＋演示法	问题4：为何总水头是通过测出的流量值计算出来的，不用毕托管的读数？ 问题5：在开始测试前为什么要调平所有测压管的水柱？ 问题6：在绘制测压管水头线时，测点10、11、13的数据为什么不用？	聆听讨论	13min
实验操作	（1）演示引导学生观察比较5号、7号、17号测压管的读数； 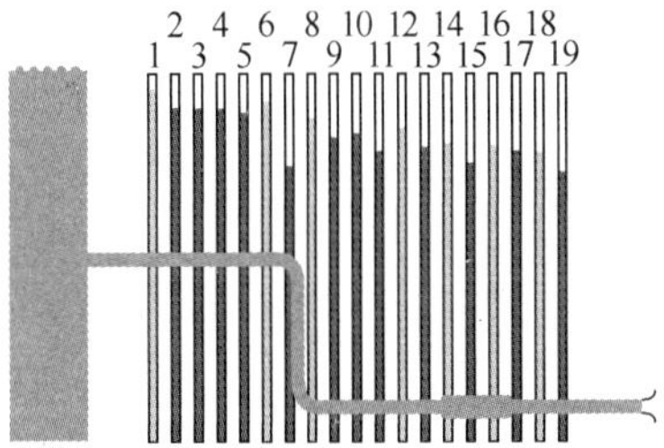 （2）根据实验获得的结论，以飞机起飞为例，说明能量方程的实际应用； 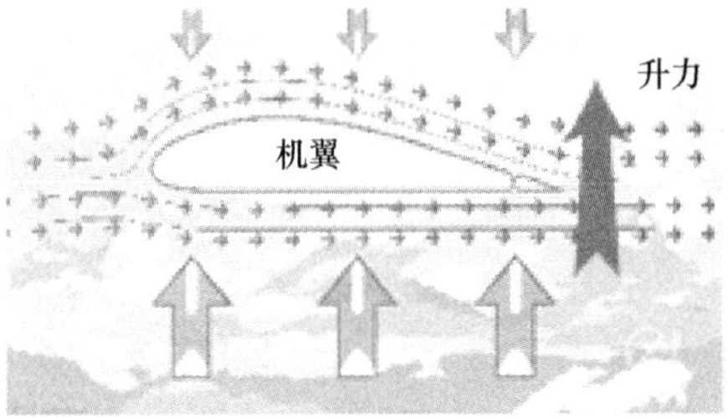 （3）讨论方程的局限性		操作指导法	讨论：管径变化与能量转换的关系？ 提高：试用能量方程解释“站台黄色安全线”的作用。  问题7：观察测点2、3的水头是否相同，测定点12、13的水头是否相同，为什么？	聆听讨论	10min

续表3

教学环节	教学内容	德育内容与目标	教学方法	教师活动	学生活动	学时分配
课堂小结	本节课主要验证了恒定流能量方程，观察了能量之间的相互转化规律。实验过程中存在的主要问题有： （1）总结降低实验误差的方法。 （2）根据实验数据得出结论：物体表面越光滑，在水中或空气中运动阻力越小。如何解释皮肤粗糙的鲨鱼、布满凹坑的高尔夫球运动的高速度？ 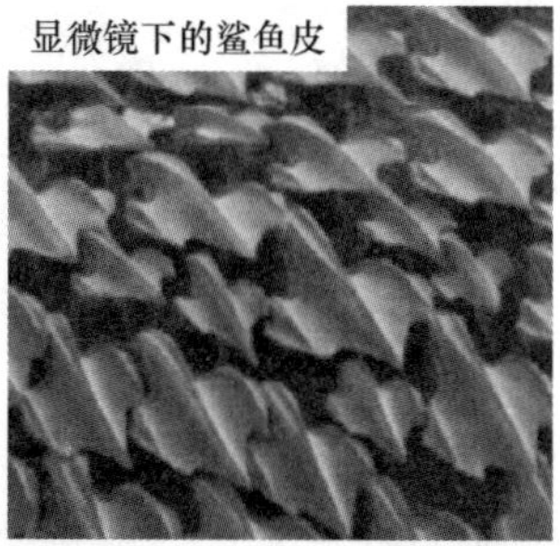 显微镜下的鲨鱼皮  高尔夫球	理论在实际应用中具有复杂性，要培养学生科学的思维习惯。 科学的思维习惯，是一个科研工作者重要的职业素养。它不仅影响着你的工作质量，也决定了你的事业高度。 白鹤梁水下博物馆就是我国水利工作者以渊博的知识、科学的思维巧妙地解决了水下承压的难题，使白鹤梁这座世界第一古代水文站的生命得以延续	情境教学法	视频：白鹤梁水下博物馆介绍。 图片：高尔夫球的图片	聆听	10min
课后作业	（1）完成实验报告； （2）利用能量方程讨论嫦娥5号返回器中应用的“弹道跳跃式”技术（拓展）					

现知识理论与德育内容的有机融合。在引导学生深入理解水力学的本质与应用的基础上，激发学生心中的精神潜力，体会学以致用的乐趣。

（3）通过课程思政改革，优化教学活动，塑造终身学习的思维。课程改革中，坚持以学生为中心、培养目标为导向，优化教学活动、教学设计及教学资源，通过多元化教学模式，实现教学目标。教学方法强化现代信息技术与教学深度融合，激发学生的学习热情，提升学习专注力。以典型工程案例进行实验原理的讲解，提高对水力学知识的应用能力，通过文献检索、实验方案分析对比、分组实施、实验总结等过程，培养学生解决复杂问题的综合能力、终身学习的成长型思维和团队协作精神。

六、教师感悟

“水力学实验”通过开展课程思政教学，虽然取得了一定成效，但在后续的教学中仍存在一些亟待完善的空间，主要体现在以下几个方面：

（1）进一步完善“水力学实验”的思政教学体系，通过梳理课程教学内容体系和前后课程的关系，分析提炼课程教学内容中的思政教育资源。同时在教学过程中，不断更新思政资源，思政教学应与社会和学生关注的问题紧密相关。

（2）教学手段优化与改进。以 PBL 教学法为基础，在教学全过程贯穿成果导向教学理念，优化已有的教学手段，并根据当前学生的特点对教学手段进行改进，提高学生的课堂参与度。

（3）教学资源优化整合与升级。分析现有教学资源的时效性和完备性，整合优化已有线下各类教学资源，逐步把课件、教学案例、课堂教学录像等教学资源制作成慕课，将线下资源升级拓展为线上资源。

（4）考核方式改革与实践。优化以能力培养、人格高尚为目标的考核方案，设计包括课前、课堂、课后全过程考核方式，促进学生自主学习能力和教学效果的提高。

“水质工程学”课程思政教学案例

环境科学与工程学院　张　军

一、课程基本信息

课程名称：水质工程学。

课程性质：专业核心课。

授课对象：给排水科学与工程专业大三年级本科生。

教学目标：

（1）知识目标。通过本课程的学习，全面系统地了解污水的水质特征与水质指标等基本概念与理论，了解水体污染的规律、危害、自净过程及水体质量评价方法，掌握城镇污水处理技术的基本概念、基本理论、基本计算方法和发展状况，掌握城市污泥处理与处置设施的设计原理与计算方法，了解国内排水工程行业典型学者事迹及其学术贡献。

（2）能力目标。能够运用污水处理工程基础理论，分析城镇污水处理工程运行管理中的问题，独立完成城镇污水处理领域中涉及的各种工艺的简单设计计算，初步开展污水处理的科学研究。

（3）情感态度与价值观目标。培养学生的家国情怀、工匠精神、爱国敬业意识、奉献社会精神、奋斗精神和科学探索精神；强化学生的职业自豪感，形成积极从事给排水工程事业的愿望。

课程简介：

“水质工程学”是给排水科学与工程专业教育的核心课程，涵盖了城镇污水处理领域水质的科学技术和工程实践问题。通过本课程的学习，为学生将来从事本专业排水方向的工程设计、运行管理及科研等工作奠定理论和应用基础。本课程与多门专业课程的内容联系紧密，为本专业知识结构的重要节点。前修课程包括“水力学”“水处理生物学”“水泵及水泵站”和“给水排水管网系统”，后续课程包括“污水厂课程设计”“给排水仪表与控制工程”和“水工艺设备基础”。本课程主要内容包括：污水的性质、水体污染和自净作用的概念；城市污水预处理、生物处理（活性污泥法、生物膜法、自然生物处理法）和深度处理的基本理论、工艺及设计计算；污泥处理处置的基本理论与工程设计。课程构建“任务驱动－理论、实践、思政融合推进”的教学模式，结合多种教学方法开展线上线下混合式教学。教学内容上同步推进理论教学与实践教学，强化课程间的联系，重视思政教育与专业知识有机融合；教学过程采用任务驱动引导，通过任务模块的完成，强化学生高阶性思维能力和解决复杂工程问题能力的培养。

使用教材：张自杰. 排水工程（下册）. 5版. 北京：中国建筑工业出版社，2015.

二、课程思政整体教学设计

（一）课程思政教学理念与思路

课堂是人才培养的主阵地，将思想政治教育与专业教育有机融合是通过课堂教学提高人才培养质量的关键路径。本专业是典型的工科专业，学生在整个人才培养过程中需要开展大量的设计计算训练，其中污水处理工程的设计是核心学习内容之一。本课程作为污水处理课程设计的前置课程，是学生学习排水工程设计、运行管理的理论基础，也是部分同学将来从事污水处理方向科学研究所必须掌握的学科基础知识。课程理论程度深、教学内容多、学习难度大，并且需与相关实践环节联系紧密，学生在学习过程中容易产生畏难情绪和倦怠感。另外，学生为大三年级，开始逐渐思考职业选择的问题，其中部分学生所期望的职业与专业知识关联性较小，导致其对专业学习的兴趣减弱。考虑到上述实际情况，开展课程思政教学，不应是单纯的思想灌输，还要通过课程思政教学，开阔学生的眼界和胸襟，使之能更好地认识个人成长成才的意义与价值，激发学生的学习动机，增强学生学习兴趣，使得课程思政的有机融入成为提高教学质量的重要助力。

“水质工程学”以污水处理技术、现状、理论和工艺设计为主线，含有丰富的课程思政资源。经过仔细梳理，包括生态文明、家国情怀、工匠精神、爱国敬业、奉献社会、爱国主义和奋斗精神等思政元素。这些思政元素总体上可以分为个人层面的价值观和人生观、民族层面的精神和国家层面的生态文明三类。

个人价值观和人生观方面：首先，在一些典型水污染治理案例中导入家国情怀；然后，在第一次工艺构筑物设计环节，强调工匠精神，使学生在设计计算学习的初始阶段就具有工程师必须精益求精的意识；其次，在污水处理工艺发展和新技术教学的环节，加入典型国内学者的案例，激发学生的职业自豪感、奉献精神和科学探索精神；最后，在污水处理设计环节，培育学生的奋斗精神。

民族精神方面：主要是在污水处理消毒环节，结合武汉抗疫期间给排水人参与中国奇迹的事迹熏陶学生的爱国主义。

国家生态文明方面：在污水治理意义和现状的知识环节，引入习近平总书记对于生态文明建设的思考和重视的案例。

（二）课程思政教学整体安排

表1为“水质工程学”课程思政教学整体安排。

表1 “水质工程学”课程思政教学整体安排

课程思政目标	融入章节	依托知识点	课程思政资源
家国情怀、科学探索	第二章 水体污染与自净	主要的水体污染类型——湖泊富营养化	孔海南教授治理洱海的事迹：以上海交通大学校园内种植洱海特有水生植物海菜花形成“湖下莲动，海上花开”景观导入，向同学们介绍孔教授放弃日本优渥的工作生活回国任教后，用18年时间扎根云南大理治理洱海富营养化并助力当地扶贫的感人事迹
工匠精神	第三章 水的物理处理方法	格栅的设计计算	扩展阅读素材：大国工匠系列片之“大术无极”，强调工艺设计工作必须具有精雕细琢、精益求精的“大国工匠”精神
爱国、敬业	第四章 污水活性污泥处理工艺的基本原理	活性污泥法发展沿革与概述	张自杰教授致力于给排水工程教育事业的一生：本课程教材作者张自杰教授为哈尔滨工业大学给排水专业教师，从青年时代起就服从党组织的安排，克服多种困难和专业偏见，一生献身于给排水教育事业。 扩展素材：中国给水排水杂志社网页，《致敬——水业先行者之张自杰先生》
奉献社会	第六章 污水的生物脱氮除磷处理工艺	同步生物脱氮除磷技术	彭永臻教授事迹：彭教授为中国工程院院士、北京工业大学教师，介绍他无偿公开自己的新型厌氧氨氧化技术专利的事迹，激发学生的奉献精神，引导学生对事业全身心付出、回报社会
奋斗精神	第十一章 污水处理厂设计	污水处理工艺系统选择	污水处理概念厂提出、论证和建设实施事迹：介绍我国水处理领域科学家曲久辉院士等坚持不懈、锐意进取、创造和奋斗的精神，以及依托在水处理领域的技术突破，提出、论证和成功建设江苏宜兴污水处理概念厂的过程
爱国主义	第九章 污水的消毒与深度处理工艺	污水消毒的工艺	2020年春节武汉抗疫期间“雷神山”“火神山”医院污水处理站建设事迹：中建三局绿投水务公司近100位管理人员、450名劳务人员先后投入到“火神山”“雷神山”两家医院污水处理站等的建设中，依靠中国速度在十天内完成施工建设和运行，为“雷神山”“火神山”抗疫奇迹提供了有力支撑
生态文明	第一章 污水的性质与污染指标	水的良性社会循环及其城市污水处理工程措施	“漓江保护”案例：包括习近平总书记视察漓江环境保护的视频和讲话、桂林“两江四湖”治理前后的水质差异照片等

三、课程思政教学方法及手段

当代大学生对于填鸭式的课程思政教育具有一定程度的逆反心理，而对于专业领域典型工程案例和专家人物事迹则具有相当浓厚的兴趣。针对这一特点，我们选择相应的思政资源进行思政元素目标梳理，这些思政元素包括生态文明、家国情怀、工匠精神、爱国敬业、奉献精神、爱国主义和奋斗精神等。这些思政元素总体上可以分为个人层面的价值观和人生观、民族层面的精神和国家层面的生态文明三类。根据三类思政元素的特点和所梳理课程思政资源的内容，分别采用针对性的教学方法和手段。

（1）个人层面的价值观。此类思政元素以典型行业专家事迹为主，在课堂上主要通过小组讨论法和案例分析法来进行教学。首先采用提问的方式导入，请学生开展小组讨论，介绍学生所熟知的相关人物事迹；在此基础上，采用案例分析法，用图片或视频资源的形式，向学生介绍所梳理出的一个典型专家事迹，并进行分析；随后，提供一些网络资源，鼓励学生在课后自行查阅和学习。

（2）民族层面的精神。此类思政资源以典型工程案例为主，主要采用案例分析法进行课堂教学。首先依托课程知识点采用提问的方式导入；在此基础上，选择适当1~2个经典工程案例，向学生分析案例的具体内容，包括工程立项、设计、实施的过程，向学生展示民族层面的精神（如爱国主义、艰苦奋斗）对于这些工程成功建设起到的巨大推动作用。

（3）国家层面生态文明。此类思政资源以实事新闻报道为主，主要采用小组讨论法进行。依托课程知识点提供图片和视频来切入，然后组织学生开展小组学习，共同分析生态文明对于社会可持续发展的意义、本专业知识对于国家生态文明建设的支撑作用。

四、课程思政教学实施具体案例

第二章第1节和第2节　水体污染的规律与自净

（一）教学内容

（1）水体污染的来源、分类及危害。

（2）水体污染的物理净化作用、生物化学自净作用。

（二）教学重点

（1）水体污染的危害。

（2）水体污染的生物化学自净作用。

（三）教学难点

水体污染生物化学自净过程中的氧垂曲线。

（四）教学目标

（1）知识目标：通过学习，掌握水体污染特别是河流污染的规律及其自净过程。

（2）能力目标：通过学习氧垂曲线的推导和内涵，发展学生根据水体自净规律来论证排水标准合理性的分析能力。

（3）情感态度与价值观目标：感受水环境保护从业者的家国情怀和科学探索精神，激发学生从事给排水工程行业的职业自豪感。

（五）教学内容与思政元素融入点

本节课知识点涉及水体污染与水体自净规律，这部分内容学生在生活中和专业课中已有一定程度的表观认识，但是对于水体污染的危害和治理的长期性还不了解。此外，学生对给排水工程专业的意义认识仅从求职谋生等角度出发，缺乏职业规划与国家发展的协同思考，还不能使个人兴趣与社会需要产生共鸣。因此，本节课在讲解水体污染危害知识点时，切入孔海南教授多年致力于研究治理洱海的典型案例，通过小组讨论和讲授，使学生感受给排水从业者的家国情怀和科学探索精神，强化学生学习和从事本专业的职业自豪感。

思政融入案例：在讲述氮磷造成湖泊富营养化的危害部分时，以教师本人大学生涯第一次学习“湖泊富营养化原理”的情形导入孔海南教授治理湖泊富营养化的故事，以“老人与海”讲述其与洱海结缘、奉献十八年致力于改善洱海水质的感人事迹，引导学生与给排水事业从业者的家国情怀进行共鸣。

（六）教学过程

表2为“水体污染的规律与自净”教学过程。

表2 “水体污染的规律与自净”教学过程

教学环节	教学内容	思政目标及资源	教学方法与手段	师生活动设计	时间分配
复习	常规的污水水质指标	无	课堂讲授法	教师：讲授，用自问自答的方式回顾上节课的内容。 学生：听讲	2min
讲新课	导入：提问，常见的水体污染源有哪些	无	问答法， 课堂讲授法	教师：先提问，再找1名同学进行回答。 学生：1名同学回答，其他同学思考	2min
	水体的污染： （1）水体污染的概念； （2）水体污染的来源	无	课堂讲授法， 案例分析法	教师：用图片讲解，回答导入的问题。 学生：听讲，思考	4min

续表2

教学环节	教学内容	思政目标及资源	教学方法与手段	师生活动设计	时间分配
讲新课	水体污染的分类与危害（重点）： （1）物理性的污染； （2）无机物的污染：酸碱、无机盐、富营养化（氮磷）、重金属污染； （3）有机物污染； （4）生物性污染。 重点讲述无机物的污染，特别是富营养化污染	家国情怀和科学探索精神：孔海南教授18年治理洱海富营养化的感人事迹	课堂讲授法，小组讨论法，案例分析法	教师：用PPT逐项讲解，在讲解到富营养化的知识点时，提问学生是否了解一些典型的富营养化案例，组织学生开展小组讨论，再用"老人与海"纪录片的截图重点讲解孔海南教授治理洱海富营养化的事迹。 学生：听讲、思考，在学习富营养化案例时思考并进行小组讨论、发言，再听老师讲解案例	14min
	水体自净基本规律： （1）水体自净的概念与分类	无	课堂讲授法	教师：用PPT讲授知识点。 学生：学生听讲	2min
	（2）物理净化作用： 1）稀释； 2）混合	无	课堂讲授法，问答法	教师：用PPT逐步讲述稀释和混合的原理，推导混合断面污染物平均浓度，并提问完全混合断面对于污水厂排放口选点的意义。 学生：听讲、思考，根据问题思考回答后，再听教师讲解	6min
	（3）生物化学自净（重点）： 1）水体生物化学自净的原理； 2）BOD5变化与氧垂曲线（难点）	无	课堂讲授法，问答法	教师：在阐述水体生物化学自净原理的基础上，提问其中BOD5、DO的变化规律，并重点推导、分析氧垂曲线的公式、关键点和工程意义。 学生：听讲，根据教师的提问思考并回答，再听教师讲解	12min
课堂小结	总结本次课主要内容：水体污染的规律及其自净过程	无	课堂讲授法	教师：讲授回顾本节课的知识点。 学生：听讲，思考	2min
布置作业	问题：生活污水排放造成的主要无机物污染问题有哪些	无	课堂讲授法	教师：讲授，说明作业要求。 学生：听讲，记下题目	1min

五、教学效果

通过实施课程思政教学，提升了学生的生态文明、家国情怀、奉献精神等的认同感，达到了课程思政教学目标。与此同时，教学的知识目标和能力目标也得到了落实，产生了协同效应，全面达到了课程思政教学所预设的教学目标。

通过与学生的交流发现，大多数学生表示在课堂上听到孔海南教授等人的事迹和其他思政案例时深受感动，对这些老一辈给排水科研教育工作者的家国情怀、爱国敬业精神、奉献精神非常敬佩，也理解了给排水从业者在国家发展大环境下体现出的优秀民族精神风貌等。从这门课以后，同学们对给排水专业的认识也从“找一份工作维持生计”逐步向“利用专业知识为国家和社会做贡献”的理念转变。在这种价值观的驱动下，同学们对专业学习的主动性也得到显著提升。

在课程思政教学建设过程中，开展了一次面向全校教师的公开课，有 20 多位教师参与听课，课后大多数教师都对本次公开课的效果给予正面评价，认为教学能有效地将专业知识的传授与孔海南教授的典型事迹相结合，使得教学内容更丰富，有助于学生理解课程学习的意义，增强学生的专业认可度，实现了“教书”与“育人”的结合。

六、教师感悟

回顾近两年在“水质工程学”课程教学环节中的课程思政实践，有以下两点思考：

（1）有机融合典型人物事迹可有效进行课程思政教学。比如，在本次节选的 1 课时教学环节中，最有潜力的思政元素为基于水体污染危害及其治理过程中产生的家国情怀。因此，在教学设计中，从教师本人较为熟悉的学者入手，选取了上海交通大学孔海南教授及其团队长期扎根云南大理进行洱海富营养化水体污染治理的感人事迹，将其与水体污染危害的知识点结合起来，通过案例展示的方式，使学生感受给排水科研工作者“将论文写在祖国大地上”的家国情怀和科学探索精神，激发学生从事给排水事业的强烈自豪感，引导其思考将个人职业发展与祖国命运协同的正确职业观。课后的师生交流结果显示，学生对于这种给排水科研教育工作者或工程师的典型事迹非常有兴趣，表示不仅学习到课本上的专业知识，还能了解到生活中的真人真事，学习过程变得更生动和有趣，也很受前辈们的精神力量的鼓舞，增强了专业学习兴趣。这样，在潜移默化中，既实现了专业学习目标，也达到了课程思政教学目标。

（2）由于课程思政选用的人物事迹类的案例比较多，同学们对其中大多数的人物案例情况并不熟悉，还需要在课外进行更多材料的阅读才能具有更好的效果。但是，这些课外阅读会在一定程度上增加学生的课外学习量，实施效果也因人而异，这就制约了课程思政教学效果的进一步提升。因此，能否在教学的其他环节，比如在课后作业和考试部分加入少量此类案例，用考核的方式督促学生进行课外阅读与学习，来提高课程思政效果，还需要在今后的工作中进行更多实践探索。

“机械制图与计算机绘图”
课程思政教学案例

机械与控制工程学院　刘姣娣

一、课程基本信息

课程名称：机械制图与计算机绘图。

课程性质：专业基础课。

授课对象：机械设计制造及其自动化专业大一年级本科生。

教学目标：

（1）知识目标。掌握关于机械制图的正投影理论、空间几何要素的投影特性、基本立体的投影特性、表面取点方法及立体截交线和相贯线的求解方法；能够应用《机械制图》国家标准中的基本规定正确绘制机械工程图样，能够应用视图正确表达机械零件及装配体。

（2）能力目标。培养学生阅读和绘制机械图样的基本能力，培养学生现代工程意识、创新设计能力及应用典型的绘图软件进行计算机绘图和构型设计的能力，培养和发展空间想象能力、空间分析和解决问题能力。

（3）情感态度与价值观目标。培育工匠精神、遵守法律法规及行业规范意识，结合课程教学内容激发爱国情怀，树立责任、保密、安全生产、成本及质量等意识，开展课程思政教学。

课程简介：

“机械制图与计算机绘图”是机械设计制造及其自动化专业的一门实践性很强的专业基础课，课程主要是研究绘制和阅读机械图样，解决空间几何问题的理论和方法，培养学生的绘图技能、空间想象能力及利用 AutoCAD 软件绘制机械图样的能力，为学习后续课程打下基础。

使用教材：何铭新，钱可强，徐祖茂. 机械制图. 7 版. 北京：高等教育出版社，2016.

二、课程思政教学整体设计

（一）课程思政教学理念与思路

机械图样是现代工业生产中必不可少的技术文件，是业界技术交流的共同语言。由于其抽象难懂，制图课程的学习需要严谨仔细、多看多画、反复实践，因此学生学习的过程也是工匠精神养成的过程。教师在教学过程中要做好示范，严格把关学生的每一次绘图作业，认真检查图形表达的正确性、绘图线型、尺寸标注等是否按照标准执行，通过教师的言传身教培养学生遵守国家标准与行业规范的意识，并延伸至社会生活领域的遵纪守法意识。在教学中，以遵守法律法规和行业规范、培育工匠精神为主线，融入爱国情怀、责任感、安全生产、保密意识、成本控制、质量意识等思政点。

（二）课程思政教学整体安排

表1为“机械制图与计算机绘图”课程思政教学整体安排。

表1 “机械制图与计算机绘图”课程思政教学整体安排

课程思政目标	融入章节	依托知识点	课程思政资源
爱国情怀	绪论	图学发展史	展示清代程大位所著《算法统筹》中丈量步车的装配图和零件图，以中国图学发展史激发学生爱国情怀，坚定文化自信
	第五章　组合体的视图与形体构思	组合体组合形式	根据组合体与组成形体的关系，引申到整体与个体关系、国家与个人关系，融入爱国意识
	第十章　装配图	装配图表达方法	结合大国重器如高铁、大型驱逐舰、国产航母、国产大飞机研发案例，激发爱国情怀，强化责任担当
工匠精神	第一章　制图基本知识	尺寸注法与几何作图	强调作图线型、位置定位重要性，推荐观看《大国工匠》第六集，使学生了解工匠精神并受到触动
	第八章　标准件和齿轮	螺纹及其紧固件、齿轮、键联结与销连接、滚动轴承	以“小螺栓大作为”为题，分析国内外防松装置精工细作，引出精工细作打造严谨作风、传承工匠精神的重大意义
	第九章　零件图	零件图上技术要求	学习工程图样技术要求时，引入大国工匠——沈阳飞机厂钳工方文墨的故事。方文墨手工挫削可以达到0.003mm的精度，甚至能够达到“镜面吸附”的程度。引入方文墨20年练就功夫的故事，培养学生做事要有精益求精、尽善尽美的精神

续表 1

课程思政目标	融入章节	依托知识点	课程思政资源
辨证的思维方法	第五章　组合体	叠加类组合体	由组合体的组成、彼此组成形式、相对位置、彼此同侧邻接表面过渡特征，引入用辩证的思维方法看待和处理问题，掌握正确的思维方法
遵纪守法、规则意识	第一章　制图基本知识	制图国家标准	标准件和常用件的画法、标记、规格都要遵守国标，否则就会产生偏差甚至错误。延伸“无以规矩，不成方圆”喻指行为举止应遵循标准和规则，培养学生的规则意识
成本、质量意识	第九章　零件图	零件图的视图选择及尺寸标注	用真实企业案例讲述故事：因为零件图上一个不合理的尺寸导致一批零件无法装配，成为废品，延误工期，造成经济损失，培养学生成本、质量意识
保密意识	第九章　零件图	零件测绘与读图	介绍零件图的重要性，引入泄露图纸对企业的危害和个人的影响，树立保密意识

三、课程思政教学方法及手段

结合理论教学开展思政教育，工程制图基础课程能够从树立坚定的责任意识、一丝不苟、精益求精等方面，充分地将责任感、讲诚信和大国工匠意识等融入本课程的教学中。首先，将工匠精神作为主线贯穿整个授课过程，要求同学们在绘图、标注上注重细节，严格要求自己，做到精益求精；在尺寸标注的教学过程中，引导学生树立严谨负责的职业道德观；机件的表达方法部分，引导学生能够站在他人的角度思考问题。其次，将近些年国内机械设计、加工领域的发展现状及发展中存在的瓶颈，国内外差距等融会贯通地加入教学内容中，领悟习近平总书记“关键核心技术是要不来，买不来，讨不来的”讲话，激发学生努力学习，为提高我国的科技水平，实现中华民族的伟大复兴，做出自己的贡献。制作内容丰富的授课 PPT，将思政内容整理为图片或小视频，加入传统的教学课件中，如大国工匠、精密加工过程等。这样不仅能在理论教学的授课过程中融入思政元素，对学生进行了思政教育，而且能提高学生的学习兴趣，同时也使学生切身理解学习这门课程的目的和意义。

四、课程思政教学实施具体案例

第五章第一节　形体分析法及叠加类组合体投影图的画图

（一）教学内容

（1）形体分析法。

（2）叠加类组合体投影图的画图。

（二）教学重点

（1）形体分析法的掌握。

（2）叠加类组合体投影图的视图表达。

（三）教学难点

形体分析方法及视图的选择。

（四）教学目标

1. 知识目标

（1）理解形体分析法的概念。

（2）分析组合体的组成、彼此组成形式、相对位置、彼此同侧邻接表面过渡特征及其投影表示。

2. 能力目标

（1）掌握分别分析各组成体的形状特点及投影的能力。

（2）叠加类组合体投影图的画图。

3. 情感态度与价值观目标

（1）用辨证的思维方法看待和处理问题，掌握科学的思维方法。

（2）培养学生严以律己、知难而进的意志和毅力，以及对技术精益求精的良好职业品质。

（五）教学内容与思政元素融入点

分析组合体的组成、彼此组成形式、相对位置、彼此同侧邻接表面过渡特征及其投影表示，引导学生理解表面邻接关系，形成用辨证思维看待和处理问题，掌握正确的思维方法，养成科学思维习惯；对复杂组合体的图例，如轴承座，进行识图画图练习，鼓励学生解答难题，帮助学生克服畏难情绪，培养学生严以律己、知难而进的意志和毅力及对技术精益求精的良好职业品质。

（六）教学过程

表 2 为"形体分析法及叠加类组合体投影图的画图"教学过程。

五、教学效果

（1）学生态度认真，积极参与课堂教学活动，教学效果良好。

（2）学生认真完成每次课后的绘图作业，做到视图表达正确，线型、标注等遵守制图规范，图面干净整洁。

（3）学生积极参加全国先进成图大赛与三维数字化创新设计大赛，并取得优异成绩。

六、教师感悟

做好课程思政教学，教师首先要有明确的育人意识、一定的政治敏感及文化

表 2　“形体分析法及叠加类组合体投影图的画图”教学过程

教学环节	教　学　内　容	思政目标及资源	教学方法与手段	师生活动设计	时间分配
引入	引入叠加类组合体的图样表达方法	透过现象看本质，找到本质和核心才可以有的放矢，从而找到新的、更好的办法	列举生活中、工程中常见的叠加类组合体	引导学生思考组合体的组合方式及如何进行图形表达	5min
讲新课	（1）形体分析法。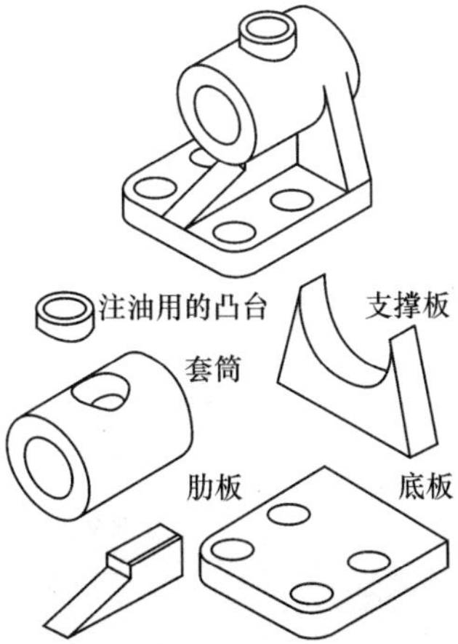	组合体的各表面邻接关系，用辩证的思维方法看待和处理问题，掌握正确的思维方法	PPT 演示轴承座的三维模型，结合实体模型，分析组合体的组成、彼此组成形式、相对位置、彼此同侧邻接表面过渡特征及其投影表示	引导学生理解表面邻接关系，动画演示组合体形体分解的过程	15min
	（2）叠加类组合体投影图的画图。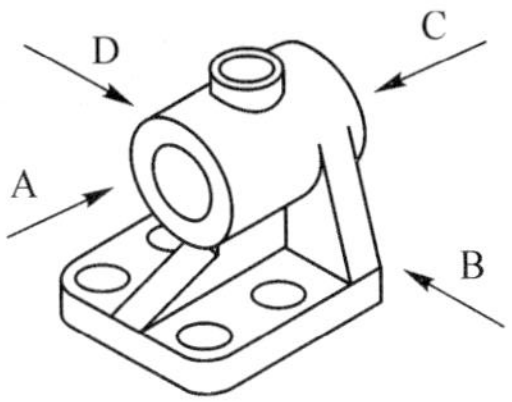	通过对复杂组合体进行形体分析与绘图，鼓励学生解答难题，帮助学生克服畏难情绪，培养学生严以律己、知难而进的意志和毅力，以及对技术精益求精的良好职业品质	PPT 展示组合体的组成方式及邻接表面过渡特征，黑板展示由简入繁地进行复杂组合体的作图过程	对复杂组合体进行识图画图练习，教同学们如何选择确定主视图投射方向	15min

续表 2

教学环节	教 学 内 容	思政目标及资源	教学方法与手段	师生活动设计	时间分配
课堂检测与反馈	组合体视图找错	通过对组合体视图的作图找错，培养同学们严谨认真、严格遵守制图规范的作风	PPT 展示往届同学组合体练习存在错误的作业与优秀作业，通过找错与讨论，检测同学们对叠加类组合体画图方法的掌握程度	同学们对作业进行集体找错，共同讨论纠错，教师指导评论的方法，并带领同学们观摩优秀作业	5min
课堂小结	总结用形体分析法进行叠加类组合体的画图步骤	用辨证的思维方法看待和处理问题，掌握正确的思维方法；养成严以律己、知难而进的意志和毅力，以及对技术精益求精的良好品质	总结形体分析方法及叠加类组合体的作图步骤与方法	与学生一起总结叠加类组合体的视图表达方法	3min
布置作业	（1）提问学生生活中或身边有哪些组合体，如何组合，各基本形体的位置关系；（2）学生课后找出组合体表面邻接关系（三种关系），要求每位同学找例子，下节课提问	将理论应用于实践中，通过生活观察提高对知识的理解与应用能力	口头布置作业：寻找生活中的组合体模型，下次课堂上展示与讨论	利用课后时间去完成，寻找身边的组合体	2min

敏感度，这样才能很好地结合专业知识挖掘课程思政元素，特别是能凸显本学科专业特色的思政元素。其次，在教学过程中，教师要善于点拨和启发。在事实清晰、论证有力的情况下，学生很容易产生信服感，这时只要一两句话的引导，就能收到很好的效果。最后，对学生严格要求本身就是在育人，学生学习过程中，教师强调制图的严谨性，严格把关学生的每一次绘图作业，认真检查图形表达的正确性，绘图线型、尺寸标注等是否按照标准执行，老师的认真负责和严格要求有利于培养学生严谨的治学态度、敬业精神和规范意识，因此教师自身也可以成为一种思政资源。

“机械工程材料”课程思政教学案例

机械与控制工程学院　代宣军

一、课程基本信息

课程名称： 机械工程材料。

课程性质： 专业基础课。

授课对象： 机械设计制造及其自动化专业大二年级本科生。

教学目标：

（1）知识目标。熟悉常用机械工程材料的成分、组织结构、加工工艺与性能之间的关系及变化规律；掌握常用机械工程材料的性能与应用，具备选用常用机械工程材料和提升材料性能方面的基本知识；了解与本课程有关的新材料、新工艺、新技术及其发展概况。

（2）能力目标。具备正确选择常用机械工程材料和提升材料性能的方法能力；拥有根据所学知识进行热处理工艺编制的能力。

（3）情感态度与价值观目标。培养学生自力更生、勇于探索创新、团队合作的精神；培养学生良好的职业道德素养；激发学生爱国主义情怀和民族自豪感。

课程简介：

“机械工程材料”是机械设计制造及其自动化专业的重要专业基础课，本课程是以物理、化学、材料力学为基础，目的是使学生掌握有关工程结构和机器零件常用的金属材料、非金属材料的基本理论和性能特点，掌握材料的化学成分、加工工艺、组织结构与性能之间的关系，让学生初步具备根据零件工作条件和失效方式合理选择和使用材料，正确制定零件的冷、热加工工艺路线的能力，为学习后续有关课程及合理选用材料奠定必要的基础。

本课程的前修课程包括大学物理、大学化学、材料力学等，后续课程包括机械设计、机械部件设计综合实习等理论与实习课程。本课程的主要内容包括：机械工程材料的结构、凝固、结晶与相图，材料的力学行为、塑性变形与再结晶，机械工程材料的强韧化，常用金属材料，聚合物、无机与复合材料，机械工程材料的合理选用等内容，重点研究金属材料的性能与成分、组织及热处理之间的关系。

本课程具有较强的理论和实践结合的特点，肩负着为机械类专业学生普及中华传承的工程材料创新与发展过程，特别是改革开放40年来所取得的各工程行业材料应用等方面取得的瞩目成就，对增强学生的民族自豪感，提升学生学习兴趣，培养学生开拓进取的奉献精神具有较强的推动作用。

使用教材：齐民，于永泗. 机械工程材料. 10版. 大连：大连理工大学出版社，2017.

二、课程思政教学整体设计

（一）课程思政教学理念与思路

通过介绍机械工程材料的应用和发展，将课程思政理念融入课程教学中，实现立德树人的思政教育目标。各思政元素主要通过介绍机械工程材料在大型工程、机械工程方面的应用与发展，同步实现“知识传授和价值引领”相结合，引导学生充分认识我国机械工程材料的基本情况，融入“自力更生、勇于探索”“民族自豪感，爱国主义教育”“民族复兴责任感，环保意识”等思政教育目标。

（二）课程思政教学整体安排

结合“机械工程材料”课程教学大纲内容，根据每章所要讲解的教学内容，从不同角度挖掘课程思政元素。以绪论、机械工程材料的性能、金属的塑性变形、钢的热处理、铸铁等5个章节为典型案例，其思政教学整体安排见表1。

表1 “机械工程材料”课程思政教学整体安排

课程思政目标	融入章节	依托知识点	课程思政资源
自力更生；勇于探索	第1章 材料的性能及表征——材料及构件的常见失效形式	新材料的研发是一个国家科技能力的重要体现。国内先进单晶航空发动机叶片高温合金的研发与应用，破除了国外对我国航空发动机等技术封锁	视频《中国航空发动机获重大突破》，其主要内容介绍了我国的航空发动机叶片在国外封锁的情况下，通过自力更生、勇于探索，成功进行了先进单晶航空发动机叶片研发的经典案例
	第4章 金属的塑性变形	材料塑性变形对材料性能影响至关重要，介绍压力加工重要地位，切入中国一重等企业在重大装备制造领域自力更生、勇于探索、艰苦奋斗的精神	文字、图片资料：结合中国一重等企业的奋斗与发展史，介绍压力加工重要地位，切入企业在重大装备制造领域自力更生、勇于探索、艰苦奋斗的精神
民族自豪感；爱国主义教育	第1章 材料的性能及表征——材料的化学性能	新材料的研发是衡量一个国家科技实力的重要标志，我国石墨烯在电池工程方面的应用，为国际领先，树立学生民族自豪感	视频《中国首款“石墨烯电池”研制成功》，表明我国在石墨烯电池工程应用方面的国际领先地位和水平，激发学生的民族自豪感和爱国热情

续表 1

课程思政目标	融入章节	依托知识点	课程思政资源
社会责任感；环保意识	第 5 章　钢的热处理	热处理是高质量钢材所必须采取的钢材性能提升最重要的方式，包括退火、淬火、回火、表面处理等	文字资料：中国普通钢铁的产量居世界第一，但大量特种钢材需要进口，以此为切入点激发学生学习热情，激励学生社会责任感，为国家振兴、民族复兴而努力学习
	第 6 章　铸铁	铸铁在传统装备制造中起着基础性作用，包括砂型铸造、熔模铸造、离心铸造等	铸造及其应用资料：传统铸造强国激发学生爱国热情和自豪感，但铸造也存在高能耗、高污染等新的急需解决的问题，由此引发学生进行铸造对社会环境影响的思考，激发学生的社会责任感

三、课程思政教学方法及手段

当代大学生总体上具有充满自信、个性张扬、思维活跃、不拘泥于传统、处处争强好胜、有着表达自己的思想和态度的强烈欲望等优点，具有强烈的爱国热情，但也存在一些不足，如缺乏坚定的政治方向、自我期望值过高、实践能力不够强、价值取向功利化、责任意识有待加强等。通过在专业课程中融入思政内容，培养大学生牢固树立正确的价值观，坚定大学生对我国特色社会主义的道路自信、理论自信、制度自信和文化自信，激励大学生为国奉献、科研报国的使命担当，为实现中华民族伟大复兴勇于创新实践。

在机械工程材料课程中融入思政元素，在教学过程中，要确立并尊重学生的主体地位，根据相应的教学内容和要求，采用理论讲授、问题讨论、演讲辩论等多种形式和方法，引发学生积极参与和思考，鼓励学生发表不同意见，变单向灌输为双向交流，变注入式教学为启发式教学。主要教学方法有：

（1）研究性教学。将学生分成个体、小组的组织形式进行。小组研究以小组或寝室进行分组专题研究，对当前难点、热点问题进行讨论。如对当前新的铸造技术与方法对能耗降低及污染排放减少的影响问题进行研究，加强"绿水青山就是金山银山"的思想教育，并结合学生课前资料查阅、课中的讨论，于课后进行小论文撰写。

（2）案例教学法。将理论与现实有机结合，以充分调动学生的参与热情，如金属的晶体结构和塑性变形章节，引入我国自主研发的 8 万吨级模锻锻压机在国产 C919 客机起落架锻压中的应用，探讨我国锻压技术与国外锻压技术的差异，提升了学生的参与度，有效地调动了学生的学习积极性，提高了教学的针对性和实效性。

（3）情感熏陶法。在思政课程教学中，适当运用情感式教学。比如，以教师自身的经历或者当前的一些热点，用情感共鸣方式将学生拉入自己的阵营。这里要特别强调的是教师要以自身强烈而真实的情感，赢得学生的理解和支持，增强说理的生动性、吸引力和感染力，让学生在接受情感感染的同时，比较自然地接受崇高理想、信念和科学的人生观、价值观的教育。

四、课程思政教学实施具体案例

第1章第1节　材料及构件的常见失效形式

（一）教学内容

（1）典型机械零件的服役工况及失效形式。

（2）零件的性能：使用性能、工艺性能的概念及内涵。

（3）典型机械零件的材料选用。

（二）教学重点

（1）典型机械零件的失效形式。

（2）典型机械零件的材料选用。

（三）教学难点

典型机械零件的材料选用。

（四）教学目标

1. 知识目标

（1）理解机械零件使用性能与工艺性能的概念和内涵。

（2）通过对典型零件的用途及使用工况学习的了解，理解其失效形式与工况的关联性，为材料的选用奠定基础。

2. 能力目标

（1）能根据失效形式判断机械零件与服役工况的内在关联。

（2）能根据机械零件的类型、服役工况、失效形式，合理进行选材。

3. 情感态度与价值观目标

（1）激发爱国热情。

（2）树立自力更生、艰苦奋斗的意识。

（五）教学内容与思政元素融入点

课前，收集中国航空发动机发展现状资料及“中国航空发动机获重大突破”等视频资料，发布小组活动安排上传到教学质量管理平台，以整体化构思为基本原则，包括小主题、小活动、思考、讨论等内容，视频内容强调中国航空发动机的发展历史与现状，特别是国外先进技术对我们的封锁，通过独立自主，攻坚克难，实现发动机叶片的研发，使学习过程情景化，引起学生思想情感的共鸣。

课中，首先通过视频播放，以及学生课前的资料查阅，全面了解航空发动机的技术难点，特别是国内外在航空发动机技术方面的发展状况，并通过分组讨论，充分认识到航空发动机叶片的研发与应用的重大突破意义；其次，任课教师的课堂点评，分别对各组讨论情况进行汇总与点评，充分强调我国在航空发动机叶片研发过程中独立自主、自力更生的艰难过程及所取得的突出成就，对我们的激励与指引，培养学生的爱国主义情操；最后，通过PPT的全面讲解，让学生充分了解机械工程材料课程在专业学科中的重要性，以及机械工程材料在国民生产各部门中的突出地位，引导学生重视本课程的学习，培养学生的爱国情操和奉献精神。

课后，布置含思政元素的作业，让学生通过资料查阅与交流，归纳整理四种我国自主研发的新材料及其应用情况，锻炼学生的自学和解决问题的能力，提升学生的综合素质。

（六）教学过程

表2为"材料及构件的常见失效形式"教学过程。

表2 "材料及构件的常见失效形式"教学过程

教学环节	教学内容	思政目标及资源	教学方法与手段	师生活动设计	时间分配
复习	绪论内容回顾	无	讲解	学生听课	5min
讲新课	（1）典型机械零件的服役工况及失效形式	思政目标：自力更生、艰苦奋斗。 资源：《中国航空发动机获重大突破》视频，介绍了国内先进单晶航空发动机叶片高温合金的研发与应用，破除了国外对我国航空发动机等技术封锁	任务驱动法，讨论法；多媒体	学生分四个组，每组由一位成员进行汇报，老师进行点评、归纳，引出典型机械零件的失效形式由服役工况决定的新知识点，并进行讲解	15min
	（2）零件的性能：使用性能、工艺性能的概念及内涵	无	多媒体讲解	学生听课，老师穿插提问	5min
	（3）典型机械零件的材料选用	思政目标：激发爱国热情。 资源：多媒体等，结合视频内容，正视我国在新材料领域取得的一系列伟大成就，提升学生的认同感	多媒体讲解	学生听课	10min

续表 2

教学环节	教 学 内 容	思政目标及资源	教学方法与手段	师生活动设计	时间分配
课堂检测与反馈	列举身边四种新材料的应用及其质量提升效果	无	讨论，讲解	老师提问，并对学生的回答进行点评	7min
课堂小结	回顾本节课内容，进行归纳	无	讲解	学生听课，老师讲解	3min
布置作业	（1）课本 19 页 1～3 题：说明自行车链条服役工况，并分析其可能的失效形式。（2）查阅资料，归纳整理四种我国自主研发的新材料及其应用情况	思政目标：自力更生、艰苦奋斗及爱国主义教育			0min

五、教学效果

通过“机械工程材料”课程思政元素的融入，取得了很好的教学效果，主要有：

（1）完成了课程思政目标，强化了学生自力更生、勇于探索创新的精神，激发了学生爱国主义情怀和民族自豪感，培养了学生刻苦钻研业务、善于合作的团队精神。

（2）从教学督导听课评价和学生考核结果来看，实施课程思政教学改革后，评教得分和学生学业表现均有进步。2019 年秋季学期的评教分数是 94. 06 分，学生不及格率是 25. 3%；2020 年秋季学期，督导听课评教分数是 95. 75 分，学生不及格率是 13. 2%，不及格率基本下降到上一学年的一半，学生课程学习积极性得到明显提升，教学效果明显改善。

（3）通过发放的课程问卷及小论文撰写情况来看，学生普遍具有强烈的爱国热情，对我国的某些特定领域和技术领先世界有明确的认识和理解，具有明显的民族自豪感，在学生的价值观引领方面起到了较好的作用。

六、教师感悟

通过“机械工程材料”课程思政的教学反馈，在立德树人、提升学生学习积极性，提高教学质量方面，取得了一定的效果。学生通过对机械工程材料发展历程的学习，认识到了国家在材料领域的进步与突破，增强了学生的民族自豪感和认同感，学生在能源消耗与利用、环境保护等方面的意识也得到加强，学习积极性和学习态度大幅改善。

总体来看，机械工程材料的课程思政教学中，尚存在许多不足。结合自身授课感悟，我认为要做好本课程的思政工作，还需要在以下几个方面下功夫：

（1）提高授课教师思想认识。不断提高授课教师自身思想觉悟，把家国情怀、爱国、爱党、爱人民等思政元素深深植入教学理念中。

（2）灵活运用教学方法。做到把本专业基础课程的授课内容与当下国家的发展、世界局势的变化灵活地结合起来，将思政元素无形地融入课堂，不断更新思政内容，提高学生学习积极性。

（3）加强专业教师及思政类教师之间的交流。教师之间在教学业务方面的沟通与交流，对准确把握学生状况、针对性开展教学活动、更新及丰富思政内容、共同规划并设计思政案例等，具有至关重要的作用。

“中外风景园林史”课程思政教学案例

旅游与风景园林学院　巫柳兰

一、课程基本信息

课程名称：中外风景园林史。

课程性质：专业基础课。

授课对象：风景园林专业大二年级本科生。

教学目标：

（1）知识目标。

1）系统全面理解中外风景园林发展过程、特点及规律。

2）熟悉不同发展阶段及国家园林的主要类型、园林艺术特征。

3）掌握各国各时期代表性园林作品的空间布局和造景手法。

4）了解近现代风景园林发展的现状及趋势。

（2）能力目标。

1）对风景园林直观分类、历史进程和趋势的思辨能力；对代表性作品的鉴赏能力；园林实地调研的实践能力；借鉴经典造园手法，培养开阔设计思路、创作园林作品的创新能力。

2）培养学生独立思考和沟通协作的能力。

（3）情感态度与价值观目标。

1）继承和弘扬传统园林文化，提高学生的园林科技文化素质，在文明互鉴中增强民族自豪感，激发学生爱国情怀，坚定文化自信。

2）培养学生精益求精、创新创造、协作共进的工匠精神，引导学生用“尚巧”的创造精神和“精益求精”的工作态度打造精品园林景观。

3）培养学生正确的社会主义核心价值观，让学生对自身从事的行业存在一种敬畏感、使命感、认同感，能够以严谨、认真、负责、专注的态度面对未来的工作，具备运用所学知识服务于社会的素质。

课程简介：

“中外风景园林史”是面向风景园林专业大二年级本科生开设的专业基础理论课程，属于工科风景园林学中的人文社科类课程。课程以时间为轴线，从中西方园林艺术比较的角度，系统讲授中外风景园林的发展变迁历程、影响因素、代表人物和造园手法；以各个时期最具代表性的园林为实例进行分析，从而使学生深刻理解中西方园林与人类历史文明演进的相互关系，更好地厘清中外风景园林发展的历史脉络，更直观地了解各时期各国的造景元素、审美思想、设计理念和造园工艺；同时培养学生鉴赏园林能力，培养学生对自然、人类、社会、生活和民族优秀传统文化的深厚情感，引导学生认识到作为风景园林师理应担当的社会责任，思考在当今的环境下怎样设计出具有时代精神的新时期作品。

使用教材：张健. 中外园林通史. 武汉：华中科技大学出版社，2017.

二、课程思政教学整体设计思路

（一）课程思政教学理念与思路

课程思政是落实立德树人根本任务的关键举措。“中外风景园林史”遵循知识传授、能力培养、人格塑造的“三位一体”教书育人理念，将专业教育与思政教育有机融合，以“鉴古知今，学史明智，知行合一，转识为智”四个关键点为引领，培养学生形成科学的唯物史观、世界观和人生观，提高园林审美意识和人文素养，培养学生精益求精、专注创新、爱岗敬业的工匠精神，增强文化自信，厚植家国情怀、社会主义核心价值观和社会责任，自觉传承和弘扬中华美育精神和优秀传统文化，深刻领会东西方文化艺术的交流借鉴与融合，成为“古今通、中外通、艺理通、品学通”的复合应用型园林人才。

课程遵循“两性一度”标准，开展以学生为中心的个性化教学、探究式教学、情景式教学、专题式教学，以人物事迹、典型应用实例、社会热点话题和特定案例事件为载体，深入挖掘其中蕴含的思政元素。结合每堂课的实际教学内容，选取合适的思政点进行融合，在课堂教学的各个环节潜移默化地引入思想政治教育，达到知识“融”、能力“会”、情感“贯”、思想“通”的教学目标。

（二）课程思政教学整体安排

结合本课程的特点，分别从课程思政目标、融入章节、依托知识点、课程思政资源四个方面，具体介绍“中外风景园林史”课程思政教学整体安排，详见表1。

表1 “中外风景园林史”课程思政教学整体安排

课程思政目标	融入章节	依托知识点	课程思政资源
唯物史观	第一章　绪论	世界园林发展的四个阶段和阶段特征	（1）网络文章：世界历史最悠久国家最新排名； （2）纪录片：《世界历史》第1集节选

续表 1

课程思政目标	融入章节	依托知识点	课程思政资源
唯物史观	第二章　中国古典园林	中国古典园林生成期、转折期、全盛期、成熟期的变迁历程、文化背景、影响因素和园林特征	(1) 网络新闻：三星堆最新出土世界最大青铜面具登上 2022 年央视春晚； (2) 纪录片：《中国通史》《河西走廊》； (3) 视频：舞蹈《唐宫夜宴》
	第四章　日本园林	日本园林的发展历程、影响因素和园林特征	网络文章：东京奥运会开幕式背后的文化内涵
	第五章　西方园林	西方古代、中世纪、文艺复兴时期、君主集权时期、工业革命之后、近现代各国园林的变迁历程、自然地理条件、历史文化背景、影响因素和园林特征	纪录片：《古代埃及人》《遗落之城巴比伦》《国家地理：希腊人》《古罗马，一个帝国的兴起和衰亡》《十字军东征》《欧洲通史》
审美素养	第二章　中国古典园林	皇家园林、私家园林、寺观园林、公共园林代表性园林的选址、空间布局、意境营造、楹联匾额和题刻	纪录片：《中国古典园林之旅》《消失的宫殿》《BBC 世界八十园林》第六集中国园林节选、《江南文脉　园林篇》、苏州园林宣传片《走进园林》
	第四章　日本园林	皇家园林、武家园林、寺社园林代表性园林的空间布局、意境营造	纪录片：《禅院秘境》《BBC 世界八十园林》第六集日本园林节选
	第五章　西方园林	西方各时期各国代表性园林的造园目的、选址、空间布局	纪录片：《BBC 世界八十园林》《邱园探宗：改变世界的花园》《法国花园》
工匠精神	第二章　中国古典园林	(1) 代表性园林的造园要素处理； (2) 造园家、造园工匠、造园思想、造园技法	(1) 新闻：王澍的代表作之一——中国美术学院象山校区获评英国《卫报》评选 21 世纪最佳建筑；中国建筑师首获世界“建筑界最高奖”； (2) 纪录片：《园林：长城之内是花园》《大国工匠》《苏东坡》
	第三章　中国近现代园林	近现代著名风景园林师及其作品	(1) 网络新闻：《梦想改造家》节目红砖房改建事件； (2) 视频：《一代园林大师陈从周》《“奋斗的我，最美的国”——听孟兆祯院士讲述自己的故事》《中国风景园林学科开拓者孙筱祥先生纪念视频》

续表 1

课程思政目标	融入章节	依托知识点	课程思政资源
工匠精神	第四章　日本园林	(1) 枯山水、茶庭造园要素处理; (2) 造园家、造园思想、代表作品、造园技法	(1) 视频:《写意奥运　日本机器人将运动英姿画成"枯山水"景观》; (2) 纪录片:《日本禅园 Zen Garden:悟日本禅宗园林之妙》
	第五章　西方园林	(1) 伊斯兰园林理水艺术、植物应用、建筑、装饰物、空间结构; (2) 文艺复兴时期、君主集权时期、工业革命之后、近现代各国的造园家、造园思想、代表作品	(1) 视频:《世界未解之谜:古巴比伦空中花园是否真的存在?为什么而建造的?》《现代景观设计师 100 人》; (2) 网络新闻:迪拜计划斥资 68 亿元仿建印度泰姬陵; (3) 网络新闻:安德烈·勒诺特尔诞辰 400 周年 Google 的 Doodle 向他致敬; (4) 纪录片:《意大利花园》《花园秘密　英国园林史》
文化自信	第一章　绪论	世界园林体系构成及基本特征	视频:《北京 2022 年冬奥会开幕式二十四节气》
	第二章　中国古典园林	(1) 秦汉时期、魏晋南北朝时期、隋唐时期、两宋时期、明清时期的都城规划; (2) 唐大内三宫、成熟后期江南私家园林; (3)《营造法式》《园冶》《一家言》《长物志》等造园理论著作; (4) 中国传统的哲学思想和礼制规范; (5) 书法、绘画、文学、建筑营造、植物配置、民俗等艺术	(1) 视频:舞蹈《祈》、舞蹈诗剧《只此青绿》(选段)、2008 年北京奥运会开幕式(片段); (2) 纪录片:《秦始皇的幽灵军队》《帝都泱泱》《梦回唐朝》《大明宫》《苏园六纪》《北京中轴线》《诗行天下》; (3) 新闻:美国纽约大都会博物馆仿建网师园、植物园仿建留园、洛杉矶仿建拙政园的报道;海外仿建四十余座苏州古典园林的报道;苏州古典园林作为中国园林的代表被列入《世界遗产名录》,九处古典园林先后被列为世界文化遗产; (4) 新闻:《园冶注释》荣获 2018 年"世界最美的书"银奖
	第四章　日本园林	(1) 日本平城京城市建设特征; (2) 中日园林特征对比分析	(1) 论文:白居易知道他在日本很火吗; (2) 论文:中日筷子礼仪与文化差异
	第五章　西方园林	英国风景式园林与中国古典园林的比较分析	(1) 视频:《国家宝藏》大报恩寺琉璃塔拱门; (2) 视频:《有为的自然——钱伯斯与西蒙兹笔下的中国园林》

续表 1

课程思政目标	融入章节	依托知识点	课程思政资源
家国情怀	第一章　绪论	园林史的研究现状和学习意义	（1）视频：《中国“造园组”建立70周年纪念视频》； （2）习近平总书记致中国社会科学院中国历史研究院成立的贺信
	第二章　中国古典园林	（1）汉代未央宫、宋代艮岳、清代故宫、“三山五园”的造园目的、建造过程和历史变迁； （2）宋代辽、金园林、清代少数民族园林的发展情况； （3）文人园林观、文人园林从萌芽到兴盛的发展历程和特点	（1）新闻：“回归之路——新中国成立70周年流失文物回归成果展”报道； （2）新闻：北京公示《三山五园地区整体保护规划（2019年—2035年）》； （3）视频：《行走三山五园》； （4）纪录片：《风云未央宫》《故宫》《圆明园》《颐和园》《园林：长城之内是花园》第五集
	第三章　中国近现代园林	（1）中国近现代园林的发展历程、影响因素和园林特征； （2）桂林山水园林	（1）视频：《1928年6月，在华人董事努力下，上海租界公园陆续对华人开放》《厉害了我的国》节选、《光辉的历程——从一大到十五大》节选； （2）新闻：从日本追索回国的天龙山石窟第8窟佛首的报道； （3）党的十九大报告中关于建设美丽中国、生态文明建设的内容； （4）习近平总书记在广西考察时的重要讲话
文明互鉴	第五章　西方园林	（1）波斯伊斯兰、西班牙伊斯兰、印度伊斯兰的地理位置、地形特征、气候特点、历史文化背景和园林特征； （2）意大利台地式园林、法国古典主义园林、英国自然风景式园林对欧洲各国园林产生的影响； （3）意大利台地园林与法国勒诺特尔式园林的对比分析； （4）东西方古典园林艺术特征对比	（1）视频：北京世园会主题纪录片《改变世界的中国植物》、世界各地环球影城的宣传片、《全球化语境中的中国园林和当代艺术》； （2）《习近平在亚洲文明对话大会开幕式上的主旨演讲》； （3）《习近平主席在联合国教科文组织总部的演讲》； （4）新闻：贝聿铭打破法国人的质疑声，颠覆传统审美定式改造卢浮宫

三、课程思政教学方法及手段

“中外风景园林史”课程采用“SPOC + BOPPPS”的混合式教学，打造“网络课堂""教室课堂"和"现场课堂"多维教学空间，组织"线上网络教学平台自主学习+线下课内互动和课外实践"相结合的教学过程，实现BOPPPS每一环节线上与线下的混合。在教学中，采用讲授法、案例教学法、翻转课堂教学法、探究式教学法、讨论式教学法、情境体验教学法等教学方法；课程考核综合采用结果评价、过程评价、动态评价等方式，并将"以赛促学"理念创新融入，多环节多维度考查学生，提高学生学习的责任感和获得感，培养学生的结构化思维、批判性思维、创新性思维。

教学过程中，力求做到"知"与"行"相结合，根据学生差异化的学习需求和渐进式的认知规律，设计低、中、高三阶的教学目标、教学内容、教学活动和考核方式。开展虚实交互、人机交互和古今交互的"多重"体验式教学活动，将优秀传统文化、家国情怀、地域文化、人格修养等内容融入专业课内容，落实"课程思政"，实现学生专业思维和独立人格的综合塑造。

（1）情景体验，感知文化。将复杂且抽象的社会历史、文艺思潮和人物关系等教学难点，通过角色扮演实现情景再现，将枯燥的历史理论鲜活呈现。同时，通过CECE数字体验式教学系统，使学生以漫游、交互和沉浸式方式真实感知教学对象，领会工匠精神的文化内涵。

（2）互动体验，感悟历史。推出"讲述中国故事""共鉴桂林山水园林"等活动，对话历史，感悟传统，探索中国园林智慧对生态文明建设的影响。

（3）研读体验，传承精髓。积极开展"园林史经典书籍研读"活动，研读经典，领略悠久而丰富的文化积淀，传承精髓。

（4）实践体验，创新文化。开展实地调研测绘，建立具有地域特色的桂林传统园林案例资源库和山水文化资源库。举办"印象"系列诗词、绘画、摄影、模型等比赛，从赏析和创作入手，培养学生的中国传统文化素养，继承传统，创新文化。

四、课程思政教学实施具体案例

第二章第六节　成熟后期江南私家园林

（一）教学内容

（1）成熟后期苏州代表性园林的空间布局和造园手法。

（2）成熟后期扬州代表性园林的空间布局和造园手法。

（3）成熟后期江南私家园林特征。

（二）教学重点

中国古典园林成熟后期代表性园林的空间布局和造景手法。

（三）教学难点

能够深刻体会"天人合一"崇尚自然的中国式自然山水园林的精髓，领悟中国古典园林中蕴含的精神文化。

（四）教学目标

1. 知识目标

（1）熟知中国古典园林成熟后期江南的代表性私家园林。

（2）掌握中国古典园林成熟后期代表性园林的空间布局和造景手法。

（3）深刻领会中国古典园林成熟后期江南私家园林的特点。

2. 能力目标

（1）提升学生对事物美的感悟能力，训练学生分析、欣赏园林的能力。

（2）培养学生独立思考的能力和交流沟通的能力。

3. 情感态度与价值观目标

（1）弘扬传统文化，增强民族自豪感，激发学生爱国情怀，坚定文化自信。

（2）培养学生注重细节、精益求精、创新创造、协作共进的工匠精神。

（五）教学内容与思政元素融入点

详细讲解苏州、扬州代表性园林的空间布局、造园技艺、园林意境表现。通过园林视频，引导学生由表及里、由形到意、由浅入深地对园林进行鉴赏，真切地让学生体会到古人的伟大智慧及工匠精神的内涵和价值，不断提高学生自觉的审美意识。利用视频展示工匠刘佑年古音新韵、良心铸钟的故事，培养学生弘扬优秀文化，传承工匠精神，用“尚巧”的创造精神和“精益求精”的工作态度打造精品园林景观。

分析苏州、扬州代表性园林建筑、书法、绘画、文学、植物造景等艺术。利用苏州古典园林列入世界遗产名录、国外大量仿建苏州古典园林的新闻报道，引导学生在树立民族自豪和文化自信的基础上，意识到传承与发扬这份博大精深的优秀文化与艺术体系，是当代中国青年，尤其是当下设计从业者们义不容辞的时代责任与历史使命。

领会苏州园林、扬州园林、江南园林造园特征。通过习近平主席在联合国教科文组织总部的演讲，引入分析当前我国在国际上的影响力，使学生认识到认同、理解、尊重其他民族的重要性。在文明互鉴中树立文化自信，坚守本民族的优秀文化，抵抗文化霸权和侵略，发挥自身文明的优势，实现更好的交流发展，不断提高我国的园林规划设计水平。

（六）教学过程

表 2 为“成熟后期江南私家园林”教学过程。

五、教学效果

传统文化、审美素养、工匠精神、文化自信、家国情怀、文明互鉴、职业道德、社会责任等思政要素有机融入“中外风景园林史”课程教学，使学生获得

表 2 “成熟后期江南私家园林”教学过程

教学环节	教学内容	思政目标及资源	教学方法与手段	师生活动设计	时间分配
复习	教师引导学生回顾中国古典园林成熟后期的皇家园林，全面引进江南园林的造园技艺，通过引入“江南园林甲天下”的美誉，让学生挑选最想去游览的三座江南古典园林，吸引学生注意力，导入本节课内容和学习重点，保持授课的连贯性和便于学生整体掌握				1min
讲新课	苏州私家园林： （1）代表性园林空间布局和造园手法： 1）留园； 2）拙政园； 3）网师园； 4）狮子林。 （2）苏州私家园林的造园特征：简远、疏朗、雅致、天然	（1）思政目标：审美素养、注重细节、精益求精。 思政资源：苏州园林宣传片《走进园林》。 （2）思政目标：文化自信、爱国情怀。 思政资源：美国纽约大都会博物馆仿建网师园、植物园仿建留园、洛杉矶仿建拙政园的新闻报道	教学方法：翻转课堂教学法、情境体验教学法、讨论式教学法。 教学手段：多媒体、雨课堂、数字景观体验系统	（1）雨课堂测试：PPT 展示课前线上学习的苏州私家园林，利用雨课堂，让学生将园林名称和特征关键词对应连线。 （2）案例分析：抽点学生模拟导游展示课前学习成果，利用数字景观体验系统分析苏州四大名园的空间布局、造园手法和造园思想。 （3）点评总结，思政融入：教师结合苏州园林宣传片《走进园林》，归纳总结苏州园林的造园特征，并提供学生记忆的锦囊妙计。 （4）展示新闻，提问讨论，思政融入：同学们更喜欢苏州园林还是美国仿建园林，为什么	20min
	扬州私家园林： （1）代表性园林空间布局和造园手法： 1）个园； 2）小盘谷。 （2）扬州私家园林的造园特征：贵气、明朗与华丽	（1）思政目标：审美素养、创新意识。 思政资源：视频《江南文脉　园林篇》个园、小盘谷节选。 （2）思政目标：注重细节、精益求精。 思政资源：视频《大国工匠》刘佑年：《古音新韵良心铸钟》节选	教学方法：讲授法、讨论式教学法。 教学手段：多媒体、雨课堂	（1）知识讲授，思政融入：教师结合视频《江南文脉　园林篇》讲授个园、小盘谷空间布局、造园手法、造园思想。 （2）雨课堂测试：扬州以园亭胜，园亭以叠石胜，以分峰用石、四季假山著名的是哪一座园林？ （3）案例分析：抽点学生评析四季假山的艺术特征。 （4）归纳总结，思政融入：教师总结园林特征关键词。 （5）案例图片展示，提问讨论，融入思政：两座园林中的黄石假山，同学们更喜欢哪一种园林假山，为什么	11min

续表 2

教学环节	教学内容	思政目标及资源	教学方法与手段	师生活动设计	时间分配
讲新课	江南私家园林的特征： （1）苏州、扬州私家园林的异同点。 （2）苏州、扬州私家园林造园风格差异的成因： 1）园主人对园林风格的影响； 2）画风对园林形式的影响； 3）学风对园林性格的影响； 4）城市文化对园林的影响。 （3）江南私家园林的特征： 1）叠山：以太湖石和黄石为主； 2）理水：常以水池为中心，水体留出水尾； 3）园林建筑：玲珑轻盈，空间通透，色彩素雅； 4）园林植物：讲究象征寓意； 5）园林空间：多样而又富于变化	（1）思政目标：家国情怀、文化自信。 思政资源： 1）苏州古典园林作为中国园林的代表被列入《世界遗产名录》。拙政园、留园、狮子林、网师园、沧浪亭、耦园、环秀山庄、艺圃、退思园共计 9 处古典园林先后被列为世界文化遗产，成为苏州的一张“国际名片”。 2）新闻：海外仿建四十余座苏州古典园林的报道。 （2）思政目标：文化互鉴、责任担当。 思政资源：习近平主席在联合国教科文组织总部的演讲	教学方法：探究式教学法、讨论式教学法。 教学手段：多媒体、雨课堂	（1）雨课堂活动：组织课堂分组讨论，要求学生利用雨课堂展示小组讨论结果，并将江南私家园林的特点概括五个关键词投屏展示。 1）苏州、扬州私家园林的异同点是什么？造成差异的原因是什么？ 2）江南私家园林的特征。 （2）教师点评总结，新闻展示，思政融入。 （3）提问讨论，思政融入：中国园林对全世界的造园手法、园林形式、园林发展等起到了借鉴参考作用，日本的枯山水、英国的自然风景园无不受到中国园林的影响，是中国文化影响全世界、贡献全人类的典范。“文明因交流而多彩，文明因互鉴而丰富”，在现代东西方园林艺术交流互鉴时，我们应该如何做	12min

续表2

<table>
<tr><th>教学环节</th><th>教 学 内 容</th><th>思政目标及资源</th><th>教学方法与手段</th><th>师生活动设计</th><th>时间分配</th></tr>
<tr><td>课堂小结</td><td colspan="4">回顾与梳理，学生随教师总结快速记忆和复习
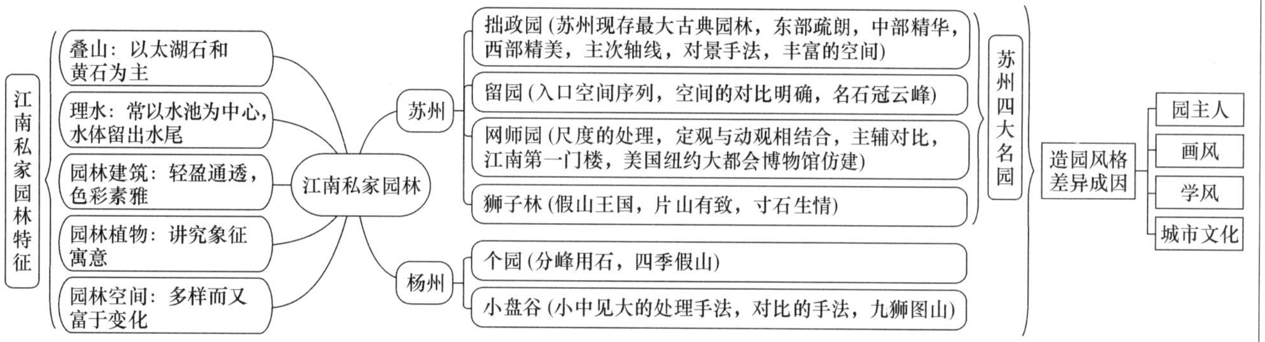
</td><td>1min</td></tr>
<tr><td>布置作业</td><td colspan="4">(1) 查阅下列文献：
[1] 倪苏宁．论苏州园林空间的艺术特征［D］．苏州：苏州大学，2002.
[2] 谢明洋．晚清扬州私家园林造园理法研究［D］．北京：北京林业大学，2015.
[3] 张彦．苏州、扬州古典私家园林对比研究［D］．北京：北京林业大学，2010.
[4] 陈羽．江南私家园林景观意境分析［D］．合肥：安徽农业大学，2008.
[5] 王瑞云．地域性符号的分析与提取——以江南园林景观为例［D］．无锡：江南大学，2009.
(2) 以小组为单位，选择最喜欢的一处江南私家园林进行平面图抄绘，小组成员每人选取一处景点空间进行详细分析。
(3) 思考：成熟后期私家园林艺术性与技巧性的矛盾</td><td></td></tr>
</table>

了更丰富、更深刻的学习体验，对辨析园林艺术特征、评价风景园林领域代表性人物与案例影响、应用风景园林艺术与历史学分析方法来解决复杂问题的思考更深入，学习目标更明确，愿意接受有挑战性的学习任务。由学生组成的桂林山水园林研究团队，查阅《广西通志》《临桂县志》等地方志书中唐代至清代的108个风景建筑信息，同时参考志书中的旧图，利用数字化转译方法，绘制桂林区域城市山水关系“历史地图”；分析77首桂林山水园林诗词，整理出110组景观元素关键词。在实践中，能自觉将古典园林造园手法、中国传统文化元素融入设计中，参与完成“桂林市塔山片区文化旅游规划”“桂林平乐县黄牛头村景观规划设计”“桂林七仙峰观光茶园规划设计”等方案，体现出学生扎根祖国大地，在文化传承上的思考与创新。近三年学生总评成绩平均分逐年提高，学生评教、学校教学督导听课评价也均为优秀。课程思政建设增强了教师的育人意识和能力，“中外风景园林史”先后被评为校级“优质示范课”“课程思政示范课”，2019年被评为广西壮族自治区高校“混合式一流课程”。

六、教师感悟

专业知识的学习是掌握专业技能的必经过程，课程思政融入塑造出品行端正、爱国爱民、敢于担当的专业人才。只有实现思想政治教育与知识体系教育的有机统一，将知识教育同价值观教育、能力教育结合起来，才能真正地在大学里培养出合格的专业人才。“中外风景园林史”课程采用线上线下混合式教学模式，通过综合运用交互式、原生态阅读等教学方法，细化小组学习教学活动设计，激发了教师教和学生学两方面的内在动力，实现了深化专业认识、活化综合能力和强化思想素质的建设效果。今后要加强与思政教师紧密合作，以便更充分挖掘课程中的思政元素，保持“课程思政”与时俱进，不断加入新的理念和思路。

“人居环境科学导论”课程思政教学案例

土木与建筑工程学院　王　晓

一、课程基本信息

课程名称：人居环境科学导论。

课程性质：专业选修课。

授课对象：城乡规划专业大三年级本科生。

教学目标：

（1）知识目标。熟悉人居环境科学基本知识、人居环境规划设计方法论及优秀实践案例。

（2）能力目标。提高辩证思考人与环境的认知能力；培养整体思考复杂问题的系统思维、培养人居环境科学的设计思维。

（3）情感态度与价值观目标。培养社会主义核心价值观、可持续发展的生态文明观，以人为本的设计思维范式和价值取向；树立规划师的责任感、使命感，科学、严谨的规划设计观；培养职业道德与社会公德。

课程简介：

“人居环境科学导论”是城乡规划专业的专业选修课程，为学生掌握人居环境科学基本知识，提高人与环境的思辨能力，树立城乡人居环境建设科学发展观起到重要作用。前修“居住区规划原理”，后衔接“城市设计原理”等课程，课程主要内容从城市规划到人类聚居学再到人居环境科学的发展过程；主要强调了需要结合我国的基本国情，借鉴人类聚居学的成就，发展新的学术，即建立人居环境科学。阐述了人居环境科学的由来、人居环境的构成、人居环境建设的基本观念、人居环境科学的方法论、设计论，以及在保护和建设可持续性发展的人居环境方面的研究实例。本课程有着鲜明的价值观导向，为“课程思政”融入奠定了良好的基础。

使用教材：吴良镛．人居环境科学导论．北京：中国建筑工业出版社，2021．

二、课程思政整体教学设计

（一）课程思政教学理念与思路

“人居环境科学导论”课程在教学内容层面深入融合科学发展观、生态文明建设等“课程思政”要点，其教学总体思路从课程特点、学情分析、思政融入重难点等方面入手，构思如下：

（1）结合课程特点，将部分章节列为“思政设计重点章节”。本课程有多个章节，其内容本身极具“课程思政”育人要素，教学总体构思中，通过深度挖掘、拓展，将这些章节列为“课程思政”讲解及考核的重点章节，课时分配中适当多分配时间。

（2）立足学情，突出案例教学。通过分析，对教学的不利因素主要有三方面：其一，课程理论性较强，内容较为枯燥，学生容易产生厌学情绪；其二，课程运用到交叉学科的内容较多，除城乡规划本专业内容外，涉及大量建筑、风景园林内容，对学生知识储备要求较高；其三，课程的教材以吴良镛院士的经典著作为教材，虽然集成了人居环境方面的理论及案例，但是近些年没有再版，案例不能与时俱进，缺少吸引学生的时事与前沿。针对这些不利因素，教师在课前利用雨课堂开展学情调研，统计“人居环境科学导论”学习需求，发现学生愿意，了解热点、前沿问题，利用多样的教学方式，其中案例教学法深受学生喜爱。

因此，本课程主要从以下三个方面着手：

（1）以书为本，拓展案例。用经典案例、人物事迹、历史故事、贴近生活的例子等案例强化知识点。同时，结合热点、新政策，将知识点讲透，吸引学生的注意力，启发学生在生活中发现类似问题时能够思考、运用所学知识发表观点。

（2）调动学生主动参与“课程思政”的积极性，让学生由被动接受输入的价值观，转为主动参与，甚至输出内化的正确价值观，同时增加学生学习兴趣。结合“人居环境科学导论”中第五章“教育与人居环境科学”，开展“学习大师成长路径”这一主题，每节课增设“课前汇报”环节，要求学生分组汇报，每节课一组，汇报内容有关人居环境方面的专家、学者及其主要作品、贡献。目前该环节已连续运行两轮次，学生们汇报的名人古今中外，以中国专家学者为主。汇报效果良好，同学们在收集资料并主动输出的过程中强化了优秀名人事迹在心中的榜样地位，在不知不觉中主动参与到了“课程思政”的建设中来。

（3）深入浅出，教好交叉学科知识。通过交叉学科知识拓展课堂知识的广度，培养学生适应交叉学科的知识传授方法及思维。具体地，教学中通过对已有知识的对比、联想等方法，学习交叉专业（建筑学、风景园林学）知识，并且能最终落脚服务于本专业的学习过程中。

（二）课程思政教学创新点

（1）课程思政元素考察点与课程内容考察高度融合。在期末考试题中设计了一道题：“你认为作为未来规划师应该培养哪些能力，具备哪些素质？”这道题与第五章"教育与人居环境科学"中规划师教育的内容密切相关，学生在该题的平均得分为10分（满分12分），从中可以看出学生通过一个学期的学习，在规划师职业认同感、专业素养等方面的认知更加全面、清晰。某同学写道："通过课程的学习，我深感作为未来规划师的使命与责任感，今天好好学习才能为明天建设家乡做贡献！"

（2）"课程思政地图"的思政教学设计创新。城乡规划的专业特点是理性思维与感性思维相融合，"课程思政地图"是利用类似思维导图的形式，结合专业的图式思维特点，梳理思政元素"从哪里来""到哪里去"的逻辑关系。"课程思政地图"的一边是本课程运用的六大思政融入方式，一边是课程的五大素质目标及其分布章节，其中素质目标按照重要程度星级排序（★重点，☆次重点）。"课程思政地图"的优点在于能够使教学设计思路清晰，帮助课程进行"课程思政"的顶层设计，以六大思政融入方法为抓手，以五大素质目标为导向，统筹素质目标在各章节中的分布落实情况，提高思政融入教学的效率，如图1所示。

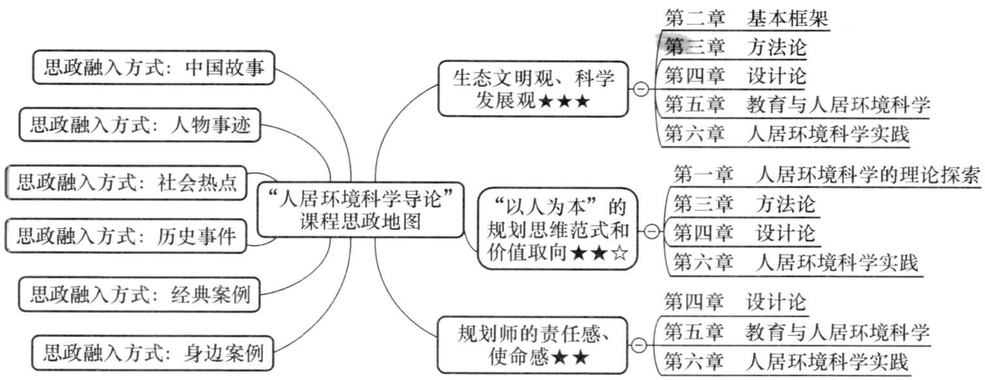

图1 "人居环境科学导论"课程思政地图

（三）课程思政教学整体安排

表1为"人居环境科学导论"课程思政教学整体安排。

表1 "人居环境科学导论"课程思政教学整体安排

课程思政目标	融入章节	依托知识点	课程思政资源
生态文明观、科学发展观	第二章 人居环境科学基本框架构想	人居环境科学的五原则	视频《最新出炉：2020全球最宜居城市排名》，考察指标与人居环境科学的五原则（生态观、经济观、科技观、社会观、文化观）的联系

续表 1

课程思政目标	融入章节	依托知识点	课程思政资源
生态文明观、科学发展观	第三章　人居环境科学的方法论	复杂巨系统与复杂性科学	吴良镛事迹，在“文化大革命”后探索建筑的发展道路，提出要整体性、系统化研究问题
		人居环境科学“范式”与“科学共同体”	拓展阅读：新闻稿“人居二”“人居三”会议召开及主要议题
	第四章　人居环境规划与设计论	（1）对规划设计的再思考； （2）人居环境规划设计的理性分析	（1）城市规划学科的诞生及发展历程，论述如何做到理性、系统、整体规划的重要性； （2）视频《8 分钟让你看懂雄安新区未来规划》，通过雄安新区规划的战略高度、先进的规划理念等，阐述在规划第一战略阶段的科学决策重要性
	第六章　在人居环境科学实践的道路上	规划设计理念上的整体思考	桂林山水与桂林第一个控制性详细规划的案例，通过控规要求主城区限高达到城市山水协调发展，保护山水景观
“以人为本”规划思维范式和价值取向	第一章　人居环境科学的理论探索	霍华德、盖迪思、芒福德近代城市史理论	案例：人本主义三杰的主要思想，田园城市理论，重视调查研究的“先诊断，后治疗”思想等
	第四章　人居环境规划与设计论	人居环境规划设计的理性分析	菊儿胡同案例：通过现状及规划、实施的对比，诠释以人为本的思想作用于规划，以及为未来发展留有余地的科学性
	第六章　在人居环境科学实践的道路上	规划设计理念上的整体思考	孔子研究院设计案例：通过“十字花”规划结构设计，落实创作思想“文化建筑必须要有文化内涵”
规划师的责任感与专业认同	第三章　人居环境科学的方法论	科学工作者需要有基本的哲学素养	吴良镛先生在“文化大革命”后探索建筑的发展道路，提出要整体性、系统化研究问题

续表 1

课程思政目标	融入章节	依托知识点	课程思政资源
规划师的责任感与专业认同	第四章　人居环境规划与设计论	城市设计理论	从《建筑十书》到《北京宪章》，建筑发展到广义建筑学，更加关注人居环境在生态、生活、文化、美学等方面的要求
	第五章　人居环境科学与教育	专业教育的改革对策与途径	视频《匠人营国——国家科技最高奖获得者吴良镛》，论述其求学过程、教书经历等，要求培养全面发展的专业人才

三、课程思政教学方法及手段

“人居环境科学导论”课程主要贯彻“以学生为主体，以教师为主导”的教学理念，采用讲授法、讨论法、案例法、演示法等教学方法，结合雨课堂、问卷星等现代化教学手段。在具体的每节课中，采用 BOPPPS 的教学组织模式（导言 B、目标 O、前测 P、参与式学习 P、后测 P、总结 S），该方法以结构化的方式重组课堂，做到“以学生为中心”的参与式学习，适应当代大学生乐于表达自己、思想活跃等特点。

其中，“导言”通常以社会热点事件、最新政策等为切入点，注意突出国内的正面案例，政策的优越性；“目标”中的情感、价值目标包含显性的思政元素；“前测”与“后测”在部分章节中融入了“课程思政”情感目标的检验路径，考查学生们是否达到素质目标；“总结”部分对本课程进行价值升华；“参与式学习”部分通过组织讨论、互动，使学生们在不知不觉中接受并树立社会主义核心价值观、生态文明观，培养规划师的责任感、使命感、职业道德与社会公德等。

四、课程思政教学实施的具体案例

第四章第四节　人居环境规划设计的理性分析

（一）教学内容

（1）理性规划的内涵。

（2）规划设计的三阶段。

（3）人居环境规划设计三原则。

（二）教学重点

规划设计的三阶段：该内容较为抽象，理论性强。

(三) 教学难点

人居环境规划设计三原则：三原则运用广泛，是人居环境设计的核心原则。

(四) 教学目标

1. 知识目标

(1) 通过理性分析的学习，学生能够掌握理性的内涵，理解理性分析三个阶段的联系。

(2) 初步认识人居环境规划设计三原则，为后续课程打基础。

2. 能力目标

(1) 通过案例的学习，学生能够运用人居环境规划设计的指导原则，分析、评价一个规划方案。

(2) 模拟一个规划方案的设计阶段。

3. 情感态度与价值观目标

(1) 通过本章的学习，学生能够形成规划设计的整体观、全局观。

(2) 树立科学、严谨的规划设计观，培养规划师的责任感。

(五) 教学内容与思政元素融入点

(1) 课前汇报：由学生自己收集、分享经典语录、案例，倡导创新、批判精神，学习大师成长路径。

(2) 导入：与社会热点事件相结合，《从小渔村到大都市，深圳特区 40 周年》(视频)，讲述深圳经济特区 40 年发展变化的成功实践，引出成功的规划是分为几个阶段的。

(3) 短片《8 分钟让你看懂雄安新区未来规划》，雄安新区是继深圳经济特区和上海浦东新区之后又一项重大的历史性战略选择，是千年大计、国家大事。学生通过观看短片，梳理概念阶段的工作内容有哪些。短片中前瞻性智慧化规划构想既能够帮助学生们提高民族自豪感，又与课程内容规划设计的第一阶段“概念阶段”相契合。

(六) 教学过程

表 2 为“人居环境规划设计的理性分析”教学过程。

五、教学效果

通过开展课程思政，“人居环境科学导论”课程在教育教学改革成果、教学督导听课评价、学生作业的思政元素、师生互动等方面都取得了显著的教学成效。近两年本课程被专家督导及同行听课 8 次，平均分达 90.9 分，其中有老师点评课程“引入思政元素，引导学生树立正确的价值观和情怀”。

教师在课程思政教学建设过程中，也取得了一些成绩：2020 年，“人居环境科学导论”课程教案入选桂林理工大学首届“课程思政”优秀教案；2020 年，

表 2 “人居环境规划设计的理性分析”教学过程

教学环节	教学内容	思政目标及资源	教学方法与手段	师生活动设计	时间分配
课前分享	课前由学生介绍一位大师及其作品，并予以评价	通过查找及分享案例，学习大师成长路径	案例教学法	学生介绍梁思成的经历及其对近代城市规划的推动作用。教师点评肯定学生选取人物的代表性，建议增加对大师身处时代的特殊性的考虑，将大师介绍更加丰富饱满	5min
导入	《从小渔村到大都市，深圳特区 40 周年》(视频)，讲述深圳经济特区 40 年发展变化的成功实践  深圳等经济特区的成功实践充分证明，党中央关于兴办经济特区的战略决策是完全正确的。经济特区不仅要继续办下去，而且要办得更好、办得水平更高。 ——习近平《在深圳经济特区建立40周年庆祝大会上的讲话》	通过视频观看深圳的巨大变化，增强民族自豪感	演示法	老师：深圳等经济特区的成功案例充分证明，党中央关于兴办经济特区的战略决策是完全正确的。除了战略决策，规划设计其实共有三个阶段，那么今天我们就来一起学习	3min
前测	雨课堂发布测试题，了解学生学习基础 多选题 2分 Pre-assessment 前测 你认为下列与“理性”密切相关的词语有哪些? A 人类知识、分析、判断、比较等能力 B 依据所掌握的知识和法则进行逻辑推理而得到结果的方式 C 在识别、判断、评估实际状况的基础上进行有目的的行动 D 从形式、经验、教条出发的现象		雨课堂练习法	学生通过答题，辨别理性的内涵有哪些	2min

续表 2

教学环节	教　学　内　容	思政目标及资源	教学方法与手段	师生活动设计	时间分配
讲新课	理性规划的内涵：其根本是对“合理性”的追求；符合实际情况和发展规律；判断和结论是符合逻辑的可推导的，有因果关系的；形成成果内容是可解释、交流的。 反对：不符合城乡发展规律、不顾城市发展建设条件和需要、盲目追求“高大上”，以及纯粹从形式和教条出发的种种现象		讲授法	教师讲解	3min
	规划设计三个阶段： （1）概念阶段：设计者接受规划设计任务，从概念的构思到观念的形成，大致构建一个框架（雄安案例）	视频《8 分钟让你看懂雄安新区未来规划》。 通过短片，从雄安新区的先进规划理念中激发民族自豪感	案例教学法，多媒体演示法	学生观看短片，分析、列举概念阶段的工作内容有哪些，雨课堂答题 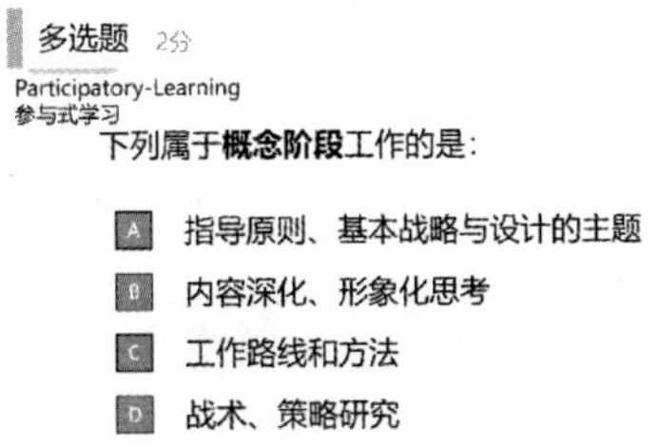 	12min
	（2）模式阶段：开始深入到内容，安排空间组织，形象的构想等，但仍是粗线条的。 厦门案例的星形组团模式的演变与发展内容讲解		讲授法	教师讲授，学生聆听	5min

续表2

教学环节	教学内容	思政目标及资源	教学方法与手段	师生活动设计	时间分配
讲新课	（3）方案阶段：落实到功能内容的细化，合理的布局与形象的思考等。 人居环境规划设计的三项指导原则。 菊儿胡同案例：有机更新思想的提出、实施、成效。 案例与三原则紧密相关 案例 三、方案阶段 案例：（社区层面）菊儿胡同 吴良镛先生提出了“有机更新”思想及建造“类四合院”住房体系，既能满足现代生活需求，又能适应旧城环境及其机理的原则。 	通过菊儿胡同如何规划、建设及影响的案例，学习因地制宜、实事求是的科学规划设计观	案例教学法，雨课堂练习法	学生根据三原则的概念，回答雨课堂问题，梳理厘清三者关系 主观题 10分 Participatory-Learning 参与式学习 人居环境规划设计三原则的关键词分别有哪些？三者间有什么关系？	10min
后测	测试学生知识点与案例对应掌握情况 单选题 1分 Post-assessment后测 本节课中讲的案例：雄安新区、厦门规划、菊儿胡同，分别对应人居环境规划设计的哪个阶段？ A 概念阶段——方案阶段——模式阶段 B 概念阶段——模式阶段——方案阶段 C 模式阶段——概念阶段——方案阶段 D 方案阶段——模式阶段——概念阶段		雨课堂练习法	学生比对、回忆课堂知识点	2min

续表 2

教学环节	教 学 内 容	思政目标及资源	教学方法与手段	师生活动设计	时间分配
课堂小结	让学生画思维导图形式，总结课程内容		练习法	学生梳理本节课知识点并画思维导图（下图为师生交流的思维导图之一） 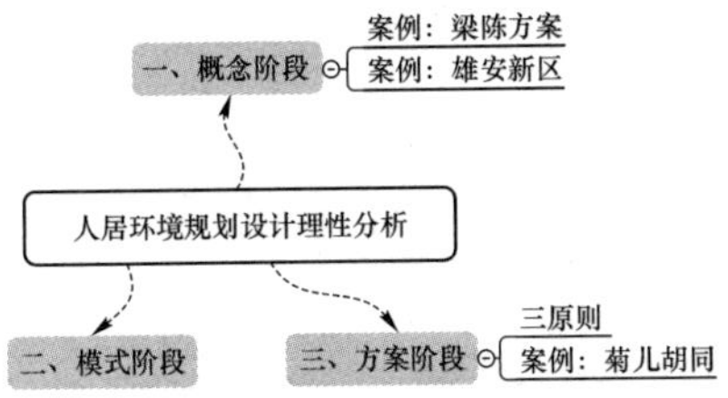	2min
布置作业	习近平总书记说过“规划科学是最大的效益，规划失误是最大的浪费，规划折腾是最大的忌讳”，结合本节课内容谈谈你对习近平总书记这段话的理解	考查学生对科学理性规划的理解		课后做作业	1min

"人居环境科学导论"课程获得第三届桂林理工大学"课程思政"说课比赛理工科组三等奖。课程教学研究论文《信息化背景下专业课程课程思政建设与探索——以桂林理工大学"人居环境科学导论"为例》已发表于《教育观察》2021年第11期。

六、教师感悟

（1）课程思政对教学有促进作用。本课程中众多的思政案例可以丰富课堂的内容，多元化案例教学，同时带有价值观导向的案例，可以引起学生们的情感共鸣，从而留下更深刻的印象，达到预期教学效果。此外，"大师优秀案例"课前汇报，大部分同学反映该环节非常有意义。同学们通过自己的查找、总结、提炼，学习大师的成长之路。启示同学们在学习、生活过程中要坚忍不拔、不惧失败、心怀抱负、志向高远！

（2）课程思政加深了学生的专业认同。由于课程开设在大三年级上学期（五年制），正是一个从通识教育、建筑基础进入到城乡规划专业教育的关键时期，通过本课程的学习，同学们在课程导入及案例环节，接触到了大量的专业时政、热点等，拓宽了同学们的视野。许多同学发现原来城乡规划专业知识与我们的生活息息相关，而人居环境规划又为各种尺度的规划提供了可持续发展的方法论，为同学们未来的专业学习打下了良好基础。

（3）课程思政提高了教师教学能力。通过课程思政的各式培训、研讨、集体备课、教学比赛等教学活动，教师教学能力有了进一步的提高，"立德树人"等理念深入人心，案例教学法等多样化的教学方法也在一次次磨课中运用得更加熟练。所谓教学相长，教师在一次次价值观输出的同时，也更加坚定了教书育人的理想信念！

“城乡规划管理与法规”
课程思政教学案例

土木与建筑工程学院　曹世臻

一、课程基本信息

课程名称： 城乡规划管理与法规。

课程性质： 专业核心课。

授课对象： 城乡规划专业大四年级本科生。

教学目标：

(1) 知识目标。通过教学，使学生理解城乡规划管理的地位和作用，熟悉行政管理学和行政法学的基础知识、城乡规划法律法规体系和技术标准体系，掌握城乡规划管理的内容、任务和工作方法。

(2) 能力目标。通过教学，培养学生理性分析、正确评判规划领域热点事件的专业素养，使学生初步具备城乡规划管理的实务操作能力、工作生活中灵活运用法律法规的能力及城乡规划管理的科学研究能力。

(3) 情感态度与价值观目标。通过教学，培养学生的公平法治精神和依法行政意识、社会责任感和职业道德素养、家国情怀和工程伦理意识。

课程简介：

城乡规划“三分规划、七分管理”。“城乡规划管理与法规”是城乡规划专业的十门核心课程之一，也是学生从事城乡规划专业技术工作后考取注册规划师职业资格的四门必考科目之一。通过课程学习，学生可在低年级“思想道德修养与法律基础”通识类课程和“城市总体规划与村镇规划”“居住区规划设计”等设计类课程基础上，从行政管理的角度系统学习城乡规划的行业管理、制定管理及实施管理的全过程实务操作规范，为后续“控制性详细规划设计”“乡村规划设计”“毕业设计（论文）”等课程做好规划实施方面的知识储备，课程内容紧密契合城乡规划专业培养目标。

本课程涉及行政学、管理学、法学等相关专业领域，并且包含大量的法律法规及标准规范，具有较强的理论性和政策性。教学过程中首先进行法律通识方面的教育，以提升学生的基本法律素养，以此为基础，结合当前城乡规划领域法律法规、意见办法和社会真实案例，侧重规划实施管理相关的基本知识、基本理论的讲解。同时，注重挖掘、提炼课程中蕴含的思政元素并有机融入相关知识点中，既丰富了教学内容、提升了课堂参与度，又潜移默化培养了学生的公平法治精神、依法行政意识、社会责任感和职业道德素养，实现立德树人、德法兼修。

使用教材：耿慧志．城乡规划管理与法规．2 版．北京：中国建筑工业出版社，2019.

二、课程思政整体教学设计

（一）课程思政教学理念与思路

当前，课程思政建设已经全面深入推进，但还是有部分老师将思政课程与课程思政相混淆，认为课程思政就是讲思想政治，缺少积极参与意识，不能深入挖掘专业课程中所蕴含的思政元素。其实在 2020 年 5 月教育部印发的《高等学校课程思政建设指导纲要》中已经明确提出，课程思政建设内容要紧紧围绕坚定学生理想信念，以爱党、爱国、爱社会主义、爱人民、爱集体为主线，围绕政治认同、家国情怀、文化素养、宪法法治意识、道德修养等重点优化课程思政内容供给，系统进行中国特色社会主义和中国梦教育、社会主义核心价值观教育、法治教育、劳动教育、心理健康教育、中华优秀传统文化教育。可以说，与上述相关的内容都可以称为思政元素，而且所有专业课程中都或多或少蕴含思政元素。重点是要在挖掘提炼的基础上，进行有机融入，做到如盐入味、润物无声，破解专业教育和思想政治教育“两张皮”的问题，不能为了突出课程思政而没有限度地增加课程思政内容。

“城乡规划管理与法规”课程作为工科专业的一门管理类、法学类课程，跨越多个学科，相对于城乡规划专业其他课程而言，蕴含了丰富的思政元素，主要包括公平法治、依法行政、职业道德、社会责任、工程伦理、家国情怀等内容。在全面依法治国的今天，城乡规划管理必须坚持法治与德治相结合，全过程体现公平法治精神和依法行政意识，实现文明执法、遵纪守法，建设和谐社会、宜居城市。本课程非常有必要融入课程思政教育教学理念，而且基于课程思政理念的融入，可以有效提升课堂教学效果。

（二）课程思政教学整体安排

表 1 为“城乡规划管理与法规”课程思政教学整体安排。

表 1 “城乡规划管理与法规”课程思政教学整体安排

课程思政目标	融入章节	依托知识点	课程思政资源
公平法治	第一章　行政管理基础知识	行政救济	行政救济的社会案例，法律面前人人平等，管理部门依法行政，作为公民也依法享有行政救济的权利，培养学生的公平法治精神

续表 1

课程思政目标	融入章节	依托知识点	课程思政资源
公平法治	第七章　城乡规划监督检查	规划监督检查	规划师考试真题中有关规划监督检查的案例，法律面前人人平等，作为行政机关同样受到社会各方的监督，培养学生的公平法治精神
依法行政	第四章　城乡规划制定管理	规划修改管理	规划师考试真题中关于控制性详细规划修改的案例，以案例讲解强化依法行政意识，强调修改程序不当也属于违法，培养学生的依法行政意识
	第五章　城乡规划实施管理	规划实施管理的原则与方法	“一书三证”的证书原件，展示证书原件及内容，强调管理者与被管理者都需要依法进行审批与申请，使学生理解毕业后不管是作为规划管理者还是规划技术人员都要遵纪守法，依法行政
家国情怀	第一章　行政管理基础知识	我国的政府体制	新冠肺炎疫情防控的视频剪辑，通过观看中外各国在疫情防控中的不同表现，引导学生思考我国政府体制的优越性，培养家国情怀
	第六章　文化和自然遗产保护规划管理	风景名胜区保护规划管理	《世界遗产在中国》纪录片视频剪辑、某风景名胜区违法建设案例，引导学生思考风景名胜区如何进行规划建设管理，培养家国情怀
职业道德	第三章　城乡规划行业管理	规划师职业资格管理	老一辈规划大师的视频剪辑，通过对德高望重的规划大师的事迹或作品介绍，进行榜样教育，培养学生职业道德
	第五章　城乡规划实施管理	规划条件	规划师考试真题中规划条件制定的案例，通过案例解析，使学生深刻理解规划条件在城乡建设发展中的作用并予以充分重视，培养学生职业道德
社会责任感	第五章　城乡规划实施管理	项目选址审查	某机场选址的成功案例，阐述项目选址的重要性，培养学生项目选址管理中的社会责任感
		总平面图审查	规划师考试真题中居住区规划的案例，解析总平面审查的要点，引导学生关注民生设施配套，培养学生用地审批管理中的社会责任感
		建筑方案审查	历年“中国十大丑陋建筑评选”活动，引导学生思考“丑陋建筑”建成的原因，培养建筑设计方案审批管理中的社会责任感
文化自信	第五章　城乡规划实施管理	乡村建设规划管理	六尺巷的故事，通过故事介绍，阐述乡村社会德治的重要性，引导学生与人为善，传承数千年的乡贤文化，辅助乡村建设规划管理
	第六章　文化和自然遗产保护规划管理	历史文化遗产保护规划管理	《故宫》纪录片视频剪辑，引导学生思考城市更新背景下如何保护传承历史文化遗产，提升文化自信

续表 1

课程思政目标	融入章节	依托知识点	课程思政资源
事物发展规律	第二章　城乡规划法律法规	城乡规划法规体系发展历程	《桂林市城市总体规划》，基于对桂林历次规划中城市性质的确定，梳理规划政策及法规的发展，潜移默化阐述事物曲折中发展的规律

三、课程思政教学方法及手段

"城乡规划管理与法规"课程授课对象现已基本转向"零零后"，学生群体多为网络原住民，个性张扬、思维活跃、好奇心强、关注社会时事，但对城乡规划建设领域的重大事件、热点问题缺少理性思考和正确判断。相对于之前所学习的设计类课程，学生参与度、活跃度不高，缺少学习的积极性和主动性。基于此，本课程综合采用讲授法、案例分析法、分组讨论法、任务驱动法引导学生积极参与课堂互动讨论与小组发言，并充分利用网络教学平台、第二课堂等形式拓展教学时空，引入过程考核评价机制，提升课程教学效果。

（一）教学方法

（1）讲授法。针对课程理论性和政策性较强的特点，通过讲授法进行基础知识、基本概念的讲解，以此帮助学生形成基本的法律素养，理解行政管理学和行政法学的基础知识，熟悉城乡规划领域相关的法律法规。

（2）案例分析法。依托注册规划师考试真题案例库，结合教学内容融入相关真题案例，激发学生学习热情，引导学生进行多层次分析、多维度思考，有机融入职业道德、工程伦理等思政元素。

（3）分组讨论法。本课程内容与城乡规划专业领域大量已经发生或正在发生的社会热点事件密切相关，可与时俱进融入相关社会热点事件，引导学生分组讨论并总结发言，培养学生从专业角度理性分析、正确判断社会热点事件的能力。

（4）任务驱动法。对于课程中相关的法律条文及共性的理论性内容，为减少讲授法的单一性，可针对重点内容设置若干问题引导学生快速自主学习，绘制思维导图，并在组内互相答疑，积极寻找问题答案进行任务驱动式学习，然后由老师针对性重点讲解，进一步提升自学能力。

（二）教学手段

（1）因势利导，变堵为疏。重视信息时代学生对手机及网络的依赖，课堂教学过程中会引导学生使用手机查阅相关的社会热点新闻并进行综合分析评价，以小组为单位讨论形成相对完整的答案之后进行总结发言，利用雨课堂进行实时测试，检验知识点掌握情况。课后要求学生使用网络教学平台对课堂教学的重点内容实施阶段性在线测试，同时布置开放性问题让学生在平台进行自由讨论发言。

（2）依托专业讲座形成第二课堂。以专业学生社团为平台，联合相关实习实践类课程开展学术讲座，邀请规划管理部门专家进行专业实操授课，引导学生针对城乡规划建设中的问题进行实地调研，带领学生到校外实践教育基地考察学习，逐步形成多种形式的第二课堂。

（3）强化过程考核。为提高学生课前、课中、课后多时空及多形式的参与度，采用过程考核评价方式，降低闭卷考试成绩比重，引导学生在平时进行多方式、多时空互动学习，提升专业综合素质。

四、课程思政教学实施具体案例

第五章第二节　建设项目选址规划管理

（一）教学内容

（1）建设项目选址规划管理的概念：基本概念和工作内容。

（2）建设项目选址规划管理的任务：确保项目选址布局符合城乡规划，履行城乡规划宏观调控职能，综合协调项目选址中的各种矛盾。

（3）建设项目选址规划管理的意义：城乡规划实施的首要环节，建设项目是否可行的必要条件。

（4）建设项目选址规划管理的审核内容：项目基本情况，与城乡规划的衔接与协调，与周围环境的和谐。

（二）教学重点

（1）建设项目选址规划管理的意义。

（2）建设项目选址规划管理的审核内容。

（三）教学难点

建设项目选址规划管理的审核内容。

（四）教学目标

1. 知识目标

（1）掌握建设项目选址规划管理的任务与审核内容。

（2）理解建设项目选址规划管理的意义。

2. 能力目标

（1）培养学生在城乡规划建设中融会贯通，综合运用所学知识进行项目选址分析、评价、管理的能力。

（2）能够理性思考、正确评判项目选址管理过程中引发的各类社会热点问题。

3. 情感态度与价值观目标

（1）通过选址规划管理概念的学习及对项目选址领域实际案例的思考，领会专业知识的重要性与实用性，激发学生的学习兴趣和学习热情。

（2）培养学生依法行政意识和公平法治精神，进一步强化学生的社会责任感和职业道德素养。

（五）教学内容与思政元素融入点

建设项目选址规划管理涉及安全防灾、环境保护、土地资源保护、文化保护传承等多方面的专业知识，自然也蕴含了大量的思政元素如社会责任感、职业道德、工程伦理和文化自信等，本节课重点在选址管理的任务、意义及审核环节有机融入上述思政元素。首先，通过对多个建设项目选址案例所引起的社会影响层面入手，初步激发学生的社会责任感；其次，通过引入某机场选址的成功案例，引导学生分组讨论如何有效进行建设项目选址管理，以及选址管理过程中如何有效避免社会冲突，以培养学生公平法治精神和依法行政意识，强化学生的社会责任感和职业道德素养。紧接着在下一环节的选址审核内容讲解中，导入注册规划师考试真题，采用任务驱动式教学，让学生自学并寻找答案，进一步强化职业道德教育，然后通过学生的发言讨论了解课程思政教育的预期效果。

（六）教学过程

表2为“建设项目选址规划管理”教学过程。

表2 “建设项目选址规划管理”教学过程

教学环节	教学内容	思政目标及资源	教学方法与手段	师生活动设计	时间分配
导入	介绍某园博园因选址不当而导致园博会无法如期开幕的新闻事件，引发思考讨论：如何进行建设项目选址管理	社会责任感。园博会不能按期开幕的社会热点事件案例库	讲授法。通过对相关社会事件的分析，让学生领会专业知识的重要性与实用性，激发学习热情	老师讲述并适时设置提问。学生听讲并积极思考、举手发言，注意力得以集中，快速进入课程学习状态	5min
讲新课	（1）建设项目选址规划管理的概念		讲授法。结合工作内容深入讲解	老师讲授，学生听讲并认真思考	5min
	（2）建设项目选址规划管理的任务	职业道德，社会责任感。垃圾站、变电站选址管理不当而引发居民上访的社会热点事件案例库	讲授法，任务驱动法。通过讲授热点事件并设置问题，要求学生自主总结选址规划管理的任务	老师简单介绍热点事件新闻，并设置问题，对学生发言进行评价。 学生通过手机查阅相关事件并进行自学，总结后进行自由发言	9min

续表 2

教学环节	教学内容	思政目标及资源	教学方法与手段	师生活动设计	时间分配
讲新课	(3) 建设项目选址规划管理的意义	社会责任感，职业道德。某机场选址的社会热点事件案例库	讲授法，分组讨论法。承上启下，既呼应课程导入中提出的问题，又可引出接下来的内容。使学生在思考中融入社会责任感的教育	老师导入案例，引导学生思考评析。学生使用手机查阅相关案例，并分组讨论后进行总结发言	11min
	(4) 建设项目选址规划管理的审核内容	社会责任感，职业道德素养，公平法治精神。注册规划师考试真题库中选址审核的案例	案例分析法。通过真实考试案例使学生重视此内容，潜移默化融入多个思政元素	老师导入真题案例并进行启发式提问。学生分组讨论并发言	12min
课堂小结	通过思维导图梳理总结本节课主要内容，再次强调本节课的重点和难点		讲授法	老师讲授，学生听讲	2min
布置作业	利用奥维地图查找桂林医学院附属医院漓东新院区建设地点，通过网络教学平台对其选址进行分析评价		讲授法	老师讲授，学生听讲并记录	1min

五、教学效果

“城乡规划管理与法规”课程从规划管理的角度对规划相关法律法规、技术标准，编制主体与审批修改程序，规划的实施及监督检查进行了系统的梳理和讲授。

借助注册规划师考试真题和社会热点事件，将相对枯燥的知识讲解得通俗易懂，学生课堂参与度大幅提升，同时潜移默化地进行了德育教育，历次教学督导或同行听课评价均为优秀。学生纷纷表示不仅学习了专业知识，而且熟悉了大量的法律常识如行政处罚、行政许可、行政救济、程序违法等，非常有助于在以后的工作生活中依法行事并弘扬公平法治精神。

基于本课程思政示范课的立项与实践，教师本人参加了学校说课比赛，获得学校第二届“课程思政”说课比赛二等奖；参加学校十佳授课教师评选，获得学校第十九届“十佳授课教师”称号，并将课程思政建设的相关理念融入所主持的广西壮族自治区级教学改革项目中，助推项目按期结题。

六、教师感悟

“城乡规划管理与法规”课程作为城乡规划专业的十门核心课程之一，如果把该课程比作一道菜，则属于必点招牌菜。但由于其内容相对枯燥抽象，它就如同一盘开水白菜，烹饪方法选择不当就会使得该道菜品尝起来索然无味，所以高汤的制备和枸杞等辅料的加入就非常关键。而课程思政元素就如同菜品中的高汤或者枸杞，融入思政元素后，丰富了课堂教学形式和方法，对德育起到潜移默化的滋补作用，有效提高了课堂教学质量。

国家部委“大部制”改革后该课程教学内容要相应变化，课程思政教学资源库也需要持续更新，下一步工作可考虑如何调动学生的力量共同参与课程资源建设与整理，进一步增强学生学习的积极性和主动性。

“地图制图学”课程思政教学案例

测绘地理信息学院　殷　敏

一、课程基本信息

课程名称：地图制图学。
课程性质：专业核心课。
授课对象：地理信息科学专业大二年级本科生。
教学目标：

（1）知识目标。通过课程的教授，使学生掌握地图的定义、功能、分类方法等基础知识；掌握与空间定位相关的坐标系统概念、地图投影的方法、特性及应用，地图表现形式的地图符号、色彩和注记的方法，地图编制中地图综合的方法、普通地图的表达形式、规范、专题地图的表示方法及编制步骤，数字地图分析的基本方法。

（2）能力目标。培养学生独立完成地理数据收集与处理的能力，使学生具有能够合理设计地图表现形式，制作各种普通地图与专题地图的能力；培养学生对地理数据的理解、掌握和分析运用能力，使学生初步具备地理分析的科学研究能力。

（3）情感态度与价值观目标。培养学生的家国情怀、民族自豪感，树立科技自信与制度自信；培养学生树立爱岗敬业、开拓创新、精益求精、坚韧不拔的工匠精神，树立遵守规范、安全保密的职业道德；培养学生谦虚治学、清廉为人的优秀品质，树立青山绿水的环保意识。

课程简介：

“地图制图学”是地理信息科学专业的专业核心课。地图是空间信息相关专业生产和科研的最终成果展示形式，课程教授的制图理论和技术能够为地理信息科学、测绘工程、遥感科学与技术等专业提供专业的制图技术支持。本课程前修课程有测量学，后续可以为空间分析原理与应用、遥感原理与应用、基础地理信息获取实习等课程与实习服务。“地图制图学”是一门讲述地图知识概述、地图发展历史、地图数学基础、地图概括、地图符号化、地图表示、地图编辑、地图应用等内容的专业必修课。课程的教学重点难点在于让学生掌握地图编制和应用的方法，能够理论联系实际，根据实际制图数据和要求，分析设计地图样式，运用制图软件进行地图的绘制。由于地图的版图表示国家的主权，地图的绘制离不开缜密的数学基础和细致的工匠精神，因此在课程的教授过程中，可以开展多方位的课程思政，培养学生正确的制图观念、工匠精神、大国情怀和安全保密素养。

使用教材：毛赞猷，朱良，周占鳌，等．新编地图学教程．3 版．北京：高等教育出版社，2017.

二、课程思政整体教学设计

（一）课程思政教学理念与思路

课程思政在本质上是为了实现立德树人。“育人”先“育德”，注重传道授业解惑、育人育才的有机统一。地图是地理空间的视觉化展示。地图除了平面特性外，更具有特殊的地理政治属性；而地图制图工作更是一项系统工程，需要遵循严格的制图规范，同时又需要具备平面设计的美感。因此，从课程主体的特殊性出发，深入挖掘地图制图学中的知识点，实现知识点与家国情怀、历史人文、自然环境及国家发展相融合。在具体的教学工作中，以知识点为引子，适当穿插与之相关的历史、人物、故事和成果，在潜移默化中激励学生的学习兴趣、科学探索精神、奋斗意识、爱国情怀等。

（1）围绕“知识传授与价值引领相结合”的课程目标，通过国界线知识点的讲解，培养学生的家国情怀；通过我国优秀地图学家的人生故事，引导学生树立正确的人生观和价值观。

（2）通过普通地图的制图规范知识点讲解、地图概括任务实践，培养学生的科学精神、创新精神和团队精神。培养良好的学风，扎实掌握科学知识和技能；培养学生的集体主义精神和社会认同感及责任感。

（3）通过地图发展历史、全球定位系统等知识点的讨论，激发学生的民族自豪感，培养民族精神，形成正确的社会主义信念。

（二）课程思政教学整体安排

表 1 为“地图制图学”课程思政教学整体安排。

表 1 “地图制图学”课程思政教学整体安排

课程思政目标	融入章节	依托知识点	课程思政资源
民族自豪感	第 1 章第 5 节　地图与地图学发展的回顾	（1）长沙马王堆汉墓地图； （2）裴秀的“制图六体”	视频《地图传奇》第二集汉代生死图讲述了长沙马王堆汉墓地图的特点

续表 1

课程思政目标	融入章节	依托知识点	课程思政资源
谦虚治学、清廉为人	第 1 章第 5 节　地图与地图学发展的回顾	沈括及其《天下州县图》	沈括历时十二年编制了《天下州县图》，图幅之大，内容之详，前所罕见。沈括首创“飞鸟图”采用类似航空摄影的方法来制图，大大提升制图精度，在中国古代科学史上的伟大成绩。沈括为官时体恤民情、减免税赋、主事水利工程、祭祀活动清正廉洁，为国库节约数以万计。通过人物的事迹，鼓励学生树立正确的人生观、价值观
环保意识	第 2 章第 2 节　对地观测系统 二、大地控制网	我国国家高程基准： （1）1956 年黄海高程系的水准原点高程为 72.289m； （2）1985 年国家高程基准的水准原点高程为 72.260m	$H_{85} = H_{56} - 0.029\text{m}$ 思考是什么原因造成了这一数值的改变？绘制简图引发学生思考这一现象与环境变化的联系。 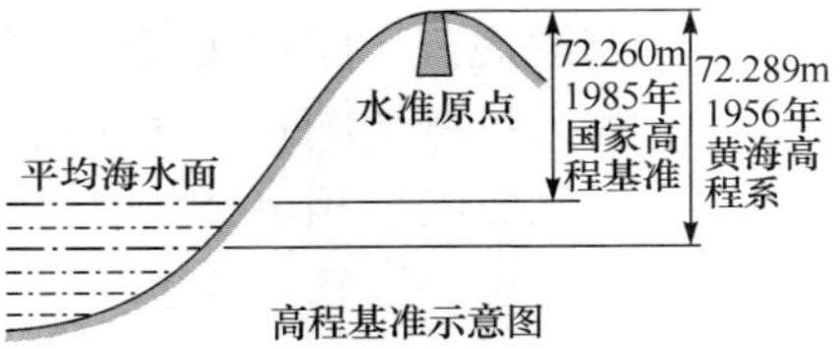 高程基准示意图
科技自信，制度自信	第 2 章第 2 节　对地观测系统 三、全球导航卫星系统	全球导航卫星系统： （1）类别； （2）各自的组成及优缺点	视频《北斗发展的历程》主要讲述了我国北斗系统建设十八年间的坎坷历程与现今的优异性能
家国情怀	第 7 章第 2 节　地形图内容及其表示方法 二、人文要素	境界线： （1）国界：如何识别“问题地图”，正确国家版图的组成及其来源； （2）国内行政区界	由电视剧《亲爱的，热爱的》存在问题地图而被依法处理事件引入，从而明确地图与国家主权的关系，树立“主权完整、一个中国”的爱国理念
坚韧不拔、百折不挠	第 7 章第 1 节　地理图与地形图 一、地理图	（1）地理图的特点； （2）地理图的类型	赫晓光教授十年编著竖版世界地图，在遭受众多非议的情况下依然坚持自己的潜心研究，最终获得世界各国认可。通过人物故事，使学生树立坚韧不拔的科研精神
遵守行业规范、安全保密的职业道德	第 7 章第 1 节　地理图与地形图 二、地形图	（1）国家基本地形图的特点； （2）国家基本地形图的功用	热播电视连续剧《对手》第 15 集讲述了境外间谍对我国地图的觊觎，说明地图保密的重要性。地形图编绘需要参考国家规范

续表 1

课程思政目标	融入章节	依托知识点	课程思政资源
爱岗敬业、开拓创新	第 8 章第 2 节　专题地图的设计编辑	（1）专题地图数据来源与处理加工； （2）地理底图设计与编辑	快递员窦立国为了提升工作效率，创新手绘了“避堵 7 幅图”，引发学生思考他的身上有着怎样的品质？ 窦立国的专题地图是手绘的，是大脑中地图信息的体现，我们制作专业的专题地图，需要哪些信息数据
精益求精、工匠精神	第 8 章第 2 节　专题地图的设计编辑	专题地图表示方法选择	解读《改革开放四十周年浙江行政边界的变迁》地图集的设计、编辑和最终成稿的过程

三、课程思政教学方法及手段

“地图制图学”课程思政教学采取讲授法、榜样示范法、小组讨论法、故事教学法等多种教学方法，充分发挥课程的思政育人功能。

（1）讲授法。采用讲授法向学生讲授地图与地图学发展历史与成就，使学生比较全面、系统地了解地图学在历史长河中的产生与发展历程，加深对中外地图制图学发展特点和规律的认识；使学生增加对祖国历史的了解，树立正确的历史观念，更加热爱祖国，树立为祖国地图事业奋斗的理想。

（2）榜样示范法。在教学中，以中外地图学历史发展中涌现的优秀地理学家、地图学家的道德风范和人生品格去感染学生。例如，《天下州县图》作者沈括在我国古代科学发展史上留下了众多里程碑。讲述沈括的生平故事：少年时饱读诗书、喜爱钻研，热爱大自然；青年时为官体恤民情、减免税赋、廉洁为官；老年时归隐梦溪园，著写传世科技之作。中国科学院精密测量科学与技术创新研究院郝晓光研究员“十年磨一图”，编制出竖版世界地图。通过这些优秀人物事迹，感染学生的思想，树立正确人生观和价值观，激发学生努力向前辈们学习，见贤思齐，开拓创新。

（3）小组讨论法。小组讨论可以激发学生的思考力，迸发出思维的火花，通过小组讨论的形式，让学生积极思考勇于回答问题。例如，在高程基准章节，让学生们小组讨论为什么会出现高程基准面变化这种现象，根源是什么？在地形图安全保密素养培养章节，让学生们小组讨论我们为什么要保密，保密什么？在专题图设计与编辑章节，让学生们小组讨论编制专题图的数据要哪些，如何处理？通过小组讨论更好地激发学生的学习兴趣及与人交谈的能力。

（4）故事教学法。课堂上根据所讲授的内容穿插相关简明、短小的故事，以强调所讲内容。例如，荆轲刺秦王的故事、北斗发展历程的故事、浙江行政边界改革开放四十周年变迁地图集绘制的故事等，以此吸引学生注意力、激发学生听课兴趣、启发学生思考，并从故事中悟到蕴涵的道理，掌握其中的知识或技术。

四、课程思政教学实施具体案例

第1章第5节　地图与地图学发展的回顾

（一）教学内容

（1）古代地图制作的成就及地图学的创立。

（2）中世纪西方黑暗时代和我国的地图传统。

（3）地理大发现带来的测绘进步。

（二）教学重点

我国历史发展中的地图名家及其成果。

（三）教学难点

制图六体的理解。

（四）教学目标

1. 知识目标

（1）熟悉地图学发展的历史、我国历史上的地图名家。

（2）了解我国在世界地图学发展历程中的作用。

2. 能力目标

具备通过查阅文献和观看视频资源等方法，归纳并了解我国地图学发展的历史和趋势，逐步形成自我学习与主动学习的能力。

3. 情感态度与价值观目标

（1）通过我国古代地图成果，培养学生知史爱国、知史爱业的情感素养。

（2）通过沈括生平故事讲解，激发学生见贤思齐，向榜样学习。

（五）教学内容与思政元素融入点

（1）教学形式上：以学生为中心，教学中针对学生学习兴趣不高的问题，采用故事法、启发式教学法，多进行师生互动、生生互动，提高学生的学习兴趣。

（2）内容设计上：以荆轲刺秦王“图穷匕见”的故事作为引入点，再到裴秀“制图六体”的讲解与讨论，引导学生思考中国古人对地图制图的伟大贡献，培养学生的专业自豪感、民族自豪感；通过沈括为官治学故事的讲解，让学生能够从先辈优秀人物身上学习到治学与为人的品格。

（六）教学过程

表2为“地图与地图学发展的回顾”教学过程。

表 2 “地图与地图学发展的回顾”教学过程

教学环节	教学内容	思政目标及资源	教学方法与手段	教师活动	学生活动	时间分配
复习	地图的基本特征		提问法	雨课堂小练习	答题	2min
讲新课	导入：荆轲刺秦王的故事。 提问：秦王为什么会愿意召见荆轲	—	故事教学法	引导提问：荆轲所带的地图代表了什么含义？总结概括	小组讨论：代表了国土疆域、权利统治等	5min
	（1）我国古代地图制作成就： 1）兆(墓)域图——我国现存最早的平面图实物（公元前310年）； 2）长沙马王堆汉墓出土三幅地图	思政目标：专业自豪感、民族自豪感。 思政资源：长沙马王堆汉墓出土三幅地图：地形图、驻军图、城邑图，反映了当时的测绘水平之高，占据当时世界领先水平  长沙马王堆出土的绢底彩绘地形图　墨线图	图解讲解法	播放《地图故事》视频，带领学生感受古代地图对于国家的重要性，寻找马王堆地形图中的地形要素	聆听，讨论，思考	7min

续表2

<table>
<tr><th>教学环节</th><th>教 学 内 容</th><th>思政目标及资源</th><th>教学方法与手段</th><th>教师活动</th><th>学生活动</th><th>时间分配</th></tr>
<tr><td rowspan="2">讲新课</td><td>3）裴秀《禹贡地域图》中的制图六体：分率、准望、道里、高下、方邪、迂直
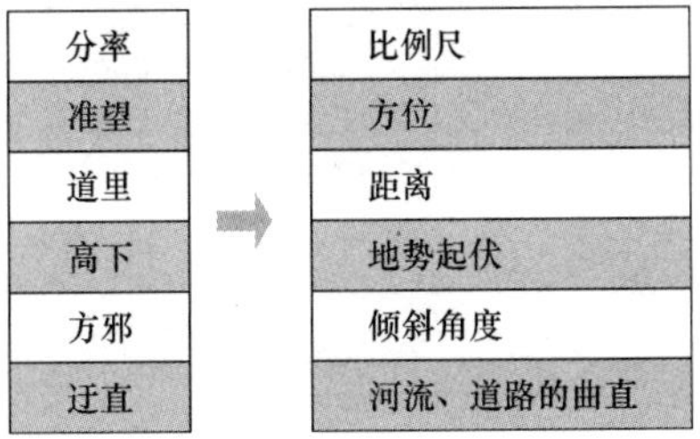
</td><td>思政目标：民族自豪感。
思政资源：裴秀的制图六体。这是世界地图史上的重大发现，奠定古代地图学的基石，标志我国古代地图学的辉煌成就</td><td>启发教学法</td><td>提问：地图与美术作品的根本区别在哪里？地图有方向可量测，古人如何做到？引出制图六体的内容</td><td>小组讨论：制图六体与现有地图数学法则中术语的对应关系</td><td>8min</td></tr>
<tr><td>（2）中世纪我国地图成就（东晋到明末）：
1）沈括及其与目前全国地图相当的《天下州县图》，《九域守令图》最早的石刻地图</td><td>思政目标：谦虚治学、清廉为人。
思政资源：沈括是“中国整部科学史中最卓越的人物”。
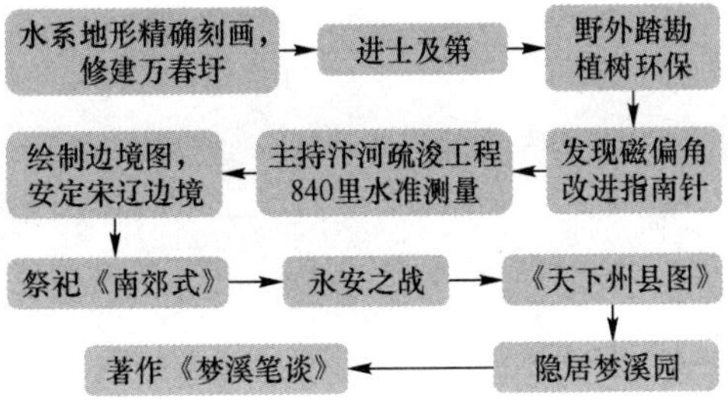

沈括一生兴趣广泛、成绩斐然，为官清廉、秉公执法。通过他的人生主要事件的讲解，概括人物身上的优秀品质，呼吁同学们见贤思齐</td><td>人物榜样法</td><td>讲解人物故事，启发设问</td><td>聆听，讨论，思考</td><td>5min</td></tr>
</table>

续表2

教学环节	教学内容	思政目标及资源	教学方法与手段	教师活动	学生活动	时间分配
讲新课	2）禹迹图——最早计里画方地图	思政目标：民族自豪感。 思政资源：禹迹图的地图图形相当准确，黄河、长江、海岸线与现今相当接近	启发教学法，图解讲解法	启发式提问：现在我们用到的坐标格网，古人会不会用呢？ 图解法讲解：禹迹图对比现有地图上的黄河、长江等地形要素	小组讨论，思考	5min
	3）郑和航海传播文化。郑和航海图——我国最早航海地图，推动文化的传播与地图学的发展		讲述	讲解 PPT	聆听	3min
	（3）地理大发现带来的测绘进步： 1）坤舆万国全图。中外测绘技术和文化的传播使者：意大利神甫利玛窦。 2）清代实测地图《皇舆全览图》。康熙皇帝主持，测绘技术先进（具体解析）	思政目标：世界融合的大一统思想。 思政资源：意大利神甫利玛窦修订西方地图上中国部分的错误，与徐光启合译《几何原本》，测量中国城市的经纬度，向中国人传播对世界的认识		讲解 PPT	聆听	5min
课堂检测与反馈	投票：古往今来地图的产生和发展伴随着人类文明的进步。在这个过程中出现了各位名家著作，你更喜欢谁，为什么	—	雨课堂投票题	随机邀请一位同学阐述自己的观点	投票并回答	2min

续表 2

教学环节	教 学 内 容	思政目标及资源	教学方法与手段	教师活动	学生活动	时间分配
课堂小结	我国地图历史上众多优秀人物及其成果 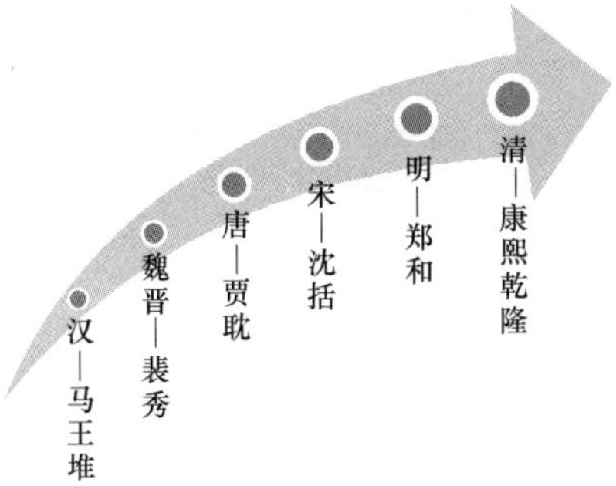			提问每一历史时期的优秀地图成果，回顾课程内容	思考回答	2min
布置作业	课后观影 汉马王堆地图 ⇨ 《地图传奇》第二集—汉代生死图 宋—沈括 ⇨ 《地图传奇》第四集—宋代禹迹图 郑和航海图集 ⇨ 《地图传奇》第五集—最后的决胜 清政府全国测绘 ⇨ 《地图传奇》第六集—放眼四海 课下观看中央电视台纪录片《地图传奇》，书写 1000 字以上的《地图传奇观后感》，课程结束前上交。 思考题：我国现代地图学发展了哪些技术，未来的趋势在哪里					1min

五、教学效果

"地图制图学"自2019年开展课程思政教学改革与建设以来，融入爱国主义、家国情怀、工程伦理、工匠精神等方面的教学内容，使得学生的德育水平有大幅度提升。

（1）课堂趣味性增加。思政元素的融入，使得原本只讲原理、方法的课堂变得更加生动有趣。课堂上，增加了地图背后的故事、技术发展的历程、地图设计的过程，这些原本潜藏在课本后面的内容慢慢进入课堂，通过地图小故事，带给学生更多的学习趣味性。

（2）爱国热情增长。通过我国古代地图成就和地图名家的事迹，展示我国在测绘技术、地图学等领域的先进水平。通过对我国北斗导航技术发展历程的分享，让学生了解到我国从落后到兴起，从兴起到超越，激发了学生对我国的科技自信，感受到了国之强大，民之幸福。通过投票题的选择，100%的选择率反映了学生对我国自主研发技术的信任与爱戴。

（3）家国边界明晰。地图是一种特殊的信息载体形式，它不仅能表示地理要素的位置，更可以代表国家的政治和行政边界。在课堂上，把地图编绘技术与规范中对国家的疆域绘制要求提到了至高位置，不能出现任何在疆域方面的差错，一是让学生感受到了工程的严谨性，二是让学生形成了国家统一的家国情，后续学生在设计专业地图时认真对待没有出现差错。

通过课程调研，学生普遍认为加入思政元素以后的课堂更加生动有温度，让人感动。

六、教师感悟

"地图制图学"在课程思政教学改革中有机融入了思政元素，达到了良好的德育教育的教学效果。可取之处主要有以下两点：

（1）思政元素融入自然。课程思政最怕说教强加，因此课程在设计思政元素的过程中以历史人物、趣味故事、工程成果为原型，通过教师讲解、视频观看、作品赏析等形式做到了思政元素的润物细无声。

（2）教学设计完整有效。在课堂设计环节，通过引入、讲解、共鸣和反馈这样情感闭环的设计，让学生能在故事中思考、在思考中总结、在总结中感悟、在感悟中成长。

然而，课程思政改革过程中也暴露了一些问题，主要体现在考核评价不够细致完善，德育的评判不易通过知识点的考核简单评判。目前在改革过程中，仅是针对一些思政相关的又可以通过技术考核体现的领域，例如国土版图完整性、制图技术达标性等方面做到很好的评判，但对人的思维认识领域并不能实现客观的评价。本次改革中，通过投票形式表明爱国情结是唯一一种解决这一问题的方式，希望今后可以结合心理学对于思维认识层面的评价，寻找到更好地显现与量化认知情况的评判标准。

“地理信息系统原理”课程思政教学案例

测绘地理信息学院　李景文

一、课程基本信息

课程名称： 地理信息系统原理。

课程性质： 专业核心课。

授课对象： 地理信息科学专业大二年级本科生。

教学目标：

（1）知识目标。掌握 GIS（地理信息系统，Geographic Information System）的基本概念，具备空间数据的采集、处理、存储、分析、输出等基础理论知识，掌握 GIS 基本原理及主要技术方法，把握 GIS 领域内最新技术与发展。

（2）能力目标。能使用不同类型空间数据，应用相应的 GIS 空间分析理论和方法，解决地理空间问题；整合和利用不同类型空间数据，能够使用地理信息系统软件对地理空间问题和现象进行建模分析和可视化，具备初步运用 GIS 技术解决专业领域问题的能力。

（3）情感态度与价值观目标。培养学生严谨求真的科学精神，增强专业认同感，树立作为 GIS 专业人员的时代责任感和历史使命感，增强民族自信心和自豪感，坚定“四个自信”。

课程简介：

“地理信息系统原理”是地理信息科学专业的一门重要的专业必修课，它是集地理学、地图学、测绘学、遥感科学、计算机科学、数据库、信息科学等多学科为一体的、综合性较强的课程。GIS 已经广泛地应用在不同的领域，大到人口、环境、资源、气候等全球性复杂问题，小到滴滴打车、手机定位等每天围绕在我们工作、生活身边的事情，所有与空间位置直接或者间接关联的信息，都与其息息相关。课程主要内容有：空间数据结构、空间数据处理、GIS 数据输入、GIS 数据处理、空间数据管理、空间分析、数字高程模型和 GIS 的输出等，通过学习，学生要掌握 GIS 的基本原理及方法，具备应用 GIS 软件进行数据采集、处理、分析等基本技能，为后续计算机编程开发、空间分析等课程的学习奠定基础。

使用教材：汤国安．地理信息系统．2版．北京：科学出版社，2010.

二、课程思政整体教学设计

（一）课程思政教学理念与思路

培养德智体美劳全面发展的社会主义建设者和接班人是我国教育方针的重要内容，立德树人是高校的根本任务，教书育人是教师的基本职责，课堂教学是育人的主渠道。因此，每位教师都应该在教学中将价值引领与知识传授、能力培养有机融为一体，引导学生将个人成长成才与“中国梦”有机结合，在建设祖国、服务社会的同时实现个人价值，从“小我”走向“大我”。而课程思政教学正是实现上述理想和目标的重要举措。

课程思政建设的思路是：以培养学生的民族自豪感、家国情怀、科学精神、增强“四个自信”为主线，围绕我国在北斗导航系统、天眼FAST等大国重器建设方面取得的成就、涌现的优秀代表人物等素材精选课程思政资源；将思想政治教育与专业知识传授有机融合在一起，优化教学内容、方法、手段和考核办法，为学生创造更多的专业实践机会，将知识学习和对知识价值的思考、实践创新能力培养与人生价值的思考有机结合，激发学生的爱国心，报国志，社会责任感，增强学习的主动性、积极性；加强对学生学习过程的指导，强化学生严谨求实的科学精神，使这门核心基础课程变得有温度、有味道、有气质、有力量。

（二）课程思政教学整体安排

表1为“地理信息系统原理”课程思政教学整体安排。

表1　“地理信息系统原理”课程思政教学整体安排

课程思政目标	融入章节	依托知识点	课程思政资源
增强学生的专业认同感和职业理想	第一章　绪论	地理信息系统的发展	纪录片《地理空间信息革命》：GIS的前身、现状发展和未来趋势，使学生充分了解本专业的起源和发展，在GIS的技术发展过程中体会GIS技术的重要性和前瞻性，增强学生的专业认同感和职业理想
提升学生民族自信和自豪感	第二章　地理信息系统的数据结构	空间数据采集	纪录片《北斗》：北斗卫星从提出、研发，到体系的不断健全与发射速度不断提升的全过程。北斗卫星导航系统可在全球范围内全天候、全天时为各类用户提供高精度、高可靠定位、导航、授时服务；是中国为全球用户提供全天候、高精度定位导航和授时服务的国家重要的时空基础设施。基于北斗的技术，我们可以捕捉到几毫米的位置，曾经可以传递极致的精准时间，精密到几百万年只差一秒。这些内容的学习让学生对于“科技强国”和“科技自信”具有更深的切实体会，从而提升学生的民族自信心和自豪感

续表 1

课程思政目标	融入章节	依托知识点	课程思政资源
提升学生民族自信和自豪感	第六章 地理信息系统的应用模型	GIS 应用分析	纪录片《大国重器：中国天眼 FAST》：FAST 是世界上最大的单口径球面射电望远镜，可以诊断识别微弱的空间讯号，为国家安全服务，并提供高分辨率和高效率的地面观测。通过国家重大技术发展，增强学生民族自信心和自豪感，激发学生的爱国情怀
增强制度自信，道路自信，激发爱国之心	第五章 空间分析的原理与方法	空间叠置分析	新闻报道"精准扶贫"：国家扶贫的范围、分布、政策等相关内容，使学生了解国家贫困地区的贫困状况、致贫的主要原因和脱贫的决策支持方法。通过 GIS 空间分析方法和软件应用，可视化输出"精准扶贫"政策实施前后的贫困地区贫困指数的对比图。通过比较，增强学生对国家制度、发展道路选择的信心和爱国之心
增强社会责任感	第七章 地理信息系统的设计与评价	地理信息系统设计	大数据系统"疫情实时大数据报告"：31 个省（自治区、直辖市）本土每日新增病例数据统计。以该系统为数据来源，结合空间网络分析技术，制作输出疫情分布图、疫情热力图和疫情追踪图等可视化图件。通过 GIS 系统设计，使学生掌握 GIS 分析和制图技能，并在"疫情分布图"这一专题 GIS 设计中，充分了解疫情分布动态，增强社会责任感
树立严谨、求真求实的科学精神	第八章 地理信息系统产品的输出设计	地图可视化输出	CCTV-4 纪录片《解读中国之中国南海》：了解中国南海的历史，选看重点内容，使学生能将 GIS 专业知识与国家领土范围界定和展示应用相结合，在进行地图设计、地图输出及可视化教学时，把国土意识融入专业课的基本知识点中，培养学生树立严谨的工作作风和严谨、求真求实的科学精神及维护国家主权的意识

三、课程思政教学方法及手段

"地理信息系统原理"教学过程中，采用线上线下混合式教学，借助"雨课堂"工具，增强师生互动和学生课堂参与度，提高学生自主学习能力，用任务驱动教学法，促进学生对知识的理解和运用，增强学业挑战性。在课程思政教学方面，主要运用以下三种方法：

（1）情感激励法。在课程教学中，充分结合 GIS 相关技术发展，借助纪录片和新闻报道等资料，将我国在北斗卫星系统、珠峰高程登顶测量等测绘地理信息技术上取得的成就展现给学生。例如：我国北斗卫星导航系统从无到有、从有到优、从区域到全球的发展历程，2020 年依托北斗卫星导航系统，珠峰高程登顶测量成功这一热点事件等，这些成就的背后是无数测绘地理信息技术工作者的辛苦付出和艰苦奋斗，更是我国集中力量办大事的政治优势体现，能够激励学生投身科技报国的事业心，激发学生强烈的民族自豪感和自信心，增强学生对社会主义制度优越性的认可，引导学生把国家、社会、公民的价值要求融为一体，将社会主义核心价值观内化为学生的个人精神追求。

（2）榜样示范法。利用榜样的力量感召学生，激发“见贤思齐”的愿望。在教学中结合相关知识点，联系相关的 GIS 人物事迹。比如，在 3S 技术应用中，遥感技术的发展方面，李小文院士创立的植被遥感几何光学模型成为该研究领域的三大主流学派之一，其研究成果使得我国在多角度遥感研究中保持着国际领先水平，推动了定量遥感研究的发展。而李小文院士在生活中极为简朴，经常穿着一身粗布衣和一双布鞋，因此被人们称为“布鞋”院士；邀请 GIS 知名教授参与教学活动，让学生近距离接触同一专业领域的杰出专家学者，感受杰出人物专业素养和人格魅力，邀请往届优秀毕业生做经验分享，鼓励学生树立职业目标，调动学习热情和积极性等。

（3）实践锻炼法。重视实践教学在促进知识内化、培养实践创新能力、磨砺品格、了解国情方面的作用，为学生创设多样化的实践活动。例如，在讲授空间数据库内容时，让学生分组完成某区域历史地名数据库的调研。在此过程中学生大量接触和使用历史地名数据及相关空间数据，建立对中国历史更加准确的地理空间认知，查阅和调研古代历史，进一步了解中国、读懂中国。在此基础上，也能更深入了解新中国取得的举世瞩目的成就，继而培养学生的爱国主义情怀和高度的民族自豪感，使学生全方位、更立体地感受自身肩负的中国发展和民族复兴的宏大使命。又如，要求学生组团，任意选取某一专题进行地理信息可视化或系统设计，并选取优秀作品进行校内外推广。有团队针对当下网购热潮，设计了校内物流共享配送系统，用户通过扫码小程序进行登录注册，可以共享配送快递，实现同学间互助取件。“学有所用”使学生们在实践过程中获得了积极的情感体验，增强了学生的专业认同感和职业理想。

四、课程思政教学实施具体案例

第五章第三节　叠置分析

（一）教学内容

（1）空间分析的定义与目的。

（2）矢量数据的叠置分析。

（3）栅格数据的叠置分析。

（二）教学重点

（1）矢量数据叠置分析的过程。

（2）矢量数据叠置分析的应用。

（三）教学难点

矢量数据叠置分析中空间特征和属性特征的变化。

（四）教学目标

1. 知识目标

（1）能描述空间分析的基本定义和类型。

（2）能概括主要空间数据进行空间分析的基本过程，总结空间分析技术领域发展现状与趋势。

2. 能力目标

（1）能应用矢量和栅格数据进行相应的 GIS 空间分析，解决地理空间专题问题。

（2）能整合和利用不同类型空间数据，对地理空间问题和现象进行合适的可视化分析。

3. 情感态度与价值观目标

使学生能利用空间分析方法分析和评价某一地理空间问题，在解决这一问题的过程中，体会到课程与实际生活息息相关的温度，而不是冷冰冰的学术术语和知识点，从而树立自身作为 GIS 专业人员的社会责任感。

（五）教学内容与思政元素融入点

"精准扶贫"作为中国乃至世界最为重要的时政时事，其时间跨度长、覆盖范围广，涉及的相关地区、人物、事件等信息蕴含着丰富的课程思政元素。从 GIS 技术角度，这些思政元素都和时间、空间有关，用 GIS 空间分析方法中的叠置分析，将"精准扶贫"政策实施前后两个时间点的同一贫困地区进行数字地形图、交通分布、GDP 指数、贫困指数等数据的叠置分析，对比出"精准扶贫"政策实施后贫困地区的变化，这样既能让学生在空间分析和制图过程中，体会到专业知识得到有效应用的成就感，还能使学生直观观察到"精准扶贫"政策给贫困地区带来的变化，感受到党和国家带领人民全面脱贫奔小康的决心，增强学生对国家政策的认同感、制度自信、道路自信，激发学生的爱国之情。

（六）教学过程

表 2 为"叠置分析"教学过程。

表2 “叠置分析”教学过程

教学环节	教 学 内 容	思政目标及资源	教学方法与手段	师 生 活 动 设 计	时间分配
引入	能不能通过空间分析方法可视化展示广西的“精准扶贫”成效		翻转课堂、任务引导式	教师课前发布叠置分析的实验过程，引导出空间分析和叠置分析的内容。学生回顾叠置分析的实验过程，思考怎么进行“精准扶贫”成效的应用	5min
讲新课	(1) 空间分析主要获得空间位置及其属性描述两个方面的信息。 (2) 空间叠置分析是指在同一空间参照系统条件下，每次将同一地区两个地理对象的图层进行叠置，进行叠加产生一个新数据层面的操作，其结果综合了原来两层或多层要素所具有的属性。 (3) 叠置分析不仅包含空间关系的比较，还包括属性关系的比较。 (4) 矢量数据叠置分析包括点与点、点与线、点与面、线与线、线与面、面与面的叠置		讲授、情境、项目驱动式、演示	教师讲授课程重点内容：空间分析和叠置分析概念和主要类型，演示矢量空间数据叠置分析过程，引出实际应用专题“精准扶贫”的政策内容。学生掌握概念和叠置分析的过程，思考如何进行实际应用	20min
	难点：根据叠置分析的过程，采集广西贫困地区情况作为空间数据，进行广西“精准扶贫”成效分析	目标：使学生关注社会时事热点，分析获得广西“精准扶贫”成效，增强制度自信，提升学生爱国之心	案例分析、演示	教师演示具体的实验数据，展示广西“精准扶贫”前后贫困地区的贫困指数变化。学生进行空间分析结果的文字报告表述，比较2015年和2020年“精准扶贫”政策实施前后广西贫困地区的变化	15min

续表 2

教学环节	教 学 内 容	思政目标及资源	教学方法与手段	师 生 活 动 设 计	时间分配
讲新课	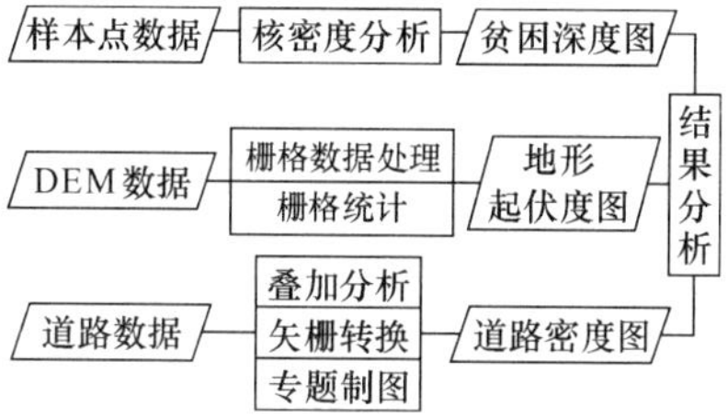	课程资源：“精准扶贫”系列新闻报道，2015 年和 2020 年广西贫困村、县的地形图、交通图、GDP 数据和贫困指数等实验数据			
课堂小结	**叠置分析小结** ✓实质：就是两个及以上图层要素进行空间逻辑运算，同时两个及以上图层属性要素组合在一起 ✓目的：通过叠置揭示了空间对象之间的一种新的专题特征的空间分布的特点。空间分析就是寻找和确定这种规律 ✓矢量叠加要求：叠加（操作）图层必须是多边形，输入图层可以是点、线、面 		讲授	教师对本节内容进行总结	3min
布置作业	以社会热点问题为专题，进行 GIS 空间分析应用，提交专题图			学生完成并提交作业	2min

五、教学效果

通过“地理信息系统原理”课程思政教学改革，调动了学生课上课下学习的积极性，增加了教师与学生、学生与学生之间的交流与沟通。教学中牢牢把握GIS专业知识教学主线，有机融入榜样人物事迹、国家在北斗导航、珠峰高程登顶测量等测绘地理信息技术方面取得的成就、GIS空间分析与可视化技术在社会生产生活中的有效应用实例等，实现了课程思政教学“不说教、不枯燥，有深度、有思想、有立场”，对培养学生的家国情怀、社会责任感和历史使命感等起到积极的教育作用。教学方法接地气，课堂互动感强，学生参与度高，满足了大学生对高质量学习的需求，增强了学生的获得感，实现了GIS价值塑造、能力培养、知识传授三位一体的教学目标。

六、教师感悟

开展“地理信息系统原理”课程思政教学，教师一定要认真梳理课程的知识点，深入挖掘可与思政元素相融合的环节，引导学生在接受专业知识的同时，正确认识与之相关的社会问题，这样有助于提高学生的专业认同感，增强学习的兴趣和愿望，有助于学生树立服务社会的责任感，增强爱国情怀和民族自豪感。这就要求教师不仅要熟悉学科专业基础知识和前沿成果，更要做社会、政治生活中的有心人，从现实生活中获得源源不断的课程思政资源和灵感。目前，我们还只是初步实施，尚存在许多不足。例如，课程思政覆盖的知识点范围有待进一步扩展，课程思政的实践教学模式有待进一步创新。下一步考虑通过在校内校外推广学生实践作品的方式，提升学生的社会价值感，增强社会责任感，进一步提升课程思政教学实效。

“广告学概论”课程思政教学案例

公共管理与传媒学院　何德珍

一、课程基本信息

课程名称：广告学概论。

课程性质：专业必修课。

授课对象：新闻传播大一年级本科生。

教学目标：

（1）知识目标。了解广告的基本特点和流程，系统掌握广告学的基本理论和基本知识。

（2）能力目标。运用广告基本理论和方法分析广告和解决一些广告传播中的问题，初步具备进行广告设计、创意、策划、传播的基本技能，提升欣赏和评析优秀广告的艺术审美和鉴别能力。

（3）情感态度与价值观目标。通过理论学习和训练，培养学生职业理想和道德、团队意识和创新精神，树立正确的广告价值观和传播文化的责任感等。

课程简介：

“广告学概论”是新闻传播专业大类学生的专业基础必修课程。后续课程有“广告调查”“广告策划”等。开设在大一第一学期，主要包括广告概述、广告的功能、广告与品牌传播、广告调查、广告策划、广告创意、广告媒体、广告人的素养等 10 章内容。该课程囊括了广告学专业的核心知识领域，是一门广告学专业的基础介绍性课程，对于激发学生专业的学习兴趣和专业认同感具有重要作用。

教学资源：

（1）教材：丁俊杰，陈培爱，金定海，等．广告学概论．北京：高等教育出版社，2018.

（2）线上资源：何德珍．走进广告世界．智慧树平台在线课程.

二、课程思政整体教学设计

（一）课程思政教学理念与思路

（1）课程整体思政目标设计。实现五个思政目标，即培养学生具备社会主义核心价值观、文化自信与传播责任感、道德法律意识、科学创新精神、职业理想道德。

（2）设计理念。坚持“以学生发展为中心”和“立德树人”的理念，根据学校重基础强能力的应用型人才定位，实现“知识传授、能力培养和价值引领相结合”的教学目标。

（3）设计思路。针对思政教学分散无法形成合力、课堂时空局限、教学方式不够灵活三大痛点，采取了深挖教材思政元素整合思政内容模块、建设资源与平台多层次循环混合多元化教学、创设“讲、评、研、创、践”五种教学活动的教学策略，实现知情行合一，让思政教学活起来，学生动起来，让思政教学有温度、深度和广度。

（二）课程思政教学特色和创新点

1. 特色

本课程“一合、三融、五活动”思政教学实践特色鲜明。

一整合：整合16个教学章节，形成5个教学模块，达到5个思政目标，形成一股育人合力，达到知情行的统一。

三融合：一是知识传授、能力培养、价值引领的融合，实现知识、能力、素养三个目标；二是线上、线下混合式教学交融，拓展时空，从而使课内与课外融合，实现教学的深度与广度；三是传统与现代教学手段的融合，创建在线课程和微信公众号，使思政实践与推广更具学科专业特色和现代化。

五活动：“讲、评、研、创、践”五种灵活的教学活动，让思政教育蕴于无形，学生积极主动。

2. 创新

（1）教学内容的创新。引入广西的壮族文化、侗族文化、红色文化、民俗文化等区域文化；关注企业在行动、疫情防控、专业竞赛命题等时代热点事件。比如研讨定位理论是否过时、中国风能走多远等前沿问题，让课程具有了高阶性、创新性和挑战性。

（2）教学组织的创新。创设“讲、评、研、创、践”五种创意活动，让知识、能力与思政教育水乳交融。解决课程思政植入生硬，无法内化于心的困境。讲故事，评广告，研案例，创作品，参赛调研实践；做中悟，研中明，行中育，实现高阶目标和价值引领，达到“润物无声、明理于心”的境界。

（3）教学方式方法的创新。线上线下多层次循环混合式多元化深度教学，让思政教学“活”起来。采用线上 + 线下、线上 + 线下 + 线上等六种组合方式实施混合式教学，并灵活采用案例教学 + 讨论法、任务驱动 + PBL 教学等教学方法，激发学生深度参与热情，使教学走向深度与广度。

（三）课程思政教学整体安排

表1为“广告学概论”课程思政教学整体安排。

表1 "广告学概论"课程思政教学整体安排

思政目标	教学内容模块	思政教育融入点	课程资源
社会主义核心价值观	(1) 中国广告价值观; (2) 广告的文化功能; (3) 广告传播符号; (4) 广告的社会功能	(1) 评析公益广告、有争议广告，融入社会主义核心价值观; (2) 公益广告采风，在实践中培养学生关注环保、讲文明、懂礼貌等良好行为习惯; (3) 经典案例研究，融入社会责任感等教育	诚信、爱国、公平等社会主义核心价值观的视频广告;中国四大文明创意的廉政公益平面广告、街头讲文明、环保等公益广告
文化自信和传播责任感	(1) 广告的传播功能; (2) 广告与品牌传播; (3) 广告创意的"中国风"趋向	(1) 通过经典案例对比，融入民族文化的认同教育; (2) 中国风设计师故事、广告研究与创作融入文化自信与传播责任感	节约用水、低碳出行等环保、传承非遗文化、孝顺等优秀传统文化公益广告;靳埭强、陈幼坚等中国风平面广告和设计师故事
道德法律意识	(1) 从商业传播角度看广告的社会责任; (2) 从公共传播角度看广告的社会责任; (3) 广告从业人的社会责任	(1) 从广告与社会冲突表现融入社会责任感教育; (2) 从虚假、黄色广告的恶劣影响融入正义、守法的教育; (3) 最有责任感的企业研究融入责任感教育	某公众人物代言的虚假广告，街头招租黄色广告案例，农夫山泉等有社会责任感的企业品牌案例和公益活动
科学创新精神	(1) 广告调研的原则和方法; (2) 广告创意方法和技巧; (3) 广告策划原则; (4) 如何讲好中国故事	(1) 经典广告和案例评析，调研实践融入严谨务实的科学精神; (2) 讲好中国故事的软文或短视频创意实践，培养精益求精科学精神和创新精神	经典案例库资源(大众汽车、百年润发等中外成功经典案例)。 中国传统文化案例库(儒家思想、红色文化、廉政文化等)。 武汉、上海、国家形象广告等讲好中国故事创意视频
职业道德理想	(1) 专业理想; (2) 职业道德	(1) 成功广告人案例; (2) 广告名人堂，与学者和企业家、学长在线或面对面交谈	叶茂中等成功广告人视频。 桂林理工大学、桂工新视听等微信号的学长报道

三、课程思政教学方法及手段

什么样的教学内容，运用什么组合方式，采取什么教学方法才能取得较好的教学效果?为充分激发学生的学习积极性和主动性，充分实践"以学生为中心的发展理念"，我们在教学中常用的教学方法有PBL问题式、案例教学、讨论法、练习法、研究性教学、任务驱动教学、项目模拟实践等多元教学方法。同时采用现代化教学手段，运用了“线上＋线下、线上＋线下＋线上、线下＋线上＋线下、线上＋线下＋线上＋线下”等线上线下六种组合方式，这六种组合并不是流于形式，而是根据不同教学内容的难易度，结合灵活多样的教学方法，进行因材施教。比如知识点较浅的，线上自学＋线下练习或研究；知识枯燥的，则先线下激发兴趣再线上拓展。这种多层次的循环深度教学根据知识点的难易度采用不同线上线下组合方式，结合不同教学方法因材施教。比如：广告的定位理论深奥难懂，我们多一次线上＋线下组合。课前线上预习，课堂案例分析＋线上研讨＋课后研究＋课堂 PPT 汇报，这样多次强化和了解学生对知识理解和运用程度，教学走向深度和广度。在自主学习过程中，增加创新意识和科学研究精神、企业责任感等思政教育。而“广告创意的中国风趋向”这节课的知识点难度不大，但是拓展面宽，技能形成时间长，多个线上拓展展示作品和线上辩论。学生提前半个月线上自学，创作、分享作品，评比，课中项目模拟全国大学生广告艺术大赛现场提案，培养学生实践经验和创作能力。课后辩论中国风能走多远，潜移默化进行文化自信和传播责任感思政教育。“讲、评、研、创”中结合 PBL、案例、任务驱动等教学方法，专业知识、创新设计能力、思政目标自然融合，有效达成教学目标。

四、课程思政教学实施具体案例

第七章第三节　广告创意的发展趋势

（一）教学内容

广告创意的“中国风”趋向。

（二）教学重点

中国元素在广告创意中的运用。

（三）教学难点

中国元素的广告创意设计能力培养。

（四）教学目标

（1）知识目标：了解什么是中国风和中国元素，掌握中国元素在广告中的应用。

（2）能力目标：培养运用中国元素设计平面广告的创新创意能力。

（3）情感态度与价值观目标：增强对中国传统文化的热爱和自信，以及传播中国文化的责任感。

（4）德育目标：增强文化认同、文化自信，培养学生传播中国文化的责任感。

（五）教学内容与思政元素融入点

本课时的教学内容与思政融入点主要在四个方面：一是中国风在儒家思想的

应用，用"诚信"的文字公益广告创意融入社会主义核心价值观的诚信教育；二是在中外中国风广告应用要注意的问题教学中，通过大众汽车和立邦漆、百年润发三个广告案例对比研究，融入中国文化自信的教育；三是在中国风创意实践和课堂提案的训练中，融入文化自信、能力自信及传播中国传统文化的责任感教育；四是在课后的线上辩论，中国风能走多远，融入文化认同与文化自信的教育。

（六）教学过程

表2为"广告创意的'中国风'趋向"教学过程。

五、教学效果

"广告学概论"充分挖掘教学内容中蕴含的丰富思政元素，整合课程内容形成合力，没有刻意植入思政教育，以"讲、评、研、创、践"多种教学活动自然融入思政教育，做到知行情合一，学生深度参与，兴趣浓厚。线上线下的混合式教学拓展了时空的局限，将思政教育延伸到课堂之外，走进生活，使教学走向了深度与广度。学生对这种教学方式非常喜欢，学生在是研讨中、实践体验中、能力训练过程中找到了自信，在潜移默化中实现了增强文化自信和传播责任感、法律法规、职业认同等思政目标，在实践中育人。而适合教学内容和教学方式的案例教学、任务驱动、讨论法、研究型教学、项目模拟等多元教学方法的运用，激发了学生学习的动力热情，挑战了自己，这样的学习和作业有难度和挑战度，也有创新性，学生爱学乐学。本课程在学校上了公开示范课，在广西壮族自治区做了在线课程展播，不少同行和专家参与听课，反响也很好，认为教学内容丰富有层次性和创新性，教学设计理念先进，课堂实施有效，理论讲授和能力训练到位，学生积极参与、思维活跃。而学生在线课程评价也是优秀，满意度96.5%。线下课堂评教每年都是优秀，近两年都在95分以上，课程认同度高，校内同行和督导评价都是优秀。

六、教师感悟

"广告学概论"课程思政教育是实现三全育人和素质教育的重要一环。在本课程教学中，感受较深的：一是要秉承金课建设的标准，充分体现以学生发展为中心的教学理念，以学生素养和终身发展为目标。二是要吃透教材，不要生硬植入，深挖教材中蕴含的思政元素，找出自己课程中有特色的内容融入思政教育。三是思政教育追求润物无声，明理入心，本课程讲故事，评广告、研案例、采风调研、参赛实践等灵活丰富的教学活动融入思政，学生非常喜欢，并没有觉得是在做思政教育，使学生在做中悟、行中明、践中育，实现知识、能力、情感态度价值观教育的三融合，让德育内化于心。四是线上线下的混合式教学方式，让思

表 2 “广告创意的‘中国风’趋向”教学过程

课前分析	(1) 教学内容分析：中国风广告创意的方式方法理论不难理解，但中国风如何运用是重点，创意能力形成是难点。因此课前线上让学生自学研究中国风的广告创意，提前布置用中国元素创意作品设计作业，课前网络分享，评选出最优秀的三幅作品，课中线下课堂提案。而课堂讲授中国风的运用情况和方法，积累创意提案的能力，突破教学重点与难点。再者教学内容蕴含丰富的思政元素，故可以课后线上开展辩论，分为正反两方：中国风能走多远？潜移默化进行思政教育，既可培养学生利用中国元素创作广告作品的能力，又培养他们对中国文化的自信及传播优秀中国文化的能力。 (2) 学生学情分析：大一学生设计能力和创意能力不强，对自己设计能力自信不够，需要老师更多的指导，创作完成作品的时间也会长，需要反复修改。因此提前半个月布置作业，并安排课后教电脑设计操作，作品提交反复指导修改。生硬的说教也是学生不太接受的，因此挖掘课程本身思政元素巧妙融入德育，自然渗透让学生容易接受。 (3) 教学方法分析：中国风广告创意运用体现的知识点不难，但是运用策略思维和创意能力形成不易，作业需要时间长，而且作品分享交流也有价值，特别适合线上＋线下＋线上深度融合的教学方式。为突破如何运用中国元素的教学重点，需要案例教学明确运用的策略，提供成功与失败的两个案例研讨，加深理解。为突破设计中国元素作品的难点，保证学习任务完成的质量和效果，运用任务驱动教学增强学习动力，采用项目模拟教学，模拟全国大学生广告大赛现场提案的方式激发参与实践的热情。 (4) 教学环境分析：多媒体教室有可上网的电脑、网络平台和展示作品的投影，学生手机可以现场扫码投票，直接产生全场大奖					
课堂讲授						
教学环节	教 学 内 容	教学目标及思政资源	教学方式和方法	教师活动	学生活动	时间分配
导入	思考：中国银行的符号是谁设计的，它有什么含义？ 引入设计大师故事：靳埭强中国风设计在国际上的影响事迹。靳埭强，平面设计大师，包揽诸多国际平面设计一流大奖，1999 年被授予香港紫荆勋奖	体会中国文化的魅力，运用名人故事		启发，引导	听讲，思考	3min
讲新课						
(1) 概念教学：什么是中国风和中国元素 理论阐述	欣赏靳埭强的中国风作品，思考什么是中国风？ (1) 中国风、中国元素的概念。 (2) 中国风即中国风格，是建立在中国传统文化的基础上，蕴含大量中国元素并适应全球流行趋势的艺术形式或生活方式。 (3) 中国元素是指凡是被大多数中国人（包括海外华人）认同的、凝结着华夏民族传统文化精神，并体现国家尊严和民族利益的形象、符号或风俗习惯	掌握基本概念	讲授法	启发，引导	听讲，思考	3min

续表2

教学环节		教 学 内 容	教学目标及思政资源	教学方式和方法	教师活动	学生活动	时间分配
(2)中国元素与广告创意	知识讲授	中国元素包含：中国哲学思想、中国汉字、中国图腾、文学艺术、标志性地理风貌、民俗文化等。 (1)运用中国汉字元素进行广告创意：中国文字在各个历史时期都有各自鲜明的艺术特征，是华文广告创意的源泉。  汉字的“字思维”：汉字的象形、形声、会意、指示等构成关系，决定了汉字的思维特质。“字思维”是概念细化的表征和方法，也为广告创意的优化提供了符号前提。 汉字的意象创意识别：汉字在传播和识别上，具有很强的符号特征。汉字的个性化特征使它在标志设计中独具魅力，失去个性的设计也就失去了广告创意的存在价值。  		讲授法，案例教学法	启发，引导 提问检查学生自学的知识点掌握情况，其中融入案例的分析评价	思考，回答问题	10min

续表 2

教学环节		教 学 内 容	教学目标及思政资源	教学方式和方法	教师活动	学生活动	时间分配
（2）中国元素与广告创意	知识讲授	（2）运用中国哲学思想进行广告创意： 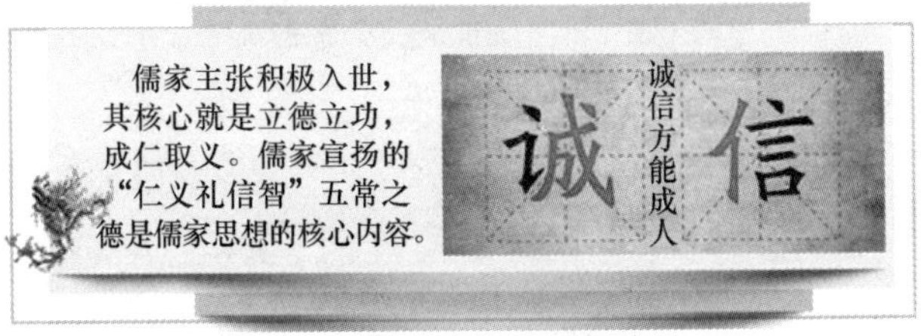 （3）运用中华民族图腾进行广告创意：  （4）运用文学、艺术元素进行广告创意：绘画、雕刻、建筑、文学、音乐、戏剧、舞蹈、电影八大艺术形式在广告中都有很好的运用。 （5）运用节日文化元素进行广告创意		讲授法，案例教学法	启发，引导 提问检查学生自学的知识点掌握情况，其中融入案例的分析评价	思考，回答问题	10min

续表 2

教学环节		教学内容	教学目标及思政资源	教学方式和方法	教师活动	学生活动	时间分配
（3）中国元素广告案例研究	案例研讨	请看下列广告，思考国外品牌在中国是如何运用中国元素的，你认为他们运用是否恰当，为什么？ 看视频分析正反两个案例的优缺点（大众汽车视频广告、立邦漆平面广告）	掌握中国元素的运用方法	案例教学法	出示案例，播放视频广告＋组织讨论和师生评价	讨论、研究分析与评价（生生互评，师生共评）	8min
		讨论：广告成功与失败的原因是什么？运用中国元素要注意什么问题？ 总结归纳运用中国元素要注意的问题： （1）运用中国元素进行创意要了解元素的文化内涵的历史背景； （2）运用中国元素进行创意要了解受众的接受心理； （3）运用中国元素进行创意要注重符号与品牌的关联性			启发引导，总结归纳		3min
（4）中国元素广告创意实践	知识迁移	提前半个月布置，学生运用中国元素进行公益广告创意设计，课前评选出最具创意三幅作品到课堂模拟全国大学生广告艺术大赛全场大奖做现场创意提案	培养传播中国文化的能力及实现。思政目标：树立文化自信（创意设计实践中育人）	任务驱动教学＋项目模拟教学	翻转课堂： （1）课前网络布置自学创意方法与技巧，用中国元素创作中国传统文化的公益广告，并在线上网络投票评选。 （2）课堂上组织模拟全国大学生广告艺术大赛现场提案。 （3）发布投票雨课堂二维码	线上＋线下＋线上： （1）课前线上自学、创作作品，线上分享作品、线上投票评选最喜欢的广告。 （2）课中现场模拟提案现场投票产生最佳全场大奖	10min

续表 2

教学环节		教 学 内 容	教学目标及思政资源	教学方式和方法	教师活动	学生活动	时间分配
（5）总结	归纳	介绍中国风的实践者，尤其是陈幼坚一直坚持用中国元素进行设计获得很多国际大奖的故事。他说，要用设计拿回中国的尊严，激励学生学好本事才能更好传播中国文化，为祖国赢得荣誉。 介绍中国元素国际创意大赛，以及学术界和设计界对中国风的未来发展趋势的观点和预测	思政目标：培养学生文化自信和传播中国文化的责任感（陈幼坚的成功事迹和爱国言行）	榜样示范法+线上线下混合教学方式	课堂上解答，在线课程疑难问题	听讲，思考	7min
（6）布置作业	课后拓展	在线课程讨论，课后两个班级分正反两方辩论：中国风能走多远？ 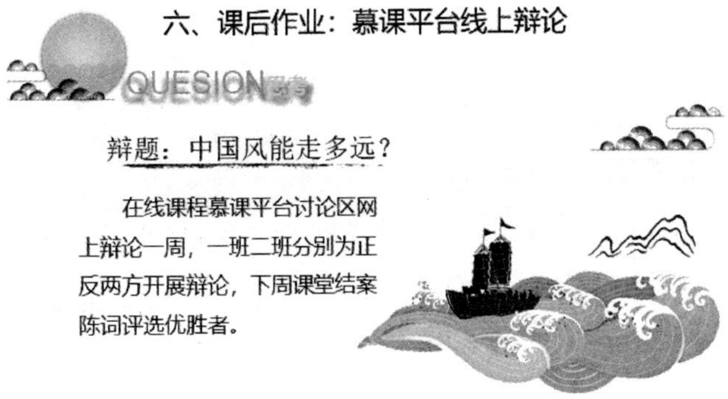	思政目标：形成文化自信（中国风的典型案例）	讨论法	参与辩论	线上自由辩论	1min

政教育突破时空的局限，既可走向社会实践，又具有了线上的研讨交流和分享，使思政教育从课内走向课外，从课本走向了生活，思政教育不再是概念，不再是生硬冷冰冰的说教，而是有温度、鲜活的、有滋有味的体验。

“综合英语（一）”课程思政教学案例

外国语学院　亢江瑶

一、课程基本信息

课程名称： 综合英语（一）。

课程性质： 专业基础课。

授课对象： 英语专业大一年级本科生。

教学目标：

（1）知识目标。掌握有关语音、词汇、语法、语篇知识，扩大学生的词汇量；学会与课文主题相关的英语表达方法，了解与课文主题相对应的语言文化知识，理解中西方文化差异。

（2）能力目标。培养学生线下线上自主学习能力；提高学生的语篇分析及阅读理解能力、口语能力和翻译能力；提高学生的人文素养和思辨能力，能够用英语表达中国的理念和方案，讲好中国故事。

（3）情感态度与价值观目标。培养学生的家国情怀和国际视野；引导学生正确看待中西方文化，加强文化自信；培养学生正直、诚信、文明、友善的品格，引导学生树立正确的世界观、人生观和价值观。

课程简介：

“综合英语”是英语专业一年级和二年级的专业基础课，共分四个学期进行，“综合英语（一）”开设在大学一年级第一学期。课程教学内容涉及教育学、文学、文化、历史、哲学等人文学科知识体系，对构建宽广的知识面、提升思辨能力和人文综合素养发挥着关键性的作用。该课程通过听、说、读、写、译等语言基本技能方面的综合训练，让学生熟练掌握和正确运用英语语法和词汇，各种语言技能协调发展，从而提升语言实际运用的能力；通过阅读、语言材料的课堂讲解和分析，让学生打开独立思考的空间，发展批判思维能力，增长人文知识，提高人文素养，为此后的高级英语、英语演讲、英美文学、英汉互译等课程打下扎实的专业基础。

使用教材： 何兆熊．新世纪英语专业本科综合教程．上海：上海外语教育出版社，2019.

二、课程思政整体教学设计

（一）课程思政教学理念与思路

语言是传达情感和思想的媒介，学生在学习英语的过程中，不可避免地会有情感、态度、价值观方面的体验和变化，因此，要把语言训练和价值引领相结合，在文化碰撞中引导学生形成正确的价值取向，讲好中国故事。"综合英语（一）"课程具有持续时间长、所占课时比例大、实用性趣味性强的特点，教学中首先要通过听、说、读、写、译等语言技能的训练，培养学生的语言表达和交际能力；其次要通过语言文化学习，帮助学生了解西方文化，开阔国际化视野、理解中西方文化差异，提升价值判断能力，培养兼容并蓄的胸怀和家国情怀；再次是采用任务驱动、分组学习等方式，根据各单元主题，结合时政热点，通过翻译、讨论、演讲等多种形式，引导和鼓励学生用英语讲好中国故事，引导他们在课堂内外积极阅读与思考，踊跃参与语言实践任务，就英语教学中折射出的西方人文理念展开价值观的探讨，在思维的碰撞中明确正确的价值取向，在进行跨文化交流的同时增强民族认同、文化认同与国家认同，提升文化自信。

（二）课程思政教学整体安排

表1为"综合英语（一）"课程思政教学整体安排。

表1 "综合英语（一）"课程思政教学整体安排

课程思政目标	融入章节	依托知识点	课程思政资源
家国情怀、社会责任	Unit 1 Never Say Goodbye	（1）课文背景知识	歌曲视频《Never Say Goodbye（永不说再见）》，联系视频中疫情之下的逆行者和自己亲人说再见的场景，让学生思考家与国的关系，增强社会责任感
		（2）课文《Never Say Goodbye》中的离别	通过课文《Never Say Goodbye》里作者一家三代人的命运，以及几度离别的场景，引导学生感受对家人的爱、对家乡的爱、对国家的爱
		（3）课外阅读材料：Dad Had Lost Any Purpose in Life	课外阅读：Dad Had Lost Any Purpose in Life，讲述父爱和母爱，引导学生关注家庭，给家人以更多的关爱，鼓励他们把爱说出来
人与自然的和谐关系	Unit 2 The Fun They Had	（1）课文背景知识	视频《Are We Happier than before（我们比过去更快乐吗）》，讲述的是人们失去了儿时自然而简单的乐趣，引导学生思考人与自然的关系

续表 1

课程思政目标	融入章节	依托知识点	课程思政资源
人与自然的和谐关系	Unit 2 The Fun They Had	(2) 课文《The Fun They Had》	课文主要从一个生活在未来的孩子的视角，发现在实体的学校和小伙伴们一起上课的乐趣，由此引导学生思考现代技术手段带来的进步和困惑，思考“人与机器”和“人与技术”的关系
文明、和谐、礼貌	Unit 3 Whatever Happened to Manners?	(1) 背景知识：中西方礼仪	BBC 视频《Chinese Style》，以服饰及礼仪为融入点，帮助学生理解中西方礼仪的差异
		(2) 课文《Whatever Happened to Manners?》	课文《Whatever Happened to Manners?》关注我们的日常生活中礼貌缺失的现象，引导学生思考如何与人为善，和周围的人要和谐相处
正直、诚信、友爱	Unit 5 How to Be True to Yourself	(1) 课前讨论：the motto of my grandparents	课前讨论：the motto of my grandparents（祖父母的人生格言），生活就像一片落满雪花的田野，我所走过的每一步都会留下脚印
		(2) 课文《How to Be True to Yourself》	以课文《How to Be True to Yourself（如何做真实的自己）》为融入点，引导学生做诚实的自己，做正直的人
		(3) 课文内容：the Integrity Triad（正直三要素）	the Integrity Triad（正直三要素）：不屈服于压力，不屈服于权威，不屈服于困难，自尊自爱，问心无愧
临危不惧、互相关爱	Unit 7 When Lightning Struck	(1) 课文《When Lightning Struck》	课文《When Lightning Struck（当闪电来袭时)》，讲述飞机被闪电击中时大家互相鼓励共渡难关的故事，引导学生正确看待和处理危机，在危机情况下能正确判断局势，传递关爱和善意
		(2) 时事双语阅读：抗疫中的志愿者	时事双语阅读，引导学生关注疫情中平民英雄的坚守和温情
理解中西方文化差异，增强文化自信	Unit 8 My Forever Valentine	(1) 课文背景：中西方主要节日及风俗	阅读材料：中西方主要节日及风俗，理解中西方文化中的共性和差异
		(2) 课文《My Forever Valentine》	课文《My Forever Valentine》，讲述的是父亲是女儿心中永远的“情人”，帮助学生理解中西方“父爱”表达中的文化差异
		(3) 阅读材料：Chinese Valentine;“七夕”——中国的情人节	通过对比西方情人节和中国“七夕”节，学会用英文表达中国的风俗，同时增强文化自信

三、课程思政教学方法及手段

（1）"线上推送"与"线下学习"相结合。本课程主要从语言表达的话题设计，讲解单词和短语时所用的例句，课文主题的挖掘，汉译英和作文题目的设计等诸多方面来传递正能量，实现价值引领。重点打造"线上推送"+"线下学习"的混合教学模式，实现课堂的扩容，找到课程篇章、语言学习内容与思政元素的有效联结。课前通过网络平台发布预习任务；课中结合隐性思政教育元素的阅读材料或时事热点进行思政教育；课后发布小组项目任务，深入主题学习，最后进行课堂展示和汇报，实现语言教学、批判性思维的培养和正确价值观的引领相结合。选择思想健康、语言规范、形式多样的语言教材作为输入（视听、阅读）材料，并通过问题讨论、项目研究等练习设计在强化输出（说、写、译）质量和水平的同时，培养学生的批判性思维、爱国情怀、文化自信等品质。

（2）理论联系实际，课上课下相结合。重视语言实践，开展丰富多彩的校园文化活动，通过第二课堂活动促进语言学习和价值观的形成。如：针对时代背景，开展主题英语演讲比赛；针对广西桂林地域特色，进行写作、翻译等语言实践活动，弘扬爱家爱国的精神，传播和弘扬优秀中国传统文化，讲好中国故事。

四、课程思政教学实施具体案例

Unit 1 Text Ⅰ　Never Say Goodbye（永不说再见）

（一）教学内容

（1）《Never Say Goodbye》课文的文化背景。

（2）理解课文大意、篇章结构及写作风格。

（3）学习并掌握关于Say Goodbye（告别）的语言及文化差异，开展语言训练。

（二）教学重点

（1）课文的文化背景及大意。

（2）课文理解，语言训练。

（三）教学难点

关于Say Goodbye（告别）的语言及文化差异。

（四）教学目标

1. 知识目标

（1）《Never Say Goodbye》课文的文化背景；课文大意、篇章结构及写作风格。

（2）学习并掌握关于 Say Goodbye（告别）的语言及文化差异，开展语言训练。

2. 能力目标

（1）提高学生的语篇阅读理解能力，提高学生的口头和笔头表达能力。

（2）提高学生的人文知识素养和思辨能力。

3. 情感态度与价值观目标

（1）引导学生正确看待离别，思考自己的人生目标和理想。

（2）培养学生家国情怀，引导学生珍惜家人，爱家乡、爱学校、爱祖国、爱人民，培养学生的社会责任感。

（五）教学内容与思政元素融入点

以 Say Goodbye（告别）作为融入点，帮助学生了解“告别”对于人生的意义，引导他们思考家庭责任和社会担当，培养家国情怀。

（六）教学过程

表 2 为“Never Say Goodbye”教学过程。

表 2 “Never Say Goodbye”教学过程

教学环节	教学内容	思政目标及资源	教学方法与手段	师生活动设计	时间分配
导入	从对本单元课文题目《Never Say Goodbye》的理解导入离别的话题	视频歌曲《Never Say Goodbye（永不说再见）》，联系视频中疫情之下的“逆行者”和自己亲人说再见的场景，让学生思考家与国的关系，增强社会责任感	讨论法	学生：观看视频，用英语表达自己的看法。 教师：启发引导	5min
课文背景知识	（1）请学生列举英语中离别的表达方式		讨论法	学生：列举。 教师：讲评并引导学生对比	5min
	（2）名人名言翻译： 1）Bertrand Russell 关于战争的名言； 2）Henry David Thoreau 关于离别的名言	名人名言，启发学生思考战争与和平的问题，鼓励大家珍惜和平生活、热爱和平	讲授法	学生：读名人名言并理解其中含义。 教师：PPT 展示和讲授	5min
课文阅读理解及语言讲练	（1）快速浏览课文，回答与课文大意有关的问题	通过课文《Never Say Goodbye》作者一家三代人的命运，以及几度离别的场景，引导学生感受对家人的爱、对家乡的爱、对国家的爱，培养家国情怀	讨论法	学生：快速阅读，回答问题。 教师：检查并讲解	5min

续表2

教学环节	教学内容	思政目标及资源	教学方法与手段	师生活动设计	时间分配
课文阅读理解及语言讲练	（2）课文理解：课文大意填空，归纳段落大意，寻找段落主题句等		讲授和讨论结合	学生：阅读理解，总结归纳。 教师：提问和讲解	8min
	（3）语言点的讲练：confront, anguish, with the laughter and tears, shudder, through ones, tears have sth. in common	依托课文，在语言点的讲解和训练中，融入文化对比，中西方文化兼顾，树立文化自信	讲练结合	学生：翻译、造句等语言实践和操练。 教师：讲授语言知识，引导学生英汉对比，开展语言训练	10min
课堂小结	对课文大意做总结和复述		讨论法	学生：总结归纳，复述课文大意。 教师：对课文大意做讲解和总结	5min
布置作业	（1）课外阅读：Dad Had Lost Any Purpose in Life。 （2）英语作文：回忆自己离开家来上大学和父母离别时的情景和心情（要求250字左右，并且用到至少5个课堂讲到的生词）	1）课外阅读材料，讲述父爱和母爱，引导学生关注家庭，给家人以更多的关爱，鼓励他们把爱说出来。 2）用英语写作，换位思考，通过语言活动提升感性认识，关心父母爱护家人，对他人友善	写作练习	学生：结合自己的亲身经历，把学到的语言运用起来，同时进一步思考和理解家庭及离别的意义。 教师：提升学生的感性认识	3min

五、教学效果

"综合英语（一）"课堂在组织学生进行听、说、读、写、译和讲解语言知识的过程中，将思想政治教育有机融入英语教学过程中，使学生通过自己的学习和思考，在学习语言的同时，也获得正确的思想观念、价值观点和道德规范，教学效果良好。近三年来，本课程在校内学生评教均为优秀。学生学习热情更高，学习兴趣有明显提高，专业学习目的进一步明确；通过学习，对综合英语的核心知识点印象更深刻，学生普遍反映，语篇阅读理解能力、口头和笔头表达能力得到较好的提升，自己的人文知识、综合素养、分析理解和判断能力有一定提高，能够更客观地看待中西文化差异，愿意用学到的英语知识去介绍和传播中国文化，讲述中国故事。

六、教师感悟

语言是文化的载体，英语学习的背后是外国的文化、价值观念和文化理念，学习英语就会不可避免地接触到外来思想。作为教师，我们要帮助学生认识到思想文化与语言知识之间深刻的关联，帮助他们学会辨别是非和分清真假，对外国的思想和文化有选择地接受；同时，我们自己也要在文化自信的心态基础上，客观、辩证地审视和评价语言材料中的思想文化内涵。

另外，课程思政教学要找出英语语言教学与思政教育语言素材之间的切入点和互补点，才能使价值引领更自然合理，有感而发，有的放矢，一定不能进行生硬的甚至毫无根基的价值“植入”。

在教学实践中，我们还存在一些需要改进的地方，包括如何进一步完善整体设计、挖掘和提炼课程语言材料中的思政元素。

“外贸英语口语与谈判”
课程思政教学案例

外国语学院　蒋　霞

一、课程基本信息

课程名称：外贸英语口语与谈判。

课程性质：专业教育课。

授课对象：英语专业大三年级本科生。

教学目标：

（1）知识目标。掌握日常商务活动常用句式和商务谈判技巧；熟悉商务活动的基本流程，能就商务流程中相关环节进行对话和讨论；掌握商务社交规范与礼仪知识。

（2）能力目标。掌握外贸工作人员所必须具备的专业沟通技能；提高运用英语与外贸知识处理业务的综合技能与素质；培养社交能力及团队合作的能力。

（3）情感态度与价值观目标。认识外贸英语方向相关职业的岗位价值，增强专业认同，具备爱岗敬业思想、积极进取精神和良好团队协作意识；开拓学生的国际化视野，增强跨文化交际意识，弘扬爱国主义和民族自豪感；培养学生诚实守信的道德品质和精益求精的“工匠精神”，形成正确的价值观、世界观、人生观；了解外贸相关法律法规，具有依法维护自身权益的能力。

课程简介：

“外贸英语口语与谈判”课程是面向英语专业大三年级学生开设的专业选修课程，共40学时。前修课程包括“贸易实务英语”“商务英语阅读”等，后续课程包括“外贸英语函电”“外贸英文制单”等。该课程是集英语语言、商务知识与跨文化沟通为一体，以英语口头表达为主的实践性很强的综合应用性课程。该课程通过具体的商务活动情境使学生熟悉常用的商务语言和用法，提升学生英语口语表达的逻辑性和语言运用的灵活性。在授课中融入德育教育，增强学生的家国情怀、国际视野和文化自信，引导学生树立正确的价值观，启迪学生的批判性思维和跨文化交际能力，以适应国际化环境对各类应用型专业人才的能力需求。

使用教材：

（1）唐桂民，郭桂杭．商务英语听说（上）．北京：高等教育出版社，2010.

（2）唐桂民，郭桂杭．商务英语听说（下）．北京：高等教育出版社，2010.

（3）谢晓琼．商务英语口语．济南：山东大学出版社，2018.

二、课程思政整体教学设计

（一）课程思政教学理念与思路

“外贸英语口语与谈判”课程思政教学要充分运用教育信息技术手段，在开展“线上”＋“线下”混合式教学的情况下，深挖课程思政元素，以点带面，将思政元素有机融入课程大纲、课程内容、教学组织等各环节，使思想价值引领贯穿课程教学全过程，在教授专业课知识的过程中潜移默化地达到思政育人目标。

1. 课程思政元素挖掘

“外贸英语口语与谈判”涉及与世界不同国家的外贸商谈，该课程具备较多能自然引入的思政元素：比如在“产品介绍”这一章中，可以以产品介绍为切入点引入“工匠精神”，引导学生将来步入外企后把“中国制造”转为“中国精造”，增品种、提品质、创品牌；在“价格谈判”这一章中，以价格谈判中运用到的贸易术语引入道德法规的遵守和弘扬爱国主义；在“国际运输”这一章中，通过物流案例分析比较，发展学生思辨能力，培养学生的国际化视野，在“一带一路”背景下树立不同文化之间互相尊重，求同存异的跨文化交际意识；在“市场营销”这一章中，由产品营销引入到中国在全球供应链中的地位，通过新冠肺炎疫情期间全球口罩产销情况及中国口罩产销情况对比的案例，让同学们了解我国在全球供应链中的地位，认识到中国生产力的强大及中国制造在全世界的重要作用，以此激发同学们对祖国的自豪感和认同感，这些都是专业知识中可以挖掘的思想政治元素。

2. 在教学大纲中明确融入思政元素

在制定“外贸英语口语与谈判”课程教学大纲时，必须坚持党的教育方针，落实立德树人根本任务，在教学设计上高度重视课程教学的价值观教育，强化育人导向，把社会主义核心价值观融入课程的章节之中，明确提出学生通过课程的学习树立正确的人生观、价值观和世界观。教学大纲要细化课程德育目标，主要包括以下四个方面：

（1）增强专业认同，认识外贸英语方向相关职业的岗位价值，具备爱岗敬业的思想；了解我国国情，热情关注和参与经济、政治生活，具有积极进取精神和良好团队协作意识。

（2）掌握科学常识和科技发展趋势，跟踪科技发展动态；养成良好的人文素养和审美情趣；培养思考问题全球化视角，对中外优秀思想和文化成果有较为广泛的涉猎和了解。

（3）培养和树立新时代中国特色社会主义思想及社会主义核心价值观，培养良好的道德品质和正确的价值观、世界观、人生观；形成健全的人格，确立积极进取、乐观向上的人生态度和自尊、自信、合作、诚信的品质。

（4）了解基本的外贸知识和法律法规，熟悉基本道德规范；遵守社会公德，增强依法办事、依法律己、依法维护自身权益的能力；增强民主和法治观念，遵循正确的道德标准，树立遵纪守法的意识。

3. 课程思政的具体融入路径

课程思政融入路径与产出导向的课程设计相结合：

（1）导入主题，通过线上平台视频、课件、小组任务等，将多种含有"育人理念"的内容引入主题；

（2）语言输入与促成阶段，通过以任务为主的教学组织形式，培养学生互助合作、跨文化交际能力等；

（3）产出导向阶段，教师预设商务情景，设计产出任务，帮助学生树立正确的世界观、人生观和价值观。

（二）课程思政教学整体安排

表1为"外贸口语与谈判"课程思政教学整体安排。

表1 "外贸口语与谈判"课程思政教学整体安排

课程思政目标	融入章节	依托知识点	课程思政资源
形成正确的价值观、世界观、人生观	Unit 1 Job Interview	外企面试个人介绍	以学生做个人介绍的内容为切入点说明如何诚实介绍自己，面试时如何展现自己积极乐观的人生态度和正确的价值观。 视频：《职来职往》
专业认同、爱岗敬业	Unit 1 Job Interview	外企工作职责	往届从事外贸工作的学长学姐们的工作感言
工匠精神	Unit 2 Product Presentation	公司及产品介绍	以产品介绍为切入点引入"工匠精神"，中国企业如何增品种、提品质、创品牌。 视频：《大国工匠》
爱国主义情怀	Unit 5 Price Discussion	价格谈判	以价格谈判中运用到的贸易术语引入法律法规的遵守和弘扬爱国主义
	Unit 6 Terms of Paymemt	支付方式课程导入	由"一带一路"上的20国青年票选出的中国新四大发明导入支付方式，由此激发学生们身为中国人的自豪感

续表 1

课程思政目标	融入章节	依托知识点	课程思政资源
爱国主义情怀	Unit 10 Marketing and Sales	产品营销之全球供应链	通过对比新冠肺炎疫情期间全球口罩产销情况和中国口罩产销情况的案例，让同学们了解我国在全球供应链中的地位，认识到中国生产力的强大及中国制造在全世界的重要作用，以此来激发同学们对祖国的自豪感和认同感
职业品格	Unit 6 Terms of Payment	国际支付方式的利弊分析与风险划分	通过对小组完成的任务结果分析选择有利于本公司的支付方式，在这个过程中培养学生风险意识、细致谨慎、严格把关、灵活机动和善于思考的职业品格
文化自信	Unit 8 Shipping	国际货物运输之“一带一路”倡议	融入“丝绸之路”“一带一路”等内容，培养学生的国际化视野，树立不同文化之间互相尊重、求同存异的跨文化交际意识，增强对中华民族的历史文化自信。 视频：“一带一路”合作共赢
团队合作精神	Unit 1 ~ 12	单元情景任务	通过小组任务，培养团队合作精神

三、课程思政教学方法及手段

以文秋芳教授 POA（产出导向）理论体系为指导，“外贸英语口语与谈判”课程以教材为依托、任务来驱动，开展形式多样的教学活动。教师通过线上线下混合式教学、案例教学法、任务驱动教学法、小组讨论法等教学方法和手段充分调动学生学习的积极性，激发学生的学习动机，最大限度地让学生参与学习的全过程；同时将思政教育有机融入整个教学过程中，使学生在学习语言与技能的同时，也获得正确的思想观念、价值观点和道德规范。表 2 为学情分析与教学方法。

表 2　学情分析与教学方法

特征	优　势	不　足	教学方法及目的
学生群体特征	思维活跃，对新知识和新事物有较强兴趣，善于利用网络获取资讯	社会思潮纷繁复杂，网络信息真真假假，价值导向存在与社会主义核心价值观有偏差的情况，学生缺乏足够的辨识能力，意识形态易受到冲击	利用优势采用线上线下混合式教学，辅以雨课堂等方式充分提高学生学习兴趣和成效；针对不足，老师注重引导和正面教育，帮助学生树立正确的价值观，实现外语教学工具性与人文性的统一

续表 2

特征	优　　势	不　　足	教学方法及目的
学生知识经验	学生同时进行英语听说读写的课程学习，具备一定的听说读写能力	经贸知识、国际贸易法规知识获取不足，围绕一个主题进行听说的综合能力输出方面尚显不足	针对知识不足，教师采用翻转课堂模式，利用学堂在线慕课"贸易实务英语"（我校经贸教学团队自建线上课程）输入相关经贸知识和国贸法规，培养学生依法律己，依法维护自身权益的能力；针对学生综合能力输出不足，教师采用案例教学法、任务驱动教学法、小组讨论法等提高学生经贸谈判综合能力
学生学习能力	学生思维敏捷，有一定的学习能力	受"应试教育"影响，运用知识解决实际问题能力较弱	针对不足，运用案例教学法引导学生学会运用所学知识分析实际问题，运用任务驱动法锻炼学生的应用能力。在这个过程中培养学生的沟通能力，创新能力和团队合作能力

四、课程思政教学实施的具体案例

Unit 6　Terms of Payment

（一）教学内容

外贸流程中支付方式的谈判。

（二）教学重点

（1）国际支付谈判常见的口语表达。

（2）国际支付方式的谈判技巧。

（三）教学难点

如何有理有据说服客户接受本公司的支付方式。

（四）教学目标

1. 知识目标

（1）熟知国际支付方式的流程。

（2）掌握国际支付谈判常见的口语表达。

（3）掌握国际支付方式的谈判技巧。

2. 能力目标

（1）运用所学专业知识进行国际支付谈判的能力。

（2）具备外贸从业人员所需的跨文化交际能力。

(3) 遵循商务谈判社交礼仪与规范的能力。

3. 情感态度与价值观目标

(1) 培养学生爱国主义情感、增强民族自信。

(2) 培养学生风险意识、细致谨慎、灵活机动和善于思考的职业品格。

(3) 培养团队合作精神。

(五) 教学内容与思政融入点

由“一带一路”上的20国青年票选出的中国“新四大发明”导入支付方式，以此激发学生们身为中国人的自豪感和爱国情怀；通过国际支付方式的利弊分析，培养学生风险意识、细致谨慎、严格把关、灵活机动和善于思考的职业品格；通过小组任务，培养学生团队合作精神。

(六) 教学过程

表3为“支付方式谈判”教学过程。

表3 “支付方式谈判”教学过程

教学环节	教学内容	思政目标及资源	教学方法与手段	教师活动	学生活动	时间分配
课前线上任务	国际支付方式知识(线上)；往届学生模拟谈判案例视频(线上)	小组合作精神。 资源：学堂在线慕课“贸易实务英语”Chapter 12	任务驱动法、小组讨论法	教师在学校网络教学平台导入课件和往届学生模拟谈判视频等教学资源，利用雨课堂布置小组任务	学生通过学堂在线慕课平台进行国际支付方式知识的学习，以小组为单位形成一个关于支付方式的对比，及对买卖双方风险的分析报告，观看线上视频	
课堂导入	复习上节内容“价格谈判”		课堂讨论	教师引导	学生回答并思考	2min
	讨论话题：“北京外国语大学丝绸之路研究院发起了一次留学生民间调查，请大家说说来自‘一带一路’上的20国青年票选出心中的中国‘新四大发明’是哪些?”	激发学生的爱国主义情感、增强民族自信。 视频资源：北京外国语大学调查20国青年票选中国“新四大发明”	课堂讨论	教师引入讨论话题，并在学生回答后告知学生答案是“高铁、网购、共享单车、扫码支付”；由其中之一“扫码支付”顺利引入到本堂课国际支付方式的主题	学生讨论并回答	3min

续表 3

教学环节	教学内容	思政目标及资源	教学方法与手段	教师活动	学生活动	时间分配
讲新课	国际支付方式的利弊分析和风险划分	通过小组任务，培养学生风险意识、细致谨慎、灵活机动和善于思考的职业品格，团队合作精神。 资源：线上慕课平台	小组讨论法	教师检查课前小组讨论结果：针对学生慕课平台所学内容，让学生归纳总结各种国际支付方式对进出口商的利与弊，做出风险划分，选择有利于本公司的支付方式	学生讨论并回答	4min
	国际支付方式谈判的常用表达和谈判技巧	通过问题分析，培养学生风险意识和善于思考的职业品格。 视频：往届学生谈判视频	案例教学法	教师选取典型往届学生谈判视频，要求学生从内容、句型、商务礼仪等分析其优缺点；教师总结支付方式谈判的重难点，为学生完成产出任务搭好脚手架	学生观看并从内容、句型、商务礼仪等方面总结和分析案例的优缺点；听老师讲解，把握国际支付方式谈判知识点	10min
	分小组完成主题谈判任务	通过小组谈判，培养学生细致谨慎和善于思考的职业品格，团队合作精神，跨文化交际能力	任务教学法	教师给定主题相关任务	学生运用所学知识和技巧分小组完成谈判	20min
	同伴评价和教师评价	要求学生在发表评论过程中做到换位思考，尊重他人	即时评价	教师对学生展示的产出成果进行评价	学习评价标准，填写评价表，发表评价	4min
课堂小结	总结本堂课的知识点和学生表现，对后续学习提出要求					1min
布置作业	布置课后任务（商务谈判实训软件第6章和修改的小组谈判视频）	培养学生的自主学习能力和团队合作精神	任务教学法	教师课后查看线上商务谈判实训软件和网络教学平台的作业并进行分析	学生课后完成商务谈判实训软件第6章任务；依据评价标准，修改并提交新的小组视频到网络教学平台	1min

续表 3

教学环节	教 学 内 容	思政目标及资源	教学方法与手段	教师活动	学生活动	时间分配
板书设计	Terms of Payment：（1） Remittance M/T D/D T/T； （2） Collection D/A D/P； （3） L/C					
课堂反思	本单元主要采用了基于翻转课堂的线上线下混合式教学，即课前学生通过慕课平台、学校网络教学平台和雨课堂进行自主学习并思考，分小组完成任务。课堂教学，教师做相应的引导，以提问、短视频观看等形式给予相关知识的梳理和指导，然后提供一定的商务情景主题让学生利用所学知识进行口语练习。练习的成果以自我评价，小组互评，教师点评为主。课程以学生为中心，将思政元素融入每个教学环节，达到了培养学生树立敬业、专业、精细的职业品格和跨文化交际能力等目标，充分发挥了教师的引导作用					

五、教学效果

在近三年课程教学中，把思政元素融入课堂教学，获得了一些教育教学的成效。

（1）学生听课效果明显提高。把思政元素融入课堂教学，学生听课的积极性提高，反应较为热烈，提高了教学成效，还帮助学生改善了精神面貌，这对于塑造学生良好的思维习惯，培养其涉外交往中坚毅、沉稳、谦逊和坚定等道德品质起到关键作用。学生在 POCIB 全国外贸从业能力大赛，“亿学杯”全国商务英语技能大赛中均取得了团队一等奖、二等奖等奖项；学生在比赛中除了专业扎实，还表现出了积极进取，诚实守信、细致谨慎、善于思考的品质，团队合作精神也得到了培养。本课程历年校内学生评教均为优秀。

（2）同行听课评价好。同行听课反馈好，例如桂林师范高等专科学校外语系老师们在听了经贸英语公开课后，认为本次课将语言学习与商贸知识巧妙地融合在一起，还在教学过程中融入了思政元素，给老师们带来了很多启发。教师本人也在教学比赛中获得多个奖项，例如 2020 年首届全国高等学校外语课程思政教学比赛全国决赛一等奖，2020 年外研社“教学之星”大赛全国复赛一等奖等。奖状上写道教师“在比赛中表现优秀，以立德树人为己任，优化教学设计，提升教学质量，融合知识传授、技能培养与品德塑造，打造语言与育人融合的外语课程，取得杰出的教学效果”。

六、教师感悟

在教学中，教师要根据课程特点和每一课的具体教学内容、教学要求，结合时事与学生的身心发展特征，将社会主义核心价值观教育有机融入课程教学中。

语言类课程在具体设计和教学实践中要强调隐性育人，将语言学习与国家强调的公德教育、价值观教育、爱国教育等内容相结合，做到春风化雨、润物无声。

本人印象深刻的是讲述支付方式这一章的时候，引入的话题：北京外国语大学丝绸之路研究院发起了一次留学生民间调查，来自"一带一路"上的20国青年票选出心中的中国"新四大发明"是哪些？学生们热情很高，说出了很多具有代表性的答案，然后告知答案是：国家名片高铁、网购、支付宝和共享单车，由此激发了学生们身为中国人的自豪感，学生的听课专注度也更高了。当然课程思政元素的挖掘，如盐入水的教学设计，课程思政的效果评价都需要进一步思考和提升。

“高级日语视听说（一）”课程思政教学案例

外国语学院日语教研室　刘　冰

一、课程基本信息

课程名称：高级日语视听说（一）。

课程性质：专业核心课。

授课对象：日语专业大三年级本科生。

教学目标：

（1）知识目标。通过“视听说”训练，让学生掌握词汇和句型等语法，正确理解课文内容和主题思想，提高日语听力水平；了解与课文相关的日本社会文化知识。

（2）能力目标。通过运用课文词汇和句型，让学生将所学语法、会话、翻译等知识融会贯通，提高学生的“视听说”综合知识运用能力，达到较高层次的日语听力水平；培养学生以异文化理解为主的跨文化交际能力。

（3）情感态度与价值观目标。培养学生具备从事日语相关工作的基本素质；引导学生客观认识日本的社会文化，培养学生爱国主义情怀，树立正确的价值观念。

课程简介：

“高级日语视听说（一）”是日语专业大三年级的专业核心课程，旨在结合外语专业学生培养标准和日语专业培养指导方案，培养具有国际化视野、具有跨文化交际能力、具有思辨精神和扎实专业基础的学生。

本课程的前修课程为“基础日语”“日语听力（一）”“日语听力（二）”“商务日语听力（一）”“商务日语听力（二）”等，后续课程为“高级日语视听说（二）”“高级日语”“高级日语技能”等。

本课程的主要内容是通过“视听说”训练为主的授课方式，注重日语语言知识的学习与语言运用能力的培养；将所学的日语语法、会话、翻译等知识融会贯通，提高学生的听力水平及国际日语能力测试N1级的应试能力。

课程特点是教学内容丰富，跨度范围广，涉及日本社会、历史、文化等相关知识。基于外国语言学习的特点，学生在学习语言知识的过程中，会接触到该国的社会、文化、风俗等，并在潜意识中将其与本国状况进行比较。较其他专业而言，外语专业的学生更易受到外国思想、文化等影响。因此，将思政教育渗透在专业课程教学中，结合日语语言与日本社会文化知识的学习，引导学生进行自主思考，并树立正确的价值观念，就显得尤为重要。

使用教材：朱卫红．日语视听说教程（一）．2 版．北京：北京大学出版社，2018.

二、课程思政整体教学设计

（一）课程思政教学理念与思路

（1）针对学生的学习特点进行学情分析，才能在整体教学中结合课程内容有机融入思想政治教育。该课程教学对象是日语专业大三年级学生，学情分析概况如下：学生具备一定日语学习基础，知识储备难以转化为输出；课程内容涵盖广，听解难度大；学生易受日本思想、文化等影响；引导学生自主思考，树立正确价值观的思政教育至关重要。

（2）结合课程内容设定以下教学目标：

1）树立正确的价值观念。日语语言学习过程中，会涉及日本作为资本主义国家的社会文化、科学技术、政治制度等内容。对于相较而言优于我国的地方，如有个别学生表现出羡慕崇拜之情，需要及时对其进行辩证唯物主义教育，引导学生客观看待两国差异，进行正确的评断。实事求是，不迷信不盲从，运用联系、发展、全面的观点去看问题。

2）培养爱国主义情怀。鉴于外语学习的特点，教师在授课过程中，为了促进学生对语言的理解，会介绍该国的风土人情、生活习惯等。近年来，因战争历史、领土争端等问题，中日两国关系一直处于波动状态，然而年轻一代中仍有因喜爱日本动漫等而出现盲目推崇日本、贬低本国文化的现象。因此，日语专业教学中，通过教师的引导，培养学生的爱国主义情怀，帮助其客观认识日本，拥有正确的对日态度，尤为重要。

3）拥有清晰、明确的道德意识。通过课程中对两国社会、文化等方面知识进行比较，一方面，要培养学生良好的敬业精神、严肃的法治观念、较强的团队意识、严谨的工作作风和坚定的开拓意识；另一方面，要培养学生社会公共道德意识，以建立在社会生活中的个人行为框架，为学生毕业后的工作、学习、生活打下良好的个人素养基础。

（3）在教学实践和改革过程中凸显课程特点。该课程是日语专业高年级的核心课程，是培养学生日语听力水平及理解能力的重要阶段。教师在教学过程中需不断探索如何将思政教育与课程教学有机结合，才能实现全过程育人。尤其是中日两国因历史等原因导致的特殊性关系，需引导学生用正确的价值观念来对待，对日本既不过于推崇，也不盲目敌视。在培养学生爱国主义情怀的同时，还能够正确、客观地看待中日关系。

（二）课程思政教学整体安排

表 1 为“高级日语视听说（一）”课程思政教学整体安排。

表 1　“高级日语视听说（一）”课程思政教学整体安排

课程思政目标	融入章节	依托知识点	课程思政资源
民族复兴	第 1 课　ハイキュー	（1）排球队顽强拼搏； （2）校园锻炼； （3）女排精神	视频：电影《夺冠》。 以排球赛事为融入点，介绍中国排球，特别是中国女排十度世界夺冠，排名世界第一的战绩，号召学习“女排精神”；通过教学，培养学生对我国体育事业发展的自豪感，鼓励学生积极进行体育锻炼
顽强拼搏，奋斗有我的信念	第 2 课　ダメな私に恋してください	（1）积极面对人生低谷； （2）面对逆境，勇于拼搏	视频：电影《攀登者》、电视剧《奋斗》等。 以工作、生活中的挫折为融入点，通过分享经验、体会，引导学生学会倾诉和倾听，积极寻求帮助，面对逆境；通过教学，引导学生要积极乐观，不懈追求，勇于扭转逆境，改变人生
	第 3 课　リッチマン・プアウーマン	（1）毕业生在职场历练； （2）树立目标，制定职业规划； （3）学好专业知识，提高素养	视频：电视剧《毕业后的日子》等。 以描述毕业后的发展和职业规划为融入点，引导学生关注就业市场变化，制定职业规划，积极掌握相关技能；通过教学，帮助学生清晰地树立目标，培养严谨务实的学习、工作态度；强调良好的专业水平和业务能力是职场拼搏的必要条件，爱岗敬业，不懈地钻研和精益求精才是核心竞争力
文化自信	第 9 课　夏目友人帳	（1）中国神话传说经典形象； （2）中国动漫产业的发展； （3）中国传统文化的推广宣传	视频：电影《哪吒》《大圣归来》《白蛇缘起》等。 以中国动漫作品中的神话传说形象为融入点，引导学生思考中国神话传说经典形象在当代动漫影视作品中的体现和发展，关注我国动漫产业的发展，引发学生的民族文化自豪感；通过教学，引导学生加深对中国神话传说的了解，增强自身文化底蕴，积极对外宣传推广中国文化

续表 1

课程思政目标	融入章节	依托知识点	课程思政资源
文化自信	第 15 課　東京少女	（1）中国科幻文学的发展； （2）中国科幻影视作品	视频：电影《流浪地球》。 拓展阅读素材：刘慈欣《三体》、郝景芳《北京折叠》。 以近年我国科幻小说斩获国际大奖为融入点，引导学生关注我国科幻文学和相关影视作品；通过教学，培养学生对我国科幻文学及影视作品的热爱，增强民族自豪感和文化自信
有职业理想，恪守职业操守	第 10 課　半沢直樹	（1）不忘初心； （2）坚守职业道德	视频：电视剧《人民的名义》。 以“职业操守”为融入点，引导学生思考如何不忘初心，坚持职业操守，砥砺前行，奋战在各行各业的岗位上；通过教学，培养学生恪守职业道德，严于律己的优秀品质，遵纪守法，早日成为国之栋梁
	第 12 課　Good Luck	（1）乘务组确保航班安全； （2）爱岗敬业； （3）有社会责任，勇于奉献	视频：《中国机长》《在一起》《最美逆行》。 以航空公司为融入点，讨论保障民众平安出行的交通行业的坚守与付出。例如：航空公司、铁路系统、城市公交系统等；在新冠肺炎疫情肆虐全球背景下，医务工作人员奋战在前，各行业携手配合，志愿者勇于奉献共同保家卫国。号召学生们要爱岗敬业，有责任勇担当，舍小为大，以国家和民族利益为重；引导学生学会感恩和共情，能体恤不同行业的艰辛和不易，多理解和包容他人
	第 13 課　ガリレオ	（1）科研人员的职业道德； （2）严禁学术造假等行为； （3）中国科技力量的发展	视频：电影《我和我的祖国》。 纪录片：《超级工程》《创新中国》《百年巨匠》等。 以课文中“没有道德的科研人员”为融入点，引导学生思考讨论如何抵制诱惑、坚守职业道德，杜绝一切学术造假、剽窃论文等不端学术行为；通过教学，加强学生的道德观念，引导学生脚踏实地进行科研和探索；督促学生关注我国科技水平的提升和发展，了解国内近年来的重点尖端科技工程，体会国力强盛与科研人员的艰辛付出密不可分
	第 14 課　名探偵コナン・業火の向日葵	（1）警察破案； （2）军警保家卫国	视频：电视剧《列兵大学生》《大学生士兵的故事》。 以警察破案为融入点，讨论保障国家社会秩序和百姓平安的军警的坚守与付出，例如：汶川大地震、雪灾、新冠肺炎疫情等；通过教学，培养学生的爱国情怀和中国公民的荣誉感，对保家卫国冲锋陷阵的军警表示感谢和致敬

三、课程思政教学方法及手段

在有机融入课程思政教育的基础上，针对日语本科专业大三年级学生的思想特点，采用以下具体教学方法及手段。

（一）课堂教学方法

在授课过程中，有意识培养学生爱国主义情怀及道德意识，树立正确的价值观念。“高级日语视听说（一）”教学一般可分为单词、语法练习、课文听力练习、新闻听力练习四大板块。因此，要将育德教育渗透入这四个板块中，体系化展开。

（1）建立良好的师生关系，让学生对专业教师拥有充分信任感，将榜样示范法、自我教育法及品德评价法贯穿于课程教学中。首先，树立学习榜样，以榜样的力量带动班级学生进行自主学习，激发学习兴趣；其次，指导学生自我评价，肯定其在课程表现中的进步。

（2）教师有效掌控课堂，通过播放视频、图片等方式，吸引学生的兴趣。在单词及语法教学中，采用引导式教育法，将正确的人生观、清晰的道德意识等渗透入日语单词及语法造句的学习中，通过典型的词例、造句等方式在潜移默化中引导学生。在课文听力教学中，采用情境教学法，引导学生参与情境建设，在相关情境中自我分析、自主思考，并严格要求自己。

（3）向学生推荐相关书籍及音像资料，引导学生利用课下时间自主学习、独立思考。

（4）积极运用线上及线下两种手段：一方面通过网络教学平台等线上方式帮助学生完成课前预习、课后复习；另一方面通过传统的面对面授课方式与学生直接交流，达到课前预设目标。

（二）课堂教学手段

（1）育德方式生活化。结合生活所需设置育德活动目标，经过教师的引导及启发，帮助学生养成良好的品德习惯。此外，从实际出发模拟生活、工作场景，让学生在课堂上运用日语进行场景会话，可以促使学生认识更为深刻。

（2）育德内容礼仪化。在品德、行为等教育与专业教学的结合过程中，将礼仪化渗透至学生的日常行为规范中，提高教学效果。例如，敦促学生用日语和教师寒暄，培养其尊敬师长的意识；关注教室水电安全，培养其节能环保的意识等。

（3）育德评价科学化。将学生对教师的评价及教师对学生的评价放在同等重要的位置，对学生进行多元化的评价。教师在评价学生时，兼顾学生的个体差异和年龄特征，坚持从实际出发，做到客观公正。在学习成绩之外，还要对学生“做人、做事、求知”等能力进行评价。

四、课程思政教学实施具体案例

第一课　ハイキュー（排球少年）

（一）教学内容

“排球少年”讲述了日本一所高中男子排球队排除困难，顽强拼搏，逐步取得比赛胜利的故事。其中，队员们在学习、排球训练中遇到挫折时互相鼓励、共同克服的情节容易引发学生的共鸣。紧扣“排球”这个话题，介绍中国排球的发展，特别是中国女排十度世界夺冠的事迹，号召学生学习“女排精神”，激发学生对我国体育事业发展的自豪感。“女排精神”是顽强战斗、勇敢拼搏精神的总概括，不仅是中国体育的一面旗帜，更成为整个民族锐意进取、昂首前进的精神动力。在21世纪，女排精神仍具有巨大的现实意义和时代价值。鼓励学生积极参加体育锻炼，增强体魄，提升自身身体素质。具体结合课文中“排球”相关词汇和句型进行视听练习和口译练习，加深学生对于教学重点和难点的掌握。

（二）教学重点

汇总排球相关体育赛事中的词汇及表述方法，讲解课文里的高中排球队排除困难、顽强拼搏的故事。

（三）教学难点

教学难点是如何使学生在参与课堂活动的过程中自觉转换思考模式，自主运用日语介绍“排球”相关内容。通过联系自身，活学活用所学词汇及句型，介绍自己及校园生活；并举一反三，进而介绍城市及国家，逐步学会用日语讲好中国故事。

（四）教学目标

1. 知识目标

（1）通过词汇、句型等语法知识的学习，使学生理解排球相关日语表达方法，了解与课文相关的日本社会文化知识。

（2）通过课程思政元素导入，使学生初步了解我国体育事业发展及中国女排十度世界夺冠的事迹。

2. 能力目标

（1）通过“视听说”训练，掌握排球相关词汇、句型等语法知识，正确理解课文内容和主题思想，提高对排球赛事中日语表述的听力水平和理解能力。

（2）能够运用课文词汇和句型，将所学语法、会话、翻译等知识融会贯通，提高日语语言表达能力。

3. 情感态度与价值观目标

（1）培养学生以“视听说”为主的日语听力水平，具备从事日语相关工作的基本素质。

（2）培养学生以异文化理解为主的跨文化交际能力，提高日语综合知识运用能力。

（3）激发学生对我国体育事业发展的自豪感，感受到勇敢拼搏的“女排精神”是中华民族锐意进取、昂首前进的精神动力。

（4）培养学生积极参与体育锻炼，提升身体素质的良好习惯。

（五）教学内容与思政元素融入点

教学内容中以排球赛事为融入点，介绍中国排球，特别是中国女排十度世界夺冠的事迹。通过教学，培养学生对我国体育事业发展的自豪感，号召学生们学习“女排精神”，鼓励大家积极进行体育锻炼。参考视频为2020年度上映的电影《夺冠》，该片是陈可辛导演执导的一部体育题材佳片。

（六）教学过程

表2为“高级日语视听说（一）”教学过程。

表2 “高级日语视听说（一）”教学过程

<table>
<tr><th>教学环节</th><th>教学内容</th><th colspan="3">思政目标及资源</th><th>教学方法与手段</th><th>师生活动设计</th><th>时间分配</th></tr>
<tr><td>导入</td><td>切入主题，找出课文中排球相关日语词汇</td><td colspan="3">运用课文中的“排球”主题，拓展至“校园锻炼”“中国排球”等话题，引导学生关注我国体育事业取得的成绩</td><td>启发式</td><td>积极发言，表达观点</td><td>5min</td></tr>
<tr><td rowspan="3">讲新课</td><td rowspan="3">（1）课文单词讲解与拓展</td><td colspan="3">归纳课文中的词汇，拓展至“校园锻炼”“中国排球”相关词汇，引导学生造句练习，使得思政元素与专业教学自然融合，相辅相成</td><td rowspan="3">启发式，讲授法</td><td rowspan="3">记录笔记，学习拓展词汇，结合思政元素进行造句练习</td><td rowspan="3">10min</td></tr>
<tr><td>项目</td><td>词汇</td><td>句型</td></tr>
<tr><td>校园锻炼</td><td>（1）排球/バレーボール：排球；
（2）バスケットボール：篮球；
（3）サッカー：足球；
（4）バドミントン：羽毛球；
（5）卓球/ピンポン：乒乓球；
（6）テニス：网球</td><td>（1）你平时锻炼身体吗？
（2）你喜欢哪种运动啊？
（3）你会打（球类）吗？
（4）你打过（球类）吗？
（5）（球类）打得好吗？
（6）你平时看体育比赛吗？</td></tr>
</table>

续表2

<table>
<tr><th>教学环节</th><th>教学内容</th><th colspan="3">思政目标及资源</th><th>教学方法与手段</th><th>师生活动设计</th><th>时间分配</th></tr>
<tr><td rowspan="10">讲新课</td><td rowspan="2">（1）课文单词讲解与拓展</td><td>项目</td><td>词汇</td><td>句型</td><td rowspan="2">启发式，讲授法</td><td rowspan="2">记录笔记，学习拓展词汇，结合思政元素进行造句练习</td><td rowspan="2">10min</td></tr>
<tr><td>中国排球</td><td>（1）ワールドカップ：世界杯；
（2）世界選手権大会：世锦赛；
（3）オリンピック大会：奥运会；
（4）優勝する：夺冠；
（5）順位/ランキング：排名</td><td>女排：世界排名第1，十度世界夺冠（截至2020年11月国际排联）。
男排：世界排名26位（截至2020年2月国际排联）</td></tr>
<tr><td rowspan="5">（2）课文视听内容的讲解与分析</td><td colspan="3">挑选课文中的励志原句，结合习近平总书记对当下年轻人的寄语重点讲解，鼓励学生努力奋斗、勇于拼搏</td><td rowspan="5">案例分析</td><td rowspan="5">引导学生思考课文原句的励志内容，聚焦于年轻人的奋斗精神</td><td rowspan="5">15min</td></tr>
<tr><td colspan="2">课文中的励志原句</td><td>习近平总书记对年轻人的寄语</td></tr>
<tr><td colspan="2">私、自分から進んで何かやったりとか、逆に何かに必要とされたりとか、なかったので</td><td>敢于做先锋，而不做过客、不当看客</td></tr>
<tr><td colspan="2">スタートに必要なのは、ちょこっとの好奇心ぐらいだよ</td><td>敢于有梦、勇于追梦</td></tr>
<tr><td colspan="2">私達もやってたよ。バレーボール</td><td>青春是用来奋斗的</td></tr>
<tr><td rowspan="3">（3）课文与思政内容的融合运用</td><td colspan="3">结合时事热点，播放相关视频，增强思政元素的时效性和趣味性。通过口译练习加深印象，提高语言综合运用能力</td><td rowspan="3">直观演示法</td><td rowspan="3">观看视频，直观展示时事热点，增强口译练习的实用性</td><td rowspan="3">12min</td></tr>
<tr><td colspan="2">口译练习</td><td>播放时事热点相关视频等</td></tr>
<tr><td colspan="2">（1）中国女排十度世界夺冠。
（2）看过《夺冠》这部电影吗？
（3）我为运动员们加油</td><td>（1）我国电影《夺冠》。
（2）日本媒体对该电影的报道视频等</td></tr>
</table>

续表 2

<table>
<tr><th>教学环节</th><th>教学内容</th><th colspan="2">思政目标及资源</th><th>教学方法与手段</th><th>师生活动设计</th><th>时间分配</th></tr>
<tr><td rowspan="2">课堂小结</td><td rowspan="2">鼓励学生活学活用所学词汇及表达方式</td><td colspan="2">回顾课文重点词汇及句型，引导学生转换思考模式，自主运用日语介绍“排球”相关内容，并联系自身，逐步学会讲中国故事</td><td rowspan="2">启发式</td><td rowspan="2">引导学生学会介绍自己、校园、城市及国家</td><td rowspan="2">2min</td></tr>
<tr><td>（1）循序渐进，举一反三，讲好中国故事</td><td>（2）介绍排球，介绍自己校园锻炼，介绍中国排球</td></tr>
<tr><td>布置作业</td><td>（1）完成第2课预习（第14页1～6题；第16页1～6题；第19页1～6题）；
（2）思政元素的课外作业</td><td colspan="2">（1）观看电影《夺冠》，激发学生对我国体育事业发展的自豪感，感受到勇敢拼搏的“女排精神”是中华民族锐意进取、昂首前进的精神动力。
（2）了解我国体育事业的发展近况。鼓励学生积极参加体育锻炼，增强体魄，提升自身身体素质</td><td>启发式</td><td>记录作业，明确学习重点，加深对思政内容的理解</td><td>1min</td></tr>
</table>

五、教学效果

（1）融入课程思政教学后达到的目标。授课过程中，课程思政元素切入自然，教学环节层次清楚，课堂教学组织得当。通过播放视频、图片等方式，吸引学生兴趣，注重师生互动交流，课堂气氛活跃，能够将价值观导向与知识传授相融合，传播正能量。

（2）教学督导听课评价。2020 年秋学期，在日语专业大三年级的“高级日语视听说（一）”课程思政公开课上，外国语学院的教师代表出席并听课，评价优良。

（3）取得的教育教学改革成果。2020 年，该课程入选桂林理工大学 2020 年一流本科课程培育项目；教案被评为桂林理工大学首届“课程思政”优秀教案，在 2021 年入选桂林理工大学“课程思政”教学典型案例；教师本人在桂林理工大学第三届“课程思政”说课比赛中获得二等奖。

（4）课程思政教学改革效果及评价。授课过程中，课程思政元素结合时事热点，选题贴近学生生活，切入自然，通过播放视频、图片等方式，有效地吸引了学生兴趣，促进了师生互动交流，活跃了课堂气氛。循序渐进地开展教学环节，层次清楚，课堂教学组织得当，能够将价值观导向与知识传授相融合，传播正能量。

六、教师感悟

（一）开展课程思政教学的成功之处

课程思政元素的导入，能活跃课堂气氛，激发学生兴趣，改善日语专业学习过程中“语法讲解枯燥”的问题；课程思政元素的拓展，能促进师生互动，松弛有度，缓解学习强度，改善“听解练习乏味”的问题；课程思政元素的展示，能提高学生的好感度和专注度，减少课堂上“低头一族”的人数，改善学生注意力不集中的问题。

（二）开展课程思政教学的反思之处

（1）课程思政元素融入点要“准”。思政元素融入点的选择至关重要，在与时事及社会热点衔接时，只有选准、选对思政元素融入点，才能真正引发学生的兴趣点，提高关注度，从而提高听课效果。

（2）课程思政元素融入点要“变”。结合时事，关注热点，就意味着课程思政元素具有时效性，需要不断变化。因此，课程思政元素的筛选和导入要与时俱进，这也使得备课难度加大，工作量翻倍。

（3）课程思政元素融入点要“精”。随着人才培养方案的调整，专业课程的课时数呈减少趋势。“高级日语视听说（一）”课程仅有32学时，要完成教学大纲的专业教学任务，并持续导入课程思政元素，需要精心设计课堂教学，精简课程思政元素，努力实现专业教学与课程思政的平衡。

“中国文学史”课程思政教学案例

人文素质教育教学部　程　建

一、课程基本信息

课程名称：中国文学史。

课程性质：专业选修课。

授课对象：英语专业大三年级本科生。

教学目标：

（1）知识目标。了解先秦至明清时期中国文学代表作家作品；把握先秦至明清时期中国文学的脉络和特质。

（2）能力目标。初步具备文学审美认知及文学表达的能力；具备知人论世、以意逆志的学术研究意识。

（3）情感态度与价值观目标。通过作品鉴赏，逐步养成换位思考意识和共情力；培养家国情怀、孝悌观念、忧患意识等人文精神；通过中西文学文化比较，引导学生树立文化自信。

课程简介：

“中国文学史”课程是我校英语专业大三年级学生的专业限选课，在学生的课程体系中起着支撑作用。前修课程为“大学语文”“现代汉语”等，后续课程为“中国传统文化讲座”“古典诗词鉴赏”等。这门课程旨在通过梳理中国文学源流演变，分析我国先秦至明清时期代表性文学作品，透视中国文学现象，总结中国文学规律，把握中国文学特质，进而对学生进行中华传统文化教育，引导学生树立正确的人生观、价值观、文化自信，提升学生的审美认知能力、表达沟通能力、辩证思维能力，培养学生的家国情怀、孝道精神、高洁人格等。该课程兼顾理论阐发与作品鉴赏，追求知识传授、能力培养、价值塑造协同发展。

使用教材：

（1）袁世硕．中国古代文学史．2 版．北京：高等教育出版社，2018.

（2）袁行霈．中国文学史．3 版．北京：高等教育出版社，2015.

二、课程思政教学整体设计思路

（一）课程思政教学理念与思路

（1）以学生发展为中心精选授课内容，优化教学设计。打破教材章节结构，从立德树人角度精选和凝练授课内容，采用专题讲座形式组织教学单元；教学目标兼顾知识传授、素质和能力提升、价值及情感塑造；教师在教学中率先垂范，通过挖掘情感契合点，营造"文学真实"氛围，打造课程温度，在传授知识的同时，加强对学生精神层面的指引；尝试采用任务驱动教学法，引导学生自主学习，拓展课程思政的深度广度；教学评价关注学生个体差异和动态、可持续发展，加强培优补差。

（2）以产出为导向，确保"课程思政"成效。从立德树人角度精心组织教学单元，各教学单元既具有相对的完整性，兑现具体"课程思政""微观"目标，又相互配合、梯队发展，共同支撑"课程思政""宏观"目标；紧扣知识点讲解完成"课程思政"元素融入任务；制定符合课程思政规律的教学评价，以教学评价倒逼课程思政教学改革。

（二）课程思政教学创新点

（1）创新"Soda"教学模式。"Soda"教学模式，即专题教学（special subject teaching）、目标驱动（objective driven）、动态评价（dynamic evaluation）、巧妙植入（artistically imbued）四个英文单词的首个英文字母的合称。"专题教学"即从教书育人出发，精选教学内容，组织教学单元；"目标驱动"即将教学目标具体化为任务，以任务驱动教学活动；"动态评价"即关注学生的个体差异，鼓励学生动态发展进步；"巧妙植入"即思政元素植入讲究方式方法，讲究自然而然，做到春风化雨、润物无声。

（2）创新"情景教学+"教学方法。为有效缓解授课内容尤其是古代文学作家作品与"00后"青年大学生之间的时代、情感疏离感，最终达到课程人文性与工具性并行不悖、学生品德与才华同步发展的教学目标，立足学情、生情，综合使用"情景教学法+任务驱动法""情景教学法+案例教学法""情景教学法+探究式教学法"等教学方法。

（三）课程思政教学整体安排

表1为"中国文学史"课程思政教学整体安排。

表1 "中国文学史"课程思政教学整体安排

课程思政目标	融入章节	依托知识点	课程思政内容及资源
文化自信	第一讲 源远流长：中国文学概况	中国文学风貌	内容：中华五千年文明源远流长，原始神话、上古歌谣、先秦诸子、《诗经》《楚辞》、唐诗、宋词、元曲、明清小说等共同构成中国文学基本风貌，精彩纷呈，是我们引以为自豪的精神宝库。 资源：中国各时期主流文学样式

续表 1

课程思政目标	融入章节	依托知识点	课程思政内容及资源
文化自信	第二讲　生命的张力：神话与古歌	原始神话	内容：我国原始神话包括盘古开天辟地（创世神话）、女娲补天（造人神话）、后羿射日（英雄及灾害神话）、夸父逐日（英雄及灾害神话）、大禹治水（英雄及灾害神话）、愚公移山（抗争神话）、精卫填海（抗争神话）等，是中华民族敢于担当、勇于抗争、为民请命、忧国忧民、吃苦耐劳等文化内核的反映。与西方同类神话，如诺亚方舟宣扬的上帝救世等相比，中华文化具有优越性。 资源：女娲、盘古、后羿、愚公、大禹、精卫等神话故事及短视频
	第三讲　理性的光辉：诸子散文	（1）诸子概说	内容："轴心说"（公元前800年至前200年）指出，轴心时代，中西方文化交相辉映，苏格拉底、释迦牟尼、孔子等伟大思想家先后崛起；以孔子为代表的先秦诸子与他国思想家不同，他们经世致用，其学说闪烁着理性光辉、忧患意识和担当精神。 资源：《春秋列国志》《大秦帝国》影视片段；轴心时代思想家分布图；诸子百家地域分布图
		（2）孔子生平及《论语》思想	内容：孔子青少年父母双亡，勤学苦读，终于德正身修；后在鲁从政，周游列国，删述六经，兴办私学，以言传身教为中华民族留下了一笔巨大的精神财富；《论语》是孔子思想的结晶，以"仁""礼"为核心，以"君子"为理想人格，遗泽后人；《论语》广泛流传，对中西方文化产生了积极影响。 资源：孔子生平事迹及电影《孔子》主题曲；儒家仁爱思想；"半部《论语》治天下"说法
		（3）《道德经》思想及价值	内容：《道德经》是老子思想的结晶，是道家思想的源头，传世两千余年，遗泽后人；尤其是其辩证统一、和而不同、祸福相依、自然无为思想，塑造了中华民族的品格；当前我们构建和谐社会、人类命运共同体、扶贫工程等，均受其启发
		（4）《孟子》思想	内容：孟子幼年丧父，与母亲相依为命，"孟母三迁"故事塑造了一个伟大的母亲；孟子思想以"性善论"为基础，强调仁义、仁政、民本思想，遗泽后人；正是因为孟子思想反对君主独裁，强调仁政，所以明太祖朱元璋主张删减《孟子》。孟子的性善论有助于个体发挥主观能动性，仁政主张和民本思想对抑制君主独裁、暴政有积极作用。可见，孟子思想学说不仅具有历史进步性，而且在当今社会仍有价值。 资源：孟母三迁故事；朱元璋删减《孟子》故事

续表 1

课程思政目标	融入章节	依托知识点	课程思政内容及资源
文化自信	第四讲　问渠那得清如许：《诗经》与《楚辞》	《诗经》与《楚辞》的文化价值	内容：《诗经》和《楚辞》既是我国现实主义诗歌与浪漫主义诗歌的源头，也是我国黄河、长江流域地域文化的代表；其创作时间明显早于其他国家同类诗歌；《诗经》已经流传到海外数十个国家，产生积极影响；它们是中华民族的文化宝库。 资源：《诗经》和《楚辞》的文学、文化价值
孝道精神	第三讲　理性的光辉：诸子散文	孔、孟“孝”论	内容：孔子认为人与狗马的区别在于对待父母能够“敬”，认为为父母守三年之丧初衷在报答父母孩提时三年之养；孟子所云“不孝有三，无后为大”之“三不孝”包括：阿意曲从，陷亲不义，一不孝也；家穷亲老，不为禄仕，二不孝也；不娶无子，绝先祖祀，三不孝也。三者之中，无后为大，应充分认识并继承孔孟孝道思想精髓。 资源：孔孟幼年经历及孝道相关论述
	第四讲　问渠那得清如许：《诗经》与《楚辞》	《诗经》颂诗	内容：《诗经》颂诗包括周颂、商颂、鲁颂，主要歌颂祖宗的丰功伟绩，表达对先祖的敬仰、赞美、缅怀之情，是中华传统孝文化的一大体现。孔子云“慎终追远，民德归厚”，阐明孝道与治国理民、移风易俗的关系，值得今人深思。 资源：《诗经》颂诗内容及朗诵视频
	第五讲　文必秦汉	《史记》创作	内容：《史记》主要由司马谈、司马迁父子完成；司马迁续写《史记》，初衷是为了继承父志，表现出我国传统的“大孝”精神。 资源：《史记·太史公自序》中关于创作初衷的论述
	第八讲　乱世文学	李密《陈情表》	内容：《陈情表》是李密写给晋武帝的奏章；从幼年不幸遭遇写起，说明自己与祖母相依为命的特殊感情，叙述祖母抚育大恩，以及自己应该报养祖母的大义；除感谢朝廷知遇之恩外，又倾诉不能从命的苦衷，辞意恳切，真情流露，语言简洁，委婉畅达。因此后世有“读诸葛亮《出师表》不流泪不忠，读李密《陈情表》不流泪者不孝”的说法。相传，晋武帝看此表后很受感动，特赏赐给李密奴婢两人，并命郡县按时给其祖母供养。 资源：李密上《陈情表》事件始末
家国情怀	第四讲　问渠那得清如许：《诗经》与《楚辞》	（1）《诗经》战争徭役诗	内容：通过《小雅·采薇》《战城南》《兵车行》《渔家傲》《菩萨蛮·书江西造口壁》等爱国诗词，《归园田居》《饮酒》《渭川田家》《山行》等山水田园诗，《塞下曲》《燕歌行》等边塞诗，李煜《浪淘沙》《虞美人》等亡国词鉴赏，引导学生知人论世、以意逆志，深入把握作家思想和志趣，形成家国情怀、忧患意识、爱国精神等。 资源：我国古典爱国诗词鉴赏
		（2）《离骚》抒情主人公形象	
	第七讲　感于哀乐　缘事而发：乐府	汉乐府战争诗	

续表 1

课程思政目标	融入章节	依托知识点	课程思政内容及资源
家国情怀	第八讲　乱世文学	(1) 陶渊明及其田园诗 (2) 北朝民歌	内容：通过《小雅·采薇》《战城南》《兵车行》《渔家傲》《菩萨蛮·书江西造口壁》等爱国诗词，《归园田居》《饮酒》《渭川田家》《山行》等山水田园诗，《塞下曲》《燕歌行》等边塞诗，李煜《浪淘沙》《虞美人》等亡国词鉴赏，引导学生知人论世、以意逆志，深入把握作家思想和志趣，形成家国情怀、忧患意识、爱国精神等。 资源：我国古典爱国诗词鉴赏
家国情怀	第九讲　诗必盛唐	(1) 唐代边塞诗； (2) 杜甫“史诗”； (3) 唐代田园诗	内容：通过《小雅·采薇》《战城南》《兵车行》《渔家傲》《菩萨蛮·书江西造口壁》等爱国诗词，《归园田居》《饮酒》《渭川田家》《山行》等山水田园诗，《塞下曲》《燕歌行》等边塞诗，李煜《浪淘沙》《虞美人》等亡国词鉴赏，引导学生知人论世、以意逆志，深入把握作家思想和志趣，形成家国情怀、忧患意识、爱国精神等。 资源：我国古典爱国诗词鉴赏
家国情怀	第十讲　词别一家	(1) 李煜亡国词； (2) 宋爱国词； (3) 宋田园诗	内容：通过《小雅·采薇》《战城南》《兵车行》《渔家傲》《菩萨蛮·书江西造口壁》等爱国诗词，《归园田居》《饮酒》《渭川田家》《山行》等山水田园诗，《塞下曲》《燕歌行》等边塞诗，李煜《浪淘沙》《虞美人》等亡国词鉴赏，引导学生知人论世、以意逆志，深入把握作家思想和志趣，形成家国情怀、忧患意识、爱国精神等。 资源：我国古典爱国诗词鉴赏
人文精神	第三讲　理性的光辉：诸子散文	(1) 孔子的仁爱； (2) 孟子的仁义； (3) 墨子的兼爱； (4) 法家的法治； (5) 董仲舒的天人合一思想	内容：诸子学说立足世道人心。孔子的“仁爱”、墨子的“兼爱”侧重个体与他人的关系，孟子的“性善论”侧重个体与自我的关系、仁政观侧重君臣关系；法家的“赏罚严明”侧重个体与社会的关系。这种对个体生命、个体生存状态、个体价值的尊重与关注，洋溢着浓郁的人文精神，值得肯定。 资源：诸子核心思想及《孔子》《墨攻》《大秦帝国》等影视片段
人文精神	第四讲　问渠那得清如许：《诗经》与《楚辞》	《离骚》的抒情主人公形象	内容：屈原在《离骚》中塑造了一个品格高洁、才华横溢、忠君爱国、疾恶如仇、坚持真理、九死不悔的抒情主人公形象，显示出个体的自觉与生命的张力。 资源：《屈原》话剧片段
人文精神	第八讲　乱世文学	(1) 曹操的乐府； (2)《典论·论文》； (3) 曹植的诗歌； (4) 阮籍的《咏怀》八十二首； (5) 嵇康的《赠兄秀才入军》；	内容：通过曹操乐府诗、曹植《典论·论文》、阮籍和嵇康代表诗作、陶渊明田园诗、谢灵运及其山水诗鉴赏，挖掘自然之美、个体生命张力，剖析魏晋诗人身处乱世而悲天悯人的精神。 资源：电视剧《三国演义》中曹操横槊赋诗、曹植七步吟诗片段；李子柒的美食系列短视频

续表 1

课程思政目标	融入章节	依托知识点	课程思政内容及资源
人文精神	第八讲　乱世文学	(6)《饮酒》其五； (7)《登池上楼》	
	第九讲　诗必盛唐	(1)《春江花月夜》	内容：盛唐诗人张若虚所作《春江花月夜》运用清丽之笔，以月为主体，以江为场景，描绘了一幅幽美邈远、惝恍迷离的春江月夜图，抒写了游子思妇真挚动人的离情别绪及富有哲理的人生感慨，表现了一种迥绝的宇宙意识，创造了一个深沉、寥廓、宁静的境界。这种对自然和生命的尊重，为后世士大夫提供了一个精神港湾。 资源：《春江花月夜》朗诵音频
		(2) 杜甫“史诗”	内容：杜甫饱受儒家思想熏染，身处乱世，虽生活窘迫，却心系黎民苍生。其“三吏三别”将笔触伸向社会底层，通过生活特写，揭示官民关系，凸显反战主题，体现出沉郁顿挫的艺术风格。杜甫被称为“诗圣”，其诗被誉为“诗史”，不仅因为写实性，更因为仁民爱物、悲天悯人的意识。 资源：安史之乱相关影视片段
		(3) 李白歌行体诗	内容：李白歌行体诗最能表现其人生志趣和创作风格；这类诗歌咏报国无门的酸楚，笑看坎坷的乐观，显示出超越时代的人文精神，值得肯定。 资源：李白生平事迹；力士脱靴、贵妃磨墨视频
职业道德	第三讲　理性的光辉：诸子	《墨子》	内容：墨子作为墨家创始人和工人阶级代言人，提出兼爱、非攻思想，创立几何学、物理学、光学相关科学理论，显示出仁民爱物的人文精神、知行合一的科学精神。 资源：墨子生平及创作；《墨攻》视频片段
	第五讲　文必秦汉	《史记》	内容：司马迁坚持知行合一的原则，一方面饱读诗书，另一方面四处游历，了解风俗，采集传闻，最终撰成体大思精的《史记》。司马迁撰写《史记》的宗旨是“明天人之际，通古今之变，成一家之言”，显示出大胆创新、一丝不苟的著述态度。 资源：司马迁田野调查事迹
	第八讲　乱世文学	(1)《抱朴子》	内容：葛洪是东晋道教理论家、炼丹家和医药学家，所著《抱朴子》发展了东汉以来的炼丹法术，其探索精神不拘于时代，其治学态度值得学习。 资源：葛洪生平事迹及著作成就

续表 1

课程思政目标	融入章节	依托知识点	课程思政内容及资源
职业道德	第八讲　乱世文学	(2)《水经注》	内容：《水经注》是北魏郦道元所著地理学名著，以《水经》为纲，记河流 1252 条，记县级城市和其他城邑共 2800 座，记古都 180 座，记城邑以下聚落 10 类 1000 处，记古塔 30 多处、宫殿 120 余处、陵墓 260 余处、寺院 26 处等，是我国古代最全面、最系统的综合性地理著作。全书反映出作者严谨的科学精神和治学态度，值得学习。 资源：《水经注》的地理学成就

三、课程思政教学方法及手段

（1）为调动学生参与热情，提升思政建设成效，采用任务驱动法。具体做法是：第一步，根据学生专业发展需求，科学设定教学目标；第二步，将教学目标分解为具体教学任务，小任务与大任务环环相扣；第三步，优化教学设计，引入竞争机制，落实教学任务，实现教学目标。

（2）为调动学生学习兴趣，缓解授课对象与授课内容的疏离感，采用情景教学法。具体做法是：在导入部分，通过播放影视及抖音短视频，营造文学艺术真实氛围，触动学生“敏感神经”，激发学生学习兴趣；在授课过程中，通过作者所处时代、生平事迹介绍，引导学生走进作者的精神世界，进而组织学生朗诵诗文、小组讨论、案例分析，引导学生不自觉步入师生共同构建的文学艺术“画卷”，洞悉作品思想及艺术之美。

（3）为解决授课内容多而课时少的矛盾，增强课堂的趣味性，培养学生的思辨能力，采用探究式教学。具体做法是：在梳理文学发展脉络、剖析文学现象的基础上，选取典型作者、作品予以深度剖析，以点带面。

（4）为激发学生学习古典诗词的兴趣，实现思政元素的自然融入，采用沉浸式教学法。具体做法是：精选代表性古典诗词；通过播放朗诵视频、组织朗诵比赛等形式，调动学生感官，品味古典诗词魅力。

四、课程思政教学实施的具体案例

第八讲　乱世文学之陶渊明田园诗

（一）教学内容

（1）陶渊明的生平及创作。

（2）陶渊明田园诗代表作鉴赏。

（3）陶渊明及其田园诗的价值。

（二）教学重点

（1）陶渊明的人生志趣及仕隐矛盾。

（2）陶渊明田园诗的冲和平淡之美。

（三）教学难点

（1）陶渊明辞彭泽令的多重因素。

（2）陶渊明田园诗的冲和平淡之美。

（四）教学目标

1. 知识目标

（1）了解陶渊明生平、思想及文学成就。

（2）掌握陶渊明田园诗的思想内容及艺术特征。

（3）把握陶渊明及其田园诗的价值与影响。

2. 能力目标

（1）具备鉴赏山水田园诗的能力。

（2）掌握田园诗的写景、抒情技巧。

3. 情感态度与价值观目标

（1）将陶渊明及其田园诗放在时代中理解。

（2）把握陶渊明的人生志趣及其仕隐矛盾。

（3）感悟陶诗的冲和平淡之美，树立文化自信。

（五）教学内容与思政元素融入点

（1）组织学生观看李子柒制作美食短视频，分享短视频观后感，引导学生感知短视频中的诗意之美；剖析快速城镇化引发的文明冲突和社会问题，启发学生思考人与自然的关系，自然引出陶渊明及其田园诗。

（2）介绍陶渊明生平，组织学生探讨陶渊明辞彭泽令原因，引出陶渊明"不为五斗米折腰"，启发学生树立高洁人格；引导学生鉴赏陶渊明田园诗，挖掘作者的仕与隐的矛盾，品味诗歌的冲和平淡之美，树立文化自信，传承中华优秀传统文化；组织学生探讨陶渊明田园诗冲和平淡之美，体悟陶渊明恬淡自然的志趣，自然萌生家国情怀；分析陶渊明及其田园诗的价值及影响，引导学生树立乐观自信的人生态度。

（六）教学过程

表2为"乱世文学之陶渊明田园诗"教学过程。

表 2 “乱世文学之陶渊明田园诗”教学过程

教学环节	教学内容	思政目标及资源	教学方法及手段	教师活动	学生活动	时间分配
导入	李子柒制作美食视频动人处	思政目标：通过剖析李子柒短视频之美，阐明传统文化的和谐美、日常生活的诗意美，引导学生树立文化自信。 资源：李子柒制作美食视频	演示法，问答法	（1）播放李子柒美食短视频； （2）组织探讨视频动人之处	观看，回答	7min
讲新课	（1）陶渊明生平及创作	思政目标：引导学生探究陶渊明辞彭泽令原因，关注陶渊明的仕与隐的矛盾，阐明陶渊明的人生志趣及高洁人格，形成正直、高洁的品格，以及淡泊名利、乐观自信的人生态度	任务驱动法	（1）介绍陶渊明生平及创作； （2）组织学生讨论陶渊明辞彭泽令的原因	听讲，思考，讨论，作答	10min
	（2）陶渊明田园诗鉴赏	思政目标：分析陶渊明田园诗的冲和平淡之美，传承中华传统文化，鼓励学生学习陶渊明的淡泊名利、热爱自然的品格和志趣。 资源：《归园田居》其一、《饮酒》其五朗诵视频	情景教学法，任务驱动法	（1）组织朗诵陶渊明田园诗； （2）组织讨论陶渊明田园诗思想及风格； （3）组织分析陶渊明田园诗冲和平淡风格的成因	朗诵，讨论，作答	23min
课堂检测与反馈	陶渊明及其田园诗基础知识	思政目标：通过陶渊明辞彭泽令原因、陶渊明思想来源、陶渊明田园诗的思想内容及艺术风格方面的基础知识的问答，引导学生把握陶渊明的情感世界，认识陶渊明及其田园诗的价值与意义	任务驱动法	雨课堂发布基础知识单选题	作答	3min
课堂小结	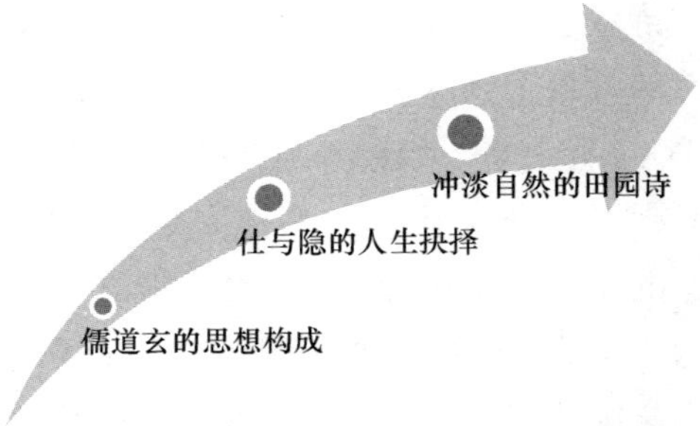					2min
布置作业	作业：以“陶渊明生活在当下”为题写一篇 600 字左右的作文。 思政目标：通过引导学生思考陶渊明在当代中国可能的人生选择与生活状态，在古今对比中感悟当代中国为民众生活和文艺创作提供的平台与机会，进而树立制度自信和文化自信					

五、教学效果

（1）学生成绩稳步提升，价值引领成效显著。课前分享和期末成果汇报表明，学生越来越乐观自信，表达沟通能力稳步提升；作业、测试、考试表明，无论是学生对中国文学知识的掌握程度，还是审美能力、批判思维能力、读写能力，均有大幅提升。尤其是2020年采用"Soda"教学新模式，加大课程思政教学评价力度，学生总评优秀率达到38.30%。

（2）教师教学经验日益丰富，课程满意度逐年提升。教师课程思政建设经验不断丰富，在课程思政教学比赛中频频获奖，获得学校课程思政优秀教案奖1项、学校课程思政说课比赛二等奖和优秀奖各1项；学生、同行、督导对该课程的满意度逐年提升。2017年秋季学期至2021年秋季学期，学生对该课程的满意度分别为89.08%、90.42%、91.37%、92.23%、94.88%。教师个人的影响力也不断提升，学生选课人数逐年增加。2017—2021年学生选课人数依次为39人、52人、63人、94人、98人。

六、教师感悟

（1）"中国文学史"课程思政建设不仅必要而且可行。教师既是知识传授者更是学生的精神引路人，思政建设不是政治任务而是教师的自觉追求。"中国文学史"课程以英语专业学生为授课对象，应肩负起文化传承、价值引领、素质提升、品格塑造的重任。

（2）课程思政元素融入应自然而然。思政元素挖掘可以从中华传统文化宝库和日常生活点滴中广泛取材，不必局限于教材范围之内；思政元素融入应紧扣具体知识点，分解到教学各个环节，实现全员、全过程、全方位育人；通过课前分享、知识问答、小组讨论、辩论赛、演讲赛、征文赛等众多形式，驱动学生自主发掘和认识思政元素，效果更佳。

（3）课程思政教学评价凸显导向性，讲究虚实结合。我们认识到课程思政建设是一项长期、复杂的育人工程，应避免功利主义、短视主义；设定教学评价指标，应充分尊重学生的个体差异和可持续发展需要，凸显价值引领、情感培育、品格塑造方面的正面引导作用。

“大学国文”课程思政教学案例

南宁分校　方　雷

一、课程基本信息

课程名称：大学国文。

课程性质：通识教育必修课。

授课对象：各专业大一年级本科生。

教学目标：

（1）知识目标。了解中国文学的基本发展脉络，熟知各时期的代表作家作品；了解文学鉴赏的基本原理，掌握阅读、评析文学作品的基本方法；领会文学作品中蕴含的丰富文化内涵，进一步加深对中国文化的认识和理解。

（2）能力目标。培养学生汉语语言文学方面的阅读、欣赏、理解和表达能力，不仅能熟练运用汉语阅读、说话、作文，而且能以艺术眼光品味欣赏语言之美和文学之美，还能从文化层面阐释解读作品，理解并传承中华民族的文化精神。

（3）情感态度与价值观目标。引导学生在学习品悟经典文学作品中认识中华优秀传统文化，在增进文化认同中坚定文化自信，自觉将中华民族精神内化于心、外化于行；注重以作家和作品中体现的人格与精神熏陶感染学生，潜移默化地教会学生做人做事的基本道理和社会主义核心价值观的要求，引导学生努力成为实现中华民族伟大复兴的生力军，自觉肩负起国家和民族的希望。

课程简介：

“大学国文”是面向本科非中文专业一年级学生开设的一门人文素质教育类课程，主要以古今中外优秀的文学作品作为教学内容。这些作品不仅能体现高尚的理想、健全的人格和积极向上的精神，表现真挚的思想情感、智慧理性与审美价值，还能表现时代精神与民族特色，是对大学生进行素质教育的主要课程之一。课程兼有工具性和人文性，始终关注学生的精神成长和语文运用能力的培养，一方面通过对优秀文学作品的鉴赏分析，提高学生的审美鉴赏能力；另一方面通过对文学作品所承载的文化内涵及其意义的品味，理解中华民族的民族精神和审美趣味，提高自身的文化修养。

使用教材：徐中玉，齐森华，谭帆．大学语文．11 版．上海：华东师范大学出版社，2018.

二、课程思政整体教学设计

（一）课程思政教学理念与思路

坚持把价值观引导贯穿人才培养全过程，采取"一体两翼三维四效"大学国文课程思政教学模式，如图 1 所示。教学全过程坚持育人、育才相统一（一体），围绕语文能力提升和学生精神成长的双重功能定位（两翼），通过采取"课堂教学 + 线上研讨 + 课外实践"立体化教学方式方法（三维），引导学生在分析解读作品、日常写作训练及参与朗诵、辩论、演讲等校园文化活动的过程中，自觉涵养家国情怀、践行和谐共生理念、树立正确人生观念、培养良好职业品格（四效），切实把文学作品中蕴含的做人做事的基本道理、社会主义核心价值观的要求、实现民族复兴的理想和责任，转化为日用不觉的精神追求和自觉行动。

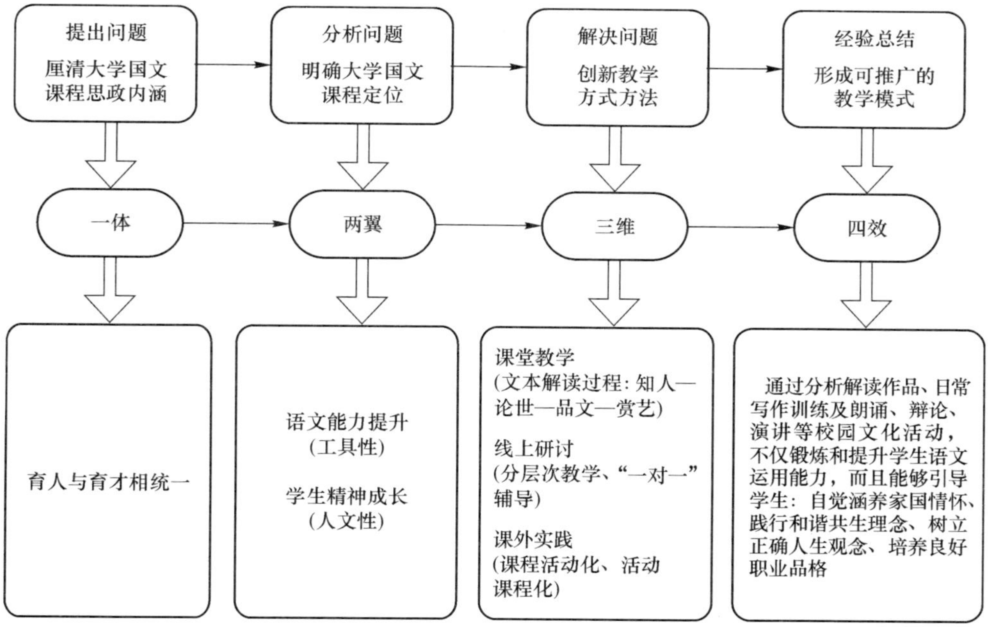

图 1 "大学国文"课程思政改革路线图

（二）课程思政教学创新点

（1）打造思政主题与文学主题相融相通的人文主题模块，引导学生在对经典作品的学习中体悟社会主义核心价值观与中华优秀传统文化的一脉相承，在增进文化认同中坚定文化自信。

（2）注重以作家和作品中体现的人格与精神熏陶感染学生，联系学生的生活体验和生命经验对作品进行深度解读，使其潜移默化中厚植家国情怀、传承和谐理念、塑造正确“三观”、培养奋斗精神。

（三）课程思政教学整体安排

表 1 为“大学语文”课程思政教学整体安排。

表 1 “大学语文”课程思政教学整体安排

课程思政目标	融入章节	依托知识点	课程思政资源
坚定“四个自信”，涵养家国情怀	第一单元“仁者爱人”选文——《齐桓晋文之事》（《孟子》）	（1）孟子的民本思想； （2）孟子制民之产的主张	孟子的仁政、民本思想与社会主义核心价值观及我国扶贫、惠民工程的关系。将孟子仁政、民本思想与社会主义核心价值观和我国扶贫、惠民工程相比较，接续文化传统，引导学生坚定“四个自信”
	第二单元“胸怀天下”选文——《古风（其十九）》（唐·李白）	李白《古风》（其十九）的思想主旨和情感流动	李白官场失意的人生经历使其处于独善其身与兼济天下的思想矛盾之中，但他仍不忘忧国忧民，体现了古代文人的责任担当。对比古今知识分子的时代使命，联系黄旭华不惧失败、矢志造出核潜艇的故事，帮助学生涵养忧国忧民的家国情怀
	第二单元“胸怀天下”选文——《秋兴八首（其一）》（唐·杜甫）	诗歌情景交融的写作手法	诗歌前四句将季节之秋、国家之秋和个人之秋融为一体，体现了作者与国家共命运的自觉意识。结合抗美援朝英雄人物黄继光、邱少云的感人事迹，引导学生自觉地把个人的理想志向与祖国命运、民族振兴紧紧联系在一起
	第三单元“故园情深”选文——《听听那冷雨》（余光中）	“冷雨”意象传达的复杂情感	（1）对祖国命运的忧患意识。联系国民党退守台湾造成海峡两岸阻隔的历史，并结合相关新闻，激发学生的爱国情怀，强化学生民族凝聚力与向心力。 （2）对中华文化的眷恋之情。结合作者对中华文化的赞美，对比西方文化入侵中国的典型案例（如圣诞节、汉堡、好莱坞大片等），唤醒学生的中国意识，进一步坚定文化自信
树立和谐共生理念	第六单元“亲和自然”选文——《春江花月夜》（唐·张若虚）	“月”在诗中的意象和含义	诗中月亮引发了作者对宇宙与人生关系的思索，由江月待人、流水如缕引发人作为一个有限生命在无限时空中存在的价值问题的思考，引导学生树立正确的人生观、价值观

续表 1

课程思政目标	融入章节	依托知识点	课程思政资源
树立和谐共生理念	第六单元 “亲和自然”选文——《始得西山宴游记》（唐·柳宗元）	作者突出“始得”二字的深层意义	柳宗元因政治革新失败而谪居永州，寄情山水并表现出挫折后不甘沉沦的积极人生态度和高尚的品格。结合作者贬谪经历，使学生认识到避世的消极人生态度不可能解决问题，而应当培养旷达自处的胸襟和精神
	第七单元 “多元共生”选文——《像山那样思考》（奥尔多·利奥波德）	文章蕴含的哲理性内涵	文章提倡要善待自然，与自然和谐相处，播放短视频《一场名为“两山”的发展革命》，并结合“绿水青山就是金山银山”的理念，引导学生在处理人与自然、人与人的关系时，自觉做到求同存异、和而不同，真正实现社会的和谐
塑造正确的世界观、人生观、价值观	第四单元 “礼赞爱情”选文——《婴宁》（清·蒲松龄）	婴宁性格转变的原因	结合《庄子》哲学思想，解释“婴宁”是“道”之成的一种心境，“虽受干扰而宁静自如”的心理境界，让学生明白个性与群体之间存在必然的冲突；每个人都要完成自然人向社会人的转变，引导学生辩证看待“追求自我和个性”，处理好个性发展与集体意识的关系
	第五单元 “世事洞明”选文——《吃饭》（钱钟书）	吃饭还有许多社交功用的实质	作者巧借“吃饭”发表对社会人生诸种现象和问题的观点，结合“请吃”“吃请”等社会现象，播放廉政教育短视频《老同学的宴请》，引导学生自觉遵守中央“八项规定”精神，坚决杜绝违规宴请的不良风气
	第九单元 “冰雪肝胆”选文——《书鲁亮侪事》（清·袁枚）	鲁亮侪奇男子形象的主要内涵	以鲁亮侪毅然舍弃自身名利而保全别人为例，结合以零容忍态度惩治腐败的典型案例（刘川生等），引导学会正确做人做事，做一个胸怀坦荡、品行高尚的人
培养坚韧不拔的奋斗精神	第八单元 “关爱生命”选文——《我与地坛》（史铁生）	作者生平及文章写作的背景	史铁生二十岁时双腿残疾，忍受着常人无法忍受的心灵痛楚，通过写作寻找生命的意义，以其不屈的精神与坚定的信念笑看人生、笑对命运。通过阅读史铁生的生平和作品，引导学生在遭遇挫折时积极考量生命逆旅中的存在价值与意义，帮助学生树立正确的生死观和人生价值观
	第十单元 “诗意人生”选文——《赤壁赋》（宋·苏轼）	苏轼宦海沉浮的心路历程	苏轼因诗招祸，一生遭遇三起三落，却以超然人生态度成就伟大的人格魅力。结合作品解读，引导学生直面挫折，树立积极乐观、坚韧不拔的人生态度

三、课程思政教学方法及手段

（1）讨论式教学。根据教学内容设置话题，注重引入当下的社会热点问题和热点人物进行分组研讨，积极引导学生关心国家、社会和人生，并从被动接受知识转变为主动思考，既训练了交流沟通能力，也培养了家国情怀。

（2）情境式教学。针对情节性、故事性较强的文学作品，利用多媒体教学课件，融视、听、说于一体，创设生动、有趣的情境，强化学生的体验和共鸣，引导学生结合情境认识、理解和解决问题，在情境体验中逐步感悟、积累，使外在的语文知识转化成为内在的思维和信念，进而凝聚升华为人生的能力和智慧。

（3）混合式教学。以线上研讨为有力辅助，充分利用网络教学综合平台，搭建“名家慕课”“拓展阅读”“答疑讨论”“在线测试”等模块，有效实施分层次教学，打造永不下课的线上课堂。通过“一对一”辅导实现因材施教，解决课时有限而存在的师生互动不够及教学针对性不强等问题。

（4）实践式教学。以课外实践为重要抓手，采取“课程活动化、活动课程化”的形式，利用重大节庆活动、传统节日，以及社团活动月、读书活动月等校园文化活动品牌，开展经典诵读、写作、辩论、演讲、优秀网络文化作品创作等一系列实践活动，让学生在日用不觉的实践中体验到语文学习乐趣，提升语文运用能力。同时，利用校内民俗博物馆和学校周边的历史文化遗迹建立实践教学基地，通过参观考察、交流研讨、成果汇报，培养学生的社会认知能力，增强社会责任感，自觉做担当民族复兴大任的时代新人。

四、课程思政教学实施的具体案例

第十二单元 “诗意人生”选文——《赤壁赋》(宋·苏轼)

（一）教学内容

苏轼《赤壁赋》赏析。

（二）教学重点

（1）苏轼的悲情与思理。

（2）赋的艺术手法。

（三）教学难点

苏轼宦海沉浮的心路历程。

（四）教学目标

1. 知识目标

（1）了解苏轼的生平、思想及创作。

（2）把握文章的结构、内容和艺术特色。

2. 能力目标

（1）具备鉴赏古体赋作的能力。

（2）掌握寓情于景、情景理交融的写作技巧。

3. 情感态度与价值观目标

（1）敢于直面挫折，树立积极乐观、坚韧不拔的人生态度。

（2）培养忧患意识、担当精神。

（五）教学内容与思政元素融入点

（1）以苏轼坎坷一生却在诗、词、文、书法、绘画方面取得巨大的成就为例，引导学生能够正确认识挫折，并能从容应对挫折，激励学生积极找准人生坐标，努力实现人生价值。

（2）重点讲授变与不变的辩证关系，以人民英雄张定宇以"渐冻"之躯与时间赛跑、时代楷模黄文秀不忘初心、牢记使命的感人故事为例，引导学生理解"造物者之无尽藏"的深刻内涵，从而能理性认识人生中的变与不变，把握当下，积极进取，让有限生命释放无限光彩。

（六）教学过程

表2为《赤壁赋》教学过程。

表2 《赤壁赋》教学过程

教学环节	教学内容	思政目标及资源	教学方法与手段	师生活动设计	时间分配
讲新课	（1）以林语堂《苏东坡传》对苏轼的评价作为课程导入，简要介绍苏轼的生平及创作		案例法	利用PPT展示图文资料，了解苏轼在诗、词、文、书法、绘画等方面的成就	5min
	（2）介绍文章创作背景，重点讲授乌台诗案及苏轼贬谪黄州的经历	以苏轼宦海沉浮的人生经历引导学生正确认识挫折，树立积极乐观的人生态度，并培养正直品格、担当精神	讨论法	结合媒体报道的大学生不堪压力的现实案例请学生讨论，现实中会遇到哪些挫折？大家是如何应对的	10min
	（3）文意串讲		问答法	由学生根据高中所学和预习情况，分段陈述各部分文意	5min
	（4）要点解析1）：第二部分作者假借客人之口抒写对生命短暂的喟叹	由作者写出后人眼里曹操的四种悲凉，引发对人生价值和意义的思考，引导学生树立正确的人生价值观	讨论法	结合媒体刊文《沉睡中的大学生：你不失业，天理难容!》，组织学生对大学生活乃至人生意义进行讨论	10min

续表2

教学环节	教学内容	思政目标及资源	教学方法与手段	师生活动设计	时间分配
讲新课	（5）要点解析2）：作者关于“变”与“不变”的辩证关系的论述及其内涵	以人民英雄张定宇以“渐冻”之躯与时间赛跑、时代楷模黄文秀不忘初心、牢记使命的感人故事为例，引导学生理解“造物者之无尽藏”的深刻内涵，从而理性认识人生中的变与不变，把握当下，积极进取，让有限生命释放无限光彩	案例法，讨论法	教师讲述张定宇、黄文秀的感人事迹，让学生思考并讨论。对于当代大学生而言，变与不变具体有何内涵	10min
课堂小结	《赤壁赋》是高中语文必学的经典篇目，学生对文章的字词、大意及修辞技巧已经有了一定程度的了解。因此，对文章的解读既要立足课文，以文本细读为重点，又要有所提升，引导学生理解苏轼的思想和人生选择，树立积极乐观、坚韧不拔的人生态度				4min
布置作业	（1）课下阅读《后赤壁赋》并作对比赏析，说说两者的异同。 （2）苏轼面对苦难的超然洒脱心态的思想根源是什么？ （作业要求以跟帖留言的形式发表在优慕课网络教学平台讨论区）				1min

五、教学效果

通过开展“大学国文”课程思政教学改革，学生的理想信念、家国情怀、社会责任意识和奉献精神明显增强。

（1）学生的学习积极性明显增强，乐于参加社会活动，具有奉献意识。组织学生改编文学经典作品，通过课堂情景剧表演，培养学生团队合作精神，训练学生的表演表现能力、口语礼仪能力、综合协调能力。学生积极报名参加志愿服务前往扶绥县各乡镇开展家电义务维修、扶贫政策入户宣传和法制宣传等活动，受到村民一致好评。

（2）学生的爱国爱家意识明显增强，完成了10余万字的广西地域文化调研报告汇编。学生通过调研了解地域文化和风俗民情，加深了对本土文化的认识和热爱，涵养了家国情怀。

（3）创新实践教学，增强了德育工作的针对性。积极组织学生参与课堂专题讨论、书评写作、演讲、辩论等校园文化活动，从其言语表达中透露所思所想。比如：计算机应用系大数据专业李世凌同学在作《柳宗元在柳州的创作》研讨时说：“希望大家学习前人的精神，坚持为老百姓服务，无私奉献自己。”

六、教师感悟

"大学国文"课程精选古今中外优秀文学作品作为主要教学内容，本身就是中华优秀传统文化的重要载体，尤其是古人推崇"文以载道"的教化传统赋予课程丰富的育人资源，使学生不知不觉地受到情感滋养和审美熏陶，并最终在价值观层面上实现思想认同，这对培养全面发展的社会主义建设者和接班人具有不可替代的重要作用。

"大学国文"课程推进课程思政改革应该立足学生专业发展需要，平衡课程所具有的人文性与工具性的关系，不仅要有意识地在工具性中渗透人文教育，也要从人文感悟中促进学生知识技能的提高，使学生在丰富精神世界的同时，提高语言文字运用能力及搜集处理信息等方面的能力，不断适应现代社会的需要。

科学制定课程思政教学评价是课程建设的重点和难点所在，下一步将积极探索构建基于学生反馈的课程思政教学评价体系，结合实际不断优化课程体系，确保提升人才培养质量。

“大学生心理学”课程思政教学案例

理学院　欧阳胜权

一、课程基本信息

课程名称：大学生心理学。

课程性质：通识教育课。

授课对象：大一年级本科生。

教学目标：

（1）知识目标。通过本课程的教学，使学生了解心理学的有关理论和基本概念，明确心理健康的标准及意义，了解大学阶段人的心理发展特征及异常表现，掌握自我调适的基本知识。

（2）能力目标。通过本课程的教学，使学生掌握自我探索技能、心理调适技能及心理发展技能；使学生树立心理健康发展的自主意识，了解自身的心理特点和性格特征，能够对自己的身体条件、心理状况、行为能力等进行客观评价，正确认识自己、接纳自己，在遇到心理问题时能够进行自我调适或寻求帮助，积极探索适合自己并适应社会的生活状态。

（3）情感态度与价值观目标。通过对知识学习环节中融入的优秀传统文化的理解，增加文化自信，厚植爱国情怀；通过在技能学习环节中加深对“敬业”“诚信”“友善”等社会主义核心价值观的认同和践行。

课程简介：

“大学生心理学”课程是根据中共教育部党组下发的《高等学校学生心理健康教育指导纲要》的文件精神，面向全体本科生开设的必修课。“大学生心理学”课程是促进学生健康成长、培养造就高级专门人才的重要途径，是全面贯彻党的教育方针、建设人力资源强国的重要举措，对于提高大学生心理健康素质，丰富大学生的心理健康知识，掌握心理调节技能等有重要作用。新时代的大学生心理健康课程的教学内容主要以教育部制定的《普通高等学校学生心理健康教育课程教学基本要求》等相关文件规定为基础拟定，包含自我意识、人格培养、压力管理、生涯规划、学习心理、人际交往、生命教育与心理危机预防等。

使用教材：

（1）马建青．大学生心理健康教程．2 版．杭州：浙江大学出版社，2015.

（2）熊英．大学生心理健康教育与训练．北京：高等教育出版社，2012.

二、课程思政整体教学设计

（一）课程思政教学理念与思路

将习近平新时代中国特色社会主义思想、中华优秀传统文化和党史中的相关知识与鲜活事例有机融入"大学生心理学"的知识讲解、案例分析、课后作业及课外实践中，采用润物无声的精准"滴灌"方式，让学生在掌握心理健康知识、学习心理调适技能的同时，增强爱国意识，坚定文化自信，践行社会主义核心价值观。具体包含：用中华优秀传统文化中与课程内容相关的名人名言作为每一堂课的引言，引发大家思考；结合中国特色社会主义道路中的制度优势说明我们生活的现实环境，以及对心理健康的促进作用；以"两个一百年"奋斗目标的中国梦，引导学生构建未来发展的职业发展规划；采用微电影、情景剧、图片等形式，将伟大建党精神、脱贫攻坚精神、抗疫精神等融入学生的情绪管理、压力管理和生命教育等内容，促进学生对相关知识的理解；在课后作业环节，引导学生结合思政元素进行心理健康教育知识的分析。

（二）课程思政教学创新点

（1）切实发挥习近平新时代中国特色社会主义思想对大学生心理健康教育的指导作用，让心理教育回归思想政治教育的四大核心内容之一。

（2）做到全过程的课程思政环节：从引言、知识讲授、案例解析、课堂活动、视频欣赏、课后作业、课外实践等全过程融入相关思政内容。

（3）打造立体化的课程思政模式：大学生心理健康课的课程思政注重立体化的融入，在知识讲授与课堂体验的结合、课堂学习与课后实践的结合、网上解惑与网下交流的结合，以及知识学习与生活运用的结合中充分融入相应的思政元素。

（三）课程思政教学整体安排

表1为"大学生心理学"课程思政教学整体安排。

表1 "大学生心理学"课程思政教学整体安排

课程思政目标	融入章节	依托知识点	课程思政资源
弘扬中华优秀传统文化	第四章　大学生的社会认知与自我意识	第三节　大学生自我意识的完善	（1）"知人者智，自知者明。胜人者有力，自胜者强。"（《道德经·第三十三章》）。 （2）"寸有所长；物有所不足，智有所不明；数有所不逮，神有所不通。"（屈原《卜居》）。 （3）"吾日三省吾身：为人谋而不忠乎？与朋友交而不信乎？传不习乎？"（《论语·学而》）。 （4）"苟日新，日日新，又日新。"（《礼记·大学》）

续表 1

课程思政目标	融入章节	依托知识点	课程思政资源
弘扬中华优秀传统文化	第七章　大学生学习心理	第一节　大学生学习特点与心理机制	新时代大学生心理机制，需要遵循儒家关于学习方法的阐述：“博学之，审问之，慎思之，明辨之，笃行之。”（《礼记·中庸》）
	第八章　大学生情绪管理	第三节　培养良好的情绪	(1)《礼记》中把人的情绪称为“七情”：喜、怒、哀、惧、爱、恶、欲。 (2)《黄帝内经》有“怒伤肝、喜伤心、忧伤肺、思伤脾、恐伤肾”的观点
	第九章　大学生人际交往	第三节　大学生人际交往原则及技巧	大学生人际交往原则及技巧的优秀传统文化要素。比如： (1)“修己以敬……修己以安人……修己以安百姓。”（《论语·宪问》）。 (2)“夫达也者，质直而好义，察言而观色，虑以下人。在邦必达，在家必达。”（《论语·颜渊》）
	第十章　大学生压力管理与挫折应对	第四节　压力管理与挫折应对	儒家的挫折思想和道家无为思想对大学生压力管理和挫折应对的时代作用：“故天将降大任于斯人也，必先苦其心志，劳其筋骨，饿其体肤，空乏其身，行拂乱其所为，所以动心忍性，曾益其所不能。”（《生于忧患，死于安乐》《孟子》）
	第十一章　大学生生命教育与心理危机应对	第三节　大学生心理危机的预防与干预	道家的“无为而无不为”和“为所当为”等思想在大学生心理危机的预防与干预中的应用
践行社会主义核心价值观	第八章　大学生情绪管理	第三节　培养良好的情绪	案例分析：“是舍友冷漠还是她不冷静?”，引导学生践行社会主义“友善”核心价值观对培养良好情绪的作用
	第九章　大学生人际交往	第三节　大学生人际交往原则及技巧	心理咨询案例解析：“女生宿舍里一条毛巾引发的悲剧”，引导大学生掌握大学生人际交往原则及技巧，践行社会主义核心价值观。比如，“诚信”“友善”是人与人交往的基本准则
弘扬革命文化和脱贫攻坚精神	第十章　大学生压力管理与挫折应对	第三节　压力和挫折对大学生心理的影响	(1) 电影《长征》片段节选，电影《长津湖》片段节选； (2)“脱贫攻坚”精神中，依然有“攻坚克难”的倡导，观看电影《黄文秀》片段
弘扬伟大建党精神	第十一章　大学生生命教育与心理危机应对	第三节　意义的追寻：生命价值与生命态度	视频：《觉醒年代》（高然混剪）。 分析：大家会更好理解，在今天我们倡导的“伟大建党精神”中还有“不怕牺牲”这样的表述。生命的品质首先表现为肉体生命合理适度的满足，更表现为精神生活的超越，还表现为社会生命的奉献

三、课程思政教学方法及手段

（1）通过课堂讲授，深化学生对思政知识的理解。将思政相关知识融入心理知识中，让学生在掌握心理知识的同时，充分理解优秀传统文化的魅力，以及伟大建党精神、脱贫攻坚精神等，引导大学生认识心理健康的现实意义和时代价值。

（2）通过课外实践，增强学生对思政元素的践行。通过让学生拍微电影、摄影大赛、情景剧和问卷调查等新颖的方式，学习和运用心理健康知识及其中蕴含的“爱国、敬业、诚信、友善”等个人层面的社会主义核心价值观。

（3）通过观看视频，强化大学生对革命文化的认同。观看《长征》《长津湖》等革命题材电影的节选，让学生在压力应对中找到以苦为乐、勇毅前行的方法。

（4）通过心理咨询案例分析，帮助学生内化思政元素。在课堂中分析心理咨询的案例及其中的思政元素，帮助学生在生活中运用心理健康技能，同时内化“诚信”“友善”“敬业”等社会主义核心价值观的内容。

四、课程思政教学实施具体案例

第四章第三节　大学生自我意识的完善

（一）教学内容

（1）大学生自我意识的特点。

（2）大学生自我意识的完善。

（二）教学重点

（1）自我意识的结构。

（2）大学生自我意识的完善。

（三）教学难点

大学生自我意识的偏差及调适。

（四）教学目标

1. 知识目标

（1）了解自我的内涵。

（2）掌握自我完善的内容。

2. 能力目标

（1）能用自我认识偏差调适的相关理论与技术进行自我认识分析和调适。

（2）掌握深入认识自我、积极悦纳自我、有效调控自我、不断超越自我等完善自我的方法。

3. 情感态度与价值观目标

（1）认同优秀传统文化。

(2) 增强“四个自信”。

(五) 教学内容与思政元素融入点

(1) 课堂引入以《道德经》相关内容作引言。

(2) 在理想我与现实我的矛盾调适中融入践行社会主义核心价值观的方法。

(六) 教学过程

表2为“大学生自我意识的完善”教学过程。

表2 “大学生自我意识的完善”教学过程

教学环节	教学内容	思政目标及资源	教学方法与手段	师生活动设计	时间分配
复习知识点	回顾《道德经》中的“知人者智，自知者明。胜人者有力，自胜者强”对比分析，指出我国传统文化中关于“自我意识”的论述比西方更胜一筹，让学生认同我国优秀传统文化	思政目标：加深学生对我国优秀传统文化的理解。 思政资源：运用《道德经·第三十三章》相关内容引入	知识讲授	课堂提问	1min
讲新课	(1) 自我意识概述： 1) 自我意识的概念：生理自我、心理自我、社会自我； 2) 自我意识的结构：自我认知、自我体验、自我调控； 3) 自我意识与心理健康。 (2) 大学生自我意识的发展： 1) 大学生自我意识发展的规律：自我意识的分化、自我意识的矛盾、自我意识的统一； 2) 大学生自我意识的偏差及调适：自负与自卑、自我中心与从众、过度追求完美	无	心理测验，小组讨论	以“我最欣赏自己的……”为开头，请学生完成句子，进行投射测验	15min
	(3) 大学生自我意识的完善与提升： 1) 深入认识自我： ① 比较法：我们要在和别人比较中找到自身的不足，然后迎头赶上；也要在与自己过往比较中“知足常乐”，保持平常心去进取	思政目标：加深学生对我国优秀传统文化的理解。 思政资源：“寸有所长；物有所不足，智有所不明；数有所不逮，神有所不通。”（屈原《卜居》）	课堂互动	师生朗诵	4min

续表2

教学环节	教学内容	思政目标及资源	教学方法与手段	师生活动设计	时间分配
讲新课	② 经验法：从我与事的关系中认识自我。 ③ 内省法：从我与己的关系中认识自我。曾子的"吾日三省吾身"，今天仍然值得我们学习。我们甚至可以将自我目标的实现、亲朋对我发展的合理期待、社会发展对时代青年的要求、中华民族振兴对我们的期望，都可以反省反省，看看自己是不是"苟日新，日日新，又日新"(《礼记·大学》）等	思政目标：加深学生对我国优秀传统文化的理解。 思政资源："吾日三省吾身：为人谋而不忠乎？与朋友交而不信乎？传不习乎?"(《论语·学而》)。"苟日新，日日新，又日新。"(《礼记·大学》)	讲授法	师生朗诵	7min
	2）积极悦纳自我： ① 无条件地接受自己的一切； ② 肯定自己的价值； ③ 坦然面对自己的局限和失败； ④ 欣赏和珍惜自己的独特性。 3）有效调控自我。 4）不断超越自我： ① 全面客观认识自己； ② 形成积极自我暗示	思政目标：引导学生从"小我"走向"大我"，从"现实我"走向"理想我"，从而不断地提升自我、超越自我、完善自我。 思政资源：《平"语"近人——习近平喜欢的典故》(第二季）第一集：《我将无我，不负人民》	讲授法	学生分享课前布置的故事	15min
课堂小结	今天我们学习了自我意识的内容，知道了自我发展会有偏差需要调适，明白了自我发展需要不断完善。同时，我们需要将自己置身于历史的长河中才能更好地认识自己。我们中国人在近代发展过程中，也是从站起来、富起来到强起来的不断超越中，大家非常幸运，处于"强起来"的大好时代	思政目标：引导学生做担当民族复兴大任的时代新人。 思政资源：站起来、富起来、强起来的论述	知识讲授		2min
布置作业	请结合自身实际，谈谈中国特色社会主义进入新时代后对当代"零零后"大学生自我意识形成和完善产生了哪些积极影响？（要求200字以上）				1min

五、教学效果

融入课程思政教学后，实现了在大学生心理健康教育理论和内容中彰显“中国风格”和“中国气派”的目标，学生对“大学生心理学”课程中的课程思政评价比较高，认为既丰富了心理健康知识，也加深了对相关思政内容的理解。通过引导学生在心理课堂上表达爱党爱国的情感，启发他们在发展中走出“小我”的局限，有的学生在课堂分享环节中立志为社会发展、国家富强甚至人类和平做贡献；让学生懂得了更多的适应中国国情的人际关系知识和处理技巧，做到尊师重道、同学之间交流更加顺畅，形成友善的同学关系；学生学习的课后作业和考试答卷中能够看到对迈入新时代之后心怀感恩，对中国共产党带领人民打赢“抗疫”阻击战和脱贫攻坚战怀有强烈的自豪感。

六、教师感悟

在“大学生心理学”中开展课程思政教学的优点或成功之处主要体现在思政元素的有机融入、全过程融入和立体化融入的设计及实施后学生的认可。在教学实施过程中值得研究的问题是如何做到结合学生的心理认知特点和接受规律有机融入思政元素，进而做到“入味”“提鲜”的效果，让学生更加喜欢这门课程；具有启发性的事件是结合“长征精神”和“伟大建党精神”讲压力应对的时候，让学生明白，我们中国人的文化基因中有“苦中作乐”和“愈挫愈勇”“难行能行”的可贵品质，增加了学生对于中国特色心理健康知识的认同度。教学实施过程中还存在不足，比如备课量比较大，难以做到按照原来设想的每节课都能全过程地融入思政元素，有些章节中存在融入的思政元素量把握不好的情况。今后希望组建团队，集体备课，编写《心德双育：大学生心理健康自我管理》课程思政教材，并制作本课程教学的微课，争取将我校的“大学生心理”打造成广西一流课程。

“管理学”课程思政教学案例

商学院　刘　洁

一、课程基本信息

课程名称：管理学。

课程性质：专业基础课。

授课对象：工商管理类专业大一年级本科生。

教学目标：

（1）知识目标。系统内化管理原理，使学生掌握管理过程的普遍规律、基本原理和一般方法，掌握工商管理的基本理论和基本技能。

（2）能力目标。形成分析和研究管理问题的能力，使学生运用管理学的基本理论、方法和技能分析、研究和解决实际管理问题。

（3）情感态度与价值观目标。培养学生正确的政治方向，形成科学的世界观、人生观及价值观，培养学生的民族精神，形成正确的理想和信念，培养学生良好的管理道德行为习惯，树立正确的管理观念。

课程简介：

“管理学”是一门在高校广泛开设的专业基础课程，一般在大学一年级第一学期开课，其后续课程是“现代企业管理”和“企业战略管理”。本课程主要内容包括管理概述及计划、组织、领导、控制、创新管理的五个职能，详细介绍了管理学中的系统、动态、人本、责任、效益与伦理原理，共包含六篇16章的内容。“管理学”是一门系统地研究管理活动的普遍规律和一般方法的课程，是建立在多学科基础上的实践性很强的应用学科，具有综合性、跨学科与专业基础的性质。

使用教材：陈传明．管理学．北京：高等教育出版社，2019.

二、课程思政整体教学设计

（一）课程思政教学理念与思路

1. 课程思政教学理念

“管理学”作为一门专业基础课程，是非常重要的思想政治教育工作阵地，教师在讲授管理学基本知识、开展管理实践的同时，应结合课程特点，在课程各个教学模块和环节有机融入思想政治教育内容。课程思政教学理念是以开放式学习模式为驱动，充分融入课程思政教育元素，通过正面教育达到知识传授与价值引领的有机结合。开放式的学习模式主要包括：课程资源开放，借助学校网络平台，将课程资源开放给学生，资源内容要涵盖中国传统文化、重大历史事件、典型人物事迹、政策法规、社会时事热点问题等；学习环境开放，除课堂学习外，还有实地调研、模拟公司运营、辩论赛、组织学生参加创业大赛和课外科技活动，通过管理实践在潜移默化中引导学生树立崇高理想信念和高尚道德情操；教学互动的开放性，师生不仅在课堂上互动，同时也借助网络平台进行交流和沟通，引导学生形成公正、敬业、诚信、友善的品质。

2. 课程思政教学思路

（1）制定思政教学目标。将课程思政内容纳入“管理学”课程标准，明确思政教学目标，围绕“知识传授”“能力培养”和“价值塑造”三位一体构建课程思政教育体系。使学生掌握管理的基本原理和方法，具备发现管理问题和解决管理问题的能力，具有正确的管理价值观、良好的职业操守和敬业精神，同时更加强调坚定学生的理想信念，增强学生的国家认同、家国情怀和社会责任感。

（2）丰富教学方法。在专业教学的基础上，探索适合专业教学与课程思政教学相结合的教学方法和教学手段，通过思政案例、思政视频、思政教育基地参观等，将思想政治内容学习与专业知识学习融为一体，而不是简单地叠加。

（3）注重系统设计。推动思想政治教育与“管理学”课程的结合，要基于学科课程特点，进行内容体系设计、教学模式和方法的具体设计与规划，并据此细化相关教学目标、思政教学元素、评价方案和标准。“管理学”课程要注重知识、能力和价值观的培育，由浅入深、由知到行、由知识掌握到情感态度与价值观目标的生成。

（二）课程思政教学创新点

“管理学”课程将思政内容纳入课程考核方案，以全面考查学生职业道德素养和综合素质。课程采用过程性考核方式，通过对学生学习过程中的学习状况和阶段性学习成果进行多方面考核，引导学生改善学习态度和学习方式。课程总评成绩 = 过程考核成绩 ×40% + 期末考试 ×60%。

1. 将思政内容纳入“管理学”过程考核

课程过程评价中，根据学生在平时学习和实践过程表现出来的思政素养，给予一定比例的平时考核成绩，考核指标见表 1。

表 1 “管理学”课程过程考核指标

一级指标	分值	二　级　指　标	考　核　目　的
课堂考勤	10 分	签到系统； 课堂随机抽点	课堂到课率； 学习的自律性（思政目标）
课堂提问	10 分	课堂主动回答问题情况； 回答问题的质量情况； 讨论课发言情况	对课程学习的主动性（思政目标）； 思维与语言表达能力
课后作业	30 分	课后作业完成的次数； 课后作业完成的质量	责任感与敬业精神（思政目标）； 考核对知识点的掌握程度
团队项目	40 分	项目小组报告完成质量； 项目小组课堂汇报报告情况； 项目小组汇报回答问题情况； 项目小组平时讨论记录表	项目小组报告的完成情况； 团队协作精神与人际沟通能力（思政目标）； 对课程中相关重点、难点的理解程度
读书笔记心得	10 分	读书笔记完成的篇数； 读书笔记完成的质量； 读书笔记汇报的情况	课后主动学习的积极性（思政目标）； 运用课程理论对课外知识的归纳总结

2. 将思政内容纳入“管理学”期末考试

在期末考试中，根据课程思政的目标和要求，在各类题型中体现思政内容。思政考核点主要体现在判断题、简答题和案例分析题中，目前课程试卷库中所有试卷的案例分析题均为国内企业管理案例，见表 2。

表 2 “管理学”课程期末考试题型

考试题型	分值	考　核　目　的
单选题	20 分	考核对基础知识的掌握程度
多选题	10 分	考核对重点、难点的掌握程度
判断题	10 分	考核对知识的深度理解和判断（加入思政考核点 2～3 个）
简答题	20 分	考核学生对关键点的掌握程度（加入思政考核点 1～2 个）
计算题	10 分	考核对实践中定量问题的解决能力
案例分析题	30 分	考核学生分析问题和解决问题的能力（加入思政考核点 1～2 个）

（三）课程思政教学整体安排

表 3 为“管理学”课程思政教学整体安排。

表 3 “管理学”课程思政教学整体安排

课程思政目标	融入章节	依托知识点	课程思政资源
树立正确的管理价值观，提高社会责任感，培养良好的职业操守	第一章第三节　企业道德与社会责任	(1) 改善企业道德行为的途径	案例“管理者道德困境”，主要内容是揭示五种常见的管理者道德困境，通过案例引导学生思考管理者道德规范有哪些，如何改善企业道德行为
		(2) 企业社会责任的内涵	视频《公司荣誉及社会责任》，主要内容是讲述华为公司是如何承担社会责任的，以及企业承担社会责任的重要性
理解中华优秀传统文化中讲仁爱、重民本、守诚信、尚和合的思想精华	第二章第一节　中国传统管理思想	中国传统管理思想	视频《传统文化与现代领导艺术》，主要内容是讲述在管理工作中贯彻仁、德、礼的儒家核心思想
提高集体主义精神和团队合作意识	第六章第一节　组织设计的任务与影响因素	组织设计的一般规律和方法	案例“金果子公司的组织结构设计”，主要内容是阐述金果子公司的主要业务和人员构成。要求学生团队在确定公司组织架构和岗位职责的过程中对组织设计的关键要素进行全面和深入的思考，提高集体主义精神和团队合作意识
	第九章第三节　领导与被领导者	人性假设理论	案例“公司应该怎么管理”，主要内容是阐述两家企业对员工的不同管理方式。要求学生在分析人性假设基本观点和管理方式的过程中认识到管理学中有多种人性假设，现代人总是生活和工作在特定的国家和社会之中，总是在一定价值引领下生活和工作的
增加国家认同感、民族自豪感和社会责任感	第十五章第一节　组织管理的创新职能	按程度对创新进行分类	视频《中国高铁的技术创新》，主要内容是介绍我国高铁技术的创新历程和取得的主要成果。使学生了解我国企业在创新创业方面的巨大贡献，增强国家认同感和民族自豪感
	第十五章第三节　创新过程及其管理	创新活动的特点和创新过程	纪录片《创新中国》，主要内容是介绍我国改革开放以来，各行各业在创新中取得的重大成果，以及创新对中国经济发展的推动作用。使学生理解创新形式的多样性，增强创新意识和创新的愿望，增强学生的社会责任感

三、课程思政教学方法及手段

在有机融入课程思政教育的基础上，“管理学”课程教学中使用较多的教学方法有案例教学法和项目教学法。

（一）案例教学法

案例教学可以为学生提供一个逼真的具体管理情景，使学生有了理论结合实际锻炼和提高自己独立思考能力的机会。管理学课程已经拥有一套完善的案例库，案例库中的案例有二分之一已经融入课程思政的内容，例如华为的创新案例、中国高铁的发展案例。授课教师在教学中，都是从案例库中选择适当的、具有针对性的案例进行教学。通过案例分析对学生解决企业管理中的相似问题具有示范指导作用，并且可以树立学生正确的管理观念和民族自豪感。

（二）项目教学法

培养学生团队协作精神、人际沟通能力、思辨能力及创新性思维是管理学课程思政的重要内容，我们主要使用项目教学法实现此思政目标。项目教学法是通过团队合作的方式，指导学生完成与教学内容密切相关的学习项目的一种教学方法。

在课程教学中，第一节课我们就将学生分为4～6人的学习团队，并各自选出组长，负责团队学习活动。整门课程需要团队完成一个大项目，这个大项目由若干子项目组成，子项目按照课程进度分阶段分派给团队完成，课程结束时需要团队提交一份完整的创业计划书。

课程大项目教学安排如下：

（1）每个小组现有资金10万元人民币（可融资），设想各自要创立的公司，学生按照企业设立的要求，进行决策和分工，旨在培养学生团队合作和战略规划的能力。

（2）小组按照课程进度分阶段完成以下子项目：确定主营业务；规划企业的远景目标和中长期战略；架构组织结构，明确员工岗位职责；制定各类计划；确定企业激励方案；分析企业财务情况；进行风险管理等。教师要定期在课堂上选择一定数量的小组进行阶段性成果的分享交流，对关键问题指点迷津。

（3）各小组对创业计划书分享交流，模拟融资现场进行路演，由教师与学生共同组成投资团进行投资，并对每份计划书进行点评，最后评选出融资最多的创业计划书。

四、课程思政教学实施具体案例

第十五章第一节　管理的创新职能

（一）教学内容

（1）创新的概念。

（2）创新的本质。

（3）创新的分类。

（二）教学重点

（1）理解创新的本质。

（2）掌握渐进式创新与突破式创新的内涵。

（三）教学难点

学会用突破式创新的衡量指标判断企业创新行为的类型。

（四）教学目标

1. 知识目标

（1）掌握创新的概念。

（2）理解创新的本质。

（3）掌握渐进式创新与突破式创新的内涵。

2. 能力目标

（1）具备判断企业创新形式和创新行为的能力。

（2）提高创新能力，培养创新思维。

3. 情感态度与价值观目标

（1）增强国家认同感和民族自豪感。

（2）使学生认识到创新创业对国家经济发展的重要性，培养学生的社会责任感，为国家经济发展贡献力量。

（五）教学内容与思政元素融入点

在导入阶段，引导学生思索我国为什么要把“大众创业、万众创新”作为国家战略，然后通过解读文件《国务院关于加快构建大众创业、万众创新支撑平台的指导意见》，以及讲解华为的创新业绩，让学生了解我国创新创业政策，增加道路自信，加强国家认同。

在讲授新课第一部分“创新的概念”时，通过知识讲授使学生掌握创新的四种形式：技术创新、工艺创新、服务创新、商业模式创新。让学生认识到创新不仅仅源自技术上的变化，还包括非技术的变化。引导学生思考如何提高自己的创新能力，增强责任意识。

在讲授新课第二部分“创新的本质”时，通过讲解北大方正激光排版技术的商业化和世界第一款闪存盘——朗科闪存盘两个我国企业的成功创新案例，一方面揭示创新的本质：创新是从基础研发向应用研发转化的过程，创新反映知识与资本的互动，创新强调战略与创意、研究与开发、生产制造与营销四方面有效协同；另一方面使学生了解我国企业在创新创业方面的巨大贡献，增强民族自豪感。

在讲授新课第三部分“创新的分类”时，以腾讯的微信为例讲解渐进式创新，以中国高铁为例讲解突破式创新，并通过看中国高铁的技术创新视频，组织学生讨论并归纳突破式创新的衡量指标。使学生感悟到任何创新都需要优秀的科学家、工程师或管理者花费时间、精力和资金来实现，明白创新的不易，思考自己如何在创新创业中做出贡献。

最后，通过专题研讨"我最喜爱的具有创新创业精神的企业"，让学生团队在课堂上分享作业，并进行点评总结，使学生们通过资料分析总结，主动感悟到创新者需要具备远见、知识和冒险精神，将科技知识和商业知识有效结合并转化为价值，提高国家认同感和民族自豪感，让学生认识到创新创业对国家经济发展的重要性，培养学生的社会责任感，为国家经济发展贡献力量。

（六）教学过程

表4为"管理的创新职能"教学过程。

五、教学效果

（1）教学内容充分发掘思政元素，激发了学生学习兴趣。教师团队在课程内容中融入了大量思政元素，激发了学生的学习兴趣，帮助学生树立了正确的世界观、人生观和价值观。首先，学生的分析能力和创新能力有了很大的提高，能够高质量地完成创业计划书和调查报告。其次，学生的学习态度更积极主动，学习成绩明显提高，近两年学生的出勤率保持在98%以上，课堂内外师生互动显著加强，学生总评成绩逐年提高。最后，学生对课程教学理念、课程结构及教学方式有普遍认同感，任课教师的教学效果评估得分均在90分以上。

（2）课程考核方案有助于提升学生的综合素质。课程考核加入思政内容，考核中特别关注学生世界观、人生观和价值观的形成，以及学生的职业道德素养和自我教育能力的提升。通过对学生学习过程中的学习状况和阶段性学习成果进行多方面考核，引导学生改进学习态度和学习方式，变被动式学习为自主式、探究式学习，提高了学生的学习能力和实践能力。

（3）提升了学生的实践和应用能力。管理学课程大力引导学生参与教师的科研项目和大学生科技活动，近两年指导学生获得省部级以上奖项4个、校级奖项4个。

六、教师感悟

经过长期改革探索和多年课程建设，我们教学团队构建了"管理学"课程思政教学整体方案，着力打造了"管理学"课程建设与思政内容有机结合的特色，在提高学生综合知识应用能力和德育培养方面形成教学亮点，取得了显著成效。在今后的课程建设中，我们要重点围绕以下两点开展工作。

（1）进一步探索以学生为中心的教学模式。大学阶段的学生处于人生观、世界观、价值观形成的重要时期，在这一阶段，如何在传授知识的同时，对学生

表4 “管理的创新职能”教学过程

教学环节			教学内容	思政目标及资源	教学方法与手段	教师活动设计	学生活动设计	时间分配
导入			国家创新创业政策视频导入。 思考：我国为什么要把“大众创业、万众创新”作为国家战略？大家知道有哪些企业在创新方面做得很好？ 教师点拨：创新标杆——华为	了解我国创新创业政策，增加道路自信，加强国家认同。 思政资源：《国务院关于加快构建大众创业、万众创新支撑平台的指导意见》文件	案例导入，抛锚式教学	启发，引导	听讲思考	3min
讲新课	（1）创新的概念	1）概念阐述	创新的概念		讲授法	PPT 展示，讲授	思考	3min
		2）知识讲授	创新一定源自技术上的变化吗（分析引导创新的形式，进行概括）。 创新形式：技术创新、工艺创新、服务创新、商业模式创新	思考如何提高自己的创新能力，增强责任意识	讲授法	设问，讲授	思考回答	4min
		3）练习	判断题：下列企业的创新行为各属于哪种形式的创新		学练结合法	组织答题	思考判断	2min
	（2）创新的本质	1）思考回答	创新等于发明吗？ 由两个例子(一个雨天专用烟斗,一个防震气垫)引导学生思考,回答问题		讨论法，讲授法，情感陶冶法	设问，引导讨论	思考讨论	2min
		2）知识讲授	创新的本质（三点体现）： 案例1：北大方正的激光排版技术的商业化：揭开了中国知识经济的序幕。 案例2：朗科闪存盘：世界第一款闪存盘	了解我国企业在创新创业方面的巨大贡献，增强国家认同感和民族自豪感。 思政资源：“北大方正的激光排版技术的商业化”案例资料		PPT 展示，讲授	听讲识记	5min
		3）练习	判断题：下列哪些企业行为属于创新		学练结合法	组织答题	思考判断	2min

续表 4

教学环节			教学内容	思政目标及资源	教学方法与手段	教师活动设计	学生活动设计	时间分配
讲新课	（3）创新的分类	1）知识讲授	渐进式创新（案例：腾讯的微信）；突破式创新（案例：中国高铁）	了解我国企业在创新创业方面的巨大贡献，增强民族自豪感。 思政资源：《中国高铁的技术创新》视频	讲授法	启发，引导	思考 回答问题	4min
		2）讨论	看中国高铁的技术创新视频，讨论并归纳突破式创新的衡量指标		讨论法	播放视频， 引导讨论	思考 讨论归纳	7min
		3）归纳总结	任何创新都需要优秀的科学家、工程师或管理者花费时间、精力和资金来实现	明白创新的不易，思考自己如何在创新创业中做出贡献	情感陶冶法	讲授	听讲	2min
专题研讨	小组作业分享		我最喜爱的具有创新创业精神的企业	树立标杆，提高学生的国家认同感和民族自豪感，使学生认识到创新创业对国家经济发展的重要性，培养学生的社会责任感，为国家经济发展贡献力量	任务驱动教学法	（1）课前分组，分析我国创新创业突出的企业。 作业要求：选一家你认为最具有创新创业精神的中国企业，对其创新创业方面的成果进行介绍，并分析总结其成功的原因。 （2）课堂上选拔两个学生小组进行 PPT 分享	研究 与分享	8min
	教师点评		创新者需要具备远见、知识和冒险精神，将科技知识和商业知识有效结合并转化为价值			点评总结	听讲	2min
课堂小结			本节课主要讲解了三个知识点：创新的概念，创新的本质，创新的分类。 需要同学们重点掌握的是理解创新的本质、掌握渐进式创新与突破式创新的内涵。 本节课的难点是学会用突破式创新的衡量指标判断企业创新行为的类型					1min
布置作业			个人作业（分层训练）：完成本节的练习题（单选、简答、案例分析，提高题）。 小组作业：为本组创建的公司设计渐进式创新计划和突破式创新计划					

进行深入、充分的思想政治教育，是培养人才的根本问题。要想达到更好的教育效果，需要进一步探索以学生为中心的教学模式，了解学生是怎么想的？学生现有认知水平是什么样的？如何引导学生改变认识？要解决这些问题首先必须做到了解学生，了解学生的兴趣点，才能有针对性地选择思政案例开展潜移默化的教育。

（2）增强服务地方经济的意识。我校的学生大多数来自广西，毕业后大部分会在广西工作，如何通过专业的学习了解广西企业的特点，分析存在的管理问题，思考改进的策略，真正地为广西企业服务，是课程思政教学改革中要进一步解决的问题。将广西本土企业的最佳实践作为教学案例引入课堂，可以推动学生深入了解广西企业的具体特征、运作模式和实际需求，同时引导学生系统思考广西企业的管理问题，从而有针对性地培养能够真正服务广西本土社会经济发展的应用型人才。

“跨境电商”课程思政教学案例

商学院　邓敏慧

一、课程基本信息

课程名称：跨境电商。

课程性质：专业基础课。

授课对象：电子商务专业大三年级本科生。

教学目标：

（1）知识目标。基于专业基础知识，掌握跨境电商的基本理论、基础知识及基本原理和技术。

（2）能力目标。具有进行跨境电商的调研、采购、运营和维护平台店铺等相关业务的基本实操能力；具备基于全球技术迭代+国际市场需求的产品分析能力与机会识别思考能力。

（3）情感态度和价值观目标。强调创新创业精神的传承和发扬，以互联网创业的先行者为榜样，激发创业热情，体验创业乐趣，自觉能动的参与创业实践；提高观察能力和培养勤于思考的创造性思维，提升电商创业素养，努力做到：有所发现，有所依据，有所改进；引导学生紧跟信息技术革命的浪潮，紧跟国家政策热点，强调跨境电商在“一带一路”建设中的作用和地位，弘扬爱国主义精神，引出大国风范，增加民族荣誉感；培养家国情怀，结合乡村振兴的国家战略方向，引导学生的电商乡村振兴思路，将家乡产品推广到全球，实现从“中国制造”到“中国精造”再到“中国创造”的电商乡村振兴之路。

课程简介：

“跨境电商”课程是电子商务专业大三年级学生开设的学科专业基础课，前修课程有计算机基础、数据库基础、电子商务概论、网上创业、网店装修与设计、电子商务系统分析与设计等课程，后续课程有网络营销、数据挖掘与数据分析、商务智能等课程。前修课程能满足学生的基础知识构建，后续课程为学生对跨境电商的深入应用、理解及电商创业提供了相应的学习和机会。

课程的主要内容是通过分析国际贸易市场的需求，学习利用不同的跨境电商平台，进行跨境网络调研、独立寻求货源并进行选品、采购、销售、配送等整个跨境平台运作过程，要求学生能够在外贸第三方电商平台建立店铺、运营店铺、维护和管理店铺，能够进行平台基本操作和订单处理流程等业务操作。因此，本课程是一门实践性较强的经贸类专业课程。

课程特点是以企业真实任务为引领，采用 CDIO 工程教育模式（构思、设计、实现和运作），融入课程思政元素，以跨境平台产品与服务的设计选择到运行的六阶段生命周期为载体，采用案例分析、任务驱动、情景化教学等教学方法，把学生培养成为能从事跨境电商运营与策划工作的、具有专业能动力和专业使命感的跨境电商贸易人才。

使用教材：丁晖．跨境电商多平台运营实战基础．2 版．北京：电子工业出版社，2019.

二、课程思政整体教学设计

（一）课程思政教学理念与思路

"以学生为中心，理论联系实践"的教学理念，秉持"学思践悟、知行合一"的总体教学思路和方针，融入"以品思辨、以品立德、以品塑心"的思政育人目标来开展教学，如图 1 所示。

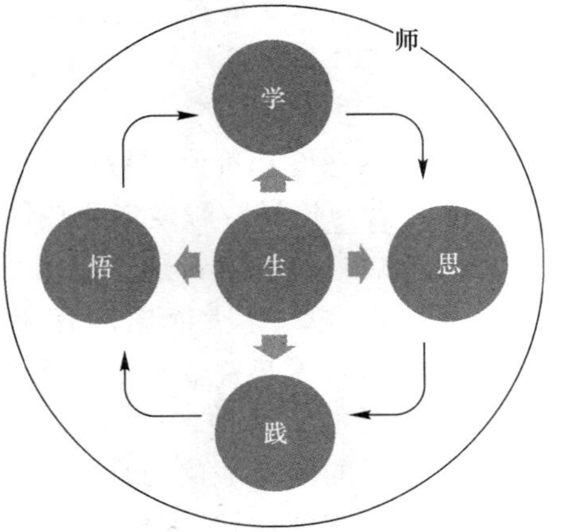

图 1　教学理念与思路示意图

"学"，通过课前、课中、课后的教学内容和教学设计，引导学生学会如何学习，做到懂学、爱学。

"思"，通过提问、案例、讨论区热点话题等多种教学方法的运用，启发学生学会专业角度的深度思考，实现课程思政的高阶价值目标。

"践"，通过赛教结合的课程学习实践的结合，引导学生将所学所思转化到跨境电商的实践和创业工作中，做到"知行合一"。

"悟"，通过热点专业话题的讨论、辩论等教学内容和方法，引导学生在所学、所思、所践中学会感悟，进而学会去创新创造，发现不足，深度挖掘再学习。

（二）课程思政教学整体安排

表 1 为"跨境电商"课程思政教学整体安排。

表1 "跨境电商"课程思政教学整体安排

篇章标题	知 识 点	思想政治教育融入点	课程思政目标	教学载体
第一章 跨境电商概述	(1) 跨境电商的特点和当前政策形势及热点问题	市场环境复杂多变，跨境电商的决策要求很强的应变能力。在这个思政融入点上，安排学生课后自己学习辩证唯物主义实践论、矛盾论的基本观点，引导学生在企业运营的复杂过程中勇于实践，积极发现问题找到事物的内在联系，抓住事物现象的本质	科学精神	课件案例
	(2) 跨境电商的发展趋势分析	后疫情时代背景下，合格的跨境电商人才缺口巨大且供不应求，加快跨境电商等新业态发展，为稳外贸、促经济赋能，是国家经济大局的需要。同时，通过疫情期间口罩产品的贸易案例，讲述在面对金钱和利益的选择中，要将个人前途和国家使命，产业升级和国家复兴放在首位才是发展之道	专业使命感和社会责任感	课件案例
第二章 跨境电商平台规则	(1) 跨境电商平台速卖通的基础操作	通过比较不同的跨境电商平台的规则，分析不同平台的文化，做到举一反三。只有按平台规则，脚踏实地的发展才是长远的发展	以品塑心的思政目标	课件案例
	(2) 平台的基本规则	通过亚马逊平台规则的讲解，培训学生客观地认识平台、分析平台产品、实事求是、客观的科学态度，树立正确的行为意识	职业精神	
第三章 跨境电商的选品	(1) 跨境电商选品的基本原则	通过跨境电商平台典型的选品成果案例分析，使学生领悟到国产品牌的魅力，树立良好的国产品牌产品信心	中国制造的信心	课件案例
	(2) 跨境电商选品的方法	通过"家乡产品我来选"的选品调研，以及对广西本土知名品牌企业的案例研究，对本土文化做相关的调研，树立乡村文化的信心	乡村振兴的情怀	案例
第四章 市场营销	(1) 跨境电商平台站内营销和站外营销活动	同时针对不同国家的客户群体使用不同的社交媒体进行营销推广，通过对"一带一路"多个国家文化的学习，融入对国家文化的尊重和传播正能量的思政点	民族荣誉感和爱国主义精神	课件案例
	(2) 网络营销策划	针对不同国家的生活习惯和习俗，策划有针对性的营销计划	尊重民俗和个人信仰	案例
第六章 数据分析	跨境电商平台数据的运营分析	通过跨境电商平台相关数据分析工具，强调数据分析方法的客观性和重要性，以及理论联系实际，不浮夸、不空想、有理有据的科学态度	科学研究方法	课件案例

续表 1

篇章标题	知 识 点	思想政治教育融入点	课程思政目标	教学载体
综合课程实践大赛	跨境电商平台店铺创建与运营	6 天早上 9 点到晚上 9 点的综合课程实践赛事，每天签到打卡，写工作日志，让学生不仅通过实践验证所学知识，更是提前体验工作的环境和辛苦。培养学生的工作责任感和使命感，对待工作的认真态度和良好心态	实现知行合一的思政目标	软件平台

三、课程思政教学实施具体方法及手段

（1）专业课程部分，在课程结构与内容上结合理论和实践，以企业真实任务为引领，采用 CDIO 工程教育模式（构思、设计、实现和运作），以跨境电商平台产品与服务的设计选择到运行的生命周期为载体（调研—选品—卖品），将跨境电商课程教学内容设计为六个阶段，让学生以项目化的、主动的、实践的方式学习。

（2）在思想上，将课程思政内容全方位融合到基于 CDIO 工程教育模式设计的跨境电商项目六阶段中（详细内容见图 2），发掘课程思政元素，建设课程思政平台教学资源库，形成以“培养跨境电商运营职业素养”为起点，以“学思践悟、知行合一”为线，最终达成“以品思辨、以品立德、以品塑心”的全方位思政育人目标。

（3）教学方法和手段：

1）基于“课堂教学 + 模拟训练 + 大赛实战”全方位的教学设计。

课堂教学：在遵循跨境电商基本理论基础内容讲授的基础上，分组进行情景演练和案例讨论。

模拟训练：步惊云软件模拟操作。

大赛实战：按照真实的职业分工，参与为期一周的行业权威赛事。

此部分使用练习法，通过课后的实践操作任务，帮助学生巩固知识、运用知识，形成操作性技能，做到将所学用于所想。

2）教学活动和组织。构建课前、课中、课后翻转和实践课堂（见图 3），可通过全过程的教学活动参与到学生的整个学习过程中。

课前分享关联知识，针对课程重点和难点，通过微信群和 QQ 群，在网络教学平台发布信息；使用抛锚式教学，通过实践任务的设置和课程的提问，在教学过程中每个知识点的开始前都会有一个假定场景的提问，让学生寻找解决问题的方法和答案。

课中组织学习、探讨理论知识和实际案例，通过跨境电商平台的成功案例分析和角色情景模拟，进行开放式翻转；讲授法，通过简明、生动的口头语言向学

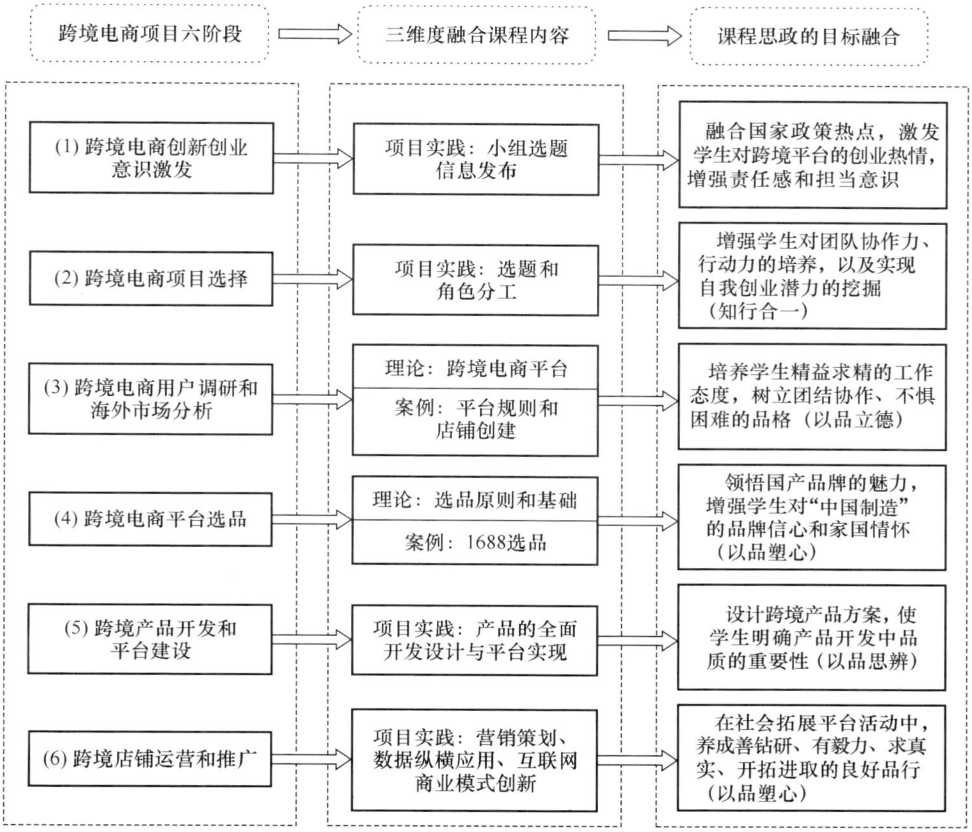

图 2　基于跨境电商项目六阶段的课程思政教学设计

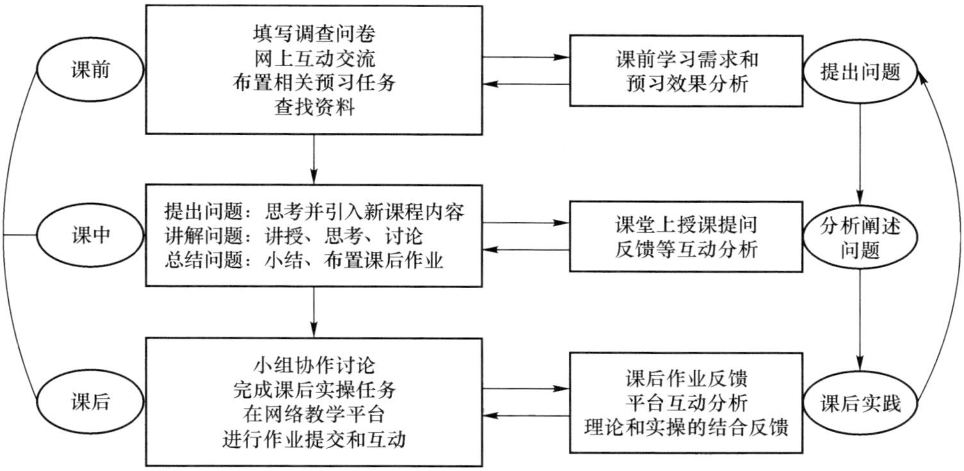

图 3　课前、课中、课后翻转和实践课堂

生传授知识、明晰概念，帮助学生认识基本逻辑和基本原则；采用讨论法，通过提出问题，学生研讨的方式激发学生思考，提高学习积极性。

课后通过分享时事热点问题或有争议话题，让学生自主获得知识，从而有更深层次领悟的自助式翻转；使用探究法，在教师组织和指导下，通过学生对具体问题沟通讨论，找出问题的解决方案，提高解决困难的信心和解决问题的能力。

从学生有效感知入手，通过承担不同的角色体验，参与模拟教学和实战比赛。在此基础上，实现“理论→模拟→实操→比赛”的良性教学实践机制。

四、课程思政教学实施具体案例

表2为“众里寻他千百度——跨境电商选品”设计。

表2 “众里寻他千百度——跨境电商选品”设计

授课题目	众里寻他千百度——跨境电商选品		
章　节	第三章　第一节	学　时　数	1
（一）教学知识点分析			
本节课知识点是跨境电商选品的逻辑和原则，以及通过速卖通进行站内选品的方法，这既是本节课重点也是难点。本节知识点总体偏难，主要是在实践过程中有很多不确定因素的存在，在教学过程中可以结合数据纵横模块知识点加强选品决策的科学性。 在课程思政部分，通过研究广西本土知名品牌企业的案例，使学生领悟到国产品牌的魅力，从而增强民族自信，达到以品塑心的思政目标。组织“家乡产品我来选”的课后拓展活动，学生对家乡产品进行调研分析，探寻挖掘家乡的品牌，形成调研报告和视频。在此过程中，学生进一步学习和掌握跨境电商选品原则，并了解本土品牌特点，通过整理家乡产品做跨境产品的不足，如规模小、缺品牌、资金短缺等，提出解决方案，进一步树立发展地方经济的决心，培养乡村振兴的家国情怀			
（二）教学目标			
知识目标	（1）选品基础，原则和技巧等（重点）； （2）速卖通站内选品（难点）； （3）速卖通站外选品（自学）		
能力目标	（1）能够通过学习的知识：选品的逻辑和基本原则，选品的三个小技巧，结合自身的兴趣爱好和对时事的分析，为自己的店铺进行选品，做到理论联系实际，知行合一，学以致用； （2）能够感受我们所处的互联网时代的更迭特点：通过科学性思维理论联系实际地分析问题，解决本土跨境电商品牌和选品问题的能力		
情感态度和价值观目标	（1）通过学习典型的本土案例，感受互联网创业精神，自觉能动地进行实践体验，参与创业。 （2）紧跟国家乡村振兴的政策热点，通过分析家乡的产品和品牌，提高观察能力和创造性思维，把创新热情与科学态度结合起来。在跨境店铺选品的过程中努力做到，有所发现，有所依据，有所改进。 （3）强调跨境电商在“一带一路”建设中的作用和地位，引出大国风范，弘扬爱国主义精神，立志将家乡产品推广到全球。热爱家乡，以电商扶贫，电商振兴乡村为己任，将中国制造推广到全球		

续表 1

授课题目	众里寻他千百度——跨境电商选品		
章　节	第三章　第一节	学　时　数	1

（三）课程资源

（1）网络经济服务平台（电商行业最具权威性、影响力的"风向标"及高层决策智库）；
（2）富媒体资源（视频及跨境电商相关图片等）；
（3）公众号（跨境电商、CCEAA 跨境电子商务应用联盟）；
（4）中国知网（具有最丰富的知识信息资源和最有效的知识传播与数字化平台）

（四）教学内容与课程思政融合设计

教学环节	教学内容和教学活动	课程思政教学内容和目标
1	通过发布雨课堂二维码进行点名	塑造纪律严明的教学规范
2	（1）视频导入："新卖家卖什么，如何去进货？" （2）进行讨论：提出问题，参与学生的讨论，并且提示他们可以为自己小组申请的店铺寻找和研究产品了。 （3）通过雨课堂 App 收集答案，总结出学生们的回答聚焦点，同时引出本节课的知识点	跨境电子商务面对全球近 200 个国家和地区的消费者，市场环境复杂多变，跨境电商的选品要求有很强的应变能力。在这个思政融入点上，可以安排学生学习辩证唯物主义实践论、矛盾论的基本观点，引导学生在企业运营的复杂过程中进行分析，并勇于实践，积极发现问题找到事物的内在联系，抓住事物现象的本质
3	（1）选品基础。 1）选品的逻辑与原则： ① 选品的原则； ② 选品三要素：市场、收益、竞争。 （2）案例讨论：2020 年的口罩产品，适合选择用于跨境平台销售吗，为什么？ 组织学生回答讨论结果。 2）选品的三个技巧： ① 评价数据分析法； ② 产品组合分析法； ③ 行业动态分析	结合 2020 年的疫情时事，加入德育教育，感受我国的强国之路和有序的管理和大国风范，进行社会主义核心价值观教育。课程思政教学目标主要是激发学生的民族自尊心和自豪感，培养学生的爱国精神和社会责任感
4	（2）速卖通站内选品，行业选品和数据纵横工具案例：通过案例操作和分析，认识数据纵横工具在选品中的强大作用	掌握基于数据的科学分析问题、解决问题的辩证方法，培养学生有数据、摆事实的有理有据的科学思维能力
5	（3）速卖通站外选品： 1）参考 eBay，亚马逊平台的产品； 2）参考小语种网站； 3）参考外贸热品榜。 此部分内容课堂上不做详细的讲解，老师给出一些资源平台，要求学生在课后实践作业中去实践和研究	以项目组形式，引导学生团队合作，互相学习，培养沟通能力和拓展自学能力；锻炼学生对全球经济贸易形势的分析能力，理解中国智造、品牌出海概念，深植民族自信

续表 1

<table>
<tr><th>教学环节</th><th>教学内容和教学活动</th><th>课程思政教学内容和目标</th></tr>
<tr><td>6</td><td>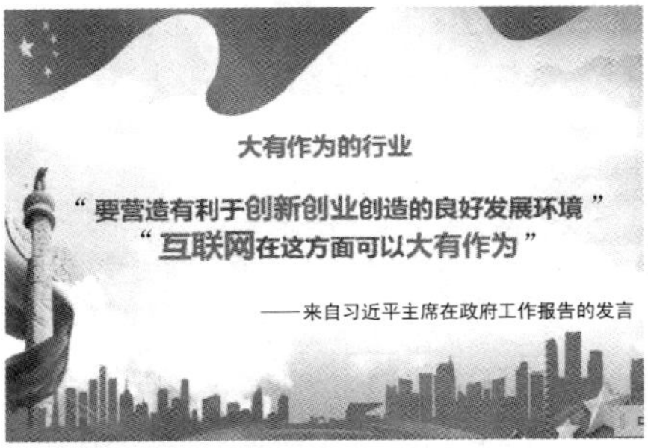

（1）课程小结；
（2）本节结束语</td><td>“要营造有利于创新创业创造的良好发展环境”，“互联网在这方面可以大有作为”。
国家的繁荣昌盛，稳步发展，安定团结，为我们提供了一个非常好的商业环境。在这个巨大的市场中，我们要找到属于自己的大生意</td></tr>
<tr><td>7</td><td>布置课后实践任务：速卖通店铺选品分析。
以小组为单位，调研家乡的产品和知名品牌企业的案例，为自己前期已经申请开通的速卖通店铺进行选品，并记录选品的分析过程和结果，形成小组报告，提交到网络教学平台</td><td>使学生领悟到国产品牌的魅力，从而增强民族自信，达成以品塑心的思政目标。在此过程中，学生进一步学习和掌握跨境电商平台选品原则，并了解本土品牌特点，通过整理家乡产品做跨境产品的不足，如规模小、缺品牌、资金短缺等，提出解决方案，进一步树立发展地方经济的决心，培养乡村振兴的家国情怀</td></tr>
</table>

（五）课后作业

拓展话题	结合“一带一路”倡议，如何面向“一带一路”国家进行选品？课后在网络教学平台讨论区进行话题讨论和回复

五、教学效果

“跨境电商”课程通过“赛、教、创”结合课程思政教学改革，在学生学习态度上得到了较好的提升，学生具有更加积极向上的精神面貌，学习更加认真钻研。学生在跨境电商平台运营与操作的技能掌握上，实现了学而知、知而思、思而践、践而悟、悟而再学的循环学习过程的升华，能力的提升逐步体现，重点轻松突破。通过教学设计内容和思政的融合，教学难点迎刃而解。学生普遍反映课内课外活动的开展有情感共鸣，对行业的职业操守有更深层次的认识，也进一步意识到“国货当自强”的责任担当。

基于本课程参加的第十九届桂林理工大学教师授课比赛，授课教师获得“十佳授课教师”称号；同时，参加的“首届全国高校教师教学创新大赛”校内选拔赛比赛获得二等奖。

学生通过参与本课程的学习实践和模拟比赛获得了 1 个特等奖、9 个一等奖、14 个二等奖、12 个三等奖的优秀成绩（2019—2021 年），超过 80% 的学生取得中国商业联合会、全国商业职业教育教学指导委员会及阿里巴巴联合认证的证书奖状，增加了专业认同感、行业使命感，在毕业设计中很多同学的选题都是和家乡特色产品的跨境电商研究相关。同时，在毕业生就业中，从事电商行业的学生超过一半在跨境电商平台的相关岗位工作，在找工作的过程中具有较强的专业自信心和自豪感；不仅如此，部分同学选择了返乡创业，将更多的目光聚焦到通过专业知识，结合家乡特色来为家乡服务和建设家乡中，极大地提高了学生的实践能力，激发了学生的创业激情。

六、教师感悟

习近平总书记曾对教师提出了"有理想信念、有道德情操、有扎实学识、有仁爱之心"的要求。在新时代，大学教师承载着传播知识、传播思想、传播真理、塑造灵魂、塑造生命、塑造新人的时代重任。因此，大学教师应该通过自己言传身教培育学子成长成才，将课程思政融入生活、学习、教学和科研的每一个细节中。

跨境电商是一个涉及管理学与计算机科学等多学科交叉的专业，是电商专业大三年级学生的专业必选课程，在电子商务专业课程体系中具有实操性和综合性强的突出特点。经过课前、课后的问卷调研和多年的教学工作经验，总结出融入思政教学的几个成功点：

（1）结合时政热点，成功将国家政策和世界形势结合，解决教科书内容与当前时事热点脱节的痛点，结合"一带一路"和大国崛起的新时代背景激发学生勇于实践，敢于参与电商创新创业的时代担当。

（2）以本土典型成功案例为启迪，立足家乡的调研活动，调动学生学习的积极性和热爱家乡、热爱祖国的家国情怀。

（3）通过真实的平台运营和团队协作的训练，感受企业生活，获得创业体验。培养学生精益求精的工作态度，树立团结协作、不惧困难的品格。

“旅游管理前沿”课程思政教学案例

旅游与风景园林学院　黄　毅

一、课程基本信息

课程名称：旅游管理前沿。
课程性质：专业必修课。
授课对象：旅游管理专业大四年级本科生。
教学目标：

（1）知识目标。

1）从范式视角，掌握旅游管理研究主要的前沿范式。

2）了解旅游管理前沿热点研究方法的具体应用。

3）熟知近年来旅游管理的热点前沿问题及其相关解读。

（2）能力目标。

1）培养主动关注旅游管理切身、热点问题的良好习惯。

2）基本掌握旅游管理前沿热点研究方法，能够具体应用。

3）强化运用相关理论知识分析旅游管理热点前沿问题的能力。

（3）情感态度与价值观目标。

1）树立对旅游管理专业的归属感。

2）形成新形势下正确的专业价值观。

课程简介：

“旅游管理前沿”是旅游类专业本科高年级一门重要的专业必修课程，是将旅游管理学理论与旅游业前沿问题相结合的应用管理类课程。该课程为本专业最后一门理论课程，具有显著的归纳总结性及前瞻性特点。

课程主要分为绪论、理论、方法、热点四大环节，均围绕“前沿”主题展开相应教学活动。绪论方面，包括就业实践、学术研究部分的课程引导内容。理论方面，主要内容为旅游管理研究范式梳理。方法方面，从本科生科研能力实际出发，遴选内容分析法、实地调查法、民族志法、访谈法、问卷调查法等前沿热点研究方法，结合案例论文进行运用讲解。热点方面，遴选文明旅游、旅游扶贫与乡村旅游、门票经济、“黄金周”旅游、《旅游法》落实、红色旅游、文化与旅游产业融合、旅游业可持续发展、旅游团低价竞争等近年旅游前沿热点问题，进行专题讲解探讨。

使用教材：本课程教学内容为前沿性质，以专题形式进行，故未选用固定教材，主要参考材料如下：

（1）国家旅游局．全国旅游业改革创新典型案例．北京：中国旅游出版社，2017.

（2）郭英之，董坤，Mayfield V. 中国旅游市场：前沿理论与实证案例（英文版）. 北京：科学出版社，2016.

（3）陈实，梁学成．旅游管理前沿专题．北京：中国经济出版社，2013.

二、课程思政整体教学设计

（一）课程思政教学理念与思路

"旅游管理前沿"课程关注的重点是旅游产业、旅游学科的前沿热点领域。我国目前正处于中国特色社会主义建设新时代，社会主要矛盾已经转化为人民日益增长的美好生活需要和不平衡不充分的发展之间的矛盾，在这一新形势、新变化、新要求背景下，旅游产业、旅游学科的前沿热点领域，必然要与中国特色社会主义建设新时代紧密结合，思政教育无疑成为其应有之意。

本课程在思政教改过程中，首先是充分挖掘教学思政要素。依据教学大纲基本要求，遴选了新形势下旅游产业的相关前沿热点领域，主要针对社会主义富强、文明、和谐、法治、诚信、友善核心价值观，以及社会道德作风（学术道德）、家国情怀、文化自信、环保意识等教学内容进行思政教学改革。其次，根据对应的内容，在传统教学方法的基础上，重点结合例证法、论文学习法、课堂讨论法、现场调研法等方法进行思政教学改革。另外，突出了与课程结束后毕业论文写作教学阶段的对接，持续关注思政教学改革效果。

（二）课程思政教学整体安排

表1从课程思政目标、融入章节、依托知识点、课程思政资源四个方面，具体介绍了本课程教学中思政建设整体安排（融入章节序号为"学界/产业热点"教学环节内专题序号）。

表1 "旅游管理前沿"课程思政教学整体安排

课程思政目标	融入章节	依托知识点	课程思政资源
社会主义富强、文明、和谐、法治、诚信、友善核心价值观	第2章 文明旅游专题	2.1 不文明旅游现象的社会关注 2.2 不文明旅游行为的政策关注 2.3 不文明旅游行为的学术关注	（1）微博：叶璇揭露高铁乘客观看视频外放事件；黄渤在帕劳潜水时意外捡到中国品牌烟盒事件。 （2）政策文件：相关政府部门网站获取梳理。 （3）论文/笔谈：《基于网络文本的不文明行为公众认知研究》等4篇论文、《文明旅游学理与路径》

续表 1

课程思政目标	融入章节	依托知识点	课程思政资源
社会主义富强、文明、和谐、法治、诚信、友善核心价值观	第 3 章　旅游扶贫与乡村旅游专题	3.1　乡村振兴及“三农”问题时代背景 3.2　旅游产业扶贫功能	(1) 视频：《旅游扶贫助力全面小康》。 (2) 参考书：《西南民族地区旅游扶贫理论与实践》
	第 4 章　门票经济专题	4.2　门票经济成因 4.3　门票经济破解	(1) 视频：《小门票　大民生》。 (2) 参考书：《旅游景区门票价格优化研究》
	第 5 章　“黄金周”旅游专题	5.3　“黄金周”假日制度问题 5.4　“黄金周”假日制度改进建议	(1) 视频：《聚焦十一长假　你堵路上了吗》。 (2) 参考书：《中国“黄金周”的政策效应研究》
	第 6 章　《旅游法》落实专题	6.1　《旅游法》拟定历程 6.2　《旅游法》实施效果	(1) 视频：《旅游中华纪录片：自由与秩序》。 (2) 参考书：《旅游法论丛》
社会道德作风（学术道德）	第 1 章　学界热点	1.3　学术道德规范问题	(1) 视频：《新闻直播间：教育部回应某某某事件，重申对学术不端“零容忍”》。 (2) 参考书：《科研伦理与学术规范》
	第 10 章　旅游团低价竞争乱象专题	10.1　旅游团低价竞争导致的不良现象 10.2　旅游团低价竞争乱象中导游责任归咎	(1) 视频：《云南旅游，最严整治，还要怎么治?》。 (2) 参考书：《新编旅游职业道德》
家国情怀	第 7 章　红色旅游专题	7.1　红色旅游发展社会背景 7.2　红色旅游内涵 7.3　红色旅游价值导向作用	(1) 视频：《长征足迹：传世的力量》。 (2) 参考书：《红色旅游与红色文化传承研究》
文化自信	第 8 章　文化与旅游产业融合专题	8.1　文化旅游融合背景 8.2　文化旅游融合内涵 8.3　文化旅游融合路径	(1) 视频：《新时代下的文旅融合和变革》。 (2) 参考书：《旅游融合发展：旅游产业与文化产业》
环保意识	第 9 章　旅游业可持续发展专题	9.2　旅游业可持续发展生态要义	(1) 视频：《国家公园让绿色发展成为文化标识》。 (2) 参考书：《旅游经济绿色发展论》

三、课程思政教学方法及手段

为更好实现课程思政教学效果，在教师讲授法、多媒体演示法、作业法等传统教学方法及手段基础上，根据本课程思政要素的特点，进行了多方法及手段的融入。

（1）例证法方面：在学界热点问题部分，用不良学术道德行为案例进行教学；在文明旅游部分，用名人评论不文明旅游现象、不文明旅游处罚案例进行教学；在旅游业可持续发展部分，用旅游生态环境破坏案例进行教学。

（2）论文学习法方面：在文明旅游部分、门票经济部分、文化与旅游产业融合部分，遴选了相关学术期刊论文，让学生通过课前精读、课堂学习与讲解等方式进行教学。

（3）课堂讨论法方面：在门票经济部分让学生讨论了"门票经济破解关键"，在"黄金周"旅游部分让学生讨论了"黄金周制度优化"，在旅游团低价竞争乱象部分让学生讨论了"旅游团低价竞争根本原因"等问题。

（4）现场调研法方面：在旅游扶贫与乡村旅游、红色旅游部分，通过带领学生赴相关案例地进行现场调研，撰写调研报告方式进行教学。

四、课程思政教学实施具体案例

"学界/产业热点"教学部分
专题二　文明旅游

（一）教学内容

（1）文明旅游社会关注。

（2）文明旅游政策关注。

（3）文明旅游学术关注。

（二）教学重点

（1）文明旅游政策梳理。

（2）文明旅游研究进展。

（三）教学难点

（1）社会契约论的应用。

（2）不文明旅游现象解读的适度性。

（四）教学目标

1. 知识目标

（1）掌握我国文明旅游相关管理政策法规。

（2）知晓我国文明旅游研究相关进展。

2. 能力目标

（1）运用旅游法规、旅游消费者行为、社会契约论等专业理论知识解读文明旅游实践问题。

（2）巩固文本分析法中高频词、语义网络图方法的应用。

3. 情感态度与价值观目标

（1）理解专题蕴含的文明、和谐、法治、诚信、友善价值内涵。

（2）培养学生树立并践行文明旅游的观念。

（五）教学内容与思政元素融入点

以社会主义文明核心价值观为切入点，从倡导和谐、诚信、友善旅游行为，依法治理不文明旅游行为等方面，对教学内容进行思政元素融入。

（六）教学过程

表 2 从教学环节、教学内容、思政资源、教学方法与手段、师生活动设计、时间分配六个方面阐述“文明旅游”案例教学过程，表 2 后以文字、图片形式进行详细说明。

表 2 “文明旅游”专题教学过程

教学环节	教学内容	思政资源	教学方法与手段	师生活动设计	时间分配
讲授新课	文明旅游社会关注	微博：叶璇揭露高铁乘客观看视频外放事件；黄渤在帕劳潜水时意外捡到中国品牌烟盒事件	讲授法，例证法（名人）	教师讲授，提问；学生聆听，思考	10min
	文明旅游政策关注	政策文件：相关政府部门网站获取梳理	讲授法，例证法（事件）	教师讲授，提问；学生聆听，思考，回答问题	30min
	文明旅游学术关注	论文/笔谈：《基于网络文本的不文明行为公众认知研究》等 4 篇论文、《文明旅游学理与路径》	讲授法，论文学习法	教师讲授，提问；学生课前阅读案例论文，聆听，思考，回答问题	40min
课堂小结	回顾与梳理	思维导图	讲授法	教师讲授；学生聆听，复习	10min
作业布置	文本分析法	桂林东西巷景区网络评论文本	作业法	学生梳理网络评论文本，分析其中文明旅游问题	课后

1. 社会关注

重点通过名人效应，从演员叶璇在官方微博揭露某乘客在高铁上观看视频打开外放声音的事件，以及演员黄渤在官方微博揭露其在帕劳潜水时意外捡到中国品牌烟盒垃圾事件谈起，由此作为本次课程导入。展示部分网友在微博上的评论，给学生抛出"对两个事件案例有何直观感受"这一思考，旨在引导学生快速进入文明旅游专题教学内容。

2. 政策关注

通过热点事件导入，进而引用国家主席习近平在2014年对马尔代夫进行首次国事访问时，针对中马旅游合作问题的一番阐述："我插一句啊，也要教育我们的公民到海外旅游讲文明。矿泉水瓶子不要乱扔，不要去破坏人家的珊瑚礁。"进一步，将教学内容转入国家政策对文明旅游的关注方面。

首先提问学生"旅游政策与法规"课程中，重点讲授了我国目前旅游产业施行的主要政策法规有哪些，回顾前置课程相关知识。

接着，展开对2006年以来，《提升中国公民旅游文明素质行动计划》《中国公民国内旅游文明行为公约》《中国公民出国（境）旅游文明行为公约》《中华人民共和国旅游法》《文明旅游十大提醒语》《游客/旅游不文明行为记录管理暂行办法》(以下简称《暂行办法》) 等出台的一系列政策法规的介绍。让学生通过学习，初步了解作为游客、从业人员、管理者等不同角色，应当如何践行、推进文明旅游。

其中，重点通过《游客/旅游不文明行为记录管理暂行办法》第0001号、第0002号案例讲解，让学生知晓不文明旅游行为的后果，并引导学生思考该《暂行办法》的先进性与值得商榷的实施完善之处，进一步强化学生法治理念。

3. 学术关注

本部分课堂教学之前，把4篇遴选的相关学术论文及一期学术研究笔谈提供给学生进行课前精读，重点针对其中的高频词与语义网络图、文明旅游内涵解读、游客道德情感评价过程、社会契约论、不文明旅游解读的适度性等问题进行课前思考。

（1）《基于网络文本的不文明行为公众认知研究》(姚田田、方旭红、肖利斌，旅游论坛，2018)：通过本论文学习，了解不文明旅游行为的成因、影响、对策，让学生讲解论文中的语义网络图（见图1)，旨在温习课程方法论部分的相关教学内容；介绍破窗效应、涟漪效应在文明旅游分析中的应用。

（2）《国内文明旅游的研究进展、理论与学术批判》(拓倩、李创新，旅游学刊，2018)：通过本论文学习，介绍文明旅游的内涵体系（见图2)，并进一步强化不文明旅游行为的成因、对策等内容的教学。

（3）《游客对他人不文明旅游行为的道德情感与行为倾向研究——基于情绪认知评价理论的视角》[殷英梅，燕山大学学报（哲学社会科学版)，2018]：通

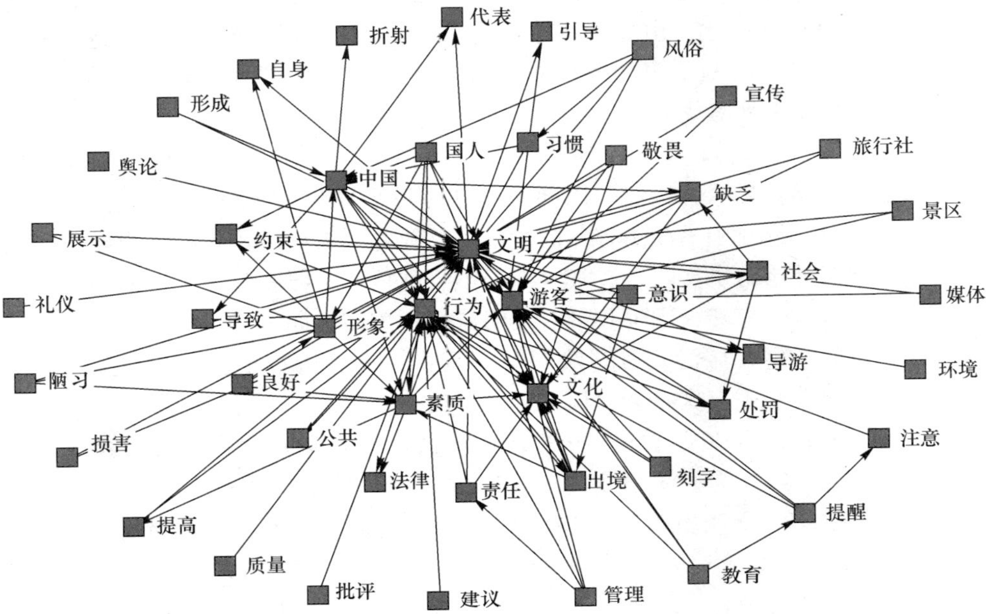

图 1　不文明旅游行为语义网络图教学示例

（引自案例论文）

图 2　文明旅游的内涵体系教学示例

（引自案例论文）

过本论文学习，让学生从心理层面了解不文明旅游行为所导致的游客道德情感认知评价过程，如图 3 所示。

（4）《社会契约视角下旅游文明秩序的构建》（苏娜，萍乡学院学报，2018）：通过本论文学习，引入社会契约理论，引导学生思考社会契约视角下旅游文明秩

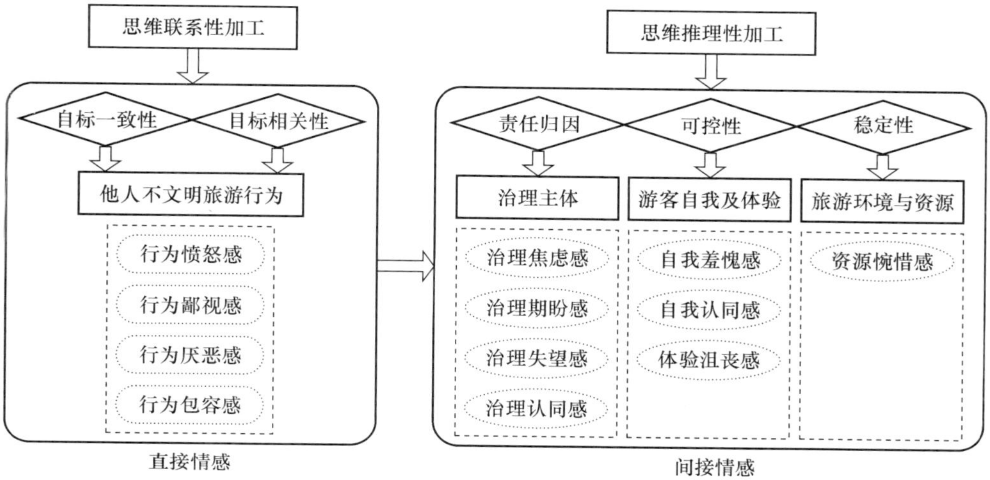

图 3　游客对不文明旅游行为的道德情感认知评价过程教学示例

（引自案例论文）

序的构建。重点从旅游文明引导、旅游需求文明、旅游供给文明三个维度展开，如图 4 ~ 图 6 所示。

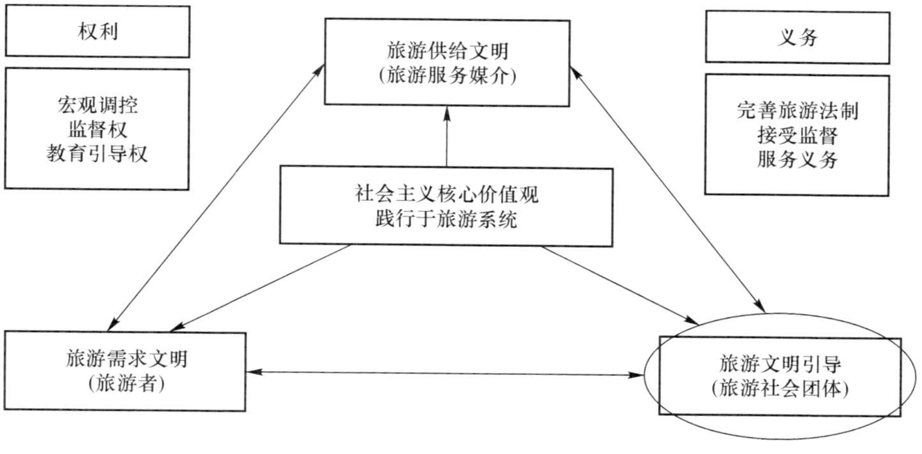

图 4　文明旅游系统多边契约模型旅游文明引导教学示例

（引自案例论文）

（5）专家笔谈——《文明旅游学理与路径》(舒伯阳、吴寒，林德荣，等，旅游学刊，2016)：通过学习相关专家对文明旅游主题的笔谈，强调对不文明旅游现象不应过度解读，不仅要学会自我审视，也要学会对环境的审视。

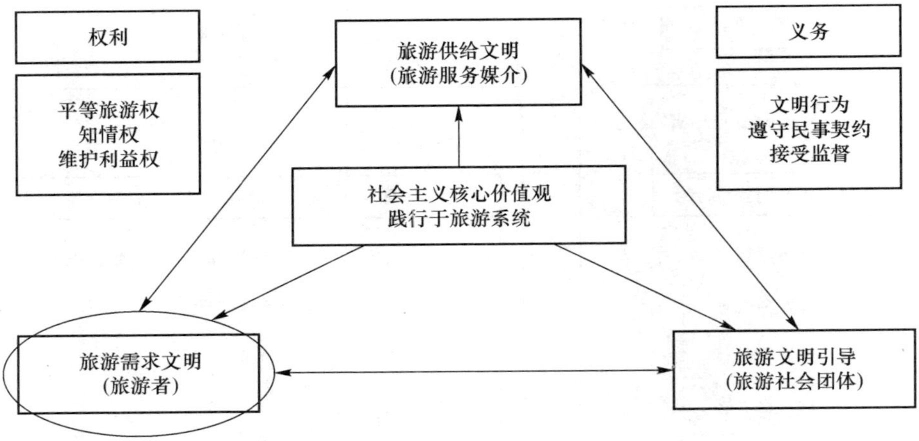

图 5　文明旅游系统多边契约模型旅游需求文明教学示例

（引自案例论文）

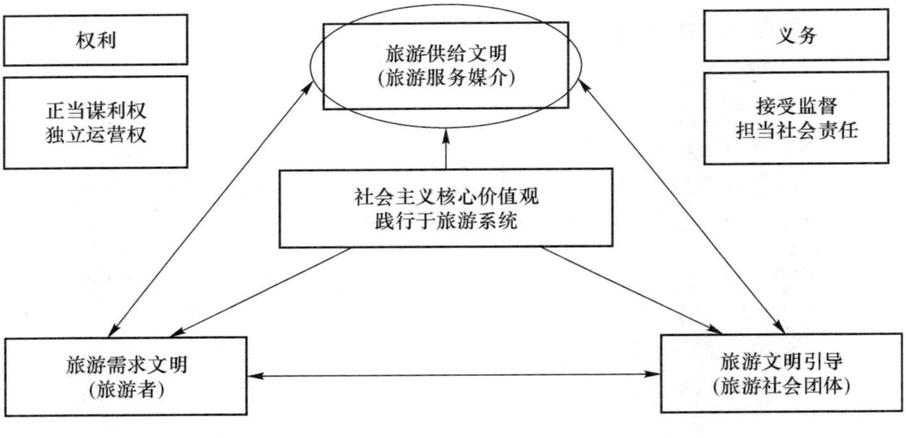

图 6　文明旅游系统多边契约模型旅游供给文明教学示例

（引自案例论文）

4. 课堂小结

以图 7 思维导图的方式，对本次课堂教学进行回顾与梳理。

5. 布置作业

根据本次课程的教学内容，让学生课后以桂林东西巷景区网络评论文本为例，运用高频词、语义网络图方法，参考案例论文，对其中体现出的文明旅游问题进行分析，在对应本课程“方法”教学环节的同时，进一步巩固本次课程思政教学的效果。

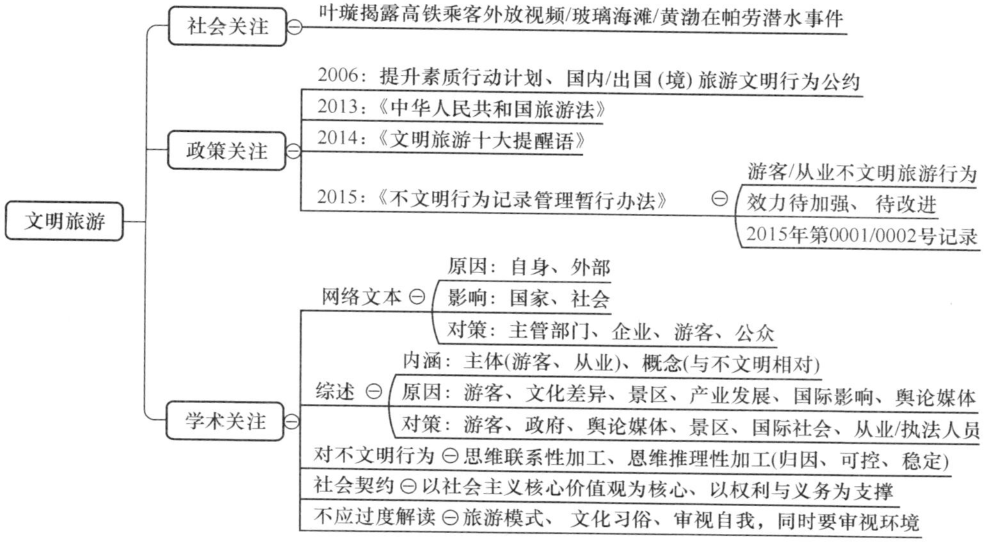

图7 “文明旅游”专题教学思维导图

五、教学效果

“旅游管理前沿”通过课程思政建设，取得了显著效果。学生方面，评教成绩达到90分以上，评教问卷结果显示学生对思政元素的融入效果比较满意。学生关于思政方面主动与教师交流的情况增多，这一点明显反映在毕业论文选题交流上。本课程授课对象为大学四年级学生，在结课后随即进行的毕业论文开题中，不少学生选择了与本课程中思政教学相关的内容作为自己的选题。其中，旅游扶贫与乡村旅游、红色旅游、文化与旅游产业融合方面的选题最多，体现出学生对乡村振兴、革命文化等课题的关注和研究。

在课程思政教学实践过程中，教师本人也取得一些教学成果，获得学校第二届“课程思政”说课比赛三等奖、学校首届“课程思政”优秀教案奖；开设思政建设公开示范课1次，进行了录制编辑，取得了较好的示范效果。

六、教师感悟

教学是教与学两方面的，在课程思政建设过程中，师生均有一定收获。学生方面，大家对思政问题具有很大热情，经常就日后毕业论文选题思政要素、工作职业道德等方面与老师主动沟通交流。这对于学生在日后的科研、工作及生活中，树立正确的思想道德观念具有积极意义，也说明只要通过适宜的教学方式加以引导和激发，就能够收到较为满意的思政教改效果。教师方面，深感教学相长。教师本人的思政素养在教学改革中显著提升。例如，对新时代旅游学界和产业界热点问题中蕴含的思政要素更为敏感，能更深入思考如何在新时代培养德才兼备的学生。当然，课程思政建设方面还存在授课方式不够灵活、考核方式比较单一等问题，今后需要继续研究并且实践完善。

“舞蹈基础”课程思政教学案例

人文素质教育教学部　万　千

一、课程基本信息

课程名称：舞蹈基础。
课程性质：通识教育课。
授课对象：全校本科生。
教学目标：

（1）知识目标。一是理解舞蹈艺术的内涵，了解舞蹈基础课程的任务、作用；二是熟悉有关中国舞蹈起源发展及其与中华传统文化的关系；三是掌握常用基本形态训练方法和要领，基本掌握各舞种的单一组合和经典舞蹈舞段；四是基本掌握舞蹈鉴赏方法及创编知识。

（2）能力目标。一是具有运用舞蹈知识辨别舞蹈种类和分析舞蹈作品的鉴赏能力；二是具备舞蹈表演的观察模仿、艺术感知、协调运动的能力；三是形成舞蹈知识体系，具有感知美、鉴赏美、体验美、创造美的能力。

（3）情感态度与价值观目标。一是通过学习准确把握其是非善恶美丑等价值取向，理解领悟和认识辨别真善美；二是具有认真投入的执着态度和富有正向度的情感力量，促进身心健康发展，潜移默化中使当代大学生提升社会责任感和使命感；三是具有良好的艺术修养、道德修养，树立审美态度乃至生命态度，提升审美境界乃至人生境界；四是增强文化自信，培养民族精神、团结精神、奋斗精神、梦想精神等，在学习实践中得以传播和弘扬，学习做生活中的艺术家。

课程简介：

“舞蹈基础”是基于人文素质教育教学部开设的一门通识选修课程，作为中国优秀传统文化艺术具有独特艺术魅力的舞蹈文化艺术，不仅因其鲜明的艺术性而具有审美功能从而潜移默化地生发美育力量，更因其文化性而具有思政功能从而润物无声地生发思政力量。本课程面向我校全体本科学生开设，具有一定舞蹈基础和爱好舞蹈的学生可优先选课，教学总学时为32学时，2学分。旨在以优秀的舞蹈文化和经典的舞蹈剧目唤醒学生感悟真善美的意识，以科学规范的舞蹈动律训练培养学生勇敢坚韧的思想品格，以无声而深情的舞蹈语言激发学生追求真善美的内在动力，以身心和谐的舞蹈教育提升学生审美能力和创新意识，从而生成舞蹈课程思政育人力量，打造“舞动的思政课堂”，提升学生审美和人文素养，促进学生全面发展。

使用教材：陈康荣．舞蹈基础．上海：复旦大学出版社，2012.

二、课程思政整体教学设计

（一）课程思政教学理念与思路

“舞蹈基础”课程立足理工科高校学生实际，充分发挥舞蹈艺术美育优势和舞蹈叙事功能，充分挖掘舞蹈艺术中的思政元素，采用混合教学、言传身教、整合创编等多元方式，围绕舞蹈艺术理论基础知识、芭蕾基本功训练、经典舞蹈作品鉴赏、舞蹈片段学习（含古典舞、民族舞、现代舞）、主题创编与整合、教学成果汇报演出等内容，通过“感知美—鉴赏美—体验美—创造美—展示美”五个环节，重点实施“以优秀的舞蹈文化和经典的舞蹈剧目感悟民族精神，以科学规范整齐划一的舞蹈动律培养团结精神和奋斗精神，以无声而深情的舞蹈语言激发学生勇于追求美好生活的梦想精神和创新精神，以身心和谐的舞蹈教育增强学生文化自信”的舞蹈课程思政，生成舞蹈课程思政育人力量，使学生从“发现美、鉴赏美、获得美”到“体验美、创造美、传播美”的过渡和转变中，进一步确立正确的是非观、善恶观、美丑观，进而达到自我理解、自我超越的主体性生成过程，潜移默化中使思想政治教育内涵入目入耳、入脑入心、入神入行，从而打造“舞动的思政课堂”，提升学生审美和人文素养，促进学生全面发展。

（二）课程思政教学整体安排

表 1 为“舞蹈基础”课程思政教学整体安排。

表 1　“舞蹈基础”课程思政教学整体安排

课程思政目标	融入章节	依托知识点	课程思政资源
文化自信	第一章　舞蹈艺术理论知识——知美	舞蹈艺术的起源与审美特征	舞蹈艺术作为一切艺术之母，是人类文明活动中最早发生的文化现象之一，蕴含着一个民族的民族信仰、民族认同、民族自信和民族融合的文化遗迹。观看被评为国宝级人类文化遗产的中国原创舞剧《千手观音》视频，其表达出的慈与爱、美与善震撼世界
	第二章　中国古典舞之赏美、鉴美、体验美	（1）中国古典舞鉴赏方法	以舞剧《孔子》为例，从舞蹈本体语言和辅助语言等方面分析其舞蹈意象呈现的孔子内心的情感世界和展现的儒家思想
		（2）中国古典舞身韵动律及舞段学习	学习体验中国古典舞身韵中的提、沉、冲、靠动律元素和国舞四器之“剑、绢、袖、扇”经典片段（取其一），在学习中体验中国舞蹈文化的博大精深

续表1

课程思政目标	融入章节	依托知识点	课程思政资源
文化自信	第三章　中国民族民间舞之赏美、鉴美、体验美	(1) 中国民族民间舞鉴赏方法	以舞剧《醒·狮》为例，从舞蹈本体语言和辅助语言等方面分析该剧以"醒"为神、以"狮"为形，舞出民族之魂，展示国家级非遗的气魄，表达青年对中华民族抵抗外来侵略不屈不挠的斗争精神和文化自信
		(2) 中国民族民间舞动律学习	学习体验中国民族民间舞蹈中"汉、藏、蒙、维、朝、傣、壮、瑶"等民族的舞蹈动律及舞段(取其一)，在学习中体验中国舞蹈文化的独特魅力
民族精神	第二章　中国古典舞的起源与审美	中国古典舞的内涵与特征	中国古典舞作为民族标识的身份符号，那些具有传世价值的古典元素，在文化的涤荡中起到连接、续接作用，它是集民族精神、中国品格、时代审美于一体的古典气质，是历史中"传统"的体现，也是中国古典舞古典物象中内在逻辑传延性的体现
	第三章　中国民族民间舞的起源与审美	中国民族民间舞的起源	流传千年的民族民间舞蹈经久不衰，流传至今，因它最生动、最丰富、最朴素，也最能表达中华民族人民的思想感情。风格是中国民族民间舞蹈的灵魂，各民族民间舞蹈的风格、文化内涵、审美意趣各具特色，而有一点共性：弘扬民族精神。民族民间舞蹈可以潜移默化地实现"民族文化"向"民族精神"的转变
团结精神，奋斗精神	第一章　舞蹈艺术理论知识——知美	古典芭蕾集训与热身学习	西方古典芭蕾基训不是一种舞种，而是一种训练体系，也是至今世界舞蹈史上最科学、最合理的训练体系之一。古典芭蕾训练讲究"开、绷、直"三大要素，能有效解决人体的自然体态、解放四肢、练习软开度、训练身体的协调性。通过每节课热身的反复训练，不断培养学生勇于面对困难的奋斗精神，克服自身疼痛，遵循美的规律，通过不懈坚持和努力达到美的状态
	第四章　西方现代舞之审美、赏美、鉴美、体验美	现代舞单一元素和舞段学习	学习现代舞《如愿》舞段，意识引领动作，通过要求所有学生统一动作，统一呼气，统一神韵，表达情感来凝聚舞蹈力量，牺牲小我，成就集体，潜移默化地培养学生的团结意识和团队精神
梦想精神	第二章　中国古典舞赏美与鉴美	中国古典舞的审美特征	线上观看中国原创舞剧《孔子》，课上观看其中片段水袖舞《采薇》，分析其审美特征表现的孔子梦境中世界大同的梦想

续表 1

课程思政目标	融入章节	依托知识点	课程思政资源
创新精神	第五章 舞蹈编创与实践——创美	舞蹈编创启蒙，学生自编舞蹈小作	因芭蕾舞僵硬而空洞的舞蹈形式，现代舞得以出现，它追求身体与精神上的自由，反对旧有传统观念的禁锢。西方现代舞之母伊莎多拉·邓肯曾说："自由的身体蕴藏崇高的精神。"通过结合日常生活，启发学生情感，掌握编创方法，运用舞蹈身体语言，指导学生编创属于自己的舞蹈小作，培养学生的创新精神

三、课程思政教学方法及手段

教学是一种人为的、为人的社会文化实践活动，正是这种为人性决定了教学是一种价值负载的活动。当代大学生思维活跃，自主意识和创新意识强，尤其是理工科学生，思维较为严谨，性格内敛，不善表达，对文化理解、审美感知、艺术表现、创意实践等核心素养有所欠缺，且通识公选课程的学生差异性较大，导致高校教师对学生特点不能较好把握，难以满足学生的成长需求。而教学活动是围绕人的价值生成与实现而展开的，这是一个意义寻求的过程。

因此，开展高校舞蹈通识课的课程思政改革，需要遵循理工科大学生思想行为特点，从美学、艺术学与心理学多个维度对舞蹈艺术加以拓展和延伸，使学生了解舞蹈艺术的内涵、文化价值和生命意义，以及什么是美、审美、艺术等问题；从应用美学出发，基于"人的教育"的基本特性，满足人的审美需求，探索艺术美、社会美、心灵美等问题，使学生掌握美和美感的基本规律，帮助学生把"美"带进学习和生活，从而培养学生审美意识、审美能力和创美能力；结合理工科特色专业，有机融入"思政元素"，结合对自然美、艺术美、社会美的审视，理解领悟和认识辨别真善美，促进身心健康发展，潜移默化中使当代大学生提升社会责任感和使命感，培养民族精神、团结精神、奋斗精神、梦想精神，增强文化自信，树立审美态度乃至生命态度，提升审美境界乃至人生境界，建构和创造新社会、新时代、新生活的美及人自身的美化，学习做生活中的艺术家。

主讲教师要具备美育、美学、心理学、艺术学等基本理论和艺术实践，具有丰富的经验积累，既要教学风格严谨又要不失情感趣味，既要精心设计教学又要潜移默化影响，既要提升整体水平又要关注个体差异，既要注重师生互动又要引领学生成长，从知识本位走向人本位，从符号表征走向意义寻求，从关注结果走向关注过程。

本课程内容共有五章。第一章为舞蹈艺术理论知识；第二章至第四章依次围绕中国古典舞、中国民族民间舞、西方现代舞等三大舞种的起源、审美特征、鉴赏方法、代表性动律和舞段等进行学习和体验；第五章为通过舞蹈编创启蒙、编创技法学习和学生自编舞蹈小作等开展舞蹈创编与实践。第一章部分通过知识系统梳理实现课程"感知美"目标，第二章到第四章实现课程"鉴赏美、体验美"目标，第五章完成"创造美"目标，最后通过整合所学舞蹈和所创编小作进行"以展代考"，实现课程"展示美"目标，从而探索实施通过"感知美—鉴赏美—体验美—创造美—展示美"五个阶段开展舞蹈课程思政教育教学改革。

四、课程思政教学实施的具体案例

案例选取本课程第二章第二节中国古典舞的审美、赏美、鉴美、体验美之"中国古典舞身韵动律及舞段学习"内容进行展开，此课程内容属于继古典舞内容"鉴赏美"之后的"体验美"阶段。

（一）教学内容

（1）再看舞剧《孔子》中水袖舞蹈片段《采薇》。

（2）分析舞蹈《采薇》中的艺术特征、动作语言特征和文化内涵。

（3）把握古典动律特征，学习水袖舞组合，切身体验古典舞之美。

（二）教学重点

（1）理解《采薇》舞蹈片段内涵。

（2）感悟古典舞所呈现的内在美和外在美。

（三）教学难点

（1）分析舞蹈《采薇》中的艺术特征、动作语言特征和文化内涵。

（2）学习水袖相关技巧表达内心情感。

（四）教学目标

1. 知识目标

（1）理解《采薇》舞段内涵。

（2）掌握古典舞鉴赏方法。

2. 能力目标

（1）基本掌握舞蹈中的水袖技能。

（2）具备古典舞分辨能力和鉴赏能力投入情感。

（3）掌握运用古典舞身体动律表达舞段情感，达到心袖合一。

3. 情感目标

（1）培育学生对真善美的追求，增强文化自信。

（2）增强学生理想信念，培育学生梦想精神。

（五）教学内容与思政元素融入点

通过学习和感悟古典舞之美培育学生对真善美的追求，增强文化自信；通过鉴赏古典舞段感悟孔子一生的执着追求，增强学生理想信念和民族精神，培育学生不惧失败，朝着心中梦想勇敢前行的梦想精神。

（六）教学过程

本课程通过“教学准备—教学实施—教学评价”三个阶段，和“鉴赏美—探讨美—体验美—分享美”四个环节，开展舞蹈课程思政教育教学。

1. 教学准备阶段

教学准备阶段主要是教师对舞蹈课程思政的舞蹈经典剧目的选择准备阶段，选择中国古典舞蹈经典作品至关重要。舞蹈有情绪性舞蹈和叙事性舞蹈之分，优秀的叙事性舞蹈作品不仅给人以视觉上的享受，更因其具有“彰显时代精神，突出价值引领”等功能给人带来思想上的升华。教师运用线上教学资源，结合学生的舞蹈水平、能力和兴趣，在众多剧目中选取贴近学生审美、具有思政内涵的中国古典舞经典作品在课前供学生观看预习，是确保舞蹈课程思政有效实施的重要前提，也是整个课程思政教学设计的首要环节，决定了舞蹈课程思政课程能否达到预期目标和实际效果。

2. 教学实施阶段

本节课程主要包含鉴赏美、探讨美、体验美、分享美等四个环节，重点围绕中国古典舞剧《孔子》中经典舞段《采薇》片段进行鉴赏、讨论、体验、分享，逐一完成舞蹈思政内涵的入目入耳、入脑入心、入神入行三项任务。

（1）鉴赏美——让“美”入目入耳。艺术课程，不是直接的说教，而是润物无声地感化，因此经典舞蹈艺术作品首先应在感官上引起共鸣，才能启迪心灵。任何美的内涵都需要美的形式来承载，舞蹈教学需要教师带领学生进行大量的叙事性舞蹈作品鉴赏，把舞蹈看成一门语言，运用多媒体、提问互动、板书归纳等方式，讲授舞蹈鉴赏的技巧方法，对作品所属舞蹈种类、创作背景、人物塑造、主题特征等本体叙事话语和包含音乐、服饰、道具等辅助叙事话语进行全方位分析解读，边赏边鉴，赏鉴并重，使学生在视觉、听觉等感性层面有所感悟，过“耳目关”，激发学生艺术感觉，从而产生学习欲望与正向力量。

（2）探讨美和体验美——让“美”入脑入心。学生过“耳目关”后，抛出问题，加强学生思辨，深化对形式美和美的形式的理解，让“美”入脑；随后进行切身体验阶段，是将“美”入心的最佳方式，是课程的关键环节。教师带领学生对舞蹈作品的美进行细致探讨后亲身示范教授，以赏识和鼓励的方式看待无任何舞蹈基础的学生，全面关注，逐一纠正，重点在纠正中，不过分追求舞蹈技能的高低，多与学生探讨不同的舞蹈语言背后的意义，从而达成人为的、为人的“你—我”互动关系，而不单是“授—受”关系，有利于将无声的、抽象的、深刻的舞蹈故事的经典之处使学生入脑入心，在掌握舞蹈“美”形式的同时，内心清晰地流淌着一个故事的情感，在潜移默化中形成舞者与作品的共鸣，生发内心力量，过“心脑关”，完成舞蹈经典作品的肢体情感表达。

（3）分享美——让“美”入神入行。对于大学生而言，舞蹈课不能仅仅停留于舞蹈的学习和美的体验，而要鼓励和培养大学生的创新能力，在课程中设有分享美的环节。在教师的引导下，结合自身情感，运用古典舞水袖展示一个舞姿或动作，并说明它背后的情感内涵。这一环节是内化于心、外化于行的过程，是引导学生从“所看所习”到“所思所想”，再到“所为所创”的递进，是舞蹈课程思政的重要环节，过“神行关”，最终使学生在掌握一门无声的舞蹈艺术语言进行自我表达后，完成从“发现美、体验美、获得美”到“鉴赏美、创新美、分享美”的转变，在“舞动的思政课堂”中润物无声地完成了文化艺术熏陶和思想政治洗礼。

3. 教学评价阶段

在考试课上将教师所教授的包括中国古典舞的全部内容，通过教学成果汇报演出的方式，对学生进行一次性、全员性、系统性、综合性的考评过程，是舞蹈课程思政开展教学改革的重点之一。这一环节虽未在本次课程体现，但这一考核方式决定了本节课程思政的授课内容一定不是一次性、一过性的，而是要求学生在课下反复练习的，有些学生甚至会牺牲个人时间，借用舞蹈实训室进行复习和巩固。这一方式的转变，是课程教学基于“目标导向”从原有“课堂考察”方式向“教学成果汇报”这一方式的多方面转变，从课堂到舞台，从学生到演员，从教师到导演，都发生了转变，不同程度地增加了考核的难度。然而，无论对于教师、学生，还是学校文化来说，都迫切需要这样一个展示的舞台，汇报过程可分为教师的课程介绍、学生的分组汇报、教师的教学感言、学生的学习感想、领导点评等环节。教师通过向所在教研室提出申请，可由教研室整合所有同一时段进行考核的艺术表演类思政课程一同汇报，师生全程参与，在汇报结束的同时，完成教师对学生的评价、教师的自我评价、同行评价、领导评价等，让舞动的思政在校园传播流动。

“中国古典舞身韵动律及舞段学习”教学过程见表2。

表2 “中国古典舞身韵动律及舞段学习”教学过程

教学环节	教学内容	思政目标及资源	教学方法与手段	师生活动设计	时间分配
复习	鉴赏美：带领学生重温舞剧《孔子》中舞段《采薇》的意义后，再次观赏一次《采薇》，边赏边析，赏析并重	文化自信：舞段将孔子放置于时代、国家和自然等环境中，用肢体语言表达孔子的喜怒哀乐，用丰富的音乐旋律和舞台意象呈现孔子的内心和情感世界。 梦想精神：展现了孔子的儒家思想、人格魅力、精神特质、智慧光芒，传递中国传统文化	陶冶法，讨论法，视频：雨课堂，板书归纳	带问题观看：你在《采薇》中看到了哪些中国古典舞元素？ 板书：学生的答案。 小结：舞蹈本体元素有“圆”动律（立圆、八字圆）；辅助元素有诗经音乐、水袖道具、古典飘逸服饰等	3min

续表 2

教学环节	教学内容	思政目标及资源	教学方法与手段	师生活动设计	时间分配
讲新课	探讨美：抛出问题——舞剧《孔子》中《采薇》片段，表达了孔子什么心情		讨论法，板书归纳	提问：分析其寓意。 板书：学生答案。 小结：每个形式元素都为内容服务。女子并非真实的人，而是象征着孔子精神世界，代表了孔子梦境中看到的“世界大同”美好景象	3min
	体验美：学习《采薇》舞段		讲授法，示范法，练习法	教师：亲身示范并教授舞段。 学生：学习体验中国古典舞之美	25min
	分享美： （1）通过舞段学习，你最喜欢其中的哪一个动作？ （2）请结合古典舞动律特征，运用水袖展示一个舞姿或动作，说明其蕴含的情感内涵	再次引导和启发学生，让学生自己说出舞蹈带来的心中感受，给予的情感力量。同时，把握这种情感之美去探索美、表达美，这种“美”的背后蕴含着隐形的思政力量	讨论法，启发式方法	提问：最喜欢其中的哪一个动作？ 学生：口述并示范。 教师：启发学生尝试用所学表达所想所感。 小结：舞蹈三元素“时空力”中“力”即是因情感而变化。舞蹈的每个动作都不是为动作而动作，是基于一定情感的表达，情感是灵魂，动作是形式。情感变了，动作的力也就变了	10min
课堂小结	舞蹈是无声的言说。舞剧表达了孔子周游列国的生命历程，《采薇》并未选用悲痛万分的情景直接描写孔子的内心世界，而恰恰选取了轻盈柔美、楚楚动人的梦境画面来凸显人物情怀，从而反衬了孔子不得志而颠沛流离的困苦和遭遇困境时的心境。看似轻盈柔美的韵律背后却表达了孔子坚定的理想信念，以及对梦想不懈的追求和执着的精神。这种表现方式将孔子的精神感染和鼓舞着我们每个人，这恰恰是此舞段的绝美之处和感动之处。最后，同学们又结合所看所学所思所想进行了分享，运用水袖表达自我的情感，是一次有益的尝试，为今后我们学习舞蹈创编打下情感基础。我们每个人都是天生的舞者，就像鱼儿会游泳、鸟儿会飞翔一样。《采薇》表达了孔子的美好梦想，在生活中也可以尝试用舞蹈表达你的感受甚至是观念、思想				3min
布置作业	带着问题“现代舞与民族舞、古典舞有哪些区别，有哪些特征？”观看《舞蹈风暴第二季》总冠军、青年舞蹈家谢欣现代舞剧《一个舞者的独白》		陶冶法	教学参考视频：谢欣表演《一个舞者的独白》，最后一支舞完美收官（来源于好看视频）	1min

五、教学效果

“舞蹈基础”课程充分结合理工科高校学生实际，运用艺术学、美学、心理学等理论，采用混合教学、陶冶启发、言传身教、整合创编等多元方式，依次讲授了舞蹈艺术理论基础知识、芭蕾基本功训练、经典舞蹈作品鉴赏、舞蹈片段学习（含古典舞、民族舞、现代舞）、主题创编与整合、教学成果汇报演出等内容，充分挖掘了舞蹈中的“民族精神”“团结精神”“文化自信”“梦想精神”“创新精神”等思政元素，并通过“感知美—鉴赏美—体验美—创造美—展示美”五个环节潜移默化地融入，生成舞蹈课程思政育人力量，使学生从“发现美、体验美、获得美”到“鉴赏美、创新美、传播美”的过渡和转变中，进一步增强理想信念和文化自信，通过舞蹈艺术的浸润作用达到自我理解、自我超越的主体性生成过程，使思想政治教育内涵入目入耳、入脑入心、入神入行，进一步提升学生综合素养，促进学生全面发展，努力打造“舞动的思政课堂”。

六、教师感悟

（1）育人律己，提升自我。富有责任心和情怀的教师是培养优秀学生的首要条件，教师要有深厚的家国情怀，真正把国家放在心中。教师要有育人情怀，关心爱护学生，以饱满的热情投入教学。通过课程改革，更加明晰了自身的社会责任，贯穿课上课下、线上线下，自觉弘扬主旋律，积极传递正能量。

（2）选取经典，聚焦主旋律。经典舞蹈作品是内在精神与外在审美的高度统一，通过选取积极向上、内涵深刻的经典舞蹈作品并亲身学习，用舞蹈讲好中国故事，让中国故事以舞蹈语言形式进一步弘扬，让“初心和使命”在思政课堂舞动起来，让思政内容润物细无声地滋养学生心田，从而将课程思政“如盐入味”地落实到每一堂舞蹈课之中，落入每个学生心中。

（3）混合教学，用心设计。在未来，线下教学与线上教学会相互融合，以线下为主、线上为辅的混合教学模式会成为常态，这种混合不是简单形式上的结合，而是针对教学目标从内容到形式全方位进行教学设计，从而达到课前、课中、课上有机融合。例如，课前线上让学生观看舞蹈视频进行预习，课中线下围绕重点难点进行讲授与学习，课后线上布置作业进行巩固和答疑互动等方式，二者目标一致、交叉互补。

（4）以演代考，以展促评。艺术教学的成果汇报演出测评，具有知识传授、能力培养、价值塑造的各项要素，同时兼具一台文艺晚会的文化功能。它不仅以完成一次教学汇报、开展教学评价为目的，更是师生情感升华、教师相互借鉴、学生相互学习、文化交融传播的良好途径，使“舞动的思政课堂”升华为“舞动的思政舞台”。

“中外设计史”课程思政教学案例

艺术学院　唐　吟

一、课程基本信息

课程名称：中外设计史。

课程性质：专业基础课。

授课对象：艺术类专业大一年级本科生。

教学目标：

（1）知识目标。初步掌握中国从史前到明清时期的设计发展历程、特点及经典作品知识，外国从古埃及、两河流域、古希腊古罗马时代到20世纪现代设计的发展历程、特点和经典作品知识。

（2）能力目标。培养学生对设计发展规律、设计现象和设计作品的认知、分析、归纳和演绎能力；提高学生对设计作品的审美鉴赏、独立思考和理论分析能力，初步具备史论研究的能力；培养学生解决设计实际问题的能力。

（3）情感态度与价值观目标。使学生在学习中获得积极的情感体验，获得真善美的陶冶，培养学生高尚的艺术情怀和健康美好的审美价值取向；塑造坚韧、自信、热情的人生品格，践行社会主义核心价值观；引导学生重视传统文化，培养学生对中华文化的认同感和使命感，增强学生文化自信；培养学生的工匠精神、人文精神、科学精神和工程伦理等。

课程简介：

“中外设计史”是艺术类专业基础必修课程，共56学时。课程基于“设计概论”“造型基础（一、二）”等专业基础先修课程，学生已具备初步的艺术专业知识和造型技巧能力，为后续“创作语言综合”“设计专业理论”等专业基础课程开展做理论准备。本课程以马克思主义历史观和方法论为指导，主要讲授中外各历史时期的经典作品、设计演变和审美发展脉络，可增长学生艺术理论知识、提高学生审美鉴赏能力，为设计实践奠定理论基础。课程具有较强的知识性、实践性、美育性特点，是将知识学习和审美价值培养相结合的一门课程。课程中蕴含丰富的崇高艺术信念、审美价值引领、社会责任、社会主义核心价值观的内容和素材，能让学生从纵向历史与横向对比的学习中，认识中国艺术与世界艺术的差异和特征，增强对中国文化的理解与自信，是艺术类专业以德树人、以美育人，使学生发展思维、全面发展的重要课程。

使用教材：袁宣萍，薛晔，吾宵．中外设计史简编．杭州：浙江大学出版社，2014.

二、课程思政整体教学设计

（一）课程思政教学理念与思路

“中外设计史”课程具有专业知识和思政内容高度融合的特点。教学中思政教育元素的选择应基于历史和现实，既尊重艺术传统又与时俱进，重视理论联系实际，使课程思政既能彰显历史传承，又能关照现实。围绕树立学生崇高艺术信念、正确审美取向，增强学生“文化自信”意识，提升学生对“工匠精神”的理解，塑造坚韧、自信的良好品格，践行社会主义核心价值观等目标，以课程为载体，以教书育人为根本，以实事求是、创新思维和突出重点为原则，充分挖掘和细化蕴含在教学中的思政元素，发挥专业教育与德育协同育人的效果。在教学过程中，运用课件、教材、视频、书籍等媒介，采取作品赏析、参观体验、课堂讨论、情境教学等方法，将德育渗透贯穿到课程教学的全过程，构建美育德育并重、全课程育人格局。

（二）课程思政教学创新点

（1）历史和现实相结合。本课程的课程思政教学是将历史和现实相结合、理论和实践相结合，既传承了艺术血脉，又将历史内容焕发新生、与时俱进。

（2）教学载体多样化。本课程的课程思政教学中，以教材为主导，利用网络、手机 App、VR 虚拟现实等，实现视频观看和线上博物馆参观体验，将平面知识立体化、视觉化，增强了德育和审美陶冶效果，增进学生的沉浸式体验。比如在课堂上或课后，为学生推送学习专题及相关的网络、剪辑视频和线上博物馆资源或链接，包括“国宝档案”“假如国宝会说话”“当罗浮宫遇上紫禁城”“园林”“锦绣纪”等优秀纪录片，还有故宫博物院、大英博物馆等线上博物馆 VR 体验等。学生可利用课上或课下时间进行拓展学习、体验和讨论。

（3）“潜移默化式”的教学方法。使用参观体验、课堂讨论、情境教学等方法，将思政目标渗透贯穿到课程教学的全过程，以润物细无声的方式让学生在专业学习过程中升华情感、端正态度，形成正确的世界观、人生观和价值观。

（三）课程思政教学整体安排

表 1 为“中外设计史”课程思政教学整体安排。

表1 "中外设计史"课程思政教学整体安排

课程思政目标	融入章节	依托知识点	课程思政资源
塑造良好品格	第一章　史前时期的设计	（1）设计的萌芽：石器、骨器和装饰品设计	丁村遗址砍砸器等石器、山顶洞遗址装饰品及原始人类生活景象图片：展现了设计造物的萌芽状态，体现人类文明演进的漫长艰辛，塑造学生坚韧不拔的人生品格
		（2）史前陶器设计：陶器的造型和装饰纹样	仰韶文化尖底瓶、半坡人面鱼纹彩陶盆等作品图片、视频"陶鹰鼎"：展现原始先民陶器制作特色，蕴含对朴素生活美好向往、积极乐观的生活态度和不懈的创造力。 课后拓展与实践："中国原始彩陶造型与装饰纹样研究"，自选陶器器物临摹和体会蕴含的对美好生活向往
	第九章　现代设计的兴起和发展	"包豪斯"的设计教育	"包豪斯"的现代设计教育体系：展现了现代设计教育理念和课程等，引导学生进行职业规划、坚定专业学习的信念
强化国家意识，坚定文化自信	第二章　先秦两汉时期的设计	（1）商周青铜器功能与造型、装饰纹样设计； （2）漆器、纺织装饰纹样设计	商四羊方尊、象尊等青铜器作品及兽面纹图片，漆器和纺织品上的龙凤纹、云气纹图片，以及视频"后母戊鼎""鸮尊"等：展现了中华文化渊源和独特审美意识，强化学生国家意识、民族意识，坚定文化自信，让学生在面对流行文化、外国文化时，做出理性判断
	第三章　魏晋南北朝隋唐时期的设计	隋唐纺织品设计	唐代"团窠花环对兽纹锦""宝花琵琶袋""陵阳公样"丝织物作品图片，以及丝织物设计"从胡风到唐韵"的风格演变历程：展现了唐代社会的包容与开放，让学生坚定文化自信和实现中国梦的信心。 扩展阅读素材：视频"锦绣纪"——穿梭，展现了中国丝织品技艺，增强对文化自信的认识
强化道德素质，践行社会主义核心价值	第二章　先秦两汉时期的设计	汉画像石艺术特色	汉代"武梁祠"中如《荆轲刺秦王》等典型故事案例：展现了丰富的古人生活图景，让学生感受孝老爱亲、国家民族大义、处世为人哲理等中华传统美德，并在学生内心埋下真善美的种子，培养学生在现实生活中发扬敬老爱老孝老、不计个人得失、不改初心等道德素养，践行社会主义核心价值观，构建和谐美好社会
提高审美素养	第三章　魏晋南北朝隋唐时期的设计	唐代石窟艺术	莫高窟、敦煌壁画等图片：展现丰富多彩的艺术世界，让学生体会多元文化的融合、凝聚、升华和自由博大的精神，获得审美陶冶，提高艺术创造能力

续表 1

课程思政目标	融入章节	依托知识点	课程思政资源
提高审美素养	第四章　辽宋金元时期的设计	宋瓷和元瓷的设计特色	北宋瓷汝窑水仙盆、元青花缠枝纹花卉纹大罐等作品图片：展现了宋瓷儒雅、朴素、自然和元代青花瓷的优雅、大气的特点，培养学生崇高审美取向，在面对纷繁复杂审美现象时，能明辨高低雅俗
	第六章　古希腊的设计	古希腊建筑设计、雕刻工艺	帕台农神庙、雅典卫城、掷铁饼者、命运三女神等作品图片：蕴含自由、浪漫和热情的艺术精神，以及典雅、和谐、庄重的艺术特征，使学生产生情感共鸣，获得审美陶冶，培养学生的高尚艺术情怀和优良艺术品质
弘扬“工匠精神”	第二章　先秦两汉时期的设计	青铜器的铸造工艺	战国曾侯乙墓铜盘尊、战国宴乐攻战纹铜壶等器物图片：展现了精湛、复杂的青铜制作工艺，培养学生能守专长、制精品、创技术、建标准，持之以恒、精益求精的工匠精神
	第四章　辽宋金元时期的设计	宋瓷和元瓷的设计特色	视频“汝窑青釉长颈瓶”：展现中国古代制瓷业高超和精湛卓越的技术，代表了宋代科技和物质的高水平，激发学生弘扬“专注”“标准”“精准”“创新”“完美”“人本”的工匠精神，为未来推动大国制造做出贡献
	第五章　明清时期的设计	明代家具的设计特色	明代黄花梨浮雕螭纹圈椅作品图片：展现了明代家具在结构、材质、造型和装饰方面的特征，蕴含了古代家具制作一线一画、曲直转折都一丝不苟、严谨准确的“工匠精神”，启发学生“干一行、爱一行、专一行、精一行”，务实肯干、坚持不懈、精雕细琢的敬业精神
提高科学、人文素养	第五章　明清时期的设计	明清建筑、园林设计	故宫、天坛、四合院、颐和园、拙政园等建筑园林图片：蕴含古代社会秩序、伦理、科技等内容，拓展学生人文视野，增强学生自身学识底蕴
	第七章　欧洲文艺复兴时期的设计	文艺复兴时期建筑设计	文艺复兴时期建筑典范如佛罗伦萨大教堂、劳伦齐纳图书馆、维琴察圆厅别墅等作品图片：展现了西方文艺复兴时期艺术特征，蕴含丰富的人文、科学思想，培养学生追求真理、尊重自我价值、勇于突破禁锢、追求创新的科学精神和人文精神
	第九章　现代设计的兴起和发展	“包豪斯”的设计艺术	“包豪斯”的现代设计艺术：展现了现代设计观念基础和体系准则，蕴含了现代设计遵从自然和客观的法则，培养学生树立“以人为本”、尊重客观现实的精神追求

三、课程思政教学方法及手段

在课堂教学中，按照“备课—上课—作业布置、批改—预习、复习—辅导答疑—考试”的基本教学环节，对课堂进行组织和管理，具体实施的策略、方法和手段分为“五个主导行为”和“五个辅助行为”。

（一）五个主导行为

（1）课堂讲授。向学生呈现清晰、明确的教学内容，做到要点明确、重点突出，强化易混淆知识的理解；清晰地解释概念，让学生能逐步理解；注重语言变化，集中学生注意力。

（2）多样化教学。以多样、灵活的方式呈现教学和思政内容，如“多样化提问”，注重提问技巧，引导学生分辨问题类型；对学习材料、设备、展示方式、教室空间等的灵活运用，以多样化和视觉手段增强教学效果。

（3）任务导向。课前做好任务导向工作，对诸如“讲课和提问时间”“学生思考时间”“组织教学和学生学习准备的时间”“评估学生行为的时间”等问题做好判断，以提高教学有效性。同时，教师引导学生做好学习准备，让学生获得更好的学习成效。

（4）引导学生投入学习过程。因艺术类学生文化基础相对薄弱，对史论知识学习不够重视，有各种“不投入”学习行为，教师需纠正不良学习状态，创设活动，引导学生投入学习过程，让学生受益。

（5）确保学生成功率，提高学习自信心。学生成功率，呈现了教学材料的难度水平，反映了学生投入率。教学中注重学生当前理解水平，让学生把百分之六十到七十的时间花在他们能够胜任的任务上，对所学材料能完全理解，有助于提高学生的自信心，增强学生对学习的积极态度，促进自我导向学习。

（二）五个辅助行为

（1）鼓励学生参与互动。教师可通过认可、调整、对比和总结学生的反应，鼓励学生参与，促进教学目标的达成。

（2）合理组织教学行为。教学中可组织“先前活动”或“预设问题”等，帮助学生对材料理解和学习；对教学活动或问题进行总结，以强化学习内容。

（3）“提问”是重要的教学行为。提问可以是“内容性提问”，让学生运用所学内容进行作答，考查学生对教学材料的理解；也可以是“程序性提问”，考查学生综合、分析和决策、判断的能力，可以拓展学生的思维方式。

（4）讨论探寻。教师鼓励学生详细阐述自己对问题的看法，用于寻找事物之间的相互关系；也可以用简单的事实性提问开始教学，引发学生清晰回答、索求新信息，得出结论。

（5）教师的情绪。教师在课堂上表现出来的活力、力量、投入度、兴奋性和兴趣，可以通过语言感染、体姿、目光交流和教师的生气勃勃等方式传递给学生，促进学生投入学习过程。

四、课程思政教学实施具体案例

第二章第四节　墓地艺术：汉代画像石与画像砖

（一）教学内容

“墓地艺术：汉代画像石和画像砖”，选自《中外设计史》第二章第四节。

（二）教学重点

掌握汉代画像石和画像砖的概念、类型及功能。

（三）教学难点

理解画像石和画像砖的题材内容、不同区域艺术风格的差异。

（四）教学目标

1. 知识目标

掌握汉代画像石和画像砖的概念、类型及功能、题材内容、表现技法的知识。

2. 能力目标

具备理解和鉴赏画像石、画像砖艺术趣味的审美能力。

3. 情感态度与价值观目标

（1）感受汉代民间工匠朴实无限的创作力，陶冶良好审美情操，提高艺术修养。

（2）了解历史英雄、礼义孝贤的故事和传统美德，践行社会主义核心价值观。

（3）塑造积极乐观、向上向善的人格，以及热爱生活的人生态度。

（五）教学内容与思政元素融入点

将汉代画像砖区域艺术特色的教学内容和感受汉代民间工匠朴实无限的创作力、陶冶审美情操的思政元素相融合，启发学生感受画像砖浪漫、无华的艺术精神世界，提高艺术修养。

将汉代画像石题材、表现技法的教学内容和汉代画像石“武梁祠”中如《荆轲刺秦王》等典型故事案例作为思政教育元素相结合。故事短小精悍，展现了丰富的古人生活图景，让学生感受孝老爱亲、国家民族大义、处世为人哲理等传统文化精神，在现实生活中发扬敬老爱老孝老、不计个人得失、不改初心的优秀品质和传统美德，践行社会主义核心价值观，立德树人，在学生内心埋下真善美的种子。

（六）教学过程

表 2 为“墓地艺术：汉代画像石与画像砖”教学过程。

表2 "墓地艺术：汉代画像石与画像砖"教学过程

教学环节	教学内容	思政目标及资源	教学方法与手段	师生活动设计	时间分配
复习导入	复习：汉代漆器和纺织品设计特色。 导入：汉代艺术异常丰富，形态夸张、气势磅礴，成为汉代艺术的总体装饰特征，这在两汉的墓葬艺术，即画像砖和画像石中表现得尤为鲜明		讨论法，PPT演示	(1) 教师活动：PPT演示图片、播放视频"孔子见老子"(选自纪录片《假如国宝会说话》)；提问并引发学生思考：画面内容是什么？它的功用是什么？反映了古人怎样的精神世界？ (2) 学生活动：观看和讨论	5min
讲新课	画像砖的概念、类型		讲授法	(1) 教师活动：讲授； (2) 学生活动：听讲和思考	5min
	画像砖的内容题材、功能、制作工艺		PPT演示，作品赏析	(1) 教师活动：PPT演示画像砖图片，分析画面内容和特征； (2) 学生活动：观看和赏析	5min
	画像砖的区域艺术特色：四川画像砖的生动活泼，南阳画像砖反映对现实生活的关注	思政目标：陶冶良好审美情操，提高艺术修养。 资源：画像砖、画像石图片	作品赏析法，比较法，讨论法	(1) 教师活动：PPT演示画像砖图片，引导学生赏析作品，启发学生感受画像砖浪漫、无华的艺术精神世界，比较和讨论四川和南阳画像砖艺术的特征差异； (2) 学生活动：赏析、分析比较	10min
	画像石的概念、区域分布		讲授法	(1) 教师活动：讲授； (2) 学生活动：听讲和思考	5min
	画像石的题材内容和表现技法	思政目标：传承中华传统美德，使学生在现实生活中提升道德素养，践行社会主义核心价值观，构建和谐美好社会。 资源：汉代"武梁祠"中的故事案例	作品赏析法	(1) 教师活动：PPT演示画像石图片，分析画面题材、内容、艺术特征，以潜移默化的方式启发学生体会中华优秀传统美德； (2) 学生活动：赏析和思考	10min

续表 1

教学环节	教学内容	思政目标及资源	教学方法与手段	师生活动设计	时间分配
课堂小结	汉代画像石和画像砖艺术价值宝贵，代表了汉代艺术的开阔胸怀和雄沉气派，是了解汉代生活的图像，反映了古代工匠伟大的艺术创造力，以及古人丰富的精神世界				3min
布置作业	作业：利用图书馆纸质资源、个人 PC 或手机等电子资源途径，收集不少于 10 张“汉代画像砖石”图片素材，确保准确清晰。 推荐网络资源门户：徐州汉画像石艺术馆、四川省博物馆，或自选 拓展：观看视频“我从汉朝来”系列片——活得像神仙、宴饮，或自选				2min

五、教学效果

“中外设计史”课程开展课程思政教学后，学生获得了多层次德育、美育熏陶，树立了正确的审美取向，丰富了他们的审美体验；在现实生活中发扬了传统美德，懂得了社会伦理、公序良俗，实现了以德树人、以美育人的德育教学目标。学生在学习中，借助古人的创造物，了解了古人的生活图景和精神追求，获得了真善美的启示，感受到中国艺术的生命力及其与外国艺术的“和而不同”，对中国文化和艺术产生浓厚兴趣，自觉研究临摹绘制大量古代器物手稿等，并发表论文和进行艺术创作。改革后的课程，成为学生了解古文明和传统文化的一扇窗，逐渐改变了艺术类学生对理论知识学习的“漠视感”“厌恶感”和“无用论”，提高了他们的学习兴趣和投入度，大大增加了学习成效，体现了以“学生为本”的教学核心，也纠正了艺术类理论教学的顽疾，体现了较好的学习体验和教学成效，督导和同行评价优秀。

教学建设中，充分、细致地挖掘思政内容，辐射教学内容所有章节。同时，为实现教学知识的立体化、视觉化和教学“润物细无声”的特点，增加学生的学习沉浸感，完成了如“中国原始彩陶造型与装饰纹样研究”“中国先秦两汉时期青铜器的实用性和礼仪性”“中国古代漆器工艺和艺术特色”“中国古代丝织物工艺和特色”“赏汉代画像砖石艺术，寻味汉人精神生活图景”“观魏晋隋唐土木之兴，游古代繁华世界”“名瓷探秘”等 12 个专题资源库建设，涉及近 200 个资源素材。

学生学习成果丰硕，每位同学利用课中和课后时间，完成专题资源库的观摩和实践学习。学生公开发表论文 2 篇，完成“大学生创新创业计划”项目 2 项，其中有国家级“中国汉印临摹研究与创作”、校级“传统古琴漆工艺技法在现代设计中的创新实践与研究”。

六、教师感悟

（1）课程思政和专业知识有机融合度高。本课程是以马克思主义历史观和方法论为指导，具有将艺术知识讲授与审美价值引领相结合的特点。因此，专业知识和思政内容有机融合度高，体现了开展课程思政的优势。在教学中，以思政元素为纽带，专业知识和思政元素可同时基于历史和现实，体现了历史和现实相结合、理论和实践相结合的特色；既传承了艺术历史，又将历史内容焕发新生、与时俱进，体现了新时期艺术类专业以德树人、以美育人，促进学生全面发展的重要内容。

（2）课程思政对教师自身提出了高要求、高标准。教师在教学中具有重要地位和作用。课程思政教学首先是对教师思想、情操、品格提出了高要求、高标准。在教学中，教师不只是知识的传授者，更是潜移默化地传递着个人的精神追求、价值判断、道德准则、生活态度等。因此，教师要加强自身德育建设，在授课过程中，要端正自身行为，满怀热情，传递社会正能量，弘扬正确价值观，引导学生向上、向善，这是课程思政教学的首要任务。

（3）课程思政的重点是要深入挖掘和提炼教学内容。要善于从多角度、多层次、多时空去挖掘相关内容。就本课程而言，可挖掘的内容相当充足，德育和美育内容丰富，但是如何将古代精神和当下现实相联系、如何将外国艺术和中国国情相联系是难点。因此，要考验教师的专业知识和能力，要求教师不断熟悉教学材料，转换视角、紧贴现实，构建教学内容和思政内容的联系，做到教学内容和挖掘的思政内容贴切、合理、准确，而不是单纯地为了符合思政内容而生搬硬套。另外，同样的教学内容，应随实时社会热点的变化而不断地进行更新、提炼，凝练出符合当下实际的思政元素，也能引起学生的共鸣和讨论思考的热情。

（4）课程思政的教学方法、教学载体有重要作用。课程建设中，要充分发挥教学方法和教学载体的作用，采用讨论法、情景教学法等多种教学方法增强教学效果；要善于搜集多种教学载体，如音频、视频、图片、网络等素材，丰富教学内容，让学生在多感官的体会和熏陶中获得德育和美育提升。

“家具设计”课程思政教学案例

艺术学院　沈　艳

一、课程基本信息

课程名称： 家具设计。

课程性质： 专业核心课。

授课对象： 产品设计专业大三年级本科生。

教学目标：

（1）知识目标。熟悉家具设计相关理论知识；了解家具设计的流程和步骤；掌握家具形态、结构、材料设计的方法。

（2）能力目标。培养学生的家具设计审美能力；掌握家具材料的性质与加工方式，进行家具造型设计、结构设计的能力；初步具备家具设计相关的科学研究能力。

（3）情感态度与价值观目标。培养学生具有良好的家具行业职业道德和社会责任感，善于观察、勤于思考、敢于实践的科学态度和创新求实的开拓精神，善于交流、乐于协作的团队精神。提高学生的知识产权法律观念和行业保护意识。树立文化自信，对优秀传统家具产生价值认同，进行传承与创新实践。

课程简介：

“家具设计”是产品设计专业的一门必修课，是在产品设计手绘、产品材料与工艺、人机工程学、计算机辅助设计等专业基础课之后开设的一门专业设计课程，后续课程为家具工艺与制作。课程的主要内容分为家具设计概论、家具的材料、家具的结构设计、家具造型设计、家具专题设计五章。第一章为家具设计概论，主要介绍家具与家具设计的概念、特性、构成要素、家具的类型等基础理论，中国传统家具的演变历程，西方家具的风格演变等发展历程。第二章为家具的材料，主要介绍常用的家具材料品种，家具材料的基本性质和造型特点，家具材料的应用现状和发展趋势。第三章为家具的结构设计，主要介绍家具结构制图与表达、常见家具的结构特征。第四章为家具造型设计，主要介绍家具造型设计的美学法则、家具中人体工程学的应用。第五章为家具专题设计，主要包括家具设计程序与方法、专题设计实践，将知识传授、能力培养、价值引领融会贯通，培养学生对家具产品的鉴赏能力及家具造型设计的创新能力。

使用教材：许柏鸣．家具设计．北京：中国轻工业出版社，2019.

二、课程思政整体教学设计

（一）课程思政教学理念与思路

1. 课程思政教学理念

基于课程思政教学理念，充分发挥"家具设计"课堂主渠道作用，在课程教学中对家具设计教学内容、教学方法、教学管理与教学考核进行立体化设计，切实将文化自信、工匠精神等德育元素贯穿家具设计教学全过程和各环节，构建知识传授、能力培养、价值引领"三位一体"的立体化人才培养目标。

2. 总体思路

（1）教学内容方面：充分挖掘蕴含在家具设计专业知识中的德育元素，将社会主义核心价值观、环保意识、文化自信、工匠精神、合作精神、创新精神等德育元素融入家具设计课程的教学中。通过教学大纲修订、课程思政教学设计、课程思政课件完善，加强对学生的价值观引导，实现思想政治教育与知识体系教育的有机统一。

（2）课程考核方面：建立新的课程考核评价体系，在项目制课程中考核学生的知识与能力的掌握程度，在素质考核方面侧重学生的情感态度、创新精神、合作精神、家国情怀等德育素质。课程考核方案：平时成绩（30%），包括课堂考勤、课堂互动、情感价值态度等；课程设计（70%），包括阶段性设计（40%）、设计成果展示（30%）。平时成绩与课程设计均由专业教师评价、学生互评组成。其中，以专业教师评价为主，学生互评为辅，两部分评价比例为8∶2。

（二）课程思政教学创新点

（1）课程教学运用浸入式原则，运用了案例式、启发式、线上线下混合式等多种教学方法，使得课程教学更加生动、立体，实现了课程思政"润物细无声"。

（2）课程考核运用成果导向原则，注重创新精神、工匠精神、合作精神的权重，以"课题设计+实践成果"作为课程考核的主要依据。鼓励学生建立团队，参加设计比赛，通过实践检验学习的效果，教学成效较为显著。

（三）课程思政教学整体安排

表1为"家具设计"课程思政教学整体安排。

表 1 “家具设计”课程思政教学整体安排

课程思政目标	融入章节	依托知识点	课程思政资源
文化自信	第一章第三节 中国传统家具的演变历程	鼎盛时期的明式家具	明式椅类家具的造型分析：南官帽椅、靠背椅、圈椅、交椅四种类型的座椅造型中，蕴含了“文质彬彬”“刚柔并济”“天圆地方”“东西交融”等和谐思想
	第一章第四节 西方家具的风格演变	北欧现代家具	丹麦家具设计大师汉斯·瓦格纳家具赏析。 案例：“中国椅”的诞生，是从明式家具中吸取营养，是东方文化与西方文化碰撞的产物，体现了传统与现代的结合，体现了继承与创新
生态理念	第二章　家具的材料	竹藤家具	竹藤家具的特点。 案例：家具中生态环保材料的应用竹集成材、竹重组材，由于其轮伐周期短、性能优异，是良好的家具生态材料
工匠精神	第三章　家具的结构设计	榫卯结构	视频：《家具里的中国》。 主要内容：榫卯结构的主要类型。 工匠利用不同的榫卯结构进行家具制作，技艺精湛，“格物致知”传统科学观，凝结着古代劳动人民的智慧，是现代文明最具影响力的伟大经典之一
创新精神	第四章　家具造型设计	家具造型中的美学法则	视频：《朱小杰设计理念》。 主要内容：家具造型设计的美学法则，传统与现代的融合，继承与创新的实践
合作探究精神	第五章　综合创意家具设计	家具设计实践	专题设计：分工合作，完成家具设计。鼓励学生建立团队，参加设计比赛

三、课程思政教学方法及手段

“家具设计”教学从“以教为中心”向“以学为中心”的教学理念转变，将课程从课堂内延伸到课外，构建课程思政新范式。运用案例式、讨论式、引导式、线上线下混合式等教学方法，提高学生知识的获得感，积极主动性及专业思辨与研究能力。

（1）案例式教学方法。课程思政最显著的特点是潜移默化，要把社会主义核心价值观不露声色地传递给学生，案例式教学法是很好的一种方法。针对学生受西方家具设计理念影响较多、对中国传统美学和哲学思想关注较少、传承与创新能力不足的学情特点，在课程教学中以问题为导向，以学生为主体，通过优秀传统家具案例的研究，让学生在自主学习过程中培养对中华优秀传统文化、核心价值观的认知。在理论思辨、观点辨析的过程中深化思想政治教育内涵的发掘与融合，形成课程育人特色。

（2）线上线下混合式教学方法。线上线下混合式教学法能够补充家具设计课堂教学课时有限、教学设备不全面、教学实践演示缺失等不足之处。在家具设计榫卯结构教学部分，以明式家具所蕴含的工匠精神作为融入点，推荐学生观看《家具里的中国》纪录片，下载“榫接卯合”App，通过视频、手机游戏等多种方式，让学生通过三维虚拟展示体会家具技艺的和谐美演绎出的造物理念，通过视频了解中国传统家具中的精湛技艺，体会明式家具的榫卯结构在工艺制作上的巨大智慧体现出的“格物致知”传统科学观。

（3）项目导向式教学法。在课程开课初期,明确家具设计课程作业主题——向优秀传统文化致敬。项目导向式教学法以明确的项目目标要求为开端，通过多层次的教学引导，激发学生的学习兴趣，强化团队合作精神，从而提高学生的综合素质。具体表现为以下几个步骤：项目调研—方案设计—成果展示—评价反馈。由于课程作业主题导向明确，学生能够在课前的自学过程中自觉收集有关优秀传统文化的资料，为家具设计做准备工作。在项目调研阶段通过小组合作，分析传统家具中蕴含的优秀传统文化思想，对当代中国优秀家具设计作品进行解读；在方案设计阶段，各小组将优秀的传统文化思想内化为设计语言进行传承和创新；在成果展示阶段进行设计理念阐述，在方案展示的过程中进一步交流、传播优秀的传统文化思想；在评价反馈阶段，由老师和同学共同进行评价与反馈，并进一步完善设计项目。

四、课程思政教学实施具体案例

第一章第三节　鼎盛时期的明式家具

（一）教学内容

（1）明式家具的价值体现。

（2）明式家具的类型。

（3）明式家具中的“和谐思想”。

（二）教学重点

（1）明式家具造型分析与文化内涵。

（2）重点分析椅凳类家具的造型特征，南官帽椅、靠背椅、圈椅、交椅的文化内涵。

（三）教学难点

（1）引导学生发现、分析传统家具中蕴含的优秀传统文化思想。

（2）潜移默化地激发学生的文化自信，使学生自觉弘扬中华优秀传统文化，做到价值引领“润物细无声”。

（四）教学目标

1. 知识目标

了解中国传统家具的分类，并能进行造型分析。

2. 能力目标

提升学生对明式家具形态的审美认知能力，并能在后续课程学习中进行家具设计传承与创新。

3. 情感态度与价值观目标

（1）通过分析明式家具造型里蕴含的中国传统和谐观，激励学生树立起文化自信，为学生完成家具设计的传承和创新提供价值观引领和方向。

（2）使学生自觉弘扬中华优秀传统文化，进行文化传承和创新实践。

（五）教学内容与思政元素融入点

本节教学内容以文化自信作为融入点。通过介绍南官帽椅、靠背椅、圈椅、交椅四种类型座椅的造型特点及其中蕴含的“文质彬彬”“刚柔并济”“天圆地方”“东西交融”等中国传统文化中的和谐观及美学思想，使学生了解中国传统家具的文化精髓，能够欣赏传统家具之美，增强文化自信。

（六）教学过程

表2为“鼎盛时期的明式家具”教学过程。

五、教学效果

在知识传授方面，“以学生为中心”为教学理念，通过教学大纲修订、课程思政教学设计，运用案例式、讨论式、线上线下混合式等教学方法，使得学生知识的获得感增强，积极性、主动性提高了，专业思辨与研究能力也提高了。

在能力培养方面，结合家具设计行业对人才创新实践能力和文化传承能力的需求，以“向优秀传统文化致敬”为主题进行了教学实践，并进行了实践成果汇报展览，同步在艺术学院网站报道。学生完成了60多个家具设计提案，59个家具实物制作，得到了老师和学生的一致好评；达到了弘扬中华优秀传统文化，进行文化传承与设计创新的教学目标；指导学生参加比赛，获奖6项，成果申请获得专利1项。

在价值观引领方面，加强了对学生的价值观引导，实现了思想政治教育与知识体系教育的有机统一。学生通过课程学习建立了自信心，充分感受到民族自豪感和国家意识，增加了文化自信。学生能够把自我价值的实现和国家命运联系在一起，自觉建立起传承和创新的使命感。通过成果导向性考核，学生的合作精神、工匠精神和创新精神都得了锻炼。

表 2 “鼎盛时期的明式家具”教学过程

教学环节	教学内容	思政目标及资源	教学方法与手段	师生活动设计	时间分配
导入	回顾课前线上学习的内容要点；通过投票，了解学生对本节课的兴趣度		课前线上学习，翻转课堂，讨论交流	（1）教师通过雨课堂发布投票； （2）教师根据投票结果随机点名提问：选择的原因，学生回答	3min
讲新课	（1）明式家具的价值体现： 1）国外收藏家的收藏热潮，见下图。  	（1）古斯塔夫·艾克，德国人，明式家具系统性研究最早的人。出版《中国花梨家具图考》，对启发世人重视中国传统家具文化，以及鼓励后学做出了不可磨灭的贡献	案例分析，线上＋线下混合式教学	教师：通过线上视频和线下课堂讲述两个案例，提出明式家具的美学价值，引导学生产生价值认同。 学生：通过理解案例进一步产生价值认同	5min

续表 2

教学环节	教 学 内 容	思政目标及资源	教学方法与手段	师生活动设计	时间分配
讲新课	2）国际设计大师的灵感来源，见下图 	（2）1944 年，汉斯·瓦格纳，著名的国际家具设计大师。他一生设计的 500 多种椅子中，有 1/3 与“中国椅”的主题相关	案例分析，线上 + 线下混合式教学	教师：通过线上视频和线下课堂讲述两个案例，提出明式家具的美学价值，引导学生产生价值认同。 学生：通过理解案例进一步产生价值认同	5min
	（2）明式家具的类型： 1）椅凳类家具分类； 2）椅凳类家具造型特征，见下图 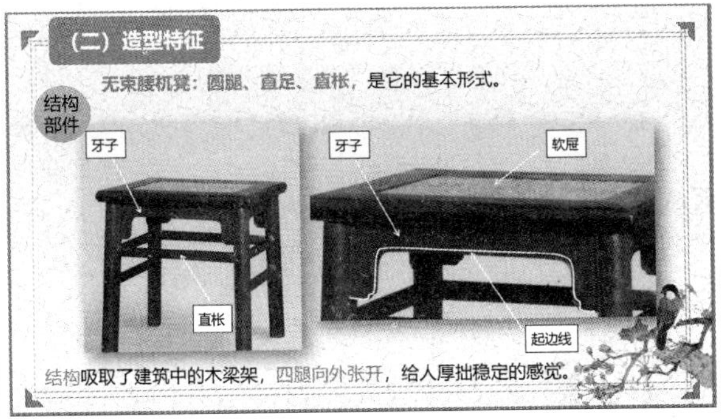		PPT 授课，模型展示	教师：通过“图文演示 + 现场实物”展示，分析椅凳类家具造型的特征。 学生：通过“理论理解 + 实物观摩”掌握椅凳类家具造型特征	20min

续表 2

教学环节	教学内容	思政目标及资源	教学方法与手段	师生活动设计	时间分配
讲新课	(3) 明式家具中的“和谐思想”： 1)“文质彬彬”的南官帽椅，见下图。  2)“刚柔并济”的靠背椅，见下图。 	弘扬中国优秀传统文化“和谐思想”： (1)“文质彬彬”，南官帽椅的造型体现了《论语·雍也》中“文”与“质”协调统一、各个要素和谐共处的“中庸”思想。靠背的S形与人体脊柱曲线契合，使人在就座时保持脊柱的自然舒展，体现形式与功能并重的价值取向。 (2)“刚柔并济”，靠背椅体现了中国传统哲学中的“阴阳和合”思想。“刚”体现在以直线为主带有侧脚和收分的椅腿，以及呈平面直角的造型干净利索的椅盘。“柔”体现在靠背椅的搭脑、椅背和券口牙板造型上。整体造型注重虚实空间的对比，造型曲线的动静结合	案例分析，线上+线下	教师：播放在线视频《家具里的中国》，案例分析讲解，引导学生树立文化自信，传承优秀传统文化	10min

续表2

教学环节	教学内容	思政目标及资源	教学方法与手段	师生活动设计	时间分配
讲新课	3）“天圆地方”的圈椅，见下图。  4）“东西交融”的交椅，见下图 	(3) “天圆地方”，体现了中国古代的宇宙观，是中国古代阴阳学说的体现。“天圆”体现在圈椅上部搭脑与扶手组接融合成的“圆形”弧线。“地方”体现在圈椅下部，椅面呈方形，四根直腿向下刚劲挺拔，构成了方形的虚空间。圈椅下部整体造型敦厚扎实、端庄严整，与圈椅上部灵动轻柔的曲线构成强烈的对比关系。 (4) “东西交融”，交椅的造型源于胡床的演变和发展，它的出现一方面带来了中原生活方式的转变，另一方面经过本土化的改造之后功能更加适合中原人民的生活习惯。交椅的形态体现了“东西交融”的和谐思想，含有对少数民族文化的兼容并蓄，充分显示了中华文明是在同其他文明交流互鉴中形成的开放体系	案例分析，线上+线下	教师：播放在线视频《家具里的中国》，案例分析讲解，引导学生树立文化自信，传承优秀传统文化	10min

续表2

教学环节	教　学　内　容	思政目标及资源	教学方法与手段	师生活动设计	时间分配
课堂小结	（1）明式家具的价值体现； （2）明式家具的造型分析； （3）明式家具中的“和谐思想”		启发式	教师通过总结，启发学生树立文化自信，进行传承与创新	3min
布置作业	（1）探究式作业：每人收集当代家具设计传承与创新的优秀案例； （2）课程作业：以“向优秀传统文化致敬”为主题，完成家具设计实践	通过探究式学习，使学生进一步产生价值认同；通过项目导向式实践，使学生把优秀传统文化的传承与创新贯穿在整个家具设计课程中	任务驱动式，项目导向式	教师：发布作业要求、完成时间，发布课程作业要求。 学生：以作业为导向，采用自主“线上 + 线下”学习，完成作业	4min

六、教师感悟

（一）所取得的成功

（1）“家具设计”课程中含有丰富的隐性思政元素，在教学设计中将文化自信、工匠精神等隐性思政元素潜移默化地融入课程教学过程中。教学理念运用浸入式原则，采用了案例式、启发式、线上线下混合式等多种教学方法，使得课程教学更加生动、立体，实现了课程思政“润物细无声”。

（2）以教师权威主导、学生单方面接受的传统教学模式已难以满足现代教学要求。在课程教学中不断创新理念，改革教学方法，利用翻转课堂、移动终端、新媒体、第二课堂等平台或载体丰富教学手段，激发学生个体的积极性、主动性、能动性。

（3）课程考核采取成果导向原则，注重创新精神、工匠精神、合作精神的权重，以“课题设计 + 实践成果”作为课程考核的主要依据，鼓励学生建立团队，参加设计比赛，通过实践检验学习的效果。

（二）不足与改进之处

科学技术迅猛发展带来社会形态快速转变和知识快速更新，专业教师要不断学习最前沿的专业知识和教学技术，充分了解行业与社会发展动态，提升教师的德育意识和德育能力，针对职业发展和人才需求有效开展课程思政教学。

“旅游产品设计”课程思政教学案例

艺术学院　刘玲玲

一、课程基本信息

课程名称： 旅游产品设计。

课程性质： 专业核心课。

授课对象： 产品设计专业大三年级本科生。

教学目标：

（1）知识目标。熟悉旅游产品设计相关理论知识；了解旅游产品设计的流程和步骤；掌握旅游产品造型、结构、材料设计的方法。

（2）能力目标。培养学生旅游产品设计审美的能力，掌握旅游产品材料的性质与加工方式的能力，进行旅游产品造型设计、结构设计的能力，初步具备旅游产品设计相关的科学研究能力。

（3）情感态度与价值观目标。培养学生具有良好的文化旅游行业职业道德和社会责任感，挖掘地域文化、创造性转化、文化科技融合的科学探索精神，团结协作的团队精神；提高学生坚定“四个自信”、服务乡村振兴的坚强意志。

课程简介：

“旅游产品设计”是产品设计专业必修的专业核心课，也是专业特色课。先修课程有产品创意思维与方法，地域文化调研等。本课程主要讲述了旅游产品概述、旅游产品的类型、旅游产品的设计原则、旅游产品的设计流程、旅游产品专题设计。通过该课程学习，要求学生掌握旅游产品设计的基础知识、熟悉旅游产品设计流程，并具备旅游产品设计的能力。课程旨在培养学生对旅游产品设计的创新实践能力。

考核方式：

以学生为中心，“知识+能力+素质”三位一体考核，阶段性公布分数（教师评价、学生自评、创新小组互评）。平时成绩30%（积极讨论、建设性意见、课堂考勤、课堂互动、情感价值态度）+课程设计70%（阶段性设计40%、设计成果展示 30%)。课程考核方面，在“以赛促学、以展代考、引企入课”课程中考核学生的知识与能力的掌握程度；在素质考核方面，侧重学生的情感态度（文化自信)、创新精神（优秀文化创造性转化）等德育素质。

使用教材：刘玲玲．旅游产品设计．武汉：中国地质大学出版社，2020.

二、课程思政教学整体设计

（一）课程思政教学理念与思路

基于课程思政教学理念，充分发挥“旅游产品设计”课堂主渠道作用。在课程教学中对旅游产品设计教学内容（旅游产品概述、旅游产品的类型、旅游产品设计原则、旅游产品设计流程、旅游产品专题设计)、教学方法、教学管理与教学考核进行多维立体化设计，思政资源划分为文化自信、生态文明（竹材质应用)、科学探索精神（文化科技融合)，切实将文化自信、优秀文化创造性转化、乡村振兴等德育元素贯穿旅游产品设计教学全过程和各环节，构建知识传授、能力培养、价值观引领“三位一体”的立体化人才培养目标。

（二）课程思政教学创新点

（1）课程思政教学方法采用榜样示范法、情感陶冶法、说服教育法、问题导向法、研究性教学法和实践锻炼法等思政教育方法，结合案例式、启发式、线上线下混合式等多种教学方法，确保课程生动立体，实现课程思政“润物细无声”。

（2）课程考核运用成果导向原则，注重创新精神、工匠精神、合作精神的权重，以“课题设计 + 实践成果”作为课程考核的主要依据，鼓励学生建立学习团队，参加设计比赛（如首届东兴文创设计大赛等)，通过实践检验学习的效果（借助广西边海文旅公司等转化投产)，教学成效较为显著，文旅融合背景下促进旅游业态升级，实现文化强国，教学成果服务国家战略。

（三）课程思政教学整体安排

教学内容方面，充分挖掘蕴含在旅游产品设计专业知识中的德育元素，将社会主义核心价值观、设计扶贫、文化自信、乡村振兴、创新精神等德育元素融入旅游产品设计课程的教学中。通过教学大纲修订、课程思政教学设计（文化创造性转化：文创是无须翻译的国际语言；可持续设计：南方竹材质在旅游文创当中的应用；文化科技融合：旅游产品设计融入 3D 打印及智能设计；文化自信：国门边境，为人口最少的京族设计等)、课程思政课件完善、加强对学生的价值观引导，实现思想政治教育与知识体系教育的有机统一。表 1 为“旅游产品设计”课程思政教学整体安排。

表1 "旅游产品设计"课程思政教学整体安排

课程思政目标	融入章节	依托知识点	课程思政资源
文化自信	第一章 旅游产品概述	(1) 旅游产品发展现状; (2) 文创是无须翻译的国际语言	文化自信:以"四个自信"中的文化自信(中国优秀传统文化)作为融入点,让学生充分了解文化建设与旅游发展相结合,开发地域资源,提升人文情怀,建立文化自信。 慕课资源:旅游纪念品设计。 线上平台:"敦煌小丝巾"App
生态文明(竹材质应用)	第三章 旅游产品设计原则(绿色原则)	绿色设计原则,将南方竹材质应用在旅游文创中	生态文明:以习近平总书记的"绿水青山就是金山银山"重要论断、绿色设计、可持续设计作为融入点,引导学生从地域特有材质角度,脱贫攻坚、乡村振兴视域下思考生态文明下的社会担当意识。 慕课资源:中国传统手工艺与文化创意设计。 国际竹具设计大赛银奖作品赏析
科学探索精神(文化科技融合)	第三章 旅游产品设计原则(创新原则、艺美原则、细工原则)	创新设计原则,介绍智能文创产品设计	创新精神:以文化和科技深度融合作为融入点,引导学生对旅游产品设计的创新原则等进行思考,融合文化科技,设计实践融入3D打印及智能设计。 课外阅读:李正风,智慧智造,清华大学出版社,2016年8月。 线上平台:"观妙中国来自谷歌艺术与文化"
文化自信	第四章 旅游产品设计流程与设计实践	调研分析、设计定位、设计表现形式、设计创意等设计流程	文化自信:国门边境,为人口最少的京族设计,以赛促教,2020年首届广西东兴文创设计赛事,为"一带一路"地域经济服务。 资源:"人民日报文创"线上展览各类平台
文化自信	专题设计研究(红色旅游:"文物新说·话湘江"旅游文创设计)	红色文创设计方法:挖掘革命文物的价值内涵和文化元素	革命文物活起来:以习近平"五个认同"作为融入点,红色旅游,探索数字化红色旅游创意产品。 资源:"红色中国"线上平台。 地域资源:湘江战役新圩阻击战酒海井红军纪念园和阻击战陈列馆

三、课程思政教学方法及手段

"旅游产品设计"教学从"以教为中心"向"以学为中心"的教学理念转变,将课程从课堂内延伸到课外,构建课程思政新范式。运用案例式、同伴学习法、探究启发式、线上线下混合式等教学方法改革,实现新知识的迁移,提高学生知识的获得感,为广西对外交流展现国家形象提供新思路。

(1) 案例式教学法。课程思政潜移默化,以"四个自信"中的文化自信(中国优秀传统文化)作为融入点,通过丰富设计开发案例让学生充分了解旅游产品设计的现状，与文化建设、旅游发展相结合，加强地域资源开发，提升人文情怀。针对学生受西方产品设计理念影响较多、对本土地域文化思想关注较少、传承与创新能力不足的学情特点，在课程教学中以问题为导向，以学生为主体，通过2020年广西唯一的国家互联网＋金奖产品案例（扶摇织梦）的研究，让学生在自主学习过程中培养对地域优秀传统文化、文化扶贫模式的认知。在以设计为手段的脱贫攻坚与乡村振兴的过程中深化思想政治教育内涵的发掘与融合，形成课程育人特色。

（2）线上线下混合式教学法。线上线下混合式教学法能够补充旅游产品设计课堂教学课时有限、教学设备不全面、教学实践演示缺失等不足之处。在“旅游产品设计的创新原则”教学部分，以文化和科技深度融合作为融入点，引导学生对设计实践融入3D打印及智能设计进行思考。推荐学生观看“上新了故宫”电视节目，下载“腾讯文创”“观妙中国”“人民日报文创”“敦煌小丝巾”App，通过视频、手机游戏等多种方式，让学生通过三维虚拟展示体会“旅游文创产品设计是无须翻译的国际语言”，通过视频使学生充分理解“文化科技融合”的基本内涵，关注数字化保护、文化大数据与智能设计方法研究，培养学生科学探索精神。

（3）项目导向式教学法。在课程开课初期，明确旅游产品设计课程产教融合主题“国门边境，为人口最少的京族设计”。项目导向式教学法以广西东兴市政校企协同育人要求为开端，具体表现为以下几个步骤：项目调研—文旅企业研发诉求确定—竞赛方案设计—成果展览展示—企业投产评价反馈。由于课程作业主题导向明确，因此学生课前自学过程中自觉收集有关广西京族非遗优秀文化的资料，为旅游产品设计做准备工作。在项目调研阶段通过小组合作，分析京族非遗蕴含的优秀传统文化思想，解析当代中国京族旅游产品设计痛点（市场定位不明确、民族特色不明显、同质化严重、传统技艺断代）；在方案设计阶段，各小组实现京族文化遗产的多元化视觉呈现；在成果展示阶段进行设计理念阐述，研究探索海洋非遗活化利用创新模式，助力京族传统文化的创造性转化；在评价反馈阶段，由老师和同学及投产文旅企业共同进行评价与反馈，并进一步完善设计方案，直至广西边海文旅公司投产，服务东兴市全域旅游示范区建设，实现国门边境地区文化遗产的多元化保护与传播，为广西对外交流展现国家形象提供新思路。

四、课程思政教学实施具体案例

第四章第二节　专项实践：政校企协同育人/东兴文创设计

（一）教学内容

（1）文化创意产品设计步骤：分类载体，提取文化元素。

（2）甄选提炼非物质文化遗产代表性文化因子，表 2 为京族典型文化要素提取内容。

表 2　京族典型文化要素提取内容

设计要素	文化取点	文 化 阐 释
纹样/图形/文字	喃字	抢救喃字：以汉字为基础创造的喃字，多用于哈节使用的歌本、祭文、经书。现今京族人不懂得喃字的书写、读音及意义，防城港市非物质文化遗产保护中心设立"京族哈节和京族字喃文化"办公室
色彩	京族服饰	节日装以黄色为主，以明快、明亮、明度和纯度较高的色彩搭配为主；青年女子上衣为白、青或草绿色；裤多为黑色或褐色；中年女子青、浅绿色上衣配黑裤；老年妇女穿棕色或黑衣黑裤。劳作服装以浅色为主，突出素雅、朴素
造型/结构/材质	独弦琴	2011 年被列为国家级非物质文化遗产名录。最古老传统的乐器，其琴声称之为"龙吟"，需要练习 3～5 年才能达到娴熟
技艺/工艺	高跷捕鱼	2012 年被列入市级非物质文化遗产。"高脚罾"是京族日常劳作的一项技能，流传了 1000 多年。罾，即渔网。推罾、起罾、收罾、捡虾、抖罾，技能需要练习半年以上才能掌握
题材/意境	哈节	节日期间，哈妹献唱献舞，进酒舞、天灯舞、采茶摸螺舞、花棍舞等，以肃穆的舞蹈加强辟邪功能，达到对族人教化的目的

（3）京族非物质文化遗产设计转译框架如图 1 所示。表 2 为理查德·布坎南的设计四秩序框架。

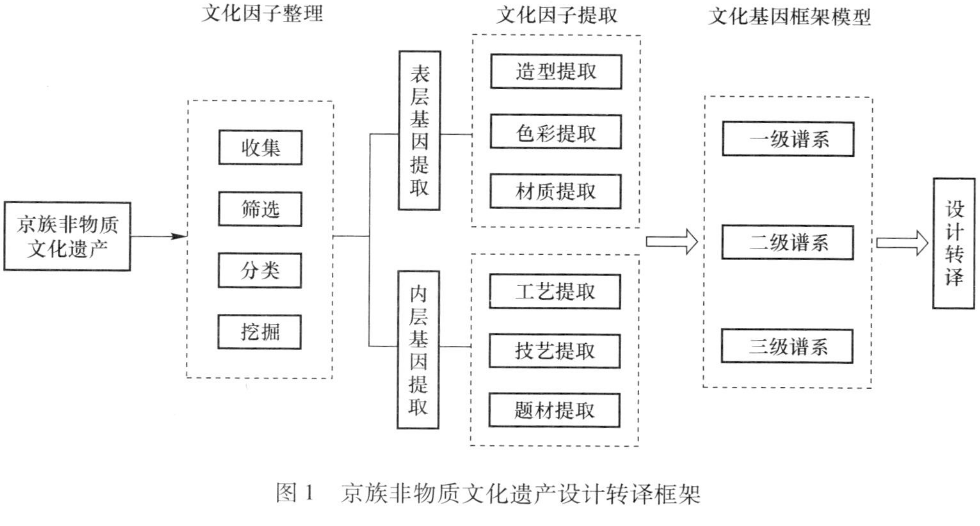

图 1　京族非物质文化遗产设计转译框架

表 2 理查德 · 布坎南的设计四秩序框架

设计对象	文化原型要素	设计载体	设计思路
符号	京族服饰，斗笠，喃字	挂件、钥匙扣、灭蚊灯、音响、摇摆玩具、不倒翁、水杯、茶具设计、耳饰、彩铅包装、插画、挂件、手机支架、小夜灯、拼图玩具等	抽象传统文化符号，提取典型的服饰色彩纹饰特征、文字符号特征、斗笠外轮廓等，结合到日用品设计中，赋予特征曲线
有形物	独弦琴，捕鱼虾笼	书画盒、指甲钳、订书机、香插摆件、开瓶器等	提取独弦琴、捕鱼虾笼的外轮廓特征，结合到日用品设计中，赋予特征曲线
行为	高跷捕鱼，掷木叶，对花屐	茶具、铁艺烛台、U 盘设计、扇柄吊坠、定情信物等	提取典型的动作情态，挖掘事物逻辑关联，运用到日用品设计中，赋予特征曲线
环境	哈亭唱哈，踢沙舞，竹杠舞	哈亭立体拼图、互动磁悬浮夜灯等	结合智能硬件，通过产品的灯光和音乐效果传达给用户喜悦温馨的情感，激发产品交互情感愉悦

（二）教学重点

通过对旅游产品的造型分析，阐述旅游产品中蕴含的京族传统和谐思想在美学层面的主要体现，提升学生对京族旅游产品形态的审美认知能力。掌握东兴市动植物、风景与建筑、非遗技艺、服饰、手工艺等基本元素在旅游产品设计中的应用。

（三）教学难点

引导学生发现、分析京族蕴含的优秀传统文化思想，掌握京族无形文化内涵的创新转化与创意设计，培养京族无形文化内涵的创新转化与创意设计能力。

（四）教学目标

1. 知识目标

掌握旅游产品创意设计的方法，并能设计京族文创设计。掌握旅游纪念品创意设计的创造性思维方式和基本技法。

2. 能力目标

通过京族文创的设计应用，进一步提高创意思维的能力。通过东兴地域文化挖掘使用，进一步提高敏锐观察能力。能撰写完整的创意文稿说明书。通过旅游产品设计，具备运用所学知识服务地区的素质。

3. 情感态度与价值观目标

了解文化自信的概念。通过分析京族非物质文化造型里蕴含的民族智慧，激励学生树立起文化自信，为学生完成旅游产品设计的传承和创新提供价值观引领和方向。使学生自觉弘扬中华优秀文化，进行文化传承和创新实践，为实现乡村振兴和共同富裕而努力。

（五）教学内容与思政元素融入点

（1）文化自信：以“认知京族文化元素”为主线，通过视觉元素解读，对本土文化涵义进行解析。抓住京族非遗文化要素，引导学生思考唯一的海滨渔业民族文化独特性与珍稀性，坚持“四个自信”。

（2）创新意识：以“京族非遗文化创造性转化”为主线，创新旅游产品的设计形式，感悟其蕴含的“宝贵珍稀”设计价值，培养学生的创新设计精神，讲好国门边境地区的京族故事，坚持服务乡村振兴，促进共同富裕。

（六）教学过程

主要内容简介：东兴文创设计大赛设计实践——把东兴非遗带回家。

（1）引赛入课：2020年4月东兴市文化广电体育和旅游局、桂林理工大学艺术学院主办东兴市首届文创产品设计大赛。东兴是中国与东盟唯一海陆相连的口岸城市，是中国出入境人数最多的三大陆路边境口岸之一。京族传统文化保护相关立法任务已列入2019年防城港市立法计划。以大赛为契机，发挥广西与东盟国家陆海相邻的独特优势，以“把东兴非遗带回家”为大赛主题，深入挖掘东兴市文化资源的价值内涵和文化元素。

（2）结合相关案例，依据旅游文创产品自身属性，提出“分类载体”“提取文化元素”设计关键步骤，引导学生做京族文化基因谱系图建构，让学生了解并讲好京族故事，降低文化创意产品市场的“同质化”，文创产品设计应汲取民族文化的精髓。

（3）学生做京族文化基因谱系图建构如图2所示，表3为“国门边境，为人口最少的京族设计”教学过程。

五、教学效果

在知识传授方面，“以学生为中心”为教学理念，通过教学大纲修订、课程思政教学设计，运用案例式、同伴学习法、线上线下混合式等教学方法，使得学生知识的获得感增强，课堂氛围活跃。

（1）在能力培养方面：结合旅游产品设计行业对人才创新实践能力和文化传承能力的需求，以“国门边境，为人口最少的京族设计”为主题进行实践，“产品设计教研室新增政校企三方协同育人实习基地”同步在艺术学院网站报道，并进行了实践成果汇报展览，课程作业历经商业验证，学生独立思考及创新能力大大增强。通过政校企三方协同育人，广西东兴市文化广电体育和旅游局、广西东兴边海旅游文化发展有限公司、桂林理工大学艺术学院三方深化产教融合，大大提升了产品设计专业学生的创新能力、实践能力、动手能力。

（2）在价值引领方面：深入贯彻落实习近平新时代中国特色社会主义思想

和党的十九大精神，围绕“建设壮美广西共圆复兴梦想”的总目标总要求，加强了对学生的价值观引导，实现了思想政治教育与知识体系教育的有机统一。学生通过课程学习，达到了弘扬中华优秀传统文化、进行文化传承与设计创新的教学目标，自觉建立起传承和创新的使命感，服务国门边境城市东兴，实现京族文化可持续发展和边境地区优秀民族文化的传播。

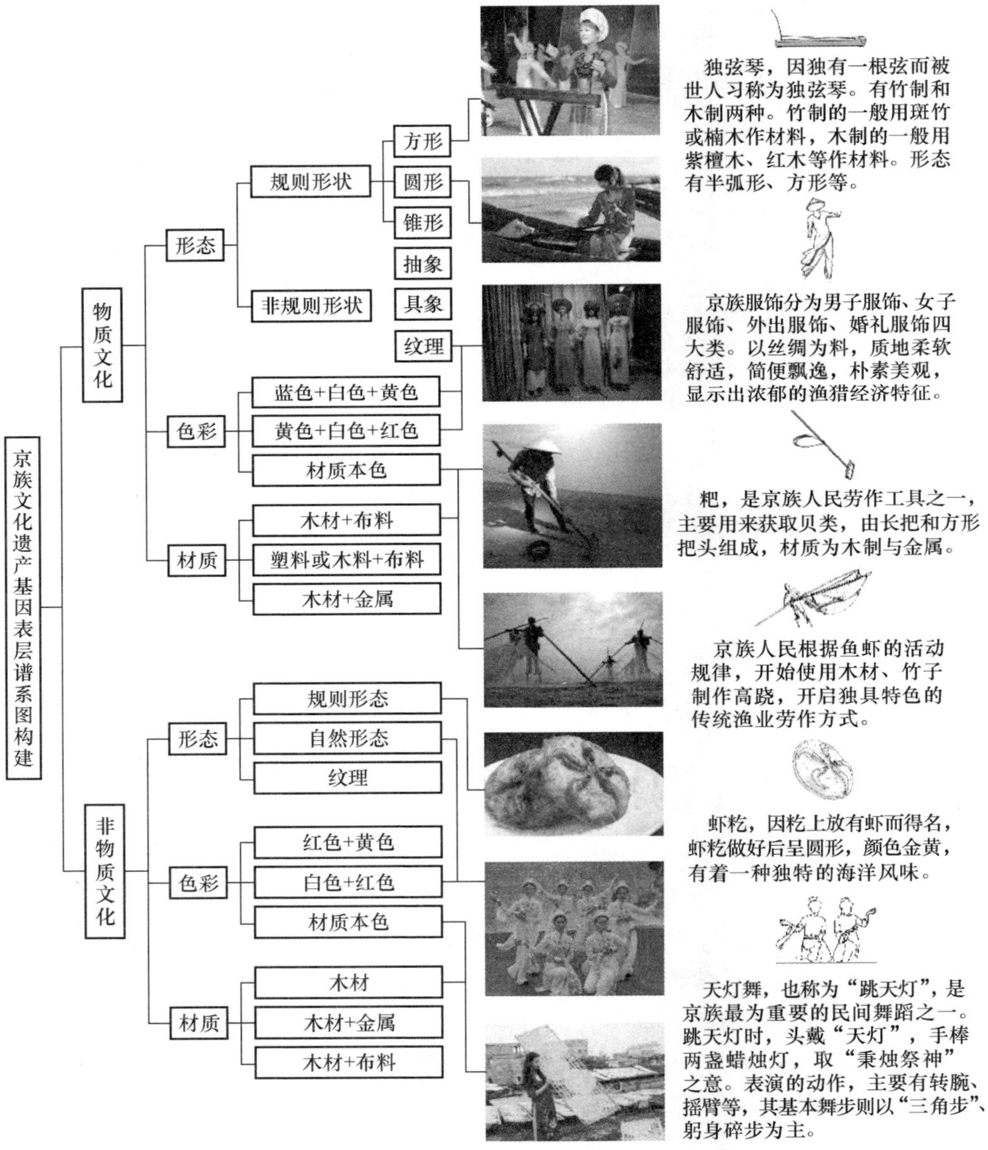

图2　京族文化基因谱系图建构

表3 "国门边境，为人口最少的京族设计"教学过程

教学环节	教学内容	思政目标及资源	教学方法与手段	师生活动设计	时间分配
复习	中国传统劳作技能型非物质文化遗产	思政目标：文化自信。思政资源：广西互联网+金奖产品案例（扶摇织梦）	问题导向法	教师提问：即将消失的京族非遗技艺高跷捕鱼如何创造性转化？ 学生：头脑风暴	5min
讲新课	关注人口较少的京族旅游产品设计：唯一的海滨渔业少数民族	思政目标：文化自信。 思政资源："人民日报文创"平台文章，韩子勇，《让文化遗产活起来》	项目导向式教学法	介绍首届文创产品设计大赛，引导学生京族文化基因谱系图建构。 学生：列举分析京族非遗特征，做文化基因谱系图	10min
	"一带一路"背景下，转译广西京族非物质文化遗产现代化设计	思政目标：文化自信。 思政资源："人民日报文创"平台文章，敦煌古典文化接轨现代生活，原创IP品牌复兴"古代文艺范"	案例教学	教师提问：我国西南边境地区与越南主体民族同源的跨国民族，京族特有文化因子分析。 学生：归纳整理文化因子，确立设计定位，进行草图绘制	20min
课堂小结	采用"传统文化符号或传统手工艺+智能硬件"设计思路				5min
布置作业	将京族非遗带回家，引导学生参赛参展				5min

（3）教学成果方面：学生完成了60多个旅游产品设计提案，刘书玮、蒙锦婷完成的"京族鱼露包装"荣获首届东兴文创设计大赛的三等奖；张滢、陈国荣等同学荣获优秀奖；刘玲玲老师荣获优秀指导教师。所有获奖作品受邀由广西东兴边海旅游文化发展有限公司孵化生产，课程成果转化率23%，并且推向市场，助力东兴市的全域旅游示范区建设。

六、教师感悟

（一）所取得的成功

（1）课程强调对中国优秀传统文化的坚守与传承，符合新文科建设的时代需求。通过"文化自信：文创是无须翻译的国际语言""可持续设计：南方竹材质在旅游文创中的应用""文化科技融合：旅游产品设计融入3D打印及智能设计""国门边境，为人口最少的京族设计"等课程专题设计，实现"文化自信、创新精神"等思政元素融入课堂，润物无声，激励学生树立文化自信。课堂讲好

广西故事，丰富“广西故事”内涵，让广西地域文化从本土走向国际。

课程深入挖掘“旅游产品设计”课程蕴含的“思政元素”，通过改革培养方案、课程体系、教学方法、实践环节、创新制度，把习近平新时代中国特色社会主义思想、社会主义核心价值观融入教育教学全过程。通过京族非物质文化遗产文化转译研究，讲好边境城市的文化故事，服务东兴文化旅游创新发展，树立文创产品形象与品牌，实现了课程思政“润物细无声”，为对外友好交流搭建桥梁。

（2）课程强调数字人文，注重课程实践。在课程教学中不断创新理念，改革教学方法，利用翻转课堂、移动终端课堂等平台或载体丰富教学手段，激发学生服务国家战略，同时以新技术、新工艺建立我国的文化数据体系、文化和科技融合创新体系，实现文化和科技深度融合。

课程整合资源，“线上 + 线下、课内 + 课外、虚拟 + 现实”，深化专业实践，结合地域文化专题，实现产学研联动，开展“课程 + 竞赛 + 项目”递进式教学课程实践。

（3）课程“以赛促学、以赛促教、以展代考、引企入课”，通过教学成果发布，企业投产验证，形成产学研用协同融合的创新创业格局，搭建了三层级课程教育实践平台。注重创新精神、合作精神的权重，以“课题设计 + 实践成果”（课程精品展览）作为课程考核的主要依据，鼓励学生建立团队，参加设计比赛（首届东兴文创设计大赛等），并通过商业实践（广西边海文旅公司投产等）检验学生学习的效果。“旅游产品设计”思政课程，进一步推进“竞赛 + 项目 + 创业”递进式产品设计专业创新创业人才培养模式研究与实践，全面提升了协同育人培养质量。

（二）不足与改进之处

以新文科建设为视域，以一流课程“两性一度”为指导思想，将大数据、云计算、虚拟现实、3D 打印等高新技术运用到旅游产品设计中。课程在建设与推广过程中需要虚拟现实技术平台，也需要数字媒体、民族学等跨学科支持，探索三维影像采集技术、增强现实交互技术及互联网传播手段在非物质文化遗产保护中的实现方案。专业教师要不断学习最前沿的专业知识和教学技术，充分了解文旅行业与社会发展动态，提升自身的育德意识和育德能力，更有效开展课程思政教学。